제국일본의 생활공간

지은이

조던 샌드(Jordan Sand)_조지타운대학교 역사학부 교수. 도쿄대학 건축학과에서 건축사로 석사학위를, 콜럼비아대학교에서 일본사로 박사학위를 받았다. 책으로는 *House and Home in Modern Japan : Architecture, Domestic Space, and Bourgeois Culture, 1880~1930, Tokyo Vernacular : Common Spaces, Local Histories, Found Objects* 등이 있다.

옮긴이

박삼헌(朴三憲, Park, Sam-Hun)_건국대학교 일어교육과 교수 및 아시아콘텐츠연구소 소장. 고려대학교 일어일문학과를 졸업하고 고베대학에서 근대일본사 전공으로 박사학위를 받았다. 지은 책으로는 『천황 그리고 국민과 신민사이-근대 일본 형성기의 심상지리』, 『근대 일본 형성기의 국가체제-지방관회의・태정관・천황』(2013 대한민국학술원 우수학술도서), 『한중일이 함께 쓴 동아시아 근현대사』 1, 2(공저, 2012 문화체육관광부 우수교양도서) 등이 있고, 옮긴 책으로는 『천황의 초상』, 『특명전권대사 미구회람실기 제3권 유럽대륙(상)』(2012 대한민국학술원 우수학술도서) 등이 있다.

조영희(趙英姬, Cho, Young-Hee)_금강대학교 글로벌융합학부 교수. 고려대학교 일어일문학과를 졸업하고 와세다대학에서 일본어학 어휘론 전공으로 박사학위를 받았다. 지은 책으로는 『現代日本漢語の探求』(공저) 등이 있고, 옮긴 책으로는 『체계 일본어 문법』(공역) 등이 있다.

김현영(金賢英, Kim, Hyun-Young)_건국대학교 아시아콘텐츠연구소 연구원. 건국대학교 일어교육과를 졸업하고, 현재 20세기 한국 관광 자료를 번역하는 등 전문 번역가로 활동하고 있다.

제국 일본의 생활공간

초판인쇄 2017년 11월 20일 **초판발행** 2017년 11월 30일
지은이 조던 샌드 **옮긴이** 박삼헌 조영희 김현영 **펴낸이** 박성모 **펴낸곳** 소명출판
출판등록 제13-522호 **주소** 서울시 서초구 서초중앙로6길 15, 1층
전화 02-585-7840 **팩스** 02-585-7848 **전자우편** somyungbooks@daum.net **홈페이지** www.somyong.co.kr

값 25,000원
ISBN 979-11-5905-205-7 93830
ⓒ 소명출판, 2017

건국대학교 아시아콘텐츠연구소
동아시아 모더니티 04

제국일본의 생활공간

LIVING SPACE OF JAPAN'S EMPIRE

조던 샌드 지음 | 박삼헌·조영희·김현영 옮김

소명출판

|일러두기||

1. 일본어의 한글 표기는 국립국어원 표기법에 따랐다.
   예 伊藤忠太 → 이토 추타(×), 이토 주타(○)
2. 역사 인물에 한하여 처음에 원문을 병기했다.
3. 고유명사에 해당하는 지명과 잡지명은 일본어 원음대로 표기했다.
   예 京都府 → 경도부(×), 교토부(○)   婦人画報 → 부인화보(×), 후진가호(○)

주로 영어로 글을 쓰는 일본사 전공자로서, 이 책이 번역을 통해 한국의 학문적 담론에 발을 담글 수 있는 기회가 주어진 것은 저에게 특별한 즐거움입니다. 저는 독자들이 책 표지의 '제국일본'이라는 단어를 보고 우선적으로 일본 식민지 지배의 잔혹성을 떠올릴 것이라 생각합니다. 그러나 이 책은 일본의 한국 통치, 제국 경찰에 의한 독립운동가들의 학살, 혹은 위안부 여성 등과 관련된 폭력성을 중요하게 다루고 있지 않습니다. 아마도 몇몇 분들은 일본 연구자가 이 책을 썼기 때문에 일본의 식민주의가 그렇게 나쁘지만은 않았다거나 한국의 식민화는 국제법에 따라 이뤄진 합법적인 과정이었다거나 혹은 일본이 현재 한국의 번영을 이끈 근대 경제 시스템을 구축했다고 주장하는 일본 식민주의 옹호론자의 결과물 중 하나라고 분명히 생각할 수도 있습니다. 물론 이 책은 이러한 주장들과는 거리가 있습니다. 하지만, 일본 식민지 지배의 잔혹성이 너무나도 명백하고, 한국 산업자본주의 경제의 기반이 식민지 기간 동안 세워졌을지라도 두 관점 사이에서의 냉혹한 선택은 제국의 문제점에 관한 우리의 생각을 매우 빈곤하게 만들기도 합니다.

다음으로 몇몇 독자들은 이 책을 '식민지 근대성'과 관련된 것으로 분류할지도 모릅니다. 이 학문 분야는 생산적이었습니다. 하지만 아래에 적고 있듯이 저 또한 이 책의 개념 틀은 '식민지 근대성'에 머물고 있지 않습니다. '식민지 근대성'의 문제점은 왠지 다른 곳의 근대적인 것을 더 진짜인 것처럼 암시하면서 식민지 사회를 독립적인 존재로 치부하는 것, 그리고 뒤떨어지거나 폄하된 형태의 근대성을 경험하는 존재로 상상하게 만드는 데 있습니다(예를 들어, 전형적인 공식은 한국이 근대적인 식민지였는지, 아니면 긍정적으로 봐서 식민지이지만 근대적이었음을 의미하는 '한국의 식민지 근대성'입니다). 대신 우리들은 식민 본국과 식민지 사람들의 본질과 표현, 취향과 욕망을 형성해 나가면서 그 양자를 모두 포용함과 동시에 한 쪽의 지배를 위한 도구를 제공하는 하나의 정치적·문화적 전체로서 '제국'을 이해할 필요가 있습니다. 그러기에 이 책은 한국으로 이주한 일본인들만이 아니라 식민 본국과 식민지 국가 양쪽에서 제국의 근대성이 수행한 기능을 추적하여 식사 준비부터 가족사진을 위해 자세를 취하는 것까지 매우 일상적인 순간들, 또는 신발을 고르거나 축음기로 음악을 듣는 것과 같은 가장 일상적인 선택들 중에서 제국의 근대성이 수행한 역할을 보여줍니다.

저의 첫 번째 책(*House and Home in Modern Japan*)에서는 그러한 과정을 검토했습니다. 그 과정을 통해서 일본의 지식인, 건축가, 교육가들이 새로운 중산층 문화를 만들어내기 위해 서구의 사회규범과 물리적 형태를 흡수하고 변형시켰음을 확인했습니다. 그 책을 쓰기 시작했을 때에만 해도 저는 식민 본국과 일본 제국에서 일어나는 이러한 문화적 변화들의 연관성에 큰 관심을 두지 않았습니다. 그러나 글을 쓰면서 일본의 근대 중산층 문화의 특징이 식민자이자 피식민자라는 독특한 위치에서 많은 영향을 받았음이 분명해졌습니다. 미국 제국 권력에 대한 일본의 깊은 연관성과 함께 그러한 위치의 역사에 관한 탐구가 이 책의 근간을 형성했습니다.

조던 샌드

2017년 10월

차례

제국의 회로와 비대칭적 만남

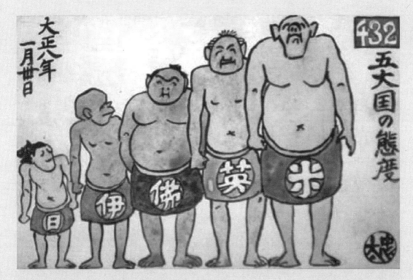

이토 주타(伊藤忠太) 그림 〈오대국(五大國)의 태도〉, 1919년 1월 30일.(일본건축학회소장)

1914년 제1차 세계대전 발발로부터 5년간, 건축학자였던 이토는 세계 정세와 국내 정치를 풍자한 그림엽서 500매를 그렸다. 이 엽서에 적힌 날짜는 파리 강화 회의 개최 중이었음을 보여준다. 일본도 평화 조약의 조항과 국제 연맹 설립에 중심적 역할을 한 '오대국' 중 하나로 인정받았다. 이로부터 약 2주 후 일본은 인종 차별 철폐 문구를 연맹 규약에 넣을 것을 제안했으나 거부당했다.

이토의 작업 수첩 등에 있는 다른 그림으로 판단해 볼 때, 그는 일본인과 타국민과의 신장 비교에 집착했던 듯하다. 당시 일본인에게 열강의 지정학은 신체의 지정학으로 쉽게 치환 가능한 것이었다.

이 책은 일본이 식민지 제국이었던 시대의 일상생활과 문화를 다루는 여섯 가지의 상호 관련된 역사 연구로 구성되어 있다. 그것들은 일본 제국주의의 역사 연구가 아니다. 오히려 의식주나 가구 등 일상적인 것과 인간의 행동을 통해 제국이 엮어내는 세계 중 하나로 일본을 이해하고자 했다. 각 논고는 여러 가지 접근을 통해, 이러한 것들이 어떤 식으로 '제국의' 것이었는지 묻고 있다. 물질문화는 문헌자료에 나타나지 않는 정치적, 사회적 행동의 여러 측면을 분명히 할 수 있다. 또, 별 다른 의식 없이 사람들이 당연히 받아들이던 이데올로기는 일상생활에 스며들어 있다. 이러한 이유에서 이 책은 제국주의의 문화적 귀결을 규명하기 위해 물건, 도시공간, 신체 거동의 독해라는 방법을 채택했다. 일상생활에는 신체와 결부되어 구현되는 정치가 내재되어 있다.

영국의 저명한 역사가 에릭 홉스봄은 '제국의 시대'라고 명명한 19세기 후반부터 20세기 초에 걸친 통사를 1914년까지 서술했다. 이러한 시기 구분의 선택은 유럽중심주의적이었으며, 세계적인 지정학적 역사의 관점에서 보면 기묘한 것이었다. 유럽 제국주의 세력의 정치와 문화에서 제1차 세계대전은 분명히 결정적 단절을 의미했지만, 1914년의 시점에서 대일본제국은 아직 초기 단계였다. 심지어 1919년에 베르사유에서 민족자결권이 제창되었음에도 불구하고, 전간기戰間期(제1차 세계대전 종료 후 제2차 세계대전 발발 전까지-옮긴이) 세계 대륙의 대부분은 여전히 제국의 종주국과 그 식민지로 나뉘어져 있었다. 1945년 독일 제국과 대일본제국의 해체, 1940년대를 통한 아시아 제국의 탈식민지화, 1950~1960년대 아프리카 탈식민지화로 비로소 세계 지도는 국민국가에 의해 지배되었다. 이와 동시에, 공식적인 식민지화와 다른 별개의 지배형태로 미국과 소련이 새로운 제국주의 세력으로 대두되었다. 미국의 정치 엘리트들은 '제국'이라는 호칭을 거부하고 있으나, 21세기 초인 오늘날 세계에 산재하는 미국의 군사기지는 여전히 일종의 제국주의적 지배를 유지하고 있다. '제국의 시대'가 1914년에 끝났다고는 도저히 말할 수 없다.

따라서 이하의 여섯 가지 논고는 20세기 전반의 대일본제국을 주로 다루고는 있으나, 제국의 일상생활 구현을 규명하는 것은 과거와 현재 제국의 연속성과 차이 모두를 포함하기 때문에 공간적 · 시간적 틀의 확장으로 자연스럽게 이어진다. 이 책은 아시아 태평양에서 일본의 식민지 제국 시대 외에 19세기 유럽 열강들 한 가운데 놓여 있던 메이지 일본의 위치, 그리고 미국 제국주의가 어떻게 아시아 태평양에서 일본이 쌓아올린 문화권을 계승하고 존속시켰는지도 언급한다.

탈식민지화 시대가 도래하기 이전에는 제국이 사람들과 물건, 지식의 유통 회로를 형성하였다. 제국은 또한 불평등한 만남을 야기하기도 했다. — 어떤 상황에서는 계속해서 야기하고 있기도 하다. 제국은 메리 루이스 프랫이 '콘택트 존(접촉지대)'이라고 불렀던 것, 다시 말해 '비대칭적 힘의 관계라는 상황 하에서 문화와 그 주체가 만나는 현실 및 상상 속의 공간'을 창출했다.[1] 하지만 이러한 불평등한 만남이라는 사실 그 자체에만 관심을 가져서는 안 된다. 그것이 때로는 폭력적으로 때로는 좀 더 미묘한 방식으로 히에라르키(Hierarchie, 상하관계가 엄격한 조

---

[1] Antoinette Burton and Tony Ballantyne, "Bodies, Genders, Empires : Re-imagining World Histories", *In Bodies in Contact : Rethinking Colonial Encounters in World History* (Durham, NC : Duke University Press, 2005), p.406.

직 또는 질서 – 옮긴이)에 의해 규정된 사회적, 문화적 질서 속에서 사람들이 스스로의 위치를 찾아내도록 유도한 것에 주목해야한다. 그 이유는 훗날 이어질 국민국가 지배의 시대에서 보자면, 여기에 식민지 제국 시대의 뚜렷한 특징이 있기 때문이다. 즉 식민지 통치는 민족의 히에라르키를 자연 상태이자 본래적으로 정당한 지배의 기반으로 간주했다. 몇몇 역사가가 지적한 것처럼 제국은 차이를 구조화한다.[2] 따라서, 프랫은 확장하는 제국과 식민지화되지 않은 영역 사이에 프론티어가 있는 공간으로 '콘택트 존'을 제시하였으나, 종주국 본국의 공간, 나아가 개인이라는 한 주체의 정신적 또는 신체적 공간을 '콘택트 존'이라 생각할 수도 있다. 일본의 정부고관이나 지배계급은 서양 제국주의 세력에 의해 만들어진 국제적 경쟁의 장에 참가했을 때, 스스로를 인종적 차별의 관점으로 생각하지 않을 수 없는 '콘택트 존' 안에 놓였고, 일본 또한 식민지 세력이 되었을 때, 식민지 지배하는 민족을 복종시키고 동화시키기 위한 정당성의 근거를 인종개념에서 찾았다.

19세기의 정복과 식민지화에 의한 영토 확장은 기본적으로 유럽이 주도한 것이었기 때문에 세기말에 일본도 공식적인 식민지 세력이 되었을 때, 식민지 지배 방식과 제국을 과시하는 물질적 형태 모두 유럽의 선례에서 유래한 것이었다. 단순히 말하자면 메이지 시대의 '서양화 된' 일본인 엘리트가 '서양화'를 수출한 것이다. 이런 일이 발생한 회로와 그것이 일으킨 비대칭적 만남은 물질적 견지와 마찬가지로 인간과 이데올로기의 견지에서도 분석 가능할 것이다.

---

2 Frederick Cooper, *Colonialism in Question : Theory, Knowledge, History* (Berkeley : University of California Press, 2005), p.23. 쿠퍼는 파르타 채터지(Partha Chatterjee)를 인용하고 있다.

소위 '상위문화(하이컬쳐)'에는 제국의 시대를 규정하는 물질문화로 세 가지 전형적인 장르가 있었다. 첫 번째는 에콜 데 보자르(프랑스의 영향력 있는 미술 학교들-옮긴이)에서 교육 받은 듯한 신고전주의 건축, 두 번째는 기념상, 특히 돌이나 청동을 이용해 사실적으로 조각되어 공공 공간에 세워진 위인상이다. 세 번째는 유채화, 특히 인물을 그린 유채화이다. 이러한 미적 장르는 여러가지 상황에서 국가권력을 과시하기 위해 사용되었고 또 세 가지 모두 제국주의 세력의 확장을 통해 유럽에서 북미와 제국주의 하에 놓인 아시아로 전파되었다. 또 완전히 사라지지는 않았지만, 20세기 중반에 시작된 탈식민지화 시대에 세 가지 장르가 모두 영향력을 잃어버린 것도 특필할 만하다. 보자르의 신고전주의는 고대 로마의 제국 모델에서 유래했다. 신고전주의는 미국에서 가장 오래 살아남았지만, 세기 중반 이후에는 세계 어디에서나 종래의 제국을 가로지르는 경로를 통해서 유럽 중심주의적 히에라르키의 과시를 거부하는 요소를 가진 국제주의적 모더니즘으로 점차 대체되었다. 기노시타 나오유키와 히라세 레이타가 일본의 경우를 기록하고 있듯이, 공공장소에 세워진 현실 또는 전설상의 정치적 군사적 지도자의 동상은 뛰어난 남성에 의한 지배가 자연 질서의 일부로 받아들여지고, 정복 전설이 국가를 떠받치는 역사 이야기의 기본 요소였던 시대의 산물이었다.[3] 신고전주의 건축과 마찬가지로 공공장소에 세워진 사실적인 석상과 동상은 유럽 상위문화(하이컬쳐)의 우위성의 원천이었던 고대 그리스와 로마를 참조했으며, 그것이 전파된 곳곳에서 제국주의 세력을 과시하는

---

3   木下直之, 『銅像時代―もうひとつの日本彫刻史』, 岩波書店, 2014; 平瀬礼太, 『銅像受難の近代』, 吉川弘文館, 2011.

데 도움이 되었다. 이 역시 신고전주의 건축과 마찬가지로, 식민지 제국의 종언 이후 장르로서는 점점 더 주변적인 것이 되어갔다.

구체적이고 사실적인 유채화의 경우는 보다 미묘하고 복잡하다. 이 예술 장르는 일본에서 '유채화'보다 '양화洋畵'라 불리는 경우가 많았던 것도 주목할 만하지만, 세계적 탈식민지화 시대에 그 지위를 잃어버린 것도 주목할 만하다. 버트 윈터 다마키가 규명한 바와 같이 '양화'는 유럽인의 나체를 가장 규범적 형태로 간주하는 인체에 대한 인종화된 개념을 초래했다. 그 결과 양화의 자국 양식을 확립하려던 20세기 전반의 일본 화가들은 예술적 기법에서든 인종에서든 유럽 중심적 제국주의 질서 속에 스스로가 익숙해지도록 노력해야만 했다. '양화'는 보다 구체적으로 그 제도를 통해 세계의 제국주의 질서를 구현했다. 보자르의 신고전주의가 파리에 정점을 둔 히에라르키를 통해 전달된 것과 마찬가지로, 유채화도 유럽 제국의 수도와 아시아의 수도, 그리고 식민지 주변부를 잇는 히에라르키 속에서 화가들을 평가했던 아카데미나 콩쿠르나 단체전을 통해 전수하고 전수받았다.[4]

따라서 이러한 문화형태의 모든 것이 제국적 근대imperial modernity의 상위문화(하이컬쳐)를 형성했다고 생각할 수 있다. 그것들은 단순히 '서양적'이라 여겨지는데, 이 용어는 '서양'이라 불리는 허구를 자연적인 것으로 봄과 동시에 미적 히에라르키를 뒷받침하는 제국주의적 정치를 은폐한다. 대일본제국은 유럽에서 유래된 이러한 형태를 처음에는 옮겨 놓았고, 일본 그 자체는 소위 '서양'이 아니었음에도 불구하고 잇따

---

4 Bert Winther-Tamaki, *Maximum Embodiment : Yoga, the Western Painting of Japan*, 1912-1955, University of Hawai'i Press, 2012.

제국일본의 생활공간

라 아시아의 다른 지역에도 들여놓았다. 따라서 일본의 경우를 통해서 우리들은 근대 세계문화의 이러한 요소에 숨겨진 제국주의적 특질을 분명히 드러낼 수 있다.

이 책의 초점인 일상공간의 많은 측면에 대해서도 동일하게 말할 수 있다. 필자는 제국문화의 규범적 형태 대신 제국의 문화적 '여분'을 중심으로 다룬다. 즉, 힘에 의해 강요되지 않고 국가권력과 직접 결부된 적조차 적었음에도 불구하고 제국의 회로를 통해 이동하며, 대부분 경계 당하지 않고 문화와 인간 행동으로 귀결된 의식주의 형태를 말한다. 그 중에서 예를 들면, 제2장은 일반 사람들에게 '아지노모토味の素'라는 상표로 알려진 식품첨가물 글루타민산 나트륨의 보급을 다룬다. 제5장은 가구로 가공되고 사용된 등나무를 다룬다. 경제적 차원에서 이런 것들을 대일본제국의 가장 중요한 상품이라 말하기에는 걸맞지 않았으나, 그렇다고 해서 심층적인 문화적 효과를 초래하지 않았던 것은 아니다. 그것들이 물질문화의 어떤 전체 또는 독특한 측면이라는 등의 주장을 하려는 것은 아니다. 수없이 다양한 다른 인생을 따라가면서 그에 대해 '얼마나 제국과 결부되어 있었나'라는 질문을 던짐으로써, 물건의 이동, 유용, 소비를 통한 제국주의의 살아있는 경험의 역사를 부분에서 전체로 구축할 수 있을 것이다. 이 책에서 다루지 않은 다른 부분으로는 긴 의자, 피아노, 야구, 수염(이것은 서양에서 일본으로 이입되었을 때, 새로운 제국주의적 남성성을 상징했다), 그리고 기모노(일본에서 미국으로 이입되었을 때, 여성의 침실복으로 변용되었다) 등이 있다. 이것들 모두가 풍성한 역사 이야기를 만들어 낼 것이다. 그러한 이야기 중 몇 가지는 이미 연구되었고, 앞으로도 계속 연구되어야만 한다.

하지만 어떤 사물의 역사는 그것을 통해 인간관계의 역사 중 한 측면을 이해하는 데 도움이 되는 것이 아니라면 시대 고증 이상의 의의가 없다. 인간의 견지에서 보면 이러한 물질 문화사는 제국 세계 속의 인간이 신체적 이동과 마찬가지로 문화적 교섭에서도 직면했던 딜레마와 관계된다. 사람은 자신의 역사를 만들지만 그것은 자신이 만들어낸 상황 아래에서 만든 것이 아니라는 마르크스의 유명한 말은 정치사에서 다뤄지는 사건과 마찬가지로 일상생활의 역사에서도 들어맞는다. 제1장에서는 '양관洋館'을 통해 근대화되어가던 메이지 후기 일본의 상류계급과 만날 것이다. 사생활과 관계됨에도 불구하고, 당시 제국간 경쟁이라는 공적 정치와 뗄 수 없는 관계라 여겨졌던 취미, 행동, 그리고 거주 공간의 사용법에 관한 유럽의 규범에 대해 그들이 어떻게 대처했는지 풀어내는 단서로서, 필자는 『후진가호婦人画報』의 실내장식 연출 방법을 다룬다. 한편 제6장에서는 일본의 식민지 지배를 받는 타이완 원주민이 등장한다. 천황의 충실한 신민으로 만들기 위해 일본이 강요한 요구 그리고 감동시키거나 협박하려고 했던 시도에 대해 그들이 어떻게 대처했는지 분석한다. 한 쪽은 1906년의 도쿄, 다른 한 쪽은 같은 도쿄의 메이지 후기부터 1940년까지 계속되었던 이 두 가지 케이스를 서로 겹쳐서 생각해 볼 필요가 있다. 『후진가호』에 자택 양실의 실내장식 사진이 실렸던 오쿠마 시게노부大隈重信나 가네코 겐타로金子堅太郎 등 국내외 정치에서 중요인물이었던 것에 비해, 타이완에서 도쿄로 '내지관광'을 위해 끌려온 타얄족 사람들은 일본의 식민지 지배 아래 있었고 그이름은 기록된 역사에 거의 남아있지 않다. 따라서 양자는 언뜻 제국주의 권력 투기장의 양극에 서 있는 것처럼 보인다. 그러나 일본의 엘리트와 타얄족의 엘리트는 유사한 경우에 놓여 있었다. 양쪽 모두 설령 외교나 무력으로 일시적 저항이 가능했거나 혹은 우위적 입장에 있었다 하더라도, 문화적 교전 규정이 이미 결정되어 있어서 그것을 수정할 수도 거부할 수도 없었던 제국의 지정학적 무대에서 비대칭적 만남에 대처하지 않을 수 없었다.

이 두 가지 논고 사이에 있는 다른 장章은, 각기 다른 방법으로 비대칭적 만남이라는 제국 공간에 대처했던 엘리트와 비엘리트 양쪽의 인물들을 소개한다. 지배적 이데올로기가 히에라르키에 기반하고 있었음에도 불구하고, 일상의 현실이 반드시 그것과 일치했다고는 할 수 없다. 일상적인 경우에 식민자는 설령 정복 세력을 대표했다고 해도, 피식민지 사람들에 비해 항상 우위였다고는 할 수 없다. 사람사이에 존재하는 역力관계의 장場에서 물건의 역할은 이러한 갈등에도 주목하게 만든다.

손목시계의 경우를 들어보자. 가와무라 미나토는 『소년클럽少年俱樂部』에 1933년부터 1939년까지 연재된 시마다 게이조島田啓三의 만화 『모험 단키치冒險ダン吉』를 분석하고 있다. 여기에서는 소년 히어로 단키치가 남태평양에 있는 가상의 섬에 사는 '야만'인들을 정복할 때 차고 있던 손목시계의 중요성이 언급된다. 이 시계는 단키치가 문명화된 입장에 있음을 나타낸다.(그림 1) 손목시계는 근대 제국문명을 웅변적으로 말해주는 표상이다. 측정된 시간은 일상생활을 보편적 질서에 맞춘다. 단키치는 시계를 몸에 지님으로써 근대의 과학과 기술을 이용하여 합리적이고 효율적인 행동을 하는 식민지 관리의 구현자가 된다. 만화를 그릴 때 시마다는 이것을 의도하고 있었음에 틀림없고, 당시의 주의 깊은 독자도 섬을 위한 문명화의 사명을 짊어진 단키치의 역할을 이 시계가 확증하고

그림 1. 시마다 게조, 〈모험 단키치〉(1933). 소년 히어로 단키치는 남쪽 섬에 사는 '토인'을 정복하고 그들의 왕이 된다. 그들을 구별하기 위해서 그들의 가슴에 번호를 쓰고, 곧바로 옆 부족과 전쟁을 하기 위해서 군대를 조직한다. 단키치의 손목시계가 눈에 띈다. 『모험단키치(冒険ダン吉)』복제판, 고단샤(講談社), 1970.

있음을 눈치 챘을 것이다.[5]

그러나 그렇다면 1942년 3월부터 시작된 일본군 점령기 필리핀에 대해 쓰노 가이타로가 검토한 다음과 같은 스토리와 비교해서 이것을 어떻게 이해하면 좋을까. 쓰노에 따르면, 당시 따갈로그어 희극에 나타난 일본군 병사의 풍자를 보면, 그들은 하나가 아닌 여러 개의 손목시계를 몸에 지니고 있었다. 물론 하나 이상의 손목시계를 차는 것이 일본병사가 보다 문명화되었음을 의미하지는 않았다. 실제로 일본병사는 필리핀인의 손목시계를 압수해서 자신들이 쓴다는 소문이 있었던 모양이다. 이것이 손목시계를 여러 개 찬 일본병사를 그리는 풍자의 기초가 되었다. 우월한 문명의 지도자이기는커녕, 여기에서 일본인은 지배하는 사람들이 이미 소유하고 있던 문명의 증거를 탐내는 자로 그려진 것이다.[6] 일본의 식민지화는 태평양 전 지역에 걸쳐 실제로 시계의 시간과 노동의 규율을 가져왔을지는 모른다. 하지만 그렇다고 해서 한 일본인이 물질적 풍요로움과 근대적 편의성의 상징인 손

---

5 川村湊, 「大衆オリエンタリズムとアジア認識」, 『岩波講座近代日本と植民地』第七巻, 岩波書店, 2005, p.100.
6 津野海太郎, 『物語日本人の占領』, 平凡社, 1999, pp.74~75, p.83. 쓰노에 따르면, 패전 당시의 구만주와 가라후토로 침략한 소련군에 대해서도 동일한 소문이 있었다고 한다.

목시계를 탐욕스럽게 모으는 것을 막을 수는 없었던 모양이다. 여러 가지로 주변적 사회 지위에 있던 대일본제국 내 일본인의 상황을 명확히 밝혀주는 연구가 최근 늘고 있다.[7] 문화적 측면에서도 제도상 보다 안정적인 위치에 있던 식민자라 해도 때로는 지배적 입장과 피지배적 입장 양쪽에 동시에 놓일 수밖에 없는 상황도 있었다.

1. 이데올로기의 관점에서 본 제국의 회로와 만남

제국의 회로를 통해 사람들이나 물건과 함께 인종 이데올로기도 전파되었다. '인종'에 보편적 정의가 없었기 때문에 세계적 탈식민지화 시대에 레이시즘과 함께 분류 개념으로서의 인종race 그 자체를 의심하게 된 것은 전혀 놀랍지 않다. 식민지주의가 없었다면 인종은 존재하지 않았을 것이다. 하지만 식민지 제국의 시대에도 장소와 시기에 따라 인종의 의미는 달랐다. 도쿄에서 '동양인'은 샌프란시스코에서 '아시아인Asiatic'이나 '동양인Oriental'과 의미가 달랐고, 1908년의 의미는 1945년과 달랐다. 인종은 제국의 시선과 히에라르키가 만들어 낸 인간 분류의 필요성 때문에 만들어졌다. 이처럼 명확하지 못한 분류는 국가가 사람의 이동을 규제하거나 특정 인간 집단을 조작하고 억압하기 위해 이용함으로써 실제 인간의 상호 교류에 영향을 주었다. 또한 매스미디어도 국경을 넘어 인종 개념을 보급했다. 결국 사람의 유동을 결정하는 이데

---

7 영문 논문으로는 예를 들면 다음의 논문이 있다. Mark Driscoll, *Absolute Erotic, Absolute Grotesque : The Living, Dead, and Undead in Japan's Imperialism, 1895-1945*, Duke University Press, 2010.

올로기는 다른 개념이나 물건의 유동과도 얽히게 된다.

제3장에서는 이데올로기에 의해 굴절된 개념, 인간과 물건이 유동하는 다면적 운동을 파악하기 위해 다른 방법론을 실험적으로 사용했다. 선적線的인 이야기를 규명하는 대신, 1908년이라는 연도에 발생한 사건이나 발언에 초점을 맞추고 역사 서술의 몽타주를 사용하여 상호 관계되는 유동의 지도를 구축했다. 이 장은 몽타주 수법의 의의와 가능성에 관한 짧은 논고로 시작한다. 몽타주가 인과 관계의 구조로 사실을 분석할 수 있는 선적인 역사 이야기를 대신할 수는 없다. 하지만 그것이 일반적 수법에 따른 서술 구조를 가진 역사 논문 사이에 놓인다면, 우리들은 수사학으로 구축된 역사상 인과 관계의 확실함으로부터 한 발자국 떨어진 위치에 서서 여러 있음직한 역사 서술의 가능성을 상상할 수 있게 된다.

역설적이게도 제국의 회로는 반제국주의 내셔널리즘이나 세계동포주의코스모폴리타니즘라는 이데올로기까지도 전파시켰다. 내셔널리즘이 제국 내 이동 경험으로 각성되는 일도 종종 있었다. 예를 들면 영국에서 자격증을 딴 변호사 마하트마 간디는 영국령 남아메리카에서 20년 이상 경력을 쌓는 동안 제국주의 지배의 민족적 불공평에 관한 인식과 인도인으로서의 민족적 아이덴티티를 자각했다. 공산주의자나 무정부주의자도 제국 종주국의 수도에서 서로 만났고, 바로 그랬기 때문에 식민지에서 금지된 중심적 텍스트를 읽을 수도 있었다.[8]

---

8   Benedict Anderson, 'Preface' in *Anarchism and Syndicalism in the Colonial and Postcolonial World, 1870-1940 : the Praxis of National Liberation, Internationalism, and Social Revolution*, edited by Steven Hirsch, Lucien van der Walt, Leiden : Brill, 2010, pp.xxvii-xxviii.

제국일본의 생활공간

제국이라는 환경에서 부상하여 제국주의와 충돌한 세계적 이데올로기는 일상생활의 문화에서도 특정한 물건이나 이념으로 연결되었다. 예를 들면 방갈로라는 주거형태는 영국령 인도에서 생겨나 제국의 회로를 통해 지구상으로 확산되었고, 역사가 앤소니 킹이 지적한 것처럼 최초의 세계적 주거형태가 되었다.[9] 방갈로라는 주거형식은 급진정치와는 동떨어진 것이었음에도 불구하고 어떤 사상가들에게는 상하의 히에라르키적 사회규범에 기존보다 덜 지배 받으며 새롭고 보다 민주적인 생활양식을 구현하는 것이었다. 제4장에서는 1920년대 일본에서 나타나 식민지 미디어를 통해 한반도로 전해진 '문화생활'의 언설을 다룬다. 이 언설에서 주거는 구체적으로 코스모폴리타니즘의 이상과 연결된다. 다시 말해 아이러니하게도 제국에 의해 모든 민족이 평등하게 공유 가능한 하나의 세계 문화를 상상할 수 있게 된 것이다.

2. 사람과 지식의 유동

제국을 단순히 종주국=중심과 식민지=주변이 아니라 비대칭적 만남의 장소가 만들어낸 거대한 네트워크라고 상상해본다면, 제국의 도시는 급속한 문화 변동과 빈번하고도 복잡한 문화 교섭의 장소로서 특별한 중요성을 지니게 된다. 종주국의 수도와 식민지 수도 사이의 사람 이동, 특히 교육을 받은 사람들의 이동을 추적함으로써 그거대한 네

---

9 Anthony King, *The Bungalow : Production of a Global Culture*, 2nd ed., Oxford University Press, 1995.

트워크 지도를 그리기 위한 작은 출발점이 만들어진다. 일본 제국의 식민지 수도에 일본인('내지인') 인구는 많았다. 1935년 시점에서 경성(서울) 총 인구 40만 4,202명 중 28%는 일본인 식민자이었고,[10] 동시기 타이완 총 인구 26만 명 중 약 30%가 일본인이었다.[11] 이것은 아시아의 유럽 식민지 도시에 비해 월등히 많은 식민자 인구가 있었음을 보여준다. 대일본제국은 종주국과 지리적으로 가깝고 채광업자나 소시민 계급의 실업가 인구를 대량으로 흡수한 점에서 북 아프리카의 프랑스 식민지 제국과 견줄 만했다.(표 1 참조)

표 1. 식민지 주요 도시의 식민자(종주국 내지에서 옮겨온 이주자) 인구 비율

대일본제국령 경성(현재의 서울, 1935)	28.0%
대일본제국령 타이베이(1935)	30.0%
영국령 델리(1921)	3.7%
영국령 싱가포르(1931)	2.7%
네덜란드령 버터비어(현재의 자카르타, 1929)	7.0%
영국점령하 카이로(1897)	5.0%
프랑스령 알제(1881~1926)	75~80.0%
프랑스령 카사블랑카(1913~1952)	20~35.0%

경성, 타이베이의 데이터는 橋谷弘, 『帝国日本と植民地都市』, 吉川弘文館, 2004.
델리, 카이로, 카사블랑카, 알제의 데이터는 David Prochaska, Making Algeria French, 1990에서 각 유럽인 인구.
싱가포르는 Brenda Yeoh, *Contesting Space in Colonial Singapore*, 2003; 유럽계와 유라시아인.
버터비어는 Karen Bakker, Michelle Kooy, "Governance Failure : Rethinking the Institutional Dimensions of Urban Water Supply to Poor Households", *World Development*, Volume 36, Issue 10, October 2008.

10 橋谷弘, 『帝国日本と植民地都市』, 吉川弘文館, 2000, p.74.(하시야 히로시 지음, 김제정 옮김, 『일본제국주의, 식민지 도시를 건설하다』, 모티브북, 2005)
11 『台北市統計書』, 台北市役所, 1936.

1935년 도쿄의 인구는 587만 5,667명이지만, 기록된 조선인 인구는 1퍼센트 남짓으로 서울에 거주하는 일본인 식민자 비율에 훨씬 못 미쳤다. 도쿄의 타이완인 인구는 더욱 적었다. 물론 도쿄가 제국 내부의 이민에서 가장 큰 흡인력을 가지고 있지는 않았다. 일본 열도에 사는 '외지' 출신자 중에는 조선인이 가장 많았지만, 공장에서 직업을 갖기를 원해 오사카로 이주한 조선인은 도쿄로 이민 온 인구보다 많았다. 1936년 도쿄에는 약 6만 5천 명의 조선인이 있었지만 오사카에는 13만 4천 명이 있었다.(표2 참조)[12]

표 2. 종주국 주요도시의 식민지 피지배지역 출신자 인구 비율(추정치)

도쿄(1935)	1.00%
오사카(1940)	4.70%
런던(1932)	0.09%
암스테르담(1930)	0.50%
헤이그(1930)	2.80%
파리(1926)	0.40%

도쿄, 오사카의 데이터는 『東京府統計書・昭和十年』의 「在留朝鮮人及台湾人」과 『大阪府統計書・昭和十年』의 「在住朝鮮人」에 의함.
런던은 영국 전체의 인도인 인구(Michael Fischer, et al., South Asian History of Britain, 2007).
암스테르담과 헤이그는 1930년 네덜란드 국세 조사(http://www.volkstelling.nl/nl/volkstelling/jaartellingdeelview/VT193002/index.html), 파리는 Tristan Oestermann과 Michael Goebel의 데이터(Freie Universität Berlin, 2012)에 의함.

상위문화(하이컬처)에 미치는 효과의 측면에서 보면, 지배층 인구의 이동은 이동 인구 전체보다도 큰 영향을 끼쳤다. 많은 인구나 문화의 유

---

12 민족이 섞여 있다고 해서 반드시 관용적인 사회가 만들어진다고는 할 수 없다. 간토(関東) 대지진 직후 도쿄에서 발생한 조선인학살은 당시의 종주국 사회가 식민지 출신자에게 얼마나 관용적이지 못했는지를 보여주는 비극적인 증거이다.

동에서 생각해보면, 도쿄는 근대적 지식이 순이입된 도시인지, 아니면 순이출된 도시인지 의문이 생긴다. 다시 말해서 식민지나 해외에서 도쿄로 유학 온 사람들은 교육의 기회를 찾아 식민지나 제국의 밖으로 도쿄를 떠난 사람들의 수를 상회했을까. 외무성 통계에 의하면, 1919년부터 1928년까지 10년간 합계 5,605명의 일본 국민이 해외 유학을 나갔다고 기록되어 있다.[13] 한편 1930년에는 2,590명의 조선인 유학생이 도쿄에 살았다는 기록이 있다. 1935년에는 4,646명의 조선인 유학생이 있었고, 1942년에는 1만 6,784명이 있었다고 한다.[14] 일본 본토의 조선인 거주인구 전체와 달리, 조선인 유학생의 압도적인 수가 도쿄에 체류하고 있었다. 타이완인 유학생도 소수이나마 도쿄에 왔지만, 조선과 비교해도 동등하거나 그 이상으로 중국 대륙에서 유학생이 왔다.[15] 중국인 유학생이 정점에 달한 1936년에는 1년간 일본 본토에 온 유학생 수가 8천을 넘었다고 한다.[16] 해외 도항에 관한 외무성 통계가 일본 본토에서 어떤 형태로든 유학을 떠난 전체 일본인 수를 정확히 나타내지 않을 수도 있고, 통계 기록의 연대는 도쿄로 오는 학생을 기록한 연대와 완전히 일치하지 않는다. 하지만 도쿄를 학문의 중심으로 삼고 있던 일본 본토는 학생이 이입되고 교육을 이출하였던 것이 전체적으로 봐서 거의 확실하다. 다만 그 학업의 실태는 의학이나 경제학, 예술 등

---

13 外務省通商局編,『海外渡航及び在留本邦人統計』, 1930, pp.14~15.
14 朴宣美,『朝鮮女性の知の回遊－植民地文化支配と日本留学』, 山川出版社, 2005, p.28.(박선미,『근대여성 제국을 거쳐 조선으로 회유하다』, 창비, 2007)
15 1920년대 도쿄의 타이완인 유학생의 지적 생활에 대해서는, 紀旭峰,「大正期在京台湾人留学生と東アジア知識人－朝鮮人と中国人とのかかわりを中心に」,『アジア太平洋討究』 15号, 2010,10, pp.201~219.
16 実藤恵秀,『中国人日本留学史稿』, 日華学会, 1939, pp.309~310.

어느 학문이든 서양에서 유래된 것이기 때문에 많은 경우 도쿄를 동아 시아의 학문의 재수출항이라 보는 것이 정확할 것이다.[17]

문학 분야에서 학문과 지식의 왕래에 관한 도쿄의 역할은 번역과 출판을 통해 대체로 짐작할 수 있다. 카렌 손버 등은 대일본제국을 통해 문학자의 접촉이나 교류가 폭넓게 이루어졌음을 실증하고 있다. 문학의 경우도 도쿄는 많은 경우 재수출항의 역할을 완수했다. 예를 들면 루쉰은 서양 책과 일어 번역본을 구하기 위해 간다神田와 혼고本鄕의 책방을 섭렵했다. 루쉰의 동생 저우쭤런은 뭐든지 바로 일본어로 번역이 된다고 기록하고 있다. 동시에 작가들의 새로운 네트워크도 아시아에 형성되었다. 1942년 11월 제1회 대동아 문학자대회에 참가하기 위해 1,500명의 작가가 도쿄의 제국극장에 모였다.[18] 대동아의 이름 아래 아시아에서 도쿄로 온 각 참가자의 동기는 틀림없이 복잡하고 분석을 요하는 문제이지만, 이 정도로 많은 작가가 전 지역에서 한 장소로 모인 것 자체도 대일본제국을 통해 형성된, 손버가 말하는 '문학적 성운星雲'의 조각을 보여준다.

아시아의 다른 지역에서 도쿄로 온 학생들은 스스로 문학이나 정치 단체를 만들었고, 그것들은 많은 학생들이 정식으로 자국 동포와 자신을 동화하는 사회 집단의 첫 경험이 되었다. 마이클 와이너는 1925년 이전 도쿄에 창립된 14개의 조선인 단체에 대해 기록했는데, 그 대부분은 민족주의 단체였고 소수의 공산주의 단체도 있었다고 한다.[19] 와세

---

17 서양 지식체계의 이식은 제국내부에서 다른 회로를 통해서도 일어났다. 아라라기 신조가 밝히고 있듯이, 많은 타이완인이 의료연수를 위해 만주로 이동했다. 蘭信三, 「序－日本帝国をめぐる人口移動の国際社会学をめざいて」, 『日本帝国をめぐる人口移動の国際社会学』, 不二出版, 2008, p.17.

18 Karen Thornber, *Empire of Texts in Motion : Chinese, Korean, and Taiwanese Transculturations of Japanese Literature*, Cambridge, MA : Harvard University Asia Center, 2009, p.35, p.81.

다早稲田 대학의 조선인과 타이완인 학생들은『아세아고론亞細亞公論』에서 일본어로 정치론을 나눴다. 한편 중국 연구자 사네토 게슈実藤恵秀가 1939년에 기록한 바로는 1934년 당시 일본에서 37권 이상의 중국어 잡지가 출판되었다. 국경을 초월한 놀랄 만한 문장 생산량은 과거 수 세기에 걸쳐 존재해왔던 중국문화권의 존속으로도 그 일부를 설명할 수 있다. 그와 동시에 중국 사상의 유산에 기인하는 보다 심원적인 문화적 유대를 별개로 하더라도, 도쿄의 식자공이 활자함에 한자를 두고 있었다는 물리적 이유 때문에 도쿄가 중국어 출판에 적합한 장소였다는 것 역시 상상하기 어렵지 않다. 이와 관련하여 타이완 총독부가 주재하고 간행한 신문『타이완니치니치신포台湾日日新報』는 일부가 2개 국어 병기였기 때문에 일본인 식민자와 중국어를 읽는 타이완 독자 양쪽에게 정보를 제공했고 양쪽 모두 투고했던 한시 코너도 있었다.[20]

　　예술 분야에서 정부가 주최한 전람회는 세계적 학문과 지식을 도입하는 또 하나의 중요한 통로로서 취미의 헤게모니를 생성하고 재생산하는 장치가 되었다. 전람회에서 선출된 소수의 식민지 화가는 도쿄미술학교로 진출했다. 또한 그중 소수는 도쿄를 벗어나 아카데미 회화와 전위미술의 세계적 정점인 파리로 진출했다. 1927년부터 1943년까지 매년 타이베이에서 열린 타이완미술전은 도쿄에서 열린 제국미술전의 복사판이었다. 타이완에서 일본인 회화 교수는 학생에게 서양적 유채화를 가르치거나 혹은 일본 본토에서 1880년대 이후 '일본화'라 불렸지만 일본

19　Michael Weiner, *Race and Migration in Imperial Japan*, London and New York : Routledge, 1994.
20　『台湾日日新報』에 대해서는 李承機,「一九三〇年代台湾における「読者大衆」の出現」,『記憶する台湾―帝国との相剋』, 東京大学出版社, 2005.

인이 본토 밖의 아시아에서 가르치거나 그릴 때 '동양화'라고 개명된 것을 가르치고 있었다. 19세기 말부터 20세기 초까지 파리에서 훈련을 받은 일본인 화가 제1세대는 그 곳에서 유행하던 외광파外光派와 인상파 양식에 익숙해졌다.[21] 그 결과 도쿄는 아시아에서 포스트 인상파의 중계지점 기능을 수행했고, 도쿄의 아카데미를 매개체로 했기 때문에 그 화법은 식민지 조선과 타이완에서 '아카데미파'라 칭해졌다. 도쿄의 회화 교수나 전람회 심사원은 조선, 타이완, 중국 본토의 화가에게 양식이나 기법을 가르쳤다. 그들은 동시에 각국에서 지역 고유의 '지역색'을 장려했다.(그림 2) 그 결과 이들 각국에서 선호되던 제재가 고유한 것으로 다루어지기 시작했고, 일찍이 중국 중심적인 미적 규범로부터 식민지 지배하의 화가와 경관미를 분리시키고, 제국 내부 각 지역의 문화적 아이덴티티를 강화했다.[22]

그림 2. 린유산(林玉山), 「귀로(歸路)」, 1944. 『도쿄 · 서울 · 타이베이 · 장춘 : 관전(官展)으로 보는 근대미술』 2014년 수록. 린유산은 1907년 타이완의 자이(嘉義)에서 태어나 중국문인화 화가로 출발했지만, 1927년 제1회 타이완전 심사에서는 중국의 전통 화법을 이용한 출품이 낙선했다. 도쿄에서 서양수채화를 공부하고, 1930년대에는 일본화('동양화')를 교토의 도모토 인쇼(堂本印象) 밑에서 공부하고 타이완으로 돌아갔다. 타이완전에서 장려되던 '지역색'은 린이나 다른 타이완 화가의 눈을 물소, 사탕수수, 원주민 등과 같은 제재로 향하게 만들었다. Wang Hsiu-hsiung, "The Development of Official Art Exhibitions in Taiwan During the Japanese Occupation", In War, Occupation, and Creativity: Japan and East Asia, 1920-1960, edited by Marlene Mayo, Thomas Rimer, and H. Eleanor Kirkham(University of Hawai'i Press, 2001)

21 J. Thomas Rimer, "Tokyo in Paris, Paris in Tokyo" In *Paris in Japan : the Japanese Encounter with European Painting*, edited by Shuji Takashina, J.Thomas Rimer, Gerald D. Bolas, Japan Foundation, 1987.

22 『東京 · ソウル · 台北 · 長春 : 官展にみる近代美術』, 福岡アジア美術館, 2014. 영문으로

제국대학과 같은 제도의 안정성에 힘입어 도쿄는 20세기 초부터 학지學知의 생산자와 수출자가 되기는 했지만, 그렇다고 모든 분야에서 제도帝都 도쿄가 동아시아의 문화적 중심이 된 것은 아니었다. 그다지 학교 교육에 의지하지 않던 분야에서는 별도의 지역적 히에라르키가 가능했다. 예를 들면 테일러 앳킨스가 지적한 것처럼 재즈의 세계에서는 상하이가 메카였기에, 진정한 재즈의 본질에 다가가길 원하는 일본인 연주자를 상하이로 불러들였다.[23]

　　요약하자면, 대일본제국은 식민지 수도에 비교적 규모가 크고 동시에 비엘리트가 많이 포함된 식민자 인구와, 종주국 수도 도쿄로 향하는 외지 유학생 등의 꾸준한 유입으로 특징 지워진다. 한자 등을 공유하면서 예로부터 지속된 유대관계와 서양에서 수입된 근대 교육 제도에 의한 흡인력, 이 두 가지에 의해 도쿄는 여러 엘리트 문화의 네트워크가 겹치는 연결점이 되었다.

3. 식민지적 근대, 제국적 근대, 포스트 식민지의 책임

　　이 책에서 나는 종종 '제국적 근대'라는 말을 사용한다. 제국주의의

는 다음의 자료가 있다. Young-Na Kim, "Artistic Trends in Korean Painting" In *War, Occupation, and Creativity : Japan and East Asia, 1920-1960,* edited by Marlene Mayo, Thomas Rimer, and H. Eleanor Kirkham (University of Hawai'i Press, 2001), pp.124～126; Wang Hsiu-hsiung, "The Development of Official Art Exhibitions in Taiwan During the Japanese Occupation" In Mayo, Rimer and Kirkham, eds., ibid., p.103.

23　E. Taylor Atkins, *Blue Nippon : Authenticating Jazz in Japan* (Durham, NC : Duke University Press, 2001), pp.83～90.

파워 밸런스라는 문맥에서 경험되는 근대를 이 용어로 드러내려 했다. 하지만 동시에 근대의 식민지 제국 시대에 제국의 회로 속을 유통했던 학문, 제도, 물질적인 것을 의미하는 경우에도 사용했다. 1990년대 후반 이후, 일본의 식민지 제국 연구 중에서 '식민지적 근대'를 논하는 연구자가 여럿 나타났다. 이 표현은 그 애매함 때문에 비판을 받고 있다. 또한 어떤 연구자는 자칫하면 제국주의의 폭력을 최소한으로 평가하는 역사 수정주의적 해석에 이용될 수 있는 개념이라고 우려한다. '식민지적 근대'라는 개념은 특히 근대 한국·조선의 역사학에서 일본의 식민지 지배 아래 조선의 근대성 경험을 전혀 인정하지 않는 탈식민주의적인 민족주의적 해석에 대항하는 논의로 출현했다. '식민지적 근대'의 주장을 재고하는 논고에서 이타가키 류타는, 역사가는 식민지 종주국에 있는 사람들의 경험도 포함하는 형태로 이 개념을 다시 생각해야 한다고 주장한다.[24] 때문에 여기에서는 '제국적 근대'라는 표현을 대신 사용한다.

물론 '제국적 근대'는 '식민지적 근대'와 비슷하게 애매한 표현이다. 하지만 이 개념으로 식민지와 종주국 본토 양쪽 공간을 포함한, 여러 제국에 의해서 형성된 다각적 공간이었던 '제국'적 문맥의 근대 규범이나 형태를 보다 포괄적으로 파악할 수 있는 방법을 얻을 수 있다. 또 식민지 제국 붕괴 후에 지배적이 된 글로벌한 근대성의 여러 형태와의 변증법적 관계를 해석하는 것도 가능해진다.

이 변증법을 도식화하기 위해 글로벌한 근대를 단순한 견지에서,

---

24 板垣竜太, 「<植民地近代>をめぐって―朝鮮史研究における現状と課題」, 『歴史評論』654号, 2004.10, pp.35~45.

다시 말해 후쿠자와 유키치福沢諭吉가 '문명의 이기'라 불렀던 것으로 생각할 수 있다. 예를 들면 철도나 전신 등 일련의 투자 대상이나 징병제 및 도시 계획 등의 제도처럼 종종 제국의 회로를 통해 세계로 확산되었고, 거의 대부분의 장소에서 도입되었으며, 강요되거나 포함되더라도 혼합되면서 한 번 조우하면 완전히 거부당한 적이 없는 것들이다. 이러한 것들은 식민지 제국 시대 이후에도 존속되고 확대되었다. 세계의 대부분에서 제국 열강에 의해 강요된 것이기 때문에 그 역사적 시점에 있어서는 제국주의와 분리해서 생각하는 것이 불가능하다. 하지만 동시에 식민지 제국주의 내부에서 권력에 의해 이동되고 그것을 강요한 식민지 제국이 붕괴했을 때 대부분 버려진 근대의 투자와 제도의 조합도 있다.

그림 3. 버려진 제국의 흔적. 1911년 인도를 방문한 조지 5세의 대관식을 위해 델리의 교외에 설립된 'Coronation Park'. 인도 독립 후 식민지 시대의 위인 동상들을 이곳에 모아 놓아 제국의 '묘지'로 변했다. 2000년대에 들어서 황폐해진 공원을 설립 100주년 때까지 정비할 계획이었으나 기한을 맞출 수 없었다. John Elliott, "Delhi Marks One Hundred Years of 'Re-emergence' and Bypasses a British Century", *The Independent*, Dec.17, 2011.

이것들을 '제국적 근대'라 부른다. 현실에서는 글로벌한 것과 제국의 것이 항상 서로 맞물려 있었다. 하지만 글로벌한 근대성과 제국의 근대성을 건축이나 물질문화의 다른 존재 방식 또는 다른 주체나 행동양식을 통해 발견할 수 있다. 토벌과 무육pacification(보살핌의 뜻, 통제에 반대되는 뜻의 통치 개념-옮긴이), 개선문, 제국의 축제와 패전트pageant, 타국의 군주에게 종속과 충성을 맹세하도록 강요된 의식, 다른 형태의 제국 통제와 교화 수단 등은 모두 어떤 형태로든 인종 히에라르키를 구현하거나 상징했다. 그리고 이들 모두 20세기 후반에는 거의 과거의 것으로 취급되는 근대성에 속한다. 글로벌한 것과 제국의 것이 서로 맞물려 있던 시대에는 분리하기 어려웠지만, 훗날 탈식민지화 과정에서 제도와 그 물질적 유산이 선별되어 어떤 것은 보존되고 어떤 것은 파괴되었던 것처럼(그림 3), 여러 요소들은 실제로 구별되었다.

　우리들은 한쪽이 다른 한쪽보다 폭력적이었다는 점에서 양자의 차이를 찾아서는 안 될 것이다. 이것은 근대 군대와 화석 연료에 기초한 공업이 가져온 파괴를 보면 명확하다. 모든 곳으로 확산된 가장 대표적 문명 기술인 이 두 가지 사례는 거의 모든 곳에서 거부당하지 않고 탈식민지화 이후에도 계속 확대되었기 때문이다. 글로벌한 근대는 제국 못지않게 폭력을 행사해왔다. 유일한 차이는 제국의 근대성이 민족 아이덴티티보다 명백히 폭력적이었다는 것인데, 이는 불평등한 이데올로기와 정책에, 경우에 따라서는 강제적인 동화에 기반했기 때문이다. 이에 비해 이념으로서의 글로벌한 근대는 개인 및 민족의 자결권, 물질생활의 진보, 쾌락, 신체적 욕구의 만족 등과 같은 보편적 가치 또는 약속의 일군一群 등을 의미했다. 그러나 현실에서는 민족 간이나 개인 간의 불평등이 지속되었고, 자본주의가 새로운 욕구의 영원한 창출을 필요로 했기 때문에 이러한 약속은 언제까지나 그 실현이 미루어졌다.

　프레데릭 쿠퍼가 기록한 것처럼 제국은 "국경을 초월하여 권력을 뻗치는 국민국가로 환원되어서는 안 된다."[25] 20세기 전반에 제국이라는 정치 형태 고유의 역학이 전세계 대부분의 사회와 문화를 특징지었다. 20세기 후반 이후 국민국가는 정치적 정당성의 지배적 원천으로서 제국을 대신하는 위치를 점하게 되었다. 그리고 포스트 식민지주의적 국민국가의 대두로 국제 정치에서도 역사 서술에서도 제국주의의 집단적 폭력이라는 부정적 유산이 전면화되었다. 아시아에서 일본 제국주의는 현재에 이르기까지 여전히 해결되지 못한 여러 가지 인권문제라는 나쁜 유산을 남기고 있다. 아시아에서도 제국주의의 인권 침해를 발굴하고 그것을 논하는 것은 다른 세계의 경우와 마찬가지로 여전히 중대한 윤리적 의미를 지니는 작업이다. 그러나 만일 근대 제국의 역사가로서 이 일을 유일한 사명으로 삼는다면, 그 역사를 지배와 저항이라는 이원론적 도식 속에 한정짓는 위험을 범하게 된다. 또한 이것은 개인의 인권을 무시하고 민족의 권리를 인정하는 것이 포스트 식민지 시대에서 정의正義의 충분한 존재방식인 듯 민족의 아이덴티티를 실체화시키는 것과도 연결된다. 변형되기는 했으나 제국주의와 식민지주의는 여전히 우리 사이에 존재한다. 20세기에서 제국의 문화적 작용을 파악하는 보다 다이내믹한 방법이 우리들의 현재 상황을 이해하는 데 도움이 될지도 모른다.

25　Frederick Cooper, op. cit., p.11.

제1장

'양관洋館'의 장식 방법과 주거 방식

메이지 상류계급의 취향은 '오리엔탈리즘'이었나

『후진가호(婦人画報)』실내장식 특집호(1906.2) 표지. 이시카와 도라지(石川演治) 그림.
특집호는 '실내장식'이라는 새로운 분야의 지식을 독자에게 전달함과 동시에 부와 명성이
있는 사람들의 주거를 들여다보는 기회를 제공했다. 발행 취지에는 "다행히도 상류사회의
독자가 많아서 자택 촬영을 청하니 흔쾌히 승낙해주셨다"라고, 잡지의 사회적 지위를 과시
하고 있다.

메이지기의 상류계급은 빅토리아기 서양의 양식과 취향을 많이 도입했다. 주택건축에서는 특히 서양풍의 외견을 가진 '양관洋館'과 응접실로 사용된 '양실洋室'의 내부 장식을 볼 수 있다. 하지만 이러한 내부 장식을 간단히 서양의 양식이라고 해석할 수 있다는 것은 아니다. 이러한 주택의 대부분은 일본인 목수가 세웠고 그 장식에는 지역 장인의 기술이 드러나 있다. 국내외에서 제작된 여러 가구가 섞여있고, 당시 일본인이 이해한 대로의 서양 취향에 맞게 일본, 중국 외 아시아의 골동품을 장식에 사용하거나 일본 취향과 조화를 이룬다고 생각된 서양 취향의 요소를 사용하였다. '서양 취향' '일본 취향'이라는 말은 둘 다 불안정한 용어이다. 이것들은 상호 보완적 형태로 배치되는 과정에서 정의되는 것으로 인식되어야 한다.

이 장에서는 메이지 말기의 한 특정 사례를 통해서 당시 일본 상류계급의 '양관' '양실'의 장식 배후에 있는 감성이나 세계관을 탐구하려 한다. 사례로는 1906년에 간행된 『후진가호』 실내장식 특집호이다. 『후진가호』는 러일전쟁이 한창인 1905년에 발행되었다. 이 장에서 다루는 실내장식 특집호는 그 다음 해에 나왔다. 특집호의 사진을 보면, 세계 제국주의 시기에 살았던 메이지기 상류계급에 의한 일본 국내시장의 미적 선택, 그리고 장식품이나 실내장식과 사진표상과의 관계에 대한 많은 물음이 생겨난다. 이 장의 의도는 이러한 물음을 부각시켜 우리들의 관찰을 질서 있게 만들어 줄 도식을 몇 가지 제시하는 것이다.

이러한 물음이 의거하는 이론적 틀은 오리엔탈리즘의 문제이다. 단순화를 두려워하지 않고 말하자면 에드워드 사이드의 이론에서 말하는 오리엔탈리즘이란, 식민지주의적 세계관에 기반하여 기존의 제국주의적 정치의 권력관계에 가담하거나 그 구조를 정당화하여 문화를 해석하는 관점이다. 당시의 일본은 서양에서 보면 '오리엔트(동양)'에 위치하면서도 식민지를 획득하여 열강의 대열에 서 있었다. 이처럼 국제적 지위가 모호했기 때문에 에드워드 사이드의 용어를 적용하는 것이 분명 복잡해진다.

메이지기부터 현재까지 메이지 상류계급은 서양의 피상적 모방자로서 여러 번 묘사되었다. '양관'은 프록코트나 여성의 스커트를 부풀리기 위한 버슬 등과 함께 정치적으로 참신하면서도 문화적으로는 비독창적이라 취급받은 시대의 대명사이다. 일본이 보다 새로운 문화유산 보호대상을 찾기 시작하면서 메이지기 여러 건물이 문화재의 가치를 인정받았다. 하지만 예외적인 일본인 건축가의 독자성을 언급한다 해도, 메이지 문화를 '흉내'로 간주하는 통념은 변하지 않는다. 서양과 대등하고 싶어 하면서도 서양 문명에 동화될 운명에 처했던 메이지 사람들을 이해하는 방식을, 우리들은 피식민지 일본의 언설이라고 부를 수 있다. 이 언설에서 서양은 문화적 식민지주의의 주체였고, 일본은 식민지 지배의 대상이었다. 근대에 관한 일본의 이러한 견해는 현대에도 활발하다.[1]

이와는 정반대로 당시의 일본인이 동서양 전체의 지식이나 문화를 쉽게 도입할 수 있는 독특한 입장에 있었고, 서양, 중국, 한국 또는 자국의 전통에서 *그것들을* 자유롭게 끄집어냈다고 보는 것도 가능하다. 만

1 　메이지천황과 거의 겹치는 쭐랄롱꼰(라마 5세)치세 하(1868~1910) 타이 왕실의 건축은 동일한 '흉내' 논리에 따라 키치(kitsch)라고 비판받아 왔다.(Koompong Noobanjong, "Power, Identity, and the Rise of Modern Architecture : from Siam to Thailand", Ph.D. dissertation, University of Colorado, 2003, pp.200~210)

약 이러한 유용appropriation이 일본의 제국주의적 팽창 계획과 아시아의 식민지 통치자로서의 위상에 한 몫 했다고 한다면, 그 귀결은 실로 에드워드 사이드적 의미에서의 오리엔탈리즘이라 말할 수 있다.

당시의 감성에 대한 이상과 같은 두 가지 평가의 대립은, 궁극적으로는 표상을 조종하는 힘의 문제로 귀착할 것이다. 일본이나 일본인이 일본적인 것과 서양적인 것의 표상을 자유자재로 구사했다고 볼 것인가, 아니면 서양에서 유래된 표상들의 포로가 되어 있었다고 볼 것인가. 하지만 일본 이미지의 장악 문제를 교묘한 유용이라고 보든 비 독창적이라고 보든 결국 개인을 단순히 국민국가의 반영이라 보는 것으로 이어진다. 일본이 제국의 세계질서에서 지위를 다투던 시대였기 때문에 불가피하게 국민들에게 던져진 질문은 모든 문화 영역에 크게 미쳤다. 하지만 실제 개인의 취향은 지역, 젠더, 세대, 계급, 사회적 신분 등 복잡한 변수로 규정되었다. 따라서 메이지 국가의 모호한 지위가 세계에 끼쳤던 문화적 영향을 말하려면, 그 지위 자체가 국내사회의 문화 전략에 어떻게 스며들었는지, 그리고 어떤 치환 메커니즘을 통해 세계 정치질서가 반복되고 반영되며 또 역전되어 국내 질서에 스며들었는지 분석하지 않으면 안 된다.[2]

1906년의 『후진가호』는 그러한 메커니즘이 작용했던 표상의 연결점을 제공한다. 여기에는 제국의 몇 가지 문화적 방향성이 교차한다. 그

---

2 식민지 피지배 민족의 '흉내'에 전복(転覆)의 위협이 숨어 있음을 시사하는 식민자와 피식민자의 문화적 관계의 재독(再読)에 대해서는 ホミ・バーバ著, 本橋哲也・正木恒夫・外向尚美・阪元留美訳, 『文化の場所ーポストコロニアリズムの位相』, 法政大学出版局, 2005 참조(호미 바바 지음, 나병철 옮김, 『문화의 위치-탈식민주의 문화이론』수정판, 소명출판, 2012)

제국일본의 생활공간

도판은 우리들에게 식민지 제국의 지배·피지배의 이분법을 초월하도록 촉구한다. 오리엔탈리즘과 메이지의 취향을 둘러싼 특수한 문제로 돌아가기 전에, 먼저 화보 잡지 자체를 고찰하고자 한다. 왜냐하면 이것은 정치 구조를 문화로 치환하는 매개체이기 때문이다. 이 치환에서 문제를 질서 있게 만드는 두 가지 원칙이 발견된다. 하나는 페티시즘이고, 다른 하나는 식민지주의 또는 오리엔탈리즘이다. 전자의 원칙은 사람이나 사회의 관계를 페티시의 대상으로 치환한다. 페티시즘이란 사람의 관계를 물건의 관계로 오해한다는 마르크스의 용어이든, 어떤 욕망의 대상을 다른 것으로 대체한다는 프로이트의 용어이든, 치환의 형식 중 하나이다. 한편 오리엔탈리즘은 국제적 정치질서를 자연스러운 것이라 오해하는, 치환의 또 다른 형식 중 하나이다. 다시 말해 후자의 원칙은 이 오해를 반영하여 세계의 헤게모니 구조를 국민 간 혹은 국내의 정치적 문화적 질서로 치환한다. 하지만 이러한 질서화 원칙을 설명하는 것만으로는 메이지 상류계급의 취향이 '오리엔탈리즘'이었나 라는 이 장의 최초 물음에 답했다고 할 수 없다. 물음에 답하기 위해서는 메이지의 실내에 실제로 놓여있던 장식 언어와 그 사진 표상을 빠짐없이 해독해야만 하기 때문이다.

1. 매개체―『후진가호婦人画報』

1906년 2월, 발간 2년째를 맞이한 『후진가호』는 실내장식 특집호를 발행했다. 처음 스무 페이지 남짓은 호화스러운 실내장식 사진인데, 대부

분은 일본의 특권계급의 주택 객실과 응접실을 찍은 것이었다. 그것들은
히가시후시미노미야東伏見宮 저택, 이와쿠라岩倉 공작 저택, 니조二条 공작
저택, 구로다黑田 후작 저택, 호소카와細川 후작 저택, 오쿠마大隈 백작 저택,
오가사와라小笠原 백작 저택, 아키모토秋元 자작 저택, 오쿠라 기하치로大倉
喜八郎 저택, 가네코金子 남작 저택, 미쓰이 사부로스케三井三郎助 저택, 미쓰
이 다카야스三井高保 저택, 궁내성 장식사 요시다 사치고로吉田幸五郎의 '신
인新案 화양절충 응접실'(그림 1), 미쓰코시三越 포목점 응접실 등의 실내였
다.『후진가호』라는 이름에서 알 수 있듯이, 이 잡지는 첫 번째로는 여성

그림 1. '신안 화양절충 응접실'.『후진가호』실내장식 특집호.

시장을 노리고 있었고, 두 번째로는 복제 사
진 도판이 특징이었다. 1880년대 이래 급속
히 성장한 일본의 출판 자본은 신설된 고등
여학교에서 교육을 받은 중산 계급 이상의
여성 독자에게서 큰 시장의 가능성을 발견
했다. 훗날 오야 소이치大宅壮一는 교육받은
여성이 잡지를 사는 것에 대한 당시 출판계
의 놀라움을 "광활한 신식민지 발견과 비슷
하다"고 표현했다.3 (마에다前田, p.212에서 인
용) 하지만 출판사가 관심을 보였던 '식민
지'는 국내 시장만이 아니었다. 1907년『후
진가호』는『도요후진가호東洋婦人画報』로 개
명하고 일반적으로 일본어와 영어였던 사

3 前田愛,『近代読者の成立』, 岩波書店, 1993, p.212에서 인용. (마에다 아이 지음, 유은경·
   이원희 옮김,『일본 근대 독자의 성립』, 자음과모음, 2003)

진 캡션에 중국어를 추가했다.

『고디즈 레이디스 북Godey's Lady's Book』과 같은 미국 잡지와 소수이지만 이전의 일본 잡지가 성공한 판매 전략에 따라『후진가호』도 오락과 교양을 섞어서 지면을 구성했다. 소설, 고등여학교 활동보고, 유행기사 등과 함께 제3호에는 남자 의사가 쓴 여성 위생 기사, 오야마 이와오大山巌 공작부인이 쓴 전시하 일본여성의 책무에 관한 기사, 남성 저자가 현모양처에 대해 쓴 기사 등이 게재되었다.

『후진가호』는 최초의 여성지도 가장 많이 팔린 여성지도 아니었지만 상류사회의 가족사진이 독자적인 세일즈 포인트였다.『후진가호』와 비슷하게 사진이 포함된 여성 월간지로는 1901년 창간된『조가쿠세카이女学世界』와 1906년 창간된『후진세카이婦人世界』가 최고의 매출을 올렸다고 전해진다. 1911년 도쿄 서점의 여성지 매출 조사에서『후진가호』는 이 두 잡지의 뒤를 이은 3위였다.[4] 두 경쟁지와 차별화된『후진가호』의 스타일은 고품질의 사진도판을 충분히 사용한 점이며 그것이 신선한 매력의 근원이 되었다. 사진 이미지의 대량 판매를 가능하게 만든 주요 기술인 콜로타이프와 망판인쇄는 일본에서 1880년대 말에 실용화되었다. 사진도판을 내세운 최초의 잡지는 한 달에 3번 간행된『청일전쟁실기日清戦争実記』로, 1894~1895년 청일전쟁 중에 최전선의 모습을 사진 자료로 전했다. 사진이나 그림 자료 중심이 아니었던 다른 인기 잡지도 망판인쇄를 이용한 사진도판을 게재하여 유통되기 시작했다.

카메라가 국내의 소재로 향했을 때, 사진도판은 대상인물의 사회적

4 　川村邦光,『オトメの祈り―近代女性イメージの誕生』, 紀伊国屋書店, 1993, pp.25-27. 당시의 발행부수는 불명확하지만 아마 각 호 1만 부에서 10만 부 사이였을 것이다.

지위를 '유명성'이라는 새로운 사회 현상으로 바꾸었다. 잡지 『다이요太陽』의 1895년 제1권 제2호는 오쿠마 시게노부大隈重信 백작(당시), 아내, 어머니의 사진을 크게 싣고 있다.[5] 이처럼 정치 엘리트의 사생활을 보여주는 사진은 나중에 『후진가호』의 도판 페이지를 채우는 고위계층 일가 초상 사진의 선구적인 것이었다. 물론 『다이요』의 독자는 정치가 오쿠마를 알고 있었을 것이다. 그러나 사적인 장면을 찍은 오쿠마의 이 사진은 그의 언행, 개인으로서의 외견, 나아가 가족의 옷차림이나 표정 등을 오쿠마의 공적 인격(persona, 다른 사람들 눈에 비치는 모습-옮긴이)의 일부로 만들었다(그림 2). 『후진가호』는 이 방식을 특기로 삼아 화족의 인물 및 재산 사진을 잡지 매출에 이용하면서 화족들을 미디어 아이돌적 존재 그리고 사회적 규범으로 만들어갔다.

그림 2. 오쿠마 시게노부 백작(당시)과 아내와 어머니. 『태양』 1895년 제1권 제2호.

5　坪谷善四郎, 『博文館五十年史』, 博文館, 1937; John Clark, "Changes in Popular Reprographic Representation as Indices of Modernity", In *Modernism, Modernity, and the Modern : Japan in the 1920's and '30's*, ed. John Clark and Elise Tipton, Sydney and Honolulu : Australian Humanities Research Foundation and University of Hawai'i Press, 2000. 『호치신분(報知新聞)』 1904년 신년호는 화족여성(과 여배우)의 사진을 게재한 별도의 앞선 사례인데, 이것은 하나의 지면에 문자와 사진을 모은 신기술을 보여주기 위해서였다.(James L. Huffman, *Creating a Public : People and Press in Meiji Japan*, Honolulu : University of Hawai'i Press, 1997, p.283)

촬영된 인물들은 그저 만들어진 유명인일 뿐만 아니라(유명인이라는 것은 모두 만들어지는 것이므로), 일본의 화족제도 자체가 1884년에 유럽을 모델로 만들어진 것이었기 때문에 새롭게 만들어진 계급이기도 했다. 옛 공가公家, 무가武家 외에 정치가, 군인, 마침내는 기업가에게도 국가에 대한 공헌에 따라 작위가 수여되었다.[6] 이 복합적인 근대 상류계급의 재산과 지위를 전시하는 화보 잡지는 당국의 감시에 사용된 경찰 사진이나 사회의 밑바닥을 공중의 눈앞에 폭로한 슬럼 조사 보고 사진(그림 3)과 마찬가지로 사회질서를 구성하는 새로운 표상 체계를 형성하는 데 불가

그림 3. 뉴욕의 슬럼을 찍은 제이콥 리스의 명저 〈세계의 다른 반쪽은 어떻게 살아가고 있나(How the Other Half Lives)〉. 리스는 이 사람들의 이름을 기록하진 않았으나 동시대의 그래프 잡지가 '유명인'을 만들어 낸 것과 마찬가지로, 리스의 사진은 이 '무명'의 사람들의 얼굴, 신체, 사생활을 공중에게 알렸다. 1890년에 초판이 발행되었는데, 카메라는 약 20년 후 일본의 빈민굴에도 들어가게 된다.

---

6 浅見雅男, 『華族誕生―名誉と体面の明治』, リブロポート, 1994.

결한 것이었다.[7] 메이지의 원로가 만든 작위 체계를 받아들여 유명인이라는 환상의 왕국으로 새롭게 꾸며냄으로써 화보 잡지는 이 체계를 페티시즘의 대상으로 바꾸었고, 새로운 체제가 만들어 낸 관계의 구조 속 정치적 현실을 매력적인 개인과 가족의 이미지로 바꾸어버렸다.

2. 질서화 원칙 1- 천황의 선반

이 잡지를 분석하는 첫 번째 단계는 사진의 순서와 사진을 제시하는 스타일에 있다. 『후진가호』 권두사진 전체의 레이아웃에는 지위 높은 사람들의 사진이 첫머리에 장식되어 있다. 천황을 중심으로 한 메이지 사회계급의 질서를 반영하고 있는 것이다. 초상사진을 실을 때 각 호는 전형적으로 친왕과 내친왕의 사진을 필두로 화족 개인과 일가의 사진을 지위에 맞게 배열하고 마지막에 평민 가족을 배열했다. 실내장식 특집호도 동일한 구조이다. 이처럼 사회질서에 따른 사진의 나열 방식은, 예를 들면 통속적인 가정학 독본 등과 같은 동시대에 발행된 다른 간행물의 권두 초상사진에서도 볼 수 있다. 하지만 『후진가호』는 실내장식 특집호에서 단순히 수직적으로 계층화된 사회가 존재한다는 것 이상의 의미를 전달하는 독자적 방식으로 이 사회질서를 재생산했다. 화족저택의 개인 공간 사진은 분명히 독자에게 자신의 집을 장식할 때의 규범을 제시하기도 했을 것이다. 하지만 보다 중요한 것은 제이콥 리스가 뉴욕의 슬럼을 찍은

---

7   John Tagg, *The Burden of Representation; Essays on Photographies and Histories*, London : MacMillan, 1988 참조.

유명한 사진을 보고 미국의 중산계급 독자가 숨겨진 세계를 알았던 것처럼, 화족이 아닌 독자에게도 『후진가호』에 의해서 자국 엘리트의 숨겨진 생활영역을 엿보는 기회가 주어졌던 것이다. 실내장식 특집호는 화족과 그 일가의 낯익은 초상사진을 사람이 없는 실내 사진으로 대체했다. 다시 말해 집과 재산을 슬쩍 보여줌으로써, 친밀한 교제가 불가능한 대신 독자의 손이 닿지 않는 입신출세욕의 대상을 보여주는 더 큰 페티시즘화를 보여준 것이다. 예를 들면 유명한 오쿠마 백작은 본인이 아닌 장식된 응접실로 표상되었다. 암살미수사건으로 오른쪽 다리를 절단했기 때문에 응접실에는 특별히 방석을 여러 장 쌓은 의자가 있었고, 또 그의 아내가 사용하는 자수대도 눈길을 끄는 곳에 놓여 있었다. 이러한 사적인 특징은 캡션에서도 언급되고 있다.(그림 4)

권두사진의 첫 부분은 황실의 가구 한 점을 보여주는 사진이 두 쪽에 걸쳐 실려 있다. 궁전 그 자체를 찍지는 않았는데, 아마도 그것은 궁

그림 4. '오쿠마 백작 및 동 부인의 거실'. 『후진가호』 실내장식 특집호.

그림 5. '황실의 도구'. 『후진가호』 실내장식 특집호.

내성의 규제 때문일 것이다. '황실의 도구'라고 설명된 선반은 캡션에 따르면, 도쿄미술학교의 교원이 설계한 것으로 10년 동안 3만 엔의 비용을 들여 만들었다고 한다. 기록사진과 같은 분석적 시선이 이 선반 소개의 특징이다. 선반이 사진 프레임을 가득 채우고 그 뒤로 병풍이 있어서 선반이 놓인 공간이 어떤 공간인지 전혀 짐작할 수 없다.(그림 5) 특집호의 다른 사진이 실내를 폭넓게 찍은 것과는 대조적이다. 삼면에서 촬영된 선반 사진은 특집호의 전체 사진 중에서 가장 상세히 세부를 보여준다. 외부를 찍은 사진 2장 중 1장은 내부를 비우고 벽판의 장식을 보여주기 위해 문을 열고 정면에서 찍었다.(그림 6) 어떤 조각상도 볼 수 없는 안쪽 깊숙한 곳에 위치한 신사처럼 그 속의 아무것도 볼 수 없다는 사실 때문에 선반은 오히려 신비성을 더하고 있다. 황실의 신비성은 만

그림 6. '황실의 도구'. 『후진가호』 실내장식 특집호.

질 수 있는 숭경崇敬의 대상이 되어 훼손되는 일 없이 보존된다. 아무런 일상의 문맥이 느껴지지 않는 상태로 고립됨으로써 텅 빈 '황실의 도구'는 감히 근접할 수 없는 거리를 이야기한다. 그러나 동시에 사진이라는 매개체가 지닌 사실성과 세부 제시로 인해 독자의 시선이 침입하는 것을 허용하고 완전히 알 수 있는 대상이라는 환상도 제공한다. 도쿄미술학교가 거액을 들여 10년간 장인의 노동력을 집중시켰음을 밝힌 캡션은 황실의 권위를 알려준다. 황실의 물건(그것도 개인의 소지품을 수납하는 선반)을 이렇게 연출함으로

제국일본의 생활공간

그림 7. 크고 검은 모피가 있는 히가시후시미노미야의 거실. 『후진가호』 실내장식 특집호.

그림 8. 작고 하얀 모피가 있는 히가시후시미노미야 비의 거실. 『후진가호』 실내장식 특집호.

써 다키 고지와 다카시 후지타니가 천황의 신체에 대해서 논했던 표상의 주의 깊은 장악이 건축이나 가구 조작에도 들어맞음을 시사한다. 황실과 『후진가호』는 선반만 보여줌으로써 천황을 숨기려 하기 보다도 천황의 부재를 보여주려는 것 같다.[8]

황실의 이미지 관리는 황실의 방계인 히가시후시미노미야 부부의 거실을 보여주는 다음의 사진 4장에도 이어진다. 이 저택은 메이지기 저택에서 여전히 일반적이었던 서원 양식으로 지어져 서양식 장식은 거의 없고, 특집호의 나머지를 메운 황실 이외의 실내장식과 비교해보면 많은 지면을 할애했음에도 불구하고 설명이 적다(그림 7, 그림 8). 이어서 천황의 혈족이 아닌 두 공작의 저택, 이와쿠라 저택과 니조 저택의 내부 장식과 외관 사진이 1장씩 게재되어 있다.(아트지를 사용한 외관 사진은 이것

8 多木浩二, 『天皇の肖像』, 岩波新書, 1988(타키 코지 지음, 박삼헌 옮김, 『천황의 초상』, 소명출판, 2007); Takashi Fujitani, *Splendid Monarchy : Power and Pageantry in Modern Japan*, Berkeley and Los Angeles : University of California Press, 1996. (다카시 후지타니 지음, 한석정 옮김, 『화려한 군주 : 근대일본의 권력과 국가의례』, 이산, 2003)

이 마지막이다) 작위에 맞게 다른 화족의 저택 사진이 이어지고, 실업계의 유력자 오쿠라 기하치로의 저택(화족 이외로는 유일하게 아트지로 도판이 인쇄된 집이다)과 그의 미술관이 이어진다. 친왕인 히가시후시미노미야 저택의 외관은 게재되지 않았다. 처음 등장한 외관은 이와쿠라 저택이다. 공작의 한 단계 밑에 해당하는 후작의 저택까지, 방의 취향상 특징에 대해서는 편집부가 자숙했는지, 캡션에서 언급되지 않는다.

히가시후시미노미야 저택의 사진 스타일은 다른 사진과 달리 접객용이라기보다 일상용 방의 검소한 내부 장식을 보여 준다. 이것은 주택 실내 장식의 모범이라는 것 이상으로, 고귀한 주인의 환유換喩로 기능한다. 추상적이고 일상과 동떨어진 황실의 선반 사진은 그 뒤 이어지는 사진을 관통하는 질서화 원칙에 기초를 부여한다. 다시 말해 각 사진 속 피사체의 조합이 그 피사체의 소유자를 대신한다면, 이 선반은 가장 농밀한 의미를 담게 된다. 그 다음 사진은 일상 풍경에 접근하여 보이는 것과 알 수 있는 것의 일치를 늘려나간다. 이러한 사진은 지위의 순서를 충실히 지킴으로써 천황제 국가의 계층질서를 분명히 표현했을 뿐 아니라, 명료한 표상언어로 이 계층을 정밀화하기도 했다. 지위가 내려감에 따라, 예를 들면 종이 질, 사진 크기, 할당된 공백의 크기 등 보여주는 방식의 수준이 낮아진다. 한편 도상이나 캡션의 내용은 반대로, 고립된 것에서부터 시작해서 외관사진을 포함한 공간상의 문맥을 점점 자세히 이야기하는 경향이 있다. 여기에서는 표시된 피사체가 더욱 다양해지고, 사진 속의 물건을 소유자와 관련지어 개인적 취향 판단을 나타내는 듯 한 코멘트 기록이 많아진다. 은유로 보자면, 황실의 선반은 그곳에서 모든 기호가 나타날 것 같은 공허한 기호, 즉 페티시의 원형으로 읽을 수 있다.[9] 메이지 원로가 만들어 낸 정치적 주도권의 체계를 이처럼 물건의 표상으로 바꾸어 버린 것은 『후진가호』와 그 카메라맨의 창조라고 보아야 할 것이다. 제국의 법령으로 강제된 것도 '국가주의적인' 편집자가 의도한 것도 아닌, 제국 체제 속에서 유명인을 만들고 파는 전략에서 생겨난 것이기 때문이다.

3. 질서화 원칙 2−천황의 신발

메이지천황이 서양식 군인 복장을 입고 처음 일본 국민의 앞에 나타난 1872년 이후, 천황은 공공장소에서 절대 신발을 벗지 않았다. 최근까지 이어진 이 정책의 시작은 실내장식에 대한 문화적 결정요소를 좌우하는 제2의 질서화 원칙을 고찰하는 하나의 출발점이 된다. 실내외를 불문하고 착용했던 천황의 신발은 표상과 일상실천 양쪽 수준의 질서화 원칙으로 메이지 사회에서 작용했던 문명화라는 이름의 자기 식민지화 과정을 단적으로 드러낸다.

메이지 화족 제1세대는 왜 양관을 짓거나 양실을 만들었을까. 그 답을 단순히 모든 서양풍 물건의 유행에서 찾는 것은 불가능하다. 실무상

---

9 슬라보예 지젝은 근대자본주의 사회에서 일상품의 페티시즘과 대조적으로, 왕을 향한 전근대적인 숭배를 '개인 간 관계의 페티시즘'이라고 지적하고 있다.(スラヴォイ・ジジェク, 松浦俊輔訳, 『幻想の感染(The Plague of Fantasies)』, 青土社, 1999, pp.152~157) 이 관점에서 보자면, 카리스마적인 선반은 메이지 천황제 국가의 혼합적 성격을 나타내는 단적인 표현이라 읽을 수 있을지도 모른다. 근대의 천황숭배는 일본인과 그 군주의 관계가 천황의 신체를 에워싸는 신비성을 만들어냄으로써 페티시화되었다. 때문에 천황제를 미완적 모더니티의 증거라 보는 견해도 일리 있을지도 모른다.

으로도 외교상으로도 중요한 공적 접대 때문에 이러한 방이 요구되었다. 여기에서 유행과 실용을 나누어 생각하는 것도 불가능하다. 일본인이 서양인에게 익숙지 않은 관습을 강요하는 한, 서양 열강의 눈에 일본은 이국정서로 가득 찬 오리엔탈이고 따라서 대등하지 않았다. 세기말, 경우에 따라서는 그 후까지도 일본인 호스트와 서양인 게스트가 만날 때마다 관세자주권과 치외법권이라는 불평등조약 문제가 잠재적으로 따라다녔다. 이러한 만남에서 예법, 몸가짐, 요리, 복장, 실내장식은 일체화 되어 서로 연관된 전체를 이루었다. 도쿠가와外德川 막부는 외교 무대에서 최대한 자신들의 의례를 고집하는 방법을 취했으나, 메이지 정부는 천황의 서양화된 외관으로 180° 전환했음을 나타냈다. 이후 일본인은 국제적 제국주의 질서가 명령하는 바나 그 구조를 국내 사회에 옮겨 놓는 것으로 그 질서에 참여했다. 이것이야말로 메이지 정부가 시행한 소위 서양 모방의 핵심이다. 이 옮김은 외국인이 직접 일본 땅을 밟고 건물로 들어오려 한 것 이상으로, 화족 제1세대가 양관을 만드는 이유가 되었다. 이러한 초기 양관의 대부분은 실제로 천황 행차 시 천황의 숙박용으로 세워졌다.[10] (그림 9) 천황이 어디를 방문하든 그 새로운 신발 때문에 서양식 거실이 필요했고, 판자와 카펫 바닥이 다다미를 대신했다. 행차용으로 세워졌기 때문에 이러한 양실은 공공권(한 사람의 세습군주에 구현된 공공권이든, 대두되기 시작한 부르주아 공공권이든) 재구축에 제공되었다. 후지타니가 지적한 것처럼 천황의 순행은 국가라는 공공권의 판도를 나타내는 것이었다. 그와 마찬가지로 서양식 복장을 입은 천황이 상류계급의 저택을

---

10 內田青蔵, 『日本の近代住宅』, 鹿島出版会, 1992, pp.14~19.

방문하는 것은 그 실내에 문
명을 새기는 것이었다.

메이지의 군주제는 일
본의 전통과 서양 근대왕정
의 화려함을 보여주는 레퍼
토리repertory를 교묘히 결합
시켰다. 토착 전통은 부분적
으로 발명된 것이 종종 있었

그림 9. 1871년에 천황의 방문을 받기 위하여 만들어진 구로다(黑田) 후
작 저택 양관. 『겐치쿠잣시(建築雜誌)』150호, 우치다 세조(内田青蔵),
「일본의 근대주택(日本の近代住宅)」.

지만 영원한 것으로 제시되었다. 토착과 서양을 합성하는 수사법 자체는
메이지유신 이전으로 거슬러 올라가고(사쿠마 쇼잔佐久間象山이 '화혼양재'라
는 유명한 숙어를 1850년대에 만들었다), 심지어 일본의 문맥에서도 고유한
것이 아니다.[11] 일반적으로는 서양근대의 맹공으로부터 보호해야할 대
상인 토착 정신을 본질론적으로 특권시한다는 원칙이 이 같은 수사법을
결정했다. 파르타 채터지가 19세기 인도에 관해 보여주듯이, 그것은 식
민지화된 지적 상황의 근본을 이루는 언설이다.[12] 일본에서 이 언설은 신
성시된 황실의 전통을 방패막이로 삼아 주도권을 숨기고 싶은 국가의 요
구에 도움이 되었다. 하지만 토착 정신(과 천황의 신성성)의 언설은 메이지

---

11 동세대 지식인 사이에서는 여전히 혼(魂)과 재(才)가 엄격한 이분법을 취하지 않기 때문에,
사쿠마 쇼잔은 서양을 상대주의적 견지로 보는 것이 가능했다고 다키는 논하고 있다.(앞의
多木浩二, 『天皇の肖像鹿』, pp.60~61) 서양에서 들어온 것과 국내의 것을 통합한다는 사
고방식에도 일본에서는 오랜 문화적 역사가 있다. 이소다 고이치(磯田光一)는 쇼토쿠(聖
德) 태자, 이토 히로부미, 요시다 시게루(吉田茂)를 함께 언급하면서, 야마토(大和) 조정 성
립 이래 일본문화를 정의해온 근본적인 역사 패턴으로서 외래문화의 해후와 침투를 다루
고 있다.(磯田光一, 『鹿鳴館の系譜―近代日本文芸史誌』, 文芸春秋, 1983)

12 Partha Chatterjee, *The Nation and Its Fragments : Colonial and Post-colonial Histories*, Prince-
ton, NJ : Princeton University Press, 1993 참조.

의 계몽주의적 엘리트(여성지 출판자도 포함)가 국가적 상징을 통해 자신을 정당화하고 싶어 하는, 보다 광범위한 층의 요구에도 부응한 것이었다.

『후진가호』 실내장식 특집호는 황족을 문화 본질의 특권적 보호구保護區로서 강조한다. 근대의 화족은 서양의 물질적 어법으로 국내사회에서 자신들의 지위를 표현하고 그 주택은 천황이 솔선한 문명화의 필연에 의해서 결과적으로는 '식민지화'되었다. 황실의 장식 선반 사진과 히가시후시미노미야 저택 사진은 그 정치 질서와 문화적 반전反轉의 중첩을 반영한다. 황실의 선반은 전통적 공예품이고, 히가시후시미노미야 저택의 내부장식도 의자, 융단 그 외의 서양적 표식이 빠진 것으로, 양쪽 모두 같은 호에 실린 다른 사진과는 다르다. 이러한 토착 디자인은 최고의 위치를 부여받는 한편, 다른 도판이 놓인 서양 중심의 유행과 취향의 언설과는 동떨어져있다. 전통으로서 괄호에 갇히고 황실재산으로서 성스럽게 취급됨으로써, 정치적 요구로부터도 유행의 변동으로부터도 거리를 둔 영원한 것으로 가정된 권역에서 토착의 미학은 서양의 문명을 이길 수 있었다.

서양과 일본의 관계를 둘러싼 물질의 수사법이 천황과 국민의 관계로 옮겨짐으로써, 다른 관계에 대한 견해도 변화했다. 서양식 복장, 가구, 건축은 단순히 '하이칼라'스러운 취미였을 뿐만 아니라, 대체로 생산, 입수, 유지가 고가이기도 했기 때문에 계급 지배의 수사법으로 작용했다. 즉 신정부의 코스모폴리타니즘을 나타낼 뿐 아니라 권력과 부의 새로운 결합도 과시했던 것이다.[13] 젠더도 똑같이 영향을 받았다. 다시

---

13 복장에 관해서는 그대로 계속되지 않았다. '양복세민(洋服細民)'이라는 새로운 화이트칼라 하층계급이 1910년대에 성장하면서 일본 국내에서 남성의 전통적 복장은 후진성보다

제국일본의 생활공간

말해 서양성은 남성 공중公衆의 수사법이 되고, 토착성은 여성적인 것으로 재구축된 사적 권역의 수사법이 되었다. 『후진가호』 사진의 대다수를 점한 응접실은 주택 안의 준準 공적 권역이었기 때문에 그 어떤 방보다 빨리 양실로 만들어지고 남성적 기호가 이것을 지배했다.

하지만 서양에서 들여온 실내장식에 관한 언설은 서양의 젠더화를 혼란시키기도 했다. 서양의 실내장식 입문서에서는 여성이 집 전체의 장식을 담당한다고 가정하기 일쑤였기 때문이다. 일본에서 서양의 실내장식과 가장 가까운 다다미방 장식은 통상 유한有閑 남성이 하는 일이었다.[14] 『후진가호』는 서양의 여성지와 국내의 가정학 독본에 의거하여 장식을 여성의 일로 묘사했지만, 그 묘사는 남성이 기고한 기사에 의해서였다. 젠더 관계로 바뀐 식민지적 관계는 이렇게 재생산되었다. 즉, 여성이 관리하는 토착 주택의 내부에 있는 서양적, 남성적 영역의 적절한 규범에 대해서 남성의 권위가 여성을 가르쳤던 것이다.

『후진가호』 1906년 4월호는 오토리 게스케大鳥圭介 남작의 실내장식에 관한 권두언으로 시작한다. 오토리는 일본 여성에게 서양 여성처럼 실내장식을 매일 하는 일에 포함하도록 설득했다. 그는 방 장식이 손님에게 주인의 인격과 성향을 말해주는 것이라고 훈계했다. 그는 자신이 자택에서 모든 장식을 한다고도 말했다. 첨부 사진에는 오토리 저택의 일본풍과 서양풍의 두 응접실과, 서양실의 소파에 약식 기모노를 입고 손녀와 앉아있는 오토리 자신이 찍혀있다. 그 서양실에는 동물의 모피가 5장 이상

도 안일과 부를 보여주는 기호가 되었기 때문이다.

14 동시기, 다도는 남성의 것에서 여성의 것으로 전환되어가고 있었다.(熊倉功夫, 「近代の茶の湯」, 『茶道聚錦六 近代の茶の湯』, 小学館, 1985, pp.84~85)

그림 10. 오토리 게스케 남작과 손녀. 『후진가호』 1906년 4월호.

바닥에 펼쳐져있고 의자에 덮여 있다. 야생과 수렵을 연상시키는 짐승으로 둘러싸인 환경은 오토리의 남성성을 전달하는 한편, 손녀와 함께 있는 오토리의 표상은 여성독자에게 그의 이미지를 부드럽게 전달하도록 계산되어 있는 듯하다.(그림 10) 남성 아이덴티티의 신체언어로서 다모多毛는 한 세대 전 일본인에게 야만적으로 보였을 만한 턱수염을 기른 오토리와 그 소유물인 모피를 결부시킨다. 오토리 자신이 실제로 포획했든 그렇지 않든 일본에 없는 호랑이와 표범은 이국 정복을 시사하며 더욱 강한 인상을 부여한다.[15] 표범 가죽은 실내장식 특집호에 실린 가네코 남작 저택의 객실 양탄자 중앙에도 펼쳐져 있고, 무사의 취미를 방불케 하는 드라마틱한 매 그림, 두꺼운 가죽제 책을 쌓아 둔 사이드 테이블, 책상 위의 로마시대 흉상(아마도 석고 복제품)과 함께 사용자의 남성성을 강조한다.(그림 11) 히가시후시미노미야 부부의 거실에는 크고 짙은 색의 황자皇子의 것과 작고 하얀 비妃

---

15 동물의 피혁은 메이지 이전에 전례가 없던 것은 아니다. 도쿠가와시대 이전의 무사는 외국에서 들여온 모피를 사용했다. 포르투갈인 신부는 오다 노부나가(織田信長)가 모피를 입고 있었다고 기술했고, 아시카가 요시미쓰(足利義滿)도 최상급 다다미방을 수입 깔개와 호랑이 가죽으로 장식했다고 기록되어 있다.(J. Edward Kidder, *Japanese Temples : Sculpture, Paintings, Gardens, and Architecture*, Tokyo : Bijutsu Shuppansha; Amsterdam : Abrams, 1964, p.476) 메이지 후기에 스기모토 분타로(杉本文太郎)는 다다미에 모피를 까는 것을 '천박한'것이라고 폄하하고 있다. (杉本文太郎, 『日本住宅室内装飾法』, 建築書院, 1910, p.174) 스기모토의 견해는 수렵이 엄격히 제한되어있던 에도시대의 지배적 취미를 가리킨다고 생각된다.

제국일본의 생활공간

의 것인 '부부' 곰 가죽이 눈에 들어온다. 그렇지만 이런 황실의 실내장식은, 젠더의 표현에서는 비황실인 오토리와 가네코의 방과 비교해보면 미묘한 정도에 머무른다. 오토리와 가네코의 방에 있는 다수의 모피는 야생을 지배하에 두는 것을 통해서 표현된 남성성이라는,

그림 11. 가네코 겐타로 남작의 객실. 『후진가호』 실내장식 특집호.

빅토리아시대의 서양 어휘에 명백히 속해있다.

실내장식 특집호에는 여성의 거실도 여러 장 실려 있는데, 여기에는 양실과 화실和室이 포함되어 있다. 여성의 양실에는 작고 가벼운 가구와 팔걸이가 없는 의자가 많다. 또 거기에는 토착의 미적 모티브도 많이 등장한다. 오가사와라小笠原 백작부인의 객실에는 러일전쟁 중 기모노 옷감으로 유행하던 겐로쿠元禄 무늬의 커튼, 책상보, 천 덮개가 있다.(뒤에 나오는 그림 21) 이 같은 역사주의적 전용으로 이 방의 젠더가 여성이라 정의되는 것은, 남성이 일할 때 복장으로 양복을 채용했기 때문에 기모노의 무늬가 여성의 권역으로 밀어 넣어졌기 때문이다. 오쿠라 부인의 거실에는 마찬가지로 헤이안平安 침전에 있을법한 휘장 같은 것이 있다. 이러한 방들은 토착 전통과 여성성을 서로 결합시킨 장식물을 찾아 고전적 과거로 거슬러 올라갔다고 말할 수 있다. 천황의 서양식 신발에서 시작된 생활환경의 식민지화는 이처럼 이국성과 토착성, 현대

성과 고전성, 남성성과 여성성 각각을 재조직하는 물건이나 모티브를 통한 미학언어로 결실을 맺었다.

그렇다고는 하나, 질서화 원칙으로서 천황의 신발이 표상의 수준만으로 작용했던 것은 아니었기 때문에 실제적 의문을 제시해야 한다. 다시 말해 주인이나 평소 손님은 『후진가호』에 게재된 양실에서 외출용 신발을 벗었을까. 지금의 관습에서 생각해보면 그들은 외출용 신발을 벗고 나무 바닥 위를 걸을 때는 슬리퍼를 신었을 거라고 상상하겠지만 꼭 그런 것은 아니었다.

마지못해 따른 것이기는 하나, 메이지 일본에서 서양인 방문자가 일본 가옥에서 외출용 신발을 벗는 것은 따르기로 동의한 몇 안 되는 관습 중 하나였던 것이 사실이다. 1870~80년대 서양인의 여행기는 끈이 긴 신발을 벗거나 혹은 하인이나 쿨리가 벗겨주는 귀찮음을 피하기 위해 요코하마의 상점에서 다다미의 가장자리에 앉지 않으면 안 되는 불유쾌함을 기록하고 있다.

예외는 존재했다. 미국의 여행기 『젊은이 두 명, 일본중국여행모험기Adventures of Two Youths in a Journey to Japan and China』(1879)는 일본 가옥에서 신발을 벗는 것이 예의 바른 것이라고는 하지만, 미리 잘 닦으면 신은 채로도 서양인 손님을 허가해준다고 설명했다. 영국인 크리스토퍼 드레서Christopher Dresser는 1876~77년 일본을 방문했는데, 다른 영국인 중 '큰 신발을 신은 채 안에 들어가 다다미를 망가뜨리는 것이 목적인 양 바닥을 짓밟는' 여러 상인에 대한 불만을 기록했다. 도쿠노리 사부로德野利三郎는 일본의 슬리퍼를 발안했다고 전해지는 재봉사인데, 원래는 신발을 벗었다가 다시 신기 위해서가 아니라 서양인이 외출용 신발 위에 신어서 실내에서도 벗지 않아도 되도록 메이지 초기에 만들었다고 전해진다.[16] 서양인이 신발을 신은 채 실내에 들어온 사례는 법적인 수준에서 적용된 치외법권과 마찬가지로, 일본 가옥에서 서양인 손님을 위해 인가가 끝난 치외법권이 실제로 적용되었다는 점에서, 정치권력과 일상적 행동의 직접적 상관을 확증하고 있는 것처럼 보인다.(그림 12)

하지만 이 상관관계는 실제로는 그렇게 간단한 것이 아니다. 왜냐하면 실내 이용과 신발에 관한 관습을 정말로 서양화하기 시작했고, 상류계급의 규범을 정한 것은 몇 명의 폐를 끼치는 외국인이 아니라 천황이었기 때문이다. 일본인은 본래 집 안에서 신발을 신는 것에 특별히 강한 불쾌감을 느끼기 때문에 양실에서 신발을 슬리퍼로 바꿔 신는 타협책을 선택했을 것이라고, 우리 현대인은 상상하기 쉽다. 그러나 현재와 같은 슬리퍼 사용 방법이 생겨나기까지는 시간이 걸렸다고 한다. 메이지기 주택의 양실이나 양관의 특히 공적인 기능이라는 측면에서 신발을 벗거나 신거나 하는 공간의 경계는, 한때 오늘날과는 다른 형태로 나누어져 있었던 모양이다. 예를 들면 1898년 제3차 이토 히로부미 내각에서 문부대신을 맡았던 계

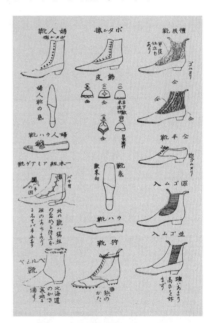

그림 12. 1893년에 유행했던 서양 신발. 『東京百事流行案内』, 『日本近代思想大系』 23 風俗 性, 1990년 수록. 걸터앉지 않으면 벗기 어려운 끈이나 단추가 많은 장화가 일반적이었다.

---

16 武知邦博, 「スリッパ」, 『かわとはきもの』 126号, 2003.12, pp.13~14.

몽가 도야마 마사카즈外山正一의 다음과 같은 발언을 보자.

　국민의 풍속으로서 지금까지 집 안에서 침이나 가래를 뱉은 적은 없다. 침 통을 손에 들고 뱉었는데, 오늘날은 꽤나 당당한 고위고관이라도 집 안에서 장소를 가리지 않고 가래나 침을 뱉고도 아무렇지 않다. 홀륭한 '카펫' 위에 퉤퉤하고 뱉어서 신발로 짓눌러놓는 것을 저명인사들 중에 여러 번 보았다. 이것도 필경 진흙 묻은 신발로 집 안에 들어오는 일이 일어났기 때문에 생겨난 풍습일 것이다. 하지만 서양의 집에서는 그런 짓을 하지 않는다. 서양에서는 거리가 깨끗하기 때문에 약간 진흙이 묻을 뿐, 실내에 흙발로 들어와도 더러워지지 않는다.[17]

　도야마는 카펫 방에 신발을 신고 들어오는 것이 상류계급 남성 사이에서 일반적 관습임을 전제로 쓰고 있는 듯하다. 그가 지적하는 문제는 그 관습 자체가 아니라, 일본 거리가 서양 거리에 비해 깨끗하지 않다는 점이다. 도야마의 비판에서 일본인 남성은 토착 관습을 전제로 양풍의 실내 장식을 덮어씌운 실내공간이 아니라 옥외공간의 일부로 양실을 다루고 있었음을 알 수 있다. 도야마가 비판하는 이러한 사람들은 이 관습을 서양에서 배웠을지도 모르지만(도야마는 침을 뱉는 것을 '서양에 반환하고 싶은 악습'이라고도 말했다), 서양인 방문자가 압력을 가했기 때문에 자신의 집을 그렇게 다룬 것은 아닐 것이다. 오히려 양실은 개인 주택 안에 '서양'이라는 개념을 집어넣고 사고나 행동양식의 새로운 관습을 그 주위에

17　稲生典太郎編, 『内地雑居論資料集成』第5卷, 原書房, 1992, p.452.

서 키운 것이다.(그림 13)

조약이 개정되면서 외국인이 개항장 바깥에 거주하고 토지를 소유하는 권리를 새롭게 얻을 수 있게 된 '내지잡거內地雜居' 실시가 임박하고, 일본사회가 이에 어떻게 대처할 것인지 논의가 한 창이던 시기에 도야마는 이 비판을 기록했다. 도야마와 같은 사회개혁가의 관심은 서양열강에 의해 일본이 더욱 식민지화되는 것을 어떻게 물리칠 것인지가 아니라, 오히려 일본 전체가 세계문화적

그림 13. 상급 무사의 저택에 사용되던 현관식 마루에서 기모노를 입은 여성이 양복 차림의 남성 손님을 맞이한다. 高橋文次郎, 『小学女礼式訓解』, 平城閣, 1882. 메이지기 예법서는 무사의 관례를 일반국민(특히 여학생)을 위해 재발견하고, 또한 '양(洋)'과 '화(和)'의 대립축을 그 상하관계 위에 놓았다.

공간이 되는 시대를 향해 자국민과 서양인 쌍방이 어떻게 일상의 관습을 수정할 것인지에 있었다. 그러나 시대가 흐르면서 일본 대부분의 세대에서 최종적으로 자리 잡은 해결법은 신발을 벗는다는 자국의 관습을 보다 중시하는 것이었다. 양실에서 슬리퍼를 사용하는 것이 표준적 관습이 되면서, 집 전체에서 신발을 추방하려는 요구로 인해 집 내부는 보다 완전한 사적 공간이 되었다. 하지만 이 이행기에 일본 상위층 가정의 위치는 여전히 유동적이었다. 더러워진 공간과 더러워지지 않은 공간의 경계는 여전히 확정 작업 중인 정치적인 것이었다. 다만, 서양인이 신발을 벗는 것에 동의한 후에도 오랜 시간 신발을 신은 천황이었다. 가네코, 오쿠마, 그리고 메이지 후기의 동세대 남성들이 그 군주의 본보기를 따라 이러한 방의 일부에서도 계속 신발을 신었다는 것은 충분히 있을 법한 일이다.

4. 세 가지의 오리엔탈리즘

이상의 방들에서 이야기 한 물건의 선택과 배치, 표면의 취급이라는 장식언어는 어떻게 국가와 제국을 표현했을까. 이 물음에서 우리들은 정치적 지배를 강화하도록 물건을 배치하는 문화적 산물과 오리엔탈리즘의 관계라는 문제로 되돌아오게 된다. 메이지 일본의 오리엔탈리즘 시선은 아마 세 개의 문화와 정치적 축에 따라 움직였다고 상정할 수 있다. 먼저 대륙 아시아에 대해서('중국학'의 형태로, 사회과학으로 나타났다),[18] 다음으로 서양에 대해서(서양취향을 이국취향으로 역전시킨 '옥시덴탈리즘'으로 나타났다), 마지막으로 일본 그 자체의 과거에 대해서이다.

이 장에서 다루고 있는 사진은 일본이 새롭게 제국이라는 국제적 지위를 획득했던 영광스러운 시기에 출판되었다. 하지만 군사적 승리나 신 영토 획득과 동시에, 즉시 일본이 자신감을 가지고 일본 이외의 아시아를 오리엔트화할 수 있었다고 당연시해서는 안 된다.[19] 아시아에서 일본의 문화적 지위는 여전히 불명확했다. 중국의 은혜가 미술 그 외 분야에서 넓고 크게 인정받고 있었기 때문이다. 적어도 수집가 세계에서 중국의 전통그림은 일본의 작품과 공통의 공간을 점하고 있었으며

---

18 스페판 다나카에 따르면, '중국학'의 형태로 사회과학으로서 나타났다. Stefan Tanaka, *Japan's Orient; Rendering Pasts into History*, Berkeley and Los Angeles : University of California Press, 1993.(스테판 다나카, 박영재 · 함동주 옮김, 『일본 동양학의 구조』, 문학과지성사, 2004)

19 도널드 킨은 일본군에 패한 후 중국에 대한 민중의 경의가 얼마나 급속하게 떨어졌는지 보여준다.(Donald Keene, "The Sino-Japanese War of 1894-1895 and Japanese Culture", *In Landscape and Portraits : Appreciations of Japanese Culture*, Tokyo : Kodansha, 1971, pp.259~299) 다른 논자에 의하면 일본인의 세계관에서 중국의 위치는 도쿠가와 시대에 이미 그 중요성이 떨어지기 시작했다. 그러나 이것은 단순히 존경의 문제는 아니다. 다나카의 연구가 밝히고 있듯이, 일본제국주의에 공헌한 '중국학' 분야의 형성은 사상적 갈등을 포함하여 성숙되기까지는 1920년대를 기다려야 했다.

종종 일본그림 이상으로 귀하게 대접받았다.[20] 실내장식 특집호의 한 페이지에는 '아키모토秋元 자작 부인이 귀하게 소장 중인 명나라 족자'라고 설명을 한 중국의 족자 두 폭의 사진이 인쇄되어 있다. 캡션은 그 작품을 그린 송나라 화가 양남梁南과 목계牧溪의 이름을 들고 있다. 그림 그 자체에 페이지를 할애한 것은 이것이 유일했다.

하지만 같은 호의 다른 페이지에는 일본 유물과 함께 중국 유물이 수탈을 연상시킬 정도로 대량으로 양실에 놓여 있다. 무역왕 오쿠라 기하치로가 설립했던 사립미술관인 오쿠라 저택 미술관(현재 오쿠라집고관大倉集古館)의 놀라운 실내장식 사진에는 일본, 중국, 그리고 기원이 불확실한 물품이 범아시아 환상을 연상시키는 이국취향의 건축 환경에 놓여 있다.[21] 미술관 내부를 찍은 사진은 세 장이다. 도쿠가와 영묘靈廟 일부와 그 양측에 다른 곳에서 가져온 듯한 불상 두 좌. 중국이나 몽골 혹은 고대 일본의 것으로도 보이는 지주목과 완목에 기묘한 장식을 입힌 복도. 그리고 아마도 중국제로 보이는 의자 두 개 사이에 도요토미 히데요시의 주라쿠다이聚楽第(도요토미 히데요시가 지금의 교토 지역에 세운 관청과 저택, 성곽-옮긴이)에서 유래된 병풍 앞에 놓인 큰 꽃바구니, 꽃 대신에 수정옥으로 장식한 은조각 등이다.[22] 저택 내부 사진에는 토착 건축요소와 중국의 것으로 보이는 공예가 서양식 식당에 꾸며져 있다. 그러나

---

20 크리스틴 구스는 메이지의 호사가들 사이에서 일본 그림보다 송나라 그림이 더 고가로 팔렸다고 기록하고 있다.(Christine M. E. Guth, *Art, Tea, and Industry : Masuda Takashi and the Mitsui Circle*, Princeton, NJ : Princeton University Press, 1993, p.133)

21 당초의 건물은 많은 수집품과 함께 간토대지진 때 파손되었다. 잔존품은 건축사가 이토 주타의 설계로 같은 장소에 세워진 새로운 미술관에 소장되었는데, 그 전시관의 디자인은 중국 양식으로 세워진 한 동과 조선양식으로 세워진 한 동을 포함한다.

22 오쿠라가 히데요시 유래의 병풍을 소유하고 있던 것은 모모야마(桃山)시대 일본의 확장주의를 상기시킨다. 모모야마시대의 내부장식도 장대함과 호화로움으로 잘 알려져 있다.

가장 이상한 것은 자연과 근대기술을 합쳐놓은 작위적인 표현인데, '석
송(식물의 이름, 상록성 다년초—옮긴이)'과 '인조 덩굴로 얽힌 아홉 송이 포
도 열매에는 전기를 켜서 찬란하게 밤의 실내를 밝히'는 식탁 중앙의 장
식물이다.(그림 14) 오쿠라 저택에서 볼 수 있는 기술 과시와 범아시아
적 미학의 현란함을 조합한 특이한 실내장식은 오카쿠라 가쿠조岡倉覚三
의 『동양의 이상』에 나타난 오리엔탈리즘을 상기시킨다. 여기에서 일
본은 아시아에서 문명과 계몽의 복음을 띈 선교사임과 동시에 '아시아
문명의 박물관'이기도 한 특이한 위치를 점한다.[23]

종종 일본의 문화언설은 서양의 인간과 문물을 일체화된 것으로 보

그림 14. 포도를 본뜬 전기 조명기구가 눈에 띄는 오쿠라 저택의 식당. 『후진가호』 실내장식 특집호.

---

23 『동양의 이상』의 원본은 영어로 1903년에 런던에서 출판되었다. 오카쿠라 자신의 사상경
력에서 보이는 자기 오리엔탈리즘에 대해서는 稲賀繁美, 『絵画の臨界—近代東アジア美術
史の桎梏と命運』, 名古屋大学出版会, 2014, pp.80~86 참조.

　　　　　　　　　　　　　　　　　　　　　　　제국일본의 생활공간

고 동양 혹은 일본과의 대립구도에서 다루어졌다. 메이지기 실내장식 입문서에서 서양성은 일본 방의 '청아담백淸雅淡白'한 성격과 대비되는 '농후화미濃厚華美'와 같은 표현으로 스테레오 타입화 되어갔다.[24] 이러한 소위 옥시덴탈리즘에 의해 문화라는 무대 위에서 전개된 제국의 군사적 외교적 패권 다툼에서 보자면, 여흥의 승리를 주장할 수 있었던 것이다.

메이지기 옥시덴탈리즘에서 서양성의 구현화는 기술언어에 의한 것뿐만 아니라 『후진가호』에 게재된 가장 부유한 고위 저택의 양실에 충분히 구비된 양풍 물품을 취급하는 방식에도 나타났다. 이러한 양실에서는 예산 문제 때문에 본래의 생활관습이나 전통 목공기술과 타협할 필요가 없었고 사교의례상으로도 정식적인 것이 요구되었다. 도판에 나타난 서양식 가구는 대부분의 경우 실제로 무거운 것이었고, 일본적 내부장식 요소와 대조적인 것으로 선별되었으며, 가볍고 검소한 가구를 선호했던 동시대 서양의 유행으로부터 영향은 받지 않았다.(예를 들면 구로다 후작 저택 등) 가구는 단순히 장식하는 것이 아니라 공간에서 사람의 거주를 형성한다. 따라서 이 경직된 대비로 인해 거동이나 습관(피에르 부르디외가 신체의 '헥시스', 성향이라 부르던 것)은 콘트라스트를 강조해서 번역되었고, 주객의 접객 예법에 영향을 주었다. 즉 『후진가호』에 실린 양실 여기저기에 불규칙하게 놓인 의자와 소파로 인해, 단순히 평면과 직선으로 명쾌하게 둘러싸인 일본의 다다미방과는 다른 행동양상이 방문객에게 요구된다. 서원 양식의 다다미방에는 고정된 큰 가구가

---

24 下田歌子, 『家庭文庫第七編 家事要訣』, 博文館, 1899, p.263, p.269. 『후진가호』 실내장식 특집호에서는 꽃에 대해 '요염한' 서양 꽃과 '세련되고 우아한' 일본 분재라는 동일한 대립항이 보인다.(前田曙山, 「日本室の花卉」, 『婦人画報』 定期増刊 「室内装飾」 第2年 第3号, 1906.2.15., p.13)

그림 15. '후작 구로다 나가시게(黒田長成) 군 응접실 일부'. 『후진가호』실내장식 특집호. 일본 다다미방에서 거동을 규정하는 방향성과 정반대의 사고방식을 보여주는 원형 소파는 우측에 보인다.

놓이지 않고, 사회적 지위를 나타내는 도코노마床の間가 공간의 방향성을 명백히 만든다. 따라서 벽, 칸막이, 도코노마, 동석한 사람들과의 위치관계 등에 의한 신체를 포함한 공간규정이 사교상 섬세한 교섭을 만들어 낸다. 이러한 일본의 응접 관습과의 두드러진 부조화는 특히 세 저택에서 촬영된 원형 소파에 드러나 있다.(그림 15) 다다미방은 다다미가 80장 깔린 방이든 2장 깔린 방이든, 무엇보다 주객이 서로 만나는 장소이기에 신체의 방향이 최우선 사항이다. 이와는 대조적으로 방향성이 없는 이런 소파를 어떻게 사용할지는 상상하기 어렵다. 그렇지만 만약 이것들이 양실의 양실다움을 채우기 위한 도구로 배치되었다고 한다면, 일본의 예법에 적합하지 않은 점이야말로 중요하다. 이러한 가구는 외양만이 아니라 공간과의 낯선 교섭을 신체에 강요한다는 점에서도 양실의 이국취향을 강화시켰기 때문이다.

　　이 장에서 지금까지는 모든 취향 문제의 전제가 되어야만 하는 본질적 물음을 묻지 않았다. 이러한 사진들에 촬영된 물품은 어떻게 입수되었는지에 대한 물음이다. 제국주의와 미술을 이야기하는 것은 약탈을 이야기하는 것으로 이어진다. 일본의 제국주의와 제국일본의 주택에서 보이는 물품 사이에 직접적 관련성을 추적할 수 있을까. 이 물음에

제국일본의 생활공간

답하기 위해서는 이런 주택들의 물품뿐만 아니라 황실을 포함한 일본의 사적 컬렉션 일반에 대해서도 가구와 미술품의 출처에 관한 더 많은 정보가 필요하다.

『후진가호』의 지면에 나타난 다른 컬렉션에 대해서는 모르는 점이 많지만, 오쿠라 저택에 대해서는 일본이 제국열강의 지위를 손에 넣은 것이 저택 내부 장식에 직접적이고도 물질적인 영향을 주었음을 시사할 만한 정보가 있다. 『후진가호』의 카메라맨이 방문한 시점에서 오쿠라의 중국미술 컬렉션은 최근의 것이었다.(그림 16) 오쿠라는 무기상으로 출발하여, 1900년에는 자신의 기업제국을 대륙으로 확대하기 시작했다.[25] 당시 중국의 정치적 혼란 때문에 광범위하게 수집할 수 있는 기회를 얻었다. 1932년 오쿠라집고관이 출판한

그림 16. 오쿠라집고관(大倉集古館) 소장, 중국 삼국시대의 사자석조. 『오쿠라집고관(大倉集古館)』, 1932.

사진집이 보고한 바로는, 서양에 빼앗기는 것을 방지하기 위해 1900년 의화단사변 때 컬렉션의 대부분을 구입했다고 한다.[26] 열강이 의화단을 진압한 후, 근대 역사상 가장 대규모적 약탈 사건 중 하나가 발생했다. 이 약탈 소동에 관한 서양의 보고서에는 일본병사가 특히 중국미술이나 골동품에 관심을 가졌다고 기록되어 있다. 일본군이 톈진에 입성했

---

25 渡辺渡・森寿夫,「初期大倉の対外活動」, 大倉財閥研究会編,『大倉財閥の研究－大倉と大陸』, 近藤出版社, 1982, p.111.
26 『大倉集古館』, 1932, p.3.

을 때, 어떻게 처분할 것인지를 기준으로 약탈품의 등급을 나눈 지령서까지 내려졌다. 첫 번째 등급은 황실에 헌상할 만한 물품, 두 번째는 박물관이나 학교에 기념으로 전시될 만한 물품, 세 번째는 장교가 기념품으로 따로 보관할 만한 물품 등이었다. 하지만 이렇게 질서 있는 방식으로 실제 약탈이 이루어졌는지는 의심스럽다.[27] 오쿠라집고관의 사진집은 오쿠라가 소유한 중국 골동품 입수 경로를 설명하고 있지 않지만, 오쿠라 본인은 의화단사변이 발생하고 2년이 지나도록 대륙을 방문한 적이 없었다. 회고록은 컬렉션의 대부분을 나가사키에 있던 서양 무역선에서 구입했다고 기록하고 있다.[28] 하지만 중국 보물을 훔치는데 오쿠라 개인이 관여했는지 여부는 차치하더라도, 일본이 의화단 진압과 청나라 조정 타도 과정에서 담당한 역할은 일본의 중국 인식 뿐 만 아니라 일본 내의 중국 골동품시장, 나아가서는 일본 부르주아 계급의 실내장식에 영향을 주었음에 틀림없다. 스미토모(住友) 집안은 동시기에 중국 청동기의 세계 최대 컬렉션 중 하나이고, 메이지 후기의 공업가가 대량으로 입수한 비슷한 예는 그 외에도 있다. 한편으로 중국이나 조선과의 긴 무역 역사의 관점에서 보면, 아키모토 자작 부인처럼 오래된 계보의 일가에서 『후진가호』에 촬영된 대륙 골동품 컬렉션 모두가 메이지 제국주의에 의해 형성되었다고 생각할 필요도 없다.[29]

---

27 小林一美, 『義和団戦争と明治国家』, 汲古書院, 1986, p.356, p.364, p.370.

28 田中日佐夫, 『美術品移動史―近代日本のコレクターたち』, 日本経済新聞社, 1981, p.104. 한편 두 번째 오쿠라집고관을 설계한 건축가 이토 주타의 경력은 의화단사변에 큰 영향을 받았다. 서양 열강과 함께 일본이 점거하고 있던 고궁내부를 조사하기 위해 이토는 사건직후 처음으로 중국을 방문했다. 고궁이 촬영되고 기록된 것은 이것이 최초이다.

29 1922년에 간행된 골동품 수집 입문서에 따르면, 에도 후기에 몇 가지 연구가 간행되면서 오래된 중국 청동기에 관한 관심이 높아졌다. 하지만 일본에 실제 물건은 그다지 없었고 청일전쟁과 의화단사변에서 다수의 청동기나 하상주(夏商周) 3대의 고물이 전해진 것 같다. 이

제국일본의 생활공간

국제적 골동품 거래상 야마나카상회山中商會에 관한 구치키 유리코의 연구에 의하면, 20세기 초 동요가 심했던 10년 동안, 일본과 서양 시장을 향한 중국 골동품의 중요한 루트가 형성되었다. 야마나카 사다지로山中定次郎와 시게지로繁次郎 형제는 오사카에서 차 도구상점을 상속받고, 1894년 요코하마에서 밴쿠버로 가는 증기선 엠프레스 오브 차이나호에 탑승했다. 상륙 후 철도를 타고 토론토를 향했고 최종적으로는 뉴욕에 도착하여 어네스트 페놀로사, 윌리엄 스터지스 비겔로우, 에드워드 모스의 도움을 받아 중국과 일본의 미술품 판매 가게를 차렸다. 1897년의 고사찰 보존법 때문에 불상의 이동이 금지되고, 세기말까지 일본 실업계의 풍류인들이 큰돈을 투자할 수 있게 된 결과, 20세기 초에 일본 골동품 가격은 급등했다. 구치키가 기록한 바로는, 이와 동시에 중국의 정치적 혼란 때문에 시장에서 중국제 물품들의 양이 '어마어마하게 늘었다'고 한다. 기록에 의하면 야마나카는 이미 1901년에 중국에 출장소를 운영하고 있었다. 1902년에는 보스턴의 수집가이자 오카쿠라 가쿠조의 친구이기도 한 이자벨라 스튜어트 가드너가 10척(3미터)이 넘는 중국의 동으로 만든 불상 6좌를 야마나카로부터 구입했다. 그것은 그녀가 중국과 일본의 물품이나 모티브로 장식하여 자택에 꾸며놓았던 '차이니즈 룸'을 위해서였다.(그림 17) 이 불상은 야마나카가 중국에서 구입한 18좌 세트에서 유래한 것이었다. 이것들은 독일군이 의화단사

입문서는 스미토모 기자에몬(住友 吉左衛門)의 수집품을 특히 언급하고 있다.(今泉雄作, 「骨董の知識及鑑定法」, 『書画骨董叢書第8巻』, 書画骨董叢書刊行会, 1922. pp.135~138) 오늘날 교토의 사립미술관인 이즈미야박고관(泉屋博古館)이 스미토모의 컬렉션을 소장하고 있다. 다른 미술 컬렉션에 관한 정보원은 佐藤道信, 「歴史史料としてのコレクション」, 『近代画説』二号, 明治美術学会, 1993. pp.39~51 참조

그림 17. 이자벨라 스튜어트 가드너 저택(보스턴)의 〈차이니즈 룸〉.

변 때 약탈한 것이라고 전해진다. 12좌는 일본으로 보내지고, 남은 6좌는 보스턴으로 보내졌다. 이후에도 중국의 골동품 유출은 이어졌다. 1908년 이후, 야마나카 상회의 미국 옥션 기록에 따르면, 이 가게는 주로 중국미술을 다루고 있었다.[30]

물론 『후진가호』의 지면에 서양에서 약탈한 약탈품은 보이지 않는다. 오히려 일본인에게 서양 수입가구와 미술품 입수는 메이지기에 서양인이 일본미술을 대량으로 샀던 것에 비해 훨씬 어려웠을 것이다. 서양에서는 오층탑 모형이 인기 상품이었다. 특히 만국박람회 때는 일본 매점에서 팔렸다.(그림 18) 이에 비해 이 잡지에는 서양건축의 축소 모형이 없었다. 또 서양의 컬렉션용으로 불상이 수출되었던 것에 비해

---

30 朽木ゆり子, 『ハウス・オブ・ヤマナカ－東洋の至宝を欧米に売った美術商』, 新潮社, 2011, pp.57~58, pp.86~87, pp.133~135.

『후진가호』에는 서양 종교미술이 없었고 서양유채화 그 자체도 적었다는 것을 주목해야 한다. 히가시후시미노미야 저택, 이와쿠라 저택, 니조 저택, 구로다 저택, 호소카와 저택, 오쿠마 저택, 오가사와라 저택, 아키모토 저택, 오쿠라 저택, 가네코 저택, 미쓰이 사부로스케 저택, 미쓰이 타카야스 저택과 요시다 사치고로의 '신안 화양절충의 응접실', 미쓰코시 포목점 응접실 등의 사진에는 분명히 벽에 걸린 그림 액자가 보인다. 하지만 그 대부분은 작고, 또 사진이 들어가 있는 것도 많다. 가네코 저택의 객실에만 비교적 큰 유채화 1장이 장식되어 있다. 동일하게 눈길을 끄는 것은, 도판 캡션에는 일본이나 중국의 화가가 그린 작품이 10점 이상 언급되고 있는 것에

그림 18. 오브제로서의 오층탑. 1910년대, 볼티모어 월터즈 미술관 소장.

비해, 유채나 유채화가에 관한 언급은 한 마디도 없다는 점이다.

일본에서 제도상의 유채화 교육은 1876년의 공부工部미술학교 설립으로 시작되었다. 1880년대에 대응하는 분야로 '일본화'가 나타나면서, '서양화' 혹은 '양화'가 '유채화'를 가리키는 일반적인 말이 되었다. 『후진가호』 실내장식 특집호 다음해인 1907년에는 정부주최 제전帝展의 제출 분야로 '일본화'와 '서양화' 두 가지의 용어가 도입되었다.[31] 하지만 유채화가 특집호 사진에 비교적 적게 실린 것으로 보아, 적어도 이러한 상류계급 주택의 개인 컬렉션으로는 주된 역할을 하지는 않았음을 보여준다. 유채화는 아직 박람회나 제전과 같은 미술전 등 공적 장소

31 Bert Winther-Tamaki, *Maximum Embodiment : Yoga, the Western Painting of Japan, 1912-1955*, Honolulu : University of Hawai'i Press, 2012, p.7.

에 속해 있든지, 아니면 특정 지식인 서클에 의해서만 수집되었던 것일지도 모른다.

기노시타 나오유키가 지적하듯이 일본의 주택에 액자 그림이 보급되기 어려웠던 문제 중 하나는 대부분의 방이 가동식 칸막이로 둘러 싸여져 있어 빈 벽이 거의 없는 것이었다.[32] 기노시타는 메이지 초기의 많은 유채화가 작은 벽이나 기둥에 걸기 위해 독특한 판형에 그려졌음을 분석했다. 1907년(제전帝典 개시와 같은 해)에 미쓰코시 포목점이 유채화를 팔기 시작했을 때에도 특히 소형 그림을 추천했다. 이것은 가격이 저렴하고 일본의 실내에 맞기 때문에 고정 벽이 있는 완전한 양실을 만들 금전적 여유가 없는 중산계급 소비자에게 보급될 수 있다는 계산에 근거한 것이었다.(그림 19) 메이지기에 '양실'이라고 불린 방도 대부분은 양실 그 자체로 만들어진 것이 아니라 다다미 위에 카펫을 깔고 내부에 서양가구를 두어 양실로 바꾼 것일 뿐이

그림 19. 미쓰코시 포목점의 양화(洋画) 소품전. 『미쓰코시』 1912년 6월호. 부담 없이 살 수 있는 작은 유채화의 전시판매는 양실을 갖거나 양실을 동경하는 신흥 부르주아 계급의 수요에 부응했다.

32　서양에는 반대의 문제가 있었다. 일본 컬렉터에게 빈 벽이 적었던 것처럼, 서양 컬렉터에게는 병풍 한 쌍을 보여줄 만한 마루가 비어있지 않았던 탓에 병풍이 좌우 분리되어 팔리는 경우가 많았다. 여기에는 일본의 병풍이 후스마에(襖絵)와 같은 건축수단이면서 실내공간을 만들어냈다는 사실도 반영되어 있다. 대부분의 서양인 컬렉터는 아시아의 수입품을 벽이나 벽난로 장식장을 꾸미는 장식품으로 생각하고 있었고, 그것들로 공간을 만들려는 생각은 하지 않았다.(앞의 朽木ゆり子, p.9)

제국일본의 생활공간

었다. 『후진가호』에 게재된 상류계급의 실내 중에서는 가네코 겐타로의 서재나 객실과 같은 사례가 여기에 해당된다.

그래도 도코노마에 유채화를 걸려고 한다면 실제로 방해가 되는 것은 없었을 것이다. 기노시타는 족자에 사진을 붙인 기묘한 전시법을 예시로 들고 있다. 또 일본실에 고정 벽이 있는 경우도 있었다. 가네코의 객실도 카펫과 조각으로 꾸민 반서양식 다다미 방이었지만, 여기에는 유채화와 전통적인 족자 두 가지가 도코노마 밖에 걸려 있다. 이 특집 중 다른 실내에도 액자에 든 유채화를 걸어도 좋은 벽 공간에 일본이나 중국의 전통적 미술품을 놓거나, 의식적으로 '일본풍'으로 보이는 장식을 꾸며놓거나 하는 사례가 많았다. 따라서 방의 건축적 형태와 상관없이 특집호에 유채화가 그다지 보이지 않았던 것은 실제적 문제 이상으로 상류 거주자에게 실내장식에서 높은 가치를 갖지 않았거나 그들이 서양미술 시장을 접할 기회가 적었기 때문에 나타난 현상이었을 것이라 생각된다.

과거의 일본은 비유적으로도 문자 그대로의 의미로도 서양보다 약탈하기 쉬웠다. 비유적인 '약탈'이란 서양의 동양 장식품과 같이 양실에 일본적 미를 더하기 위해 일본 미술품이나 골동품을 이용한 것에서 볼 수 있다. 따라서 이러한 방에 전시된 일본 물품은 서양의 내부 장식이 성립시킨 표상체계 속에서는 미술품이나 골동품으로 기능하기 때문에 과거의 의미는 남아 있지 않다. 막번 체제 붕괴와 폐불훼석廢佛毀釋이라는 사회변동과 동반된 국내 '약탈'품의 실제 거래는 그다지 명확하지 않다. 황실 자체도 포함한 신흥 부유층에게 진기한 일본 미술은 서양 미술과 비교하면 입수가 용이했을 테지만, 메이지 말기쯤 되면 중국이나 조선의 물품만큼 용이하지는 않았을 것이다. 크리스틴 구스가 지적한 것처럼 대부분의 다이묘는 20세기까지 거액의 자산을 유지하였고, 그 때문에 스미소니언 박물관의 일본미술 컬렉션을 만든 미국인 컬렉터 찰스 프리어가 1907년에 일본을 방문했을 때, 『후진가호』에 일부 게재되었던 아키모토나 구로다의 물건을 포함한 주요 다이묘 컬렉션은 여전히 손상되지 않았었다.[33] 하지만 메이지유신에 의한 사회적 재편성으로 그때까지 유통되지 않았던 물품의 유출이 늘어난 것은 의문의 여지가 없다. 유신 후에 그때까지 유복했던 사원, 다도의 종가, 막부의 신하를 비롯한 상급사족 등의 물품이 시장으로 유출되었기 때문에, 일부 미술상과 컬렉터는 전통적 부를 국내에서 '약탈'할 수 있었다.[34]

수잔 스튜어트는 골동품 취미의 두 가지 동기를 '낭만주의의 회고적 욕망'과 '정치적인 진정성에 대한 욕망'이라고 이야기한다.[35] 서양에 대항할 때, 본래 문화의 진정성을 어느 정도 주장하기 위해 일본 전통에서 유래된 것이나 요소가 실내장식에 전용되고, 변형되고, 배치 전환된다. 이 전용에 나타난 정치적 욕망은 '일본양식'을 정의한다는 정치적 목표를 위해 일본의 것이라는 의미를 부여함으로써, 욕망의 주체를 스스로 오리엔트화한다. 『후진가호』에 찍힌 실내장식에서 일본 양식을 자기 오리엔트화 하는 구조를 구성하는 상호 관련된 세 가지 미적 계기를 읽어낼 수 있다. 그것은 크기의 거대화, 매개체가 되는 소재나 형태의 치환, 재 문맥화이다.

---

33 Christine M. E. Guth, op. cit., pp.89~90, p.138.
34 도쿄 골동품상의 회고록에 의하면, 유신 이후 입찰 방법 등이 없는 '오마쓰리'라는 매출 방식으로 다이묘와 하타모토(旗本)의 재산이 유출되었고, 그 결과 골동품 시장의 '대혁명'이 일어났다. 瀬木慎一編, 『東京美術市場史 歷史編』, 東京美術倶楽部, 1975, pp.166~167.
35 Susan Stewart, On Longing : Narratives of the Miniature, the Gigantic, the Souvenir, the Collection, Durham, NC : Duke University Press, 1993, p.140.

첫 번째 거대화는 많은 만국박람회 전시품에서 볼 수 있는 특징이다.[36] 여러 나라의 문화적 경쟁이 가장 명백한 이 문맥에서 특대제품의 기능은 극히 명확하다. 『후진가호』특집호의 사진에 나타난 실내에는 보다 섬세한 수준이긴 하지만 과장된 크기를 이용하여 권위를 전달하려는 동일한 노력을 보여주는 여러 사례가 있다. 촬영된 주택 내부 어디에도 박람회에 출품될 만한 거대한 조각이나 기묘하게 과장된 도기 등은 없었다. 하지만 여러 장의 사진에는 대형 회화(오쿠마 저택, 오쿠라 저택), 대담한 모티브(가네코 저택), 액자에 끼워진 큰 서도 작품(시모다 저택, 아키모토 저택), 일반적 크기 이상으로 큰 병풍이나 차 선반에 대한 선호도를 읽어 낼 수 있다. 이러한 개별적 물건이나 전시 양식이 과거와의 명백한 단절을 나타내는지 여부를 확인하기 위해서는 에도시대의 실내 장식을 좀 더 상세히 분석해야 한다. 하지만 전체적인 효과로서는 특히 다실 안의 작은 도구나 미묘한 장식과 비교해보면 장대한 규모를 지향하고 있음이 명백하다.

전통적인 장르에서 거대 작품이 유행했던 직접적 원인 중 하나는 1888년에 준공된 메이지 궁전이다. 신 궁전은 상류계급의 절충적 실내 장식에 중요한 규범을 제공했다.(그림 20) 메이지 궁전의 준공은 동시대의 전통적 유파에 속해있던 예술가에게도 혜택을 가져다주었다. 왜냐하면 황실은 신 궁전 준공 직후부터 내국박람회에서 작품을 구입하기 시작했고, 교토 화가들과 사실적 묘사에 대한 선호도를 드러냈기 때문

---

36 Peter Trippi, "Industrial Arts and the Exhibition Ideal", In *A Grand Design; The Art of the Victoria and Albert Museum*, ed. Malcolm Baker and Brenda Richardson, New York : Harry N. Abrams with the Baltimore Museum of Art, 1997, p.80.

그림 20. 메이지 궁전 서쪽 대기실. 1922년 촬영, 산노마루상장관(三の丸尚蔵館) 편, 『환상의 메이지궁전』.

이다.[37] 신 궁전의 규모와 반쯤 서양적인 설계 때문에 그들은 일반적인 것보다 큰 작품을 요구받았다. 어느 미술 잡지는 1889년에 황실이 일찍이 없던 폭 2마間(1마는 약 1.8미터에 해당―옮긴이)짜리 표구를 주문했다고 보도했다. '이름 있는 화공에게 명령하여 자연풍경을 그리듯 일본인물을 그리게 하고' 그것을 궁전의 벽장식에 사용했다고 한다. 새로 세워진 궁전의 실내장식에 옛날 그림은 특히 '서양인의 눈에' 부적절하게 보이기 때문에 새로운 그림이 필요하다고 이 잡지는 설명했다.[38]

37 大熊敏之, 「明治期日本画と皇室および宮内省―明治十年代～二十年代」, 宮内庁三の丸尚蔵館, 『明治美術再現 II』, 展覧会図録, 1995.9～12, pp.5~6.
38 위의 책, p.8에서 인용. 그림 대상으로 '일본 인물'을 언급하고 있는 것은 궁전용 작품을 의뢰하면서 특별히 주의한 것으로 보이는 서양인의 시선을 명백히 반영하고 있어서 흥미롭다.

자신을 오리엔트화 하는 두 번째 미적 선택은 소재나 형태의 치환
이다. 이것은 어떤 디자인이나 모티브가 통상 나타나야만 하는 장소로
부터 추출되어 다른 문맥에 놓이는 것이다. 『후진가호』에 게재된 방에
서는 특히 실내장식의 표면을 '일본화'하여 장식하는 노력에서 찾아볼
수 있다. 앞서 서술한 오가사와라 백작의 응접실에는 기모노 옷감을 덮
개나 막幔帳으로 사용하고 있음을 이미 보았다. 치환은 특히 벽을 취급하
는 방식에서 두드러진다. 구로다 저택의 사진은 원 모양, 사각 모양, 부
채꼴 모양의 그림으로 장식된 벽을 보여준다.[39] 색지나 부채 그림을 병
풍에 붙이는 전통은 있었다. 하지만 여기서는 그런 취향이 2면의 큰 벽
으로 확대되어 있다.[40] 이 방에서는 중인방(벽 한 가운데에 가로지르는 보—
옮긴이)의 위 벽면에도 장식지가 붙어있다. 이러한 매개체의 치환은 여
러 방에서 보인다. 맹장지에 널리 사용된 문양이 있는 비단이나 종이가
도쿠가와시대 서원 양식의 내부라면 종이 장식은 거의 없었을 장식에
사용되고 있다.(구로다 저택 식당, 호소카와 저택 사쿠라노마桜の間) 벽 전체를
동일하게 무늬 있는 벽지로 덮는 선택은 표면상 '순 일본풍'인 히가시후
시미노미야 부부의 서원에도 나타나고 있으며, 봉황 무늬가 실내장식에
전면적으로 사용되어 맹장지, 도코노마의 벽, 작은 벽을 덮고 있다.[41]
　　자기 오리엔탈리즘적 충동의 세 번째로 들 수 있는 재 문맥화는 근대

39　캡션은 이 장식된 벽을 '가장 유명'하다고 기록하고 있다.
40　건물의 일면을 부채 그림으로 장식한 하나의 선례로서, 교토 유곽인 스미야(角屋)의 천장
　　에 장식 부채를 붙인 유명한 '오기노마(扇の間)'가 있다. 양쪽에 계보적 관련은 없을지도 모
　　르지만, 도쿠가와시대 최고급 화족 저택 중 하나가, 비슷한 실내장식의 취향을 보여주고 있
　　었던 셈이다.
41　미쓰코시 백화점 최초의 실내장식사 하야시 고헤(林幸平)가 몇 년 후에 공공 건축과 저택 건
　　축에서 이보다 더 대담한 치환을 실험하기 시작했다. 하야시는 칠공예에서 모티브를 얻어
　　그것을 벽, 천장, 깔개, 가구로 바꿔놓았다. 神野由紀, 『趣味の誕生』, 勁草書房, 1994 참조

제국주의 이전부터 있었던 다도미학의 오랜 전통과 관련된다. 16세기 이래 다실의 디자인은 시골집과 은자隱者의 암자에서 요소를 찾아 의식적으로 소박한 감성의 건축 환경을 만들었다. 다인들은 통 모양의 병이나 다른 평범한 '오브제 트루베'를 다도구로 바꾸었다.[42] 크리스틴 구스가 제시한 바와 같이, 메이지의 다도 장인은 이러한 다도 본래의 경향에 따라 자유롭게 확장시켰다. 그들은 불화佛畵, 건물의 일부분, 지도까지도 도코노마에 전시하고, 그것들을 미적대상으로서 치환했던 것이다.[43]

메이지 궁전의 절충주의적 실내장식은 래디컬한 다인들의 실험만큼 참신하지는 않았으나, 동시대의 취향에서 동일하게 중요한 방법으로 일본의 것을 재 문맥화 한다는 메이지의 선호를 보여준다. 미술사 연구자 오쿠마 도시유키는 황실 컬렉션에 남겨진 족자의 보존 상태를 조사하고, 그 대부분에서 장기간 사람들 눈에 노출되었기 때문에 생긴 것으로 보이는 색바램을 발견했다. 이것은 도코노마에 단기간 장식하는 본래의 족자 취급 방법과는 달리 반영구적으로 걸어두는 서양 회화와 동일하게 다루어졌기 때문이라고 지적한다. 전통적으로 족자로 표구되었던 그림도 『후진가호』에 게재된 여러 절충식 방에서 벽지를 바른 벽에 걸려있음을 알 수 있다. 새롭게 크게 생겨난 공백의 벽을 덮어야만 했고, 또 풍족하게 장식된 빅토리아조의 응접실이 서양풍으로 부를 보여주는 기준이 되었다. 때문에 화족 컬렉터들은 황실의 선례에 따라 자신의 족자를 영구적

---

42 무로마치시대의 교토에서 의식적으로 이루어진 소박한 구조의 건축 환경, '시중의 산거(市中の山居)'의 기원에 대해서는 高橋康夫, 『洛中洛外-環境文化の中世史』, 平凡柱, 1988, pp.47~76, '오브제 트루베'에 대해서는 Louise Allison Cort, *Shigaraki, Potter's Valley*, Tokyo : Kodansha International, 1979 참조.
43 Christine M. E. Guth, op. cit., pp.100~128, p.146.

제국일본의 생활공간

인 장식 틀의 일부로 다루려는 강한 동기를 가지게 된 것이다.[44]

　예로부터의 전통에 속하는 거의 모든 것이 재 문맥화될 수 있지만, 그 선택과 재 정의는 결코 변덕스러운 것이 아니었다. 메이지 이전의 다도에서 일반적이었던 미적 전용과는 대조적으로, 『후진가호』의 실내장식에서 물건이 끼워 넣어진 문맥은 서양의 오리엔탈리즘과 컬렉션의 실천에 의해서 전해지고 일반화된 일본성, 재퍼네스크이다. 실내장식 특집호의 기사에서 소설가이자 『초목재배서』의 저자인 마에다 쇼잔前田曙山은 분재를 실내에 두는, 메이지유신 이전에는 그다지 사례가 없던 관습을 지금은 광범위하게 볼 수 있게 되었다고 한다.[45] 촬영된 사진을 통해서도 여러 방에서 이것을 확인할 수 있다. 다른 기사에서는 취미로 모든 컬렉션을 전시하는 관행을 추천하고, 고대 토기, 도검의 날밑(칼날과 칼자루 사이에 끼워서 칼자루를 쥐는 한계를 삼으며, 손을 보호하는 테-옮긴이), 신품과 중고 완구, 새의 박제 등을 언급하고 있다.[46] 메이지기 이전부터 골동품 수집가는 많이 있었지만, 주택내부를 장식하기 위해 컬렉션 전체를 전시한다는 발상은 서양에서 들어왔을 것이다. 벽에 걸고 선반에 장식한 날밑, 도기, 그 외 과거 일본의 기이한 컬렉션은 본래의 기능으로부터 유리되고, 이 역시 같은 논자가 추천했던 사진첩처럼 시각적 오락, 그리고 방문자의 시간과 양실의 공간을 채우는 수단이 된 것이다.

　시대의 유행을 따르는 실내에서 보이는 역사주의는 컬렉션과 같이 물건의 체계와 건축기술을 '양식'이라는 기호체계로 바꾸어 상상 속의

44　앞의 大熊敏之, p.8.
45　앞의 前田曙山, p.13.
46　天放生, 「室內裝飾四十則」, 『婦人画報』定期増刊「室內裝飾」, 第2年 第3号, 1906.2.15, p.19.

과거를 나타내는 것으로 재 문맥화 작용을 수행하고 있다. 또 컬렉션과 마찬가지로 시대의 유행을 따르는 실내라는 발상도 서양에서 일본으로 들어온 것으로, 일본 최초로 유행을 쫓은 실내는 아마도 미국의 박람회를 위해 세워졌을 것이다. 『후진가호』의 실내장식 특집호에는 요즘 유행하는 실내라고 명확히 표현한 문구는 없지만, 앞서 서술했듯 헤이안시대

그림 21. 오가사와라 백작 부인의 객실. 커튼, 테이블보는 당시 기모노 옷감으로 유행하고 있던 겐로쿠 문양. 『후진가호』 실내장식 특집호.

나 겐로쿠시대의 도구나 모티브의 리바이벌이 보인다.(그림 21) 또한 여러 사진에 격자 천장과 풍요롭게 장식된 후스마에襖絵가 찍혀있는데, 주택건축에 이것들을 사용한 것은 모모야마 건축으로의 회귀를 시사한다. 또한 실내장식 특집호가 나온 지 3년 후, 담배상

이자 부호였던 무라이 기치베村井吉兵衛가 교토에 1909년에 세운 주택 '장락관長楽館'에는 1층과 2층에 각각 미국인 제임스 맥도널드 가디너가 설계한 유럽풍 방과 중국풍 방이, 3층에 모모야마식과 도쿠가와식 방이 만들어졌다. 서양인 설계자가 담당했던 것은 주목할 만하다.[47](그림 22)

실내에서 일본양식을 구성하기 위해 함께 사용된 크기의 거대화, 매개체가 되는 소재나 형태의 치환, 물건의 재 문맥화는, 넓은 의미에서는 모두 같은 방향을 가리키는 계기이다. 모두 일본의 물품과 모티브라

---

47 Dallas Finn, *Meiji Revisited : The Sites of Victorian Japan,* New York : Weatherhill, 1995, pp.212~213.

제국일본의 생활공간

그림 22. 담배왕 무라이 기치베의 자택으로 1909년에 교토에 세워진 '장락관'의 '미술의 방'. 오쿠라 저택과 마찬가지로 이곳에도 불상을 미술품으로 전시하는 역 오리엔탈리즘이 보인다. 건물은 현재 교토시 유형문화재로 지정되어 호텔 장락관의 연회시설로 이용되고 있다.

는 물질적 존재를 증대시키고, 일본적인 것의 개념적 폭을 넓혔다. 이들의 계기에는 어떤 정치적 기반이 있었다. 그것은 어떤 권력 관계를 정당화하는 토착적인 것의 오리엔탈리즘적 전용을 생각나게 한다. 메이지기 일본적인 것의 미적구축에서 보이는 확대라는 성격은 보편적 국민문화를 형성한다는 국가의 정치목표와 일본국가의 이름 아래 지리적 영역을 확대하는 제국주의의 획책과 병행하고, 이것들을 반복하고 있는 것처럼 보인다. 이런 경우, 미학의 움직임과 정치의 움직임은 표리일체를 이루며 어느 한 쪽이 원인이지는 않다. 특대 사이즈의 일본 미술을 선호하는 취향, 일본의 장식문양을 보다 많이, 보다 큰 벽면에 적용하는 취향은 일본의 제국주의를 '표현하는' 것이 아니다. 오히려 그것은 영역확장이 정치의 장에 위치하도록 해서 미학의 장에 위치하는 것이다.

5. 프레임을 채우다—물품집합체와 내부공간의 상품화

사진은 투명성이라는 환상으로 우리들을 유혹한다. 여기서는 실내 장식을 문제 삼고 있지만, 자료는 사진이므로 실내공간과 우리들 사이에는 아무것도 없고, 그 공간은 우리들이 들어오기를 기다리면서 눈앞에 있는 것처럼 느껴진다. 하지만 프레임의 중요성은 무시할 수 없다. 실제로 실내장식 특집호가 간행되었을 당시, 중산계급 응접실의 의미와 그것이 화보 잡지에 복제된 것의 의미는 겹친다. 양실과 사진 양쪽 다 물건을 전시하는 프레임이 되기 때문이다. 거기에서는 첫째, 양실도 사진도 프레임이라는 사실, 둘째로 그 프레임들이 각각의 방식으로 물건을 상품으로서 제시했다는 점을 지적할 수 있다.

장식을 위해 특별히 준비된 물건의 집합체가 '양실'을 만든다. 이것은 응접실이라는 존재가 일반적으로 지니는 성격이기도 하지만, 메이지의 양실에서는 전시 방법이 새로웠고 그를 위해 사용되는 물품 대부분도 새로웠기 때문에 더더욱 명확하다. 양실은 물건을 채워야만 하는 상자였다. 장식해야만 하는 벽이었고, 깔아야만 하는 바닥이었으며, 가구를 비치해야만 하는 빈 장소였다. 이렇게 양실이 구성되고 그 구성에는 의식적인 의미작용이 동반되었다.(그림 23) 서원 양식의 공간은 유동적이고 고정된 벽이나 가구가 없이 일시적으로 놓인 장식, 칸막이, 그리고 사람의 존재로 윤곽 잡혀 있다. 이와는 대조적으로 양실은 고정적이고 처음부터 칸이 나누어진 3차원의 프레임이다. 하지만 유럽 중산계급이 대부분의 경우 취미나 수집품을 여러 세대에 걸쳐 응접실에 축적해 온 것과는 달리, 일본에서는 수입품이나 서양을 모범으로 삼아 일본산

그림 23. 물건을 채우는 상자로서의 양실. "오야마 후작 저택의 객실 광경. 사방의 벽장은 금빛 찬란한 꽃문양이고, 커튼은 당초(唐草) 문양이 들어간 실크 다마스크 천에 비단 장식 술을 단 것, 장식 선반에는 칠보 꽃병을 비롯한 각종 조각품이 놓여있다." 『후진가호』 1906년 3월호. 이 시대의 실내장식 입문서에는 양실의 올바른 장식법이 '농후화미(濃厚華美)'로 요약된다고 적혀 있다.

가구를 세트로 한 번에 갖추는 경우가 많았다. 그런 가구들은 소유자가 어린 시절을 보내고, 대부분의 경우 여전히 일상의 대부분을 보내는 형식의 주거와 완전히 다른 환경을 만들어낸다. 이런 의미에서 일본의 상류계급은 서양에서 보았을 때 벼락부자와 같은 입장에 있었다. 필시 출판용으로 촬영된 모든 실내는 조금은 연출되었을 것이다. 그러나 『후진가호』에 게재된 실내는 서양의 같은 실내보다 일상생활로부터 동떨어지고 박람회 전시에 훨씬 가까운 것이었다. 유신 후 일본 상류계급을 둘러싼 물리적 생활환경의 질서가 너무나도 근본적으로 바뀌어 버렸기 때문에 가족의 축적된 역사를 이 실내에서 찾아볼 가능성은 적다.

『후진가호』는 이러한 실내를 촬영하여 새로운 생활양식을 형성했던 물품의 프레임을 재 프레임화하고 불특정 다수의 관중(이 특집호가 없었다면 화족 저택의 응접실은 결코 보지 못했을 많은 독자)에게 판매하는 것으로, 본래는 한정된 관중(집으로 초대하는 손님)에게 보여주기 위해 선택된 일용품의 집합체를 상품화하고 일종의 메타 상품을 만들어낸 것이다. 사진은 실내 공간을 뇌리에 새기고 독자가 단일 시점으로 방을 읽어내도록 강요한다. 이로써 인간의 존재로 윤곽 잡혀진 것이 아닌, 전시품으로 채워진 프레임으로 방을 지각하도록 요구받는다. 많은 건축사진은 사람의 존재와 생활감을 배제하고 운동성을 피하기 위해 거주공간의 사회적 다양성을 거부하려 한다. 서원 양식의 실내에 카메라를 향하자, 그 결과 생겨난 변화는 특히 뚜렷하다. 원래는 신체로 체험할 유동적 실내였을 서원의 일부분을 사진이 도려내어 순수한 시각대상으로 만듦으로써 방은 빈 프레임으로

그림 24. 사진에서는 거대한 공백이 되는 다다미방. 구로다 후작 저택 큰 방. 『후진가호』 실내장식 특집호.

변형된다.(그림 24) 공간 전체를 표상하고 또 꾸며진 내용물을 가능한 한 많이 포착하려고 노력했기 때문에 『후진가호』의 촬영자는 앞쪽에서 뒤끝까지의 길이를 강조하는 기울어진 앵글을 선택했다. 그때까지 장인, 예법을 가르치는 사람, 다도하는 사람들이 일반적으로 사용했던 건축과 실내의 도해図解는 방과 장식을 평면도와 입면도로 표현했다. 그들은 분절된 평면이 겹쳐진 집합체로서 공간을 해석하고 있었다. 이 종래의 견해와 대조적으로 비스듬히 촬영한 『후진가

제국일본의 생활공간

호』의 사진은 가구가 적은 서원 양식의 다다미방을 텅 빈 용기로 보여주고 있는 것이다.[48]

당시 일본에서는 실내장식이 독립된 직능으로 존재하지 않았다.[49] 『후진가호』실내장식 특집호는 '장식사'라 불리는 사람들의 작품을 보여주고 있는데, 당시 그 직함을 가진 인물들이 직업을 얻을 수 있는 곳은 두 곳뿐이었다. 그것은 미쓰코시 포목점과 황실이었다. 특집호의 권두사진 마지막 페이지에 실린 사진 2장은 '궁내성 장식사' 요시다 고고로吉田幸五郎가 설계한 '화양절충 응접실'과 미쓰코시 이층에 있는 누상樓上 응접실을 보여준다(그림 25). 전자는 일본의 민예적 장식물(가면과 목탁), 중국제로 보이는 칸막이, 서양식 의자와 테이블을 조합하고 있다. 미쓰코시의 응접실은 천장 주위의 꽃무늬 장식과 윗 장식이 달린 중후한 커튼이 있는 빅토리아 시대 전성기의 의장인데, 금박을 입힌 것으로 보이는 환한 병풍 앞에 일본 갑주도 한 벌 있다. 궁내성 장식사 요시다의 절충양식 방은 프로포션proportion에 있어서도 장식의 호화로움에 있어서도 미쓰코시 보다 절제되어 보인다. 미쓰코시가 실내를 철저히 서양식으로 꾸미고 일본적 요소를

---

48 세트 상품으로 볼 수 있는 양실과 촬영된 실내장식의 메타 상품성은 양쪽 모두 박람회에서 처음 드러난 표상질서에 기원을 둔다. 따라서 『후진가호』에 남작 오토리 게스케가 실내장식 전문가로 등장한 것은 적합했다. 오토리는 정치가, 외교관, 일시적으로는 여자학습원 교장도 맡았고(이것 때문에 이 잡지와 관계가 있었을 것이다), 더욱이 내국권업박람회에 오랫동안 관여했다. 1901년에 그는 제5회 내국권업박람회의 심사총장을 맡았다. 그는 『후진가호』의 독자에게 호소하여 가능한 한 다양한 물품을 전시하고, 전시품을 빈번히 바꾸면서 그것들의 시각적 조화를 유지함으로써 집에 오는 손님이 같은 물건을 또 보는 일이 없도록 하라고 열심히 설득했다.

49 무로마치 막부의 장군을 모셨던 미적인 것에 특화된 도보슈(同朋衆)는 장식사라는 직업으로 불릴 만한 또 다른 계보의 사람들이다. 메이지 장식사와 마찬가지로 그들은 상당히 큰 비율로 토착적인 것과 외래의 것, 이 경우 대륙에서 수입된 당나라 물건으로 알려진 공예품을 융합시키는 능력으로 전문적 식견을 발휘하여 보여주었다.(Murai Yasuhiko, "The Development of Chanoyu", In *Tea in Japan : Essay on the History of Chanoyu*, ed. Paul Varley and Kumakura Isao, Honolulu : University of Hawai'i Press, 1989, p.17)

그림 25. '궁내성 장식사' 요시다 고고로가 설계한 '화양절충 응접실'과 미쓰코시 이층의 누상 응접실. 『후진가호』 실내장식 특집호.

장식물로 한정시킨 것과는 대조적으로, 요시다의 설계는 일본, 서양, 중국의 모티브나 물품을 혼합하고 방 전체에 펼쳐 윤곽을 잡기 위한 일본풍 혹은 재퍼네스크 요소를 돋보이게 하고 있다. 이리하여 궁내성 장식사는 황실에 걸맞게 서양풍과 일본풍을 종합하는 거장으로 평가받는다. 방의 위치가 명확히 밝혀지지 않았기 때문에, 이 방은 특정 장소라기보다는 하나의 모범으로서 일상세계와 황실의 거리를 유지하고 있다.

이 두 가지의 규범적 실내장식의 사례가 이토록 다른데도, 동일한 페이지에 동일하게 취급되어 게재된 것은 양자의 비교가능성을 함의한다. 마지막에 등장한 이 한 쌍의 도상은 한 쪽이 황실의 성역과 관련되고, 다른 쪽이 황족과 화족의 위계와는 무관한 상업 자본과 관련된 것이기 때문에 이 잡지 전체의 배치를 조작하는 계층적 질서화 원칙과 모순되는 것처럼 보인다. 하지만 모든 것을 균일화하는 충동 또한 전체를 통해 작용한다. 왜냐하면 화보 잡지의 도상은 독자의 취향에 어필하도록 제시되고, 그러한 역할은 포목점도 황실과 같이 공동 소유가 가능하기 때문이다. 편집부는 분명 황실관련 물품에 특권적 위치를 부여하고, 그 방계와 화족의 소유물을 위계에 따

제국일본의 생활공간

라 배열했다. 하지만 그렇다고 해서 황실 중심의 사회 질서가 공인된 취향으로 구성된 불가침의 계층을 사실상 정의하거나 보증하는 것은 아니다. 모든 것에서 서양이 우월적 지위를 점하고 있다는 것에서 기인하는 식민지화된 취향의 단순한 질서, 그리고 그 반동으로서 '국수國粹'를 북돋우는 단순한 질서, 이 두 가지를 우리들은 어쩌면 상상할 지도 모른다. 하지만 시장유통의 법칙이 언제나 사회지위의 히에라르키나 국가이데올로기에 종속되는 것은 아니다. 결과적으로는 소비자의 욕망이 『후진가호』의 질서를 만드는 것이다. 대중의 소비에 부응한 이 잡지의 도상圖像의 혼합은 새로운 사회질서를 교화하는 사진이자 장식의 아이디어 모음이고, 본질이라기보다는 표상 양태로서의 '일본풍'과 '서양풍'이라는 동서의 교환가능성을 시사했다. 이 감성적인 이분법은 실제로는 상품에 의존하는 단일 체제를 숨기는 단순한 복면覆面이고, 사회질서에 응했던 동서의 취향 구별도 시장가치를 높인다는 하나의 목적에 봉사할 뿐이었다.[50]

6. 마치며 —세계적인 박람회 질서 속의 일본 실내장식

『오리엔탈리즘』에서 사이드는 식민지 지배자와 피지배자 사이에 성립하는, 제국주의 지배자가 전면적으로 권위를 휘두르는 관계를 상정하고 있다. 사이드가 말하는 제국주의자는 표상언어를 타협 없이 통제 가능하고, 정치적으로 결정된 이야기 틀 안에 타자를 모두 '써 넣을

---

50 中谷礼仁, 『国学・明治・建築家 — 近代「日本国」建築の系譜をめぐって』, 波乗社, 1993, p.38.

수 있는' 것처럼 보인다. 오리엔탈리즘 연구는 사이드의 영향을 받은 후, 민족 간 정치권력의 경계선을 직접적으로 재생산하는 것처럼 제국 질서가 나타난 상황에 주목하는 경향이 있다.

지배자 측에서는 문화 창출자만이 스스로의 대상을 자유롭게 전용하고 정의한다는, 이러한 정치적 문화적 지배의 틀에서 보자면 비서양이라는 '주변'의 산물이었던, 지금까지 예로 든 『후진가호』 속 상류 주택 실내장식의 대담함은 인상적이다. 절충적 장식을 만들어낸 사람들은 일본다움을 다시 정의하고 동양을 폭넓게 받아들여, 그것을 서양 가구와 장식품을 사용해서 의외로 세련되게 융합시킴으로써 여러 '오리엔탈리즘'을 배열했다. 이러한 방이 미적으로 성공했는지, 조잡함으로 끝났는지 평가할 필요는 없다. 이것은 흉내의 산물이 아니고, 유럽에서 확립된 미적 질서로는 어떠한 단순한 의미로도 회수되지 않는다. 여기에는 일견 역설적 표상이 있다. 다시 말해 일본은 유럽 중심의 세계적 문화경쟁에 참가하고, 그 국제질서의 논리로 국가의 독자성을 나타내도록 강요받았다. 하지만 당시 우연하게도 절충주의 자체가 유럽의 유행이었기 때문에 일본인 부르주아는 절충해야만 하는 모티브로서 일본다움을 재발명해야만 했다. 그들은 서양인 오리엔탈리스트에게 일정한 우위성마저 가지고 있었다고도 말할 수 있다. 자신을 오리엔트화 하는 오리엔탈리즘이 타인에 의한 오리엔탈리즘보다 정교했다 하더라도 놀랄 만한 일은 아니다.(그림 26)

하지만 『후진가호』에 게재된 실내에서 절충적으로 조합된 서양, 일본, 중국의 물품은 자유롭게 선택되었음을 보여주지는 않는다. 지금까지 보아왔던 거의 모든 방에 의자와 테이블이 있었고 그 때문에 이런 방들이

제국일본의 생활공간

그림 26. 가네코 겐타로 남작 저택 객실. 『후진가호』 실내장식 특집호. 유채화와 족자, 도코노마에 밀로 의 비너스라는 대담한 절충.

모조리 양실로 분류되었다. 따라서 관습에 있어서의 선점적인 자기식민 지화가 메이지의 '실내장식'(이 단어 자체가 영어의 번역어이다)의 근거에 있 었던 것을 우리들은 잊어서는 안 된다. 제국주의자가 피지배민족의 문화 를 오리엔탈리즘적으로 표상한 것만이 제국주의의 드러난 문화적 양상 은 아니다. 메이지 상류계급의 특이한 위치에서, 그리고 스스로를 향해 스스로를 표상하는 이런 사진들에서, 우리들은 제국주의가 만들어낸 세 계적 문화상황의 여운을 조화음도 부조화음도 포함해 다른 수준에서 청 취할 수 있다.

부르디외가 강조했듯이 단순히 유력자가 취향을 만들어내고 약자 가 그 선택을 감수하는 것은 아니다.[51] 정치투쟁에 대응하는 상징재象徵

---

51 Pierre Bourdieu, "The Field of Cultural Production, or : The Economic World Reversed", In

材를 둘러싼 투쟁이 있고, 그곳에서의 권위에 대한 주장은 정치적 우월 뿐만 아니라 그 반대, 즉 정치로부터의 단절로도 생겨난다. 이것은 정치판에서 지배/피지배의 위치가 취향의 장에서 재현될 때의 논리이다. 국제정치에서도 의미의 생산을 둘러싼 사회계층간의 국내투쟁에서도 이것은 발견되고, 모든 반 식민지주의적 내셔널리즘이 대개 토착정신을 외래제국세력보다 우월한 것으로 보는 것에 대한 하나의 설명이 된다. 메이지 일본의 엘리트층에서는 항상 부의 일부가 서양적 형식을 통해 과시되었음에도 불구하고, '일본다움'은 국내의 가치질서에서 이처럼 특별한 위치를 가지고 있었다.

티모시 미첼은 '오리엔탈리즘과 박람회적 질서'라고 제목 붙인 논문에서, 만국박람회, 백화점, 미술관, 근대도시 그 자체의 시각적 질서가 식민지주의적 세계관과 근본적 관계를 가지고 있음을 보여준다.[52] 이런 장소들은 '사물·세계(오브젝트 월드)'라고 하는 '일상품, 가치, 의미, 표상의 체계'를 구성한다. 그것들은 확실성이라는 환상을 만들어내기 위해 진품다움, 보는 주체와 객체의 단절, 도면이나 설명서의 재확인 등을 이용하여 '객관적인 방법으로' 제국주의가 만들어낸 현실을 표상한다. 화보 잡지는 이것과 비슷한 능력을 가지고 있다. 미첼이 분석한 박람회와 마찬가지로 화보 잡지는 어떤 '사물·세계'를 만들어 내고, 보는 주체와의 메꿀 수 없는 거리를 만들어내는 것과 동시에 그 세계에 실제로 있음을 암시한다. 그것은 예측 가능이란 환상으로 시선을 유혹

The Field of Cultural Production, New York : Columbia University Press, 1993, pp.29~73.

52 Timothy Mitchell, "Orientalism and the Exhibitional Order", In Colonialism and Culture, ed. Nicholas B. Dirks, pp.289~318. Ann Arbor : University of Michigan Press, 1992.

제국일본의 생활공간

한다. 실내의 사진은 특히 관음증적 경험을 초래한다. 카메라를 위해 배열되고 프레이밍되고 노출되고 복제됨으로써 실내는 살아있는 공간에서 소비대상으로 변화한다.

하지만 이런 식으로 논한다면, 구체적인 사회적 문맥을 고려하지 않고 사진기술의 성질만 말하는 것에 불과하다. 메이지의 일본인 상류계급이 제국주의의 박람회적 질서에 편입됨과 동시에 여러 현상이 발생했다. 기술면에서는 망판인쇄라는 발전, 경제면에서는 국내 시장 속 중국과 일본 골동품 유통과 서양가구를 구입할 만큼의 민간자본의 축적이 있었다. 그리고 서양이나 아시아 여러 나라와의 대비 속에서 '일본'을 다시 상상할 수 있게 하고 화족계급을 진전시켜 더 많은 부와 외래품을 국내시장에 들여온 일본제국의 군사적 확장이 있다. 이 박람회적 질서에 의해 전용했던 물품은 변용되었다.(물론 실제로는 개인 각자가 전용하고 있었던 것을 잊어서는 안 된다) 절충적 가구나 실내장식과 마찬가지로 박람회적 질서를 위해 만들어진 물품이 있는가 하면, 벽지가 된 일본 그림이나 카펫이 깔린 일본 방과 같이 물리적으로 개조된 물품도 있고, 도코노마 바깥에 걸린 족자, 도코노마에 장식된 밀로의 비너스의 축소복제와 같이 놓여진 문맥에 따라 새롭게 정의된 물품도 있다. 사진잡지 속의 박람회적 질서는 신비성, 유명성, 토착성, 세련된 세계적 취향의 시각적 표현을 통하여 천황제국가나 작위의 체계라는 새로운 정치체제를 페티시화 한 것이다.

이 장의 서두에서는 하나의 물음을 던졌었다. 만약 여기에서 이것들 전부가 오리엔탈리즘적이 아니라고 결론짓는다면 어떨까. 그렇게 된다면 필자는 어디에도 도달할 수 없는 지知의 여정으로 독자를 이끌고 온 셈이 된다. 혹은 그렇지 않고 사이드가 쓴 용어의 유효한계를 확인함으로써 제국주의적 세계의 문화생산을 이해하는 그의 틀 밖 어딘가에 도달한 것이 되는지도 모른다. 미첼이 지적한 것처럼 오리엔탈리즘은 보다 큰 '세계에 의미를 부여하고 질서를 잡아 나타내는 새로운 장치'라는 전체적 체계의 일부였다. 제국주의는 출구 없는 미로와 같이, 어떻게 움직여도 경계 내부에 이미 배치되어 있는 대상과 만나버리고 마는 공간을 형성했다. 일단 안에 들어가면, 일본인의 미적 선택은 유럽이 정의했던, 세계 속 일본의 정치적 위치에 의해, 그리고 토착과 서양, 전통과 근대라는, 정치적으로 사전에 준비된 대립 항에 의해 어쩔 수 없이 한정되었다. 실내장식의 배치나 그것의 인쇄복제에 관한 이러한 미학상의 움직임은, 식민지 정복의 정통성을 보증한다는 의미에서는 모든 것이 오리엔탈리즘적이라 말할 수는 없다. 하지만 각각의 움직임이 유럽의 문화질서를 일본의 계급질서로 옮겨와 제국적 공간을 주택공간에 복제하고 반영시키는 소우주를 만들어낸 것은 분명하다.

1920년대 중국 잡지에 실린 '아지노모토'의 광고.
하녀로 보이는 소녀는 스프에 '아지노모토'를 뿌린다. 책장, 난로, 유화를 갖춘 양실에서 식탁에 둘러앉은 세 명은 핵가족을 연상시킨다. 이처럼 서양적 근대의 기호를 상품과 연관시키고 있다. 하지만 일본 국내의 '아지노모토' 광고와는 대조적으로, 근대적 주부가 스스로 요리를 하는 장면은 보이지 않는다.

1. 풍미와 제국

미각은 유난히 직접적이고 본능적인 것처럼 여겨진다. 자라면서 먹거나 마신 것을 스스로 좋아하게 될 뿐이라는 말처럼, 우리들은 미각에 대한 기호를 관념 이전의, 문화 축적의 일부라고 생각하는 경향이 있다. 미각은 어느 정도 유전적이기도 하다. 하지만 미각은 사회적 힘의 영향도 받는다. 술이나 커피 맛을 좋아하게 되는 것은 단순히 혀의 만족스러운 반응이라기보다 사회적, 심리학적 이유 때문이다. 한편 다른 것을 예상하고 무언가를 입에 넣었을 때 불쾌한 지각知覺이 느껴지는 것을 보면, 미각의 경험에는 의식에 따른 예상이 포함되어 있고 따라서 단순한 신체적 반응이 아님을 알 수 있다. 뇌파 연구를 통해 사람의 두뇌는 사전에 맛있음을 알게 되면 미각의 반응이 변하는 것이 밝혀졌고, 의식에 의한 인지(즉, 말)는 맛의 느낌을 직접 좌우할 수 있다고 알려져 있다.[1]

화학자 이케다 기쿠나에池田菊苗(그림 1)가 발명하여 1908년에 특허 등록한 글루타민산 나트륨 또는 '아지노모토'는 근대의 음식 사회사에 큰 화제 거리를 제공한다. 글루타민산 나트륨은 오늘날 전 세계에서 소비되고 있지만, 대부분의 경우 그것을 깨닫지 못한다. 그 맛에 만족한 반응(이케다가 '감칠맛旨味'이라고 부른 것)은 단백성 식품에 대한 본능적 반응과 연결된 것이기 때문에 유사 이전으로 거슬러 올라가는 '근원적인' 것일지도 모른다. 하지만 '아지노모토'라는 제품은 의심의 여지없는 근대 산업의 산물이고, 그 미각체험은 '아지노모토'와 경쟁 상품이 아시

---

1 Edmund T. Rolls, "Functional Neuroimaging of Umami Taste : What Makes Umami Pleasant", *American Journal of Clinical Nutrition Supplement : 100th Anniversary Symposium of Umami Discovery* 90, no.3, September 2009, pp.809S∼810S.

아 태평양에서 무역과 이민의 회로를 통해 보급되면서 대일본제국의 역사와 깊이 얽혀있다. 글루타민산 나트륨은 동아시아와 동남아시아의 주방에서 지금도 널리 볼 수 있는데, 그것은 제국의 보이지 않는 흔적이다.

글루타민산 나트륨은 풍미를 더해주는 물질임과 동시에 근대 과학 산업의 산물이기 때문에 제국지배하와 그 이후의 보급에 대한 이야기는 음식에 관한 사람들의 태도 뿐만 아니라 과학이나 산업에 대한 태도와도 관계가 있다. 글루타민산 나트륨은 식재료 그 자체와는 다른 새로운 식품첨가물로서, 확실한 선행자나 기존 수요도 없는 상태에서 이질적인 존재로서 시장과 음식의 체계 속에 들어갔다.

그림 1. 최초로 글루타민산을 다시마에서 추출한 이학박사 이케다 기쿠나에, 독일 유학 시절 사진. 런던 소세키(漱石) 기념관, 쓰네마쓰 이쿠오(恒松郁生) 씨 제공.

따라서 그것은 미각체험에 끼친 근대과학의 영향을 특별히 순수하고 직접적인 형태로 보여주고 있다. 이 신제품에 대한 반응을 보면서, 어떻게 그 맛이 기존의 식생활과 맞물렸는지 뿐만 아니라 서로 다른 문맥의 소비자가 어떤 식으로 근대과학의 희망과 위협을 이해했는지도 알 수 있다. 20세기 흐름 속에서 글루타민산 나트륨의 과학은 건강을 약속하는 것에서부터 편의를 약속하는 것, 지능 발달을 약속하는 것 등의 의미 양상, 그리고 결국에는 신체에 유해한 위협이라는 반대의 의미에 이르기까지 변화의 길을 걸었다. 최근에는 미각 과학의 새로운 언설이 등장해 '감칠맛うま味'이라는 단어를 보급시킴으로써, 몸에 좋은가 나쁜가라는

질문에서 미각의 만족이라는 쾌락 쪽으로 관심을 돌리고 있다. '감칠맛'이라는 미각의 근원과 글루타민산 나트륨이라는 제품이 신체에 미치는 영향에 대한 물음은 다양하게 제기되었고, 과학적 연구는 1세기 이상이나 진척되었다. 하지만 과학 자체가 항상 전개 과정에 있는 것이기 때문에, 이 근대적 상품에 얽힌 사회사를 위해 먼저 생각해봐야 할 문제는 인간의 건강과 관련된 것이든 인간의 욕망과 관련된 것이든, 과학이 증명하거나 언젠가 증명할 만한 것이 아니다. 오히려 과거에 연구실에서 소비자 대중을 향해 어떤 지식이 전달되었는지, 그 대중이 메시지를 어떻게 이해하고 해석했는지이다.

일본에서 글루타민산 나트륨은 '아지노모토'라는 상표로 알려져 있지만, 중국과 타이완에서는 '미정味精'이라고 널리 불렸고, 북미에서는 '모노소디엄 글루터메이트monosodium glutamate'라는 화학명이나 그 약칭인 MSG로 알려져 있다. 미국인이라면 유기화학에 관한 지식이 없더라도 이 화합물명을 누구나 말할 수 있을 것이다. 또 대부분은 그것이 자주 '중화요리점 증후군'이라 불리는 일련의 유해한 생리학적 증상과 관련이 있음을 알고 있다. 한편 그것이 일본의 발명품이라는 사실은 많은 일본인이 알고 있지만 서양에서 아는 사람은 적다. 그것이 탄생한 땅에서 어떻게 중화요리점과 세계의 음식 체계로 이동했는지 이해하기 위해서는 동아시아와 북미의 주방 투어를 해야 한다. 글루타민산 나트륨이 왜 처음에는 환영받고 그 후 전 세계에서 대량으로 소비되다가 왜 비방 받게 되었는지 이야기함으로써, 20세기 식품과학과 식품시장의 뒤얽힌 역사에 대해 많은 것을 알 수 있게 된다.

2. 대중을 위한 공업적 영양원

이케다 기쿠나에는 당시 유기화학의 중심이었던 독일에서 유학했고, 독일 동료와 마찬가지로 싼 값에 대량생산 가능한 영양원을 개발하겠다는 희망을 가졌다. 이 분야의 창시자 유스투스 폰 리비히는 비프 엑기스로 유명한데, 비프 엑기스가 독일군의 양식이 되었기 때문에 리비히는 결과적으로 큰 부자가 되었다.[2](그림 2) 당시 유럽에서는 고기 소비가 국력의 관건으로 여겼으며, 식민지 유럽열강이 선주민족을 지배하는 이유는 그들이 쌀이나 감자를 먹고 살아가기 때문이라 믿었다. 유럽

그림 2. 리비히의 고기 엑기스 광고. 세계 최초의 브랜드 명, 근대적 광고 전략을 갖춘 최초의 다국적 기업 중 하나였던 리비히는 고기 엑기스를 이상적 건강식품으로 1865년에 팔기 시작했다.

---

2   Mark R. Finlay, "Early Marketing of the Theory of Nutrition : The Science and Culture of Liebig's Extract of Meat", In *The Science and Culture of Nutrition, 1840-1940*, edited by Harmke Kamminga and Andrew Cunningham, pp.48~73, Amsterdam and Atlanta, GA : Rodopi, 1995, pp.48~73.

각국의 군대와 산업노동계급의 힘은 고액인데다 부족한 때도 많은 고기의 공급에 의존하고 있었다. 그 즈음 미국 대륙의 목초지에서는 소가 싼값에 사육되고 있었지만, 고기의 운송료가 비쌌다. 1865년 런던에서 설립된 리비히의 회사는 남미 우루과이의 프라이벤토스에 공장을 세우고, 유럽에 판매하기 위해 남미 산 우육을 삶아서 조린 국물을 압착해서 병조림으로 만들었다. 34kg의 우육에서 엑기스 1kg이 생산되었다.

하지만 리비히의 고기 엑기스 판매가 시작되고 얼마 지나지 않아 다른 화학자와 의사는 그 영양상 가치를 의심했다. 1868년에 리비히는 포함되어 있는 칼륨염이 인체에 유해하다는 비난에 변명해야만 했다.[3] 그럼에도 불구하고 리비히의 엑기스 회사는 시장을 넓혀갔다. 의사보다도 요리사나 가정학자의 지지를 호소했고, 이미 풍미 있고 영양이 풍부하다고 받아들여진 우육 콩소메(영국에서 일반적으로 부르는 '비프 티')를 만드는 편리하고 싼 방법을 원하던 소비자에게 직접 어필했다. 따라서 많은 소비자는 눈치채지 못했지만 리비히의 유기화학이 이룬 공중위생에 대한 공헌은 공업적으로 농축된 영양을 공급한다는 주장에서 공업적으로 농축된 풍미를 제공한다는 것으로 바뀌었다. 다른 제품으로 뒤쫓은 경쟁사도 마찬가지로 단백질이나 그 풍미를 저렴한 농축물로 제공했다. 이들 제조자는 모두 건강상의 이점을 주장하고 대중 복지에 공헌하고 싶다는 동기를 주장했지만, 그 영양상의 가치는 과학적으로 거의 확립되지 않은 채였고, 제품은 주로 편리성 때문에 받아들여졌다. 스위스의 발명가 줄리어스 매기가 건조야채를 베이스로 한 즉석 스프 분말을 1886년에 발명했고, 이어서 야채단백

---

3 Ibid., p.60.

가수분해물HVP을 발명해서 '매기 소스'로 판매했다. 1908년— 이케다가 글루타민산 나트륨 조미료를 특허 등록했던 해— 매기는 대량 생산된 고형 부용을 판매하기 시작했다.(그림 3) 리비히의 회사는 1910년에 고체형 '옥소'라는 상표를 가진 상품으로 대항했다. 당시 영국의 다른 경쟁 상품에는 우유 베이스의 '보브릴'과 야채 베이스의 '마마이트'도 있었다.(그림 4)

그림 3. 리비히의 고기 엑기스의 뒤를 이어 개발된 공업생산 '감칠맛 식품', 옥소, 매기 · 고형 부용의 광고. '아이들'과 '건강'이 광고의 주된 테마였다.

이처럼 이케다 기쿠나에가 유럽에 도착했을 당시의 유기화학 분야는 그의 이후 경력에 중요하게 작용할 몇 가지 특징을 가지고 있었다. 다시 말해 화학자는 연구실의 성과물을 맛보고

그림 4. 마마이트, 보브릴의 광고.

있었고, 그들의 학문에는 산업 세계 속에서 확대되는 노동자 인구에게 식량을 공급할 열쇠가 있다고 큰 기대를 받았으며, 막연히 영양의 공업생산으로 연결될 것 같은 풍미의 공업생산을 통해 부를 얻을 수 있었다. 독일인 화학자 칼 리트하우젠은 1866년에 글루타민산을 찾아내고, 거기에 비프 엑기스의 풍미가 있음을 깨달았지만 상업적 가능성을 추구하지는

않았다. 1902년에 설탕 연구로 노벨상을 받았던 에밀 피셔도 글루타민산

연구를 했지만 냄새가 불쾌하다고 생각했다.[4] 이케다야말로 사업적 선견

성과 글루타민산염을 감지하는 미각 세포를 겸비하고 있었던 것이다.

　이케다는 일본의 의학박사 미야케 히이즈三宅秀의 「진미는 소화를

촉진시킨다」라는 논문을 읽고 시사점을 얻었다고 회상한다.

　　우리나라의 가난한 식생활을 유감스럽게 생각하던 나는 개선 방법이 없

　　는지 계속 생각했지만, 이 논문을 읽을 때까지 좋은 방안이 떠오르지 않았습

　　니다. 이 논문과 만나 "싸고 양질인 조미료를 사용하여 영양가는 높지만 맛

　　이 부족한 식품을 맛있게 만들 수 있다면 이 문제를 해결할 수 있지 않을까"

　　라는 생각을 하게 되었습니다.[5]

　그런데 이 '싸고 양질인 조미료'의 발견이 정확히 어떤 식으로 일본

의 식생활을 향상시켰을까. 일본인은 맛이 부족하지만 영양은 풍부한

적절한 음식을 충분히 먹지 않았던가. 이 회상에서 이케다는 오히려 리

비히나 매기와 마찬가지로 풍미의 추출, 화학적 농축과 영양의 관계를

애매하게 지적하는 데 그쳤다. 과학이 식사를 개선하고, 유기화학자가

4　広田鋼蔵, 『旨味の発見とその背景―漱石の知友・池田菊苗伝』, 私家版, 1984, p.181. 이케
　　다는 피셔의 연구에 대해 「新調味料に就いて」, 『東京化学学会』 第30帙 第8冊, 1909.8,
　　pp.832~833에서 언급하고 있다.
5　『味の素株式会社社史』 第一巻, 味の素株式会社, 1971, pp.41~42. 자주 인용되는 이 회상은
　　1933년에 이케다가 기록한 것이다. 미야케가 참고한 기사가 어떤 것인지 분명하지 않다.
　　하지만 그러한 생각은 당시의 화학자나 의학자 사이에서 일반적이었다. 또한 다음에 이어
　　지는 한 구절에서 이케다가 "궁핍함을 벗어나고 싶은 바람도 응용방면으로 전향하게 만든
　　하나의 잠재동기였다"라는, 이익을 추구하려했던 취지를 솔직하게 인정하고 있는 부분은
　　거의 알려져 있지 않다.

인체가 원하는 것의 '재료'를 발견하고 농축하여 효율적으로 제공할 수 있다는 생각이 널리 지지받고 있었다. 이케다가 지녔던 국민의 식생활을 개선하고 싶다는 욕망의 성실함을 의심할 이유는 없다. 화학을 식사에 적용하는 것, 염가로 대량생산된 음식의 풍미 향상, 유용한 과학에 의한 수익—이 모든 것이 당시 연결되어 있었다. 이케다는 일본인과 비교했을 때 유럽인이 체격 면에서 얼마나 큰지도 실제로 보았다. 후쿠자와 유키치福沢諭吉는 서양 각국의 체력 및 체격과 어깨를 겨루기 위해 좀 더 고기를 먹도록 권했다. 아마 이케다는 쌀을 주식으로 하는 대중에게 싼 고기를 충분히 입수할 수 있다고 어필할 수 있다면, 국민을 강하게 만들 수 있다고 믿었을 것이다. 1880년대 일본 해군은 단백질 부족이 각기병을 일으킨다는 믿음에서 영국 해군과 동일한 식사를 채용하기로 결정했다. 통조림 고기가 청일 전쟁기부터 군에서 점점 중요해졌으므로, 이케다의 야망은 국가의 목표와 합치했다.[6]

글루타민산 나트륨의 특허는 일본에서 취득된 직후, 미국, 영국, 프랑스에서 취득되었다. 특허 출원서에서 이 미각은 일본어로 '기분 좋은 맛'이라 기록되었고, 영어로는 '글루타민 맛glutamine taste'이라고 적혔으나, 국내용 발명 홍보에서 이케다는 이 특징적인 미각을 '감칠맛'이라 부르자고 제창했다. 이것은 이케다 자신이 만든 말로, 회화체 형용사 '맛있는うまい'에서 유래되었다. 이케다는 글루타민산 나트륨을 요오드 제조업자 스즈키 사부로스케鈴木三郎助에게 분말 상태로 가지고 갔고, 스즈키 제약소(1912년부터는 스즈키 상점)는 1909년 '아지노모토'라는 상표

---

6 Katarzyna Cwiertka, "Popularizing a Military Diet in Wartime and Postwar Japan", *Asian Anthropology* I, 2002, p.10.

명으로 이것을 발매했다. 스즈키 제약소의 당시 최신 기술과 이케다가 추천한 식사 개선의 결합으로, 글루타민산 나트륨은 과학과 19세기 국민 건강에 대한 진보적 관심의 교차점 위에 놓였다. 과학은 생산 뿐만 아니라 '아지노모토'의 판매 촉진에도 중요했다. 일본이 서양열강에 들어서기 위해 산업을 급속히 발달시키던 메이지 말기, '아지노모토'는 국내시장을 확립하기 시작했다. 당시 일본 지식인은 근대과학의 혜택에 큰 신용을 두고 있었다. 상업 역사가 루이자 루빈파인의 지적대로, '아지노모토'는 '위생과 영양의 예측가능성, 효율, 편리, 과학적 보증 —문명개화라는 메이지기 목표와 공명하는 속성'을 제공했던 것이다.[7]

3. 글루타민산 나트륨과 일본의 주부

하지만 당초 스즈키 상점은 고객 유치에 고생했다. 글루타민산 나트륨은 등장하고 처음 4년간 아무런 수익도 내지 못했다. 제품이 간장 제조자나 요리점 주인에게 거부당했기 때문에 타겟은 주부로 바뀌었다. 20세기 초, 중산계급 여성들의 부엌과 일본의 식생활은 크게 변하고 있었다. 메이지 국가의 지도 아래 우위에 놓여있던 엘리트층의 계급의식에서 새로운 가정생활은 필수 구성요소로 부상했다. 진보적 중산계급의 주부는 위생, 테일러 주의(19세기말 과학자 프레드릭 테일러가 주창한 노동관리 방식—옮긴이)적 능률, 과학적 영양 등의 가르침에 따라 자신의 부엌

---

7   Louisa Rubinfien, "Commodity to National Brand : Manufacturers, Merchants, and the Development of the Consumer Market in Interwar Japan", Ph.D. dissertation, Harvard University, 1995, p.8.

제국일본의 생활공간

을 꾸려나가려고 노력했다. 그 때문에 가족의 건강을 무지한 사용인에게 맡겨둘 수 없다며 식사를 준비하는 일 전체를 맡도록 종용 당했다. 많은 중산계급 여성은 부엌에서의 새로운 역할을 받아들이고 가족을 기쁘게 하는 방법으로써, 또 개인의 만족 수단으로써, 새롭고 영양이 풍부한 요리를 만드는 도전에 열심히 몰두했다. 이 때 그녀들은 계절의 순환에 맞춘 식사나 식량 준비, 많은 인원을 동원하는 중노동을 특징으로 한 부엌일의 긴 전통을 버렸다. 그 때문에 할머니에게 요리법을 배운 어머니를 둔 20세기 일본의 여성들이 — 혹은 가계를 감독할 뿐 사용인에게 실제 조리를 시켰던 어머니를 둔 여성들이 — 데리야키照り焼き나 돈가스와 같은 화양절충 요리를 가르치는 요리책이나 신문기사를 소비했고, 남성 셰프가 요령을 알려주는 요리교실에 다녔다. 이러한 모든 전개로 인해 메이지 후기의 중산계급 여성은 과학적 연구를 기반으로 한 합리성과 편리를 강조한 새로운 조리기구와 재료를 받아들이게 되었다. 일본의 주부에게는 개선된 부엌, 영양, 위생, 효율에 관한 전문지식, 또 이러한 지식체계와 연결된 글루타민산 나트륨과 같은 새로운 상품이 글로벌한 근대성으로 이끌어주는 문이었던 것이다.

하지만 '아지노모토'는 비쌌다. 1912년에 가정 사이즈인 중간 병은 50전이었는데, 당시 이것으로 백미 약 3.5kg이나 소금 8kg을 살 수 있었다. 따라서 검소검약을 미덕이라 배운 여성들에게 이 낯선 분말이 부엌의 필수품이라고 설득해야만 했다.

이 목적을 위해 서양요리, 영양학, 가정학과 같은 분야의 전문가가 동원되었다. 그들은 여성잡지나 신문기사를 잘 아는 사람들이었다. '아지노모토'에 이름을 빌려주기 시작한 한 사람은 인기작가 무라이 겐사이村井

그림 5. '아지노모토' 최초의 신문광고. 『도쿄아사히 신분(東京朝日新聞)』, 1909.5.26. 하얀 앞치마와 트레머리는 근대 중산가정 주부의 상징이었다.

弦齋였는데, 그의 추천사는 최초의 신문 광고에 등장한다.(그림 5) 그는 '된장국에 넣으'면 '최고'라고 쓰고 이 분말을 '매일 아침 식탁에 빼놓지 말도록' '지극히 편리'한 것이라고 했다. 무라이는 메이지기 최대 베스트셀러 중 하나였던 연재소설 『식도락食道樂』을 몇 년 전에 저술했다.[8] 소설도 요리책도 초월한 『식도락』은 부엌에서 시작하는 일본국민의 사회적·도덕적 개선을 위한 소집영장이었다. 4권에 달하는 방대한 양으로 수백 가지 레시피를 소개했다. 이 책의 성공으로 무라이는 가정식과 영양에 관한 권위자가 되었다. 무라이는 더 많은 단백질 섭취, 변화를 더한 식사, 또 식사 준비에 쓰이는 에너지와 시간에 따라 소화 시간이 줄어든다는 이론에 기반하여 식재료를 분쇄하는 요리법을 찬양했다. 무라이에 의하면, 식생활 개선은 우둔한 일본인을 문명으로 이끌어주는 것이었다. 이 고명한 식생활 운동가와의 제휴로 글루타민산 나트륨은 실제 건강에 좋은 영향을 준다는 증거를 아무것도 보여주지 않았음에도 불구하고 건강에 좋다는 후광을 얻었다.

스즈키 상점은 엘리트 계급의 아가씨들이 중산가정을 경영할 수 있

8　『식도락』에 관해서는 村瀬士朗,「食を道樂するマニュアル―明治三〇年代消費生活の手引き」, 金子明雄·高橋修·吉田司雄編,『ディスクールの帝国―明治三〇年代の文化研究』, 新曜社, 2000; 黑岩比佐子,『『食道樂』の大 村井弦斎』, 岩波書店, 2004 참조.

제국일본의 생활공간

도록 훈련받는 고등여학교 학생과 졸업생에게 가장 직접적으로 어필했다. 가양각색의 학문을 모은 서양의 신학문과 가정학을 흡수했기 때문에 이러한 여성들은 유익한 과학이라는 설명에 빠져 들었다. 즉 그녀들은 의학과 영양학의 전문가에게 이상적인 표적이었다. 가정학 교과서는 '아지노모토'를 전통적으로 국물맛出汁을 내는 데 사용되는 다시마와 가다랑어포의 대용품이라고 상찬했다.[9] 한편 '아지노모토' 광고는 제품이 '순백'임을 강조함으로써 당시 여성교육에서 표백이나 소독이 강조되었던 것과 겹치도록 위생적 이미지를 제품에 부여했다.[10] 1922년부터 1937년까지 스즈키 상점은 고등여학교 졸업생 전원에게 샘플과 요리책을 송부했다. 첨부된 편지에는 '아지노모토'가 오랜 기간에 걸친 과학 연구의 결과라고 선전하고, 제국발명협회에서 인가를 받은 것도 적혀 있었다. '아지노모토'는 가격, 노력, 시간이라는 점에서 가장 경제적인 조미료이며 근대적 '문화생활'에 불가결한 것이라고 적혀 있었다.[11] 1920년대에는 중등·고등교육을 받은 여성 수가 급증했고, 일련의 신 미디어는 문명화된 주부가 최신 과학적 발명을 이용해 가족의 건강과 행복을 증진시킨다는 생활양식의 이미지를 이용하여 가정의 합리화를 촉진하였다. '아지노모토'는 부엌 노동과 신체 소화활동 양 쪽과 관련된 합리화의 언어를 한 데 묶음으로써 일본의 가정을 근대화한다는 프로그램에 편입된 것이다.(그림 6)

---

9 예를 들면 吉村千鶴,『実地応用家事教科書』第1巻(訂正6版), 東京開成館, 1919, p.115.
10 '아지노모토'는 1931년에 황실 납품업체가 되었다. 또한 '아지노모토'의 화학자가 보다 하얗고 결정형인 제품을 만들게 될 때까지는 약간 갈색을 띄고 있었다. (鈴木三郎助,『味に生きる』, 実業之日本社, 1961, p.154)
11 앞의『味の素株式会社社史』第一巻, pp.209~210.

그림 6. 여학생이나 주부에게 사용을 권하기 위해 실시된 '아지노모토' 강습회. 『아지노모토 연혁사(味の素沿革史)』.

얼마 지나지 않아 '아지노모토'는 신문 요리기사에 빈번히 등장하게 되었다. 하지만 요리점의 요리사는 이 하얀 가루를 조리장에 받아들이는 데보다 신중했다. 당초 일식의 기본이었던 국물 맛을 누구나 간단히 만들 수 있다는 즉석조미료를 장인으로서의 긍지가 받아들일 수 없었던 것이다. 1930년대에 일본에서 가장 유명한 요리사이자 식도락가였던 기타오지 로산진北大路魯山人은 '아지노모토'를 경멸하였다. 하지만 신랄했던 로산진마저도 인기 있는 조미료를 통째로 부정하는 것은 피했으며, 가정에서 폭 넓게 쓰이고 있었음은 암암리에 인정했다.

아지노모토는 근래 굉장히 선전되고 있지만, 나는 '아지노모토'의 맛이 마음에 들지 않습니다. 요리사 곁에 두면 게으름 때문에 아무래도 과도하게 사용하게 되어 그 맛에 화(災)를 입습니다. (…중략…) 반찬 요리에 알맞을 때도 있겠지만, 그런 것은 고급 요리의 경우가 아닙니다. 지금으로서는 좌우간 고급을 의미하는 요리를 위해서는 되도록 '아지노모토'를 사용하지 않는 게 좋다고 생각합니다.[12]

---

12 北大路魯卿, 「日本風料理の基礎観念」, 『星岡』, 1933.12.

제국일본의 생활공간

몰래 '아지노모토'를 사용하는 점포는 늘어
갔다. 1939년 스즈키 상점의 잡지『아지味』가
인터뷰한 어느 유력 요리사는 '아지노모토' 사
용이 이제는 불가결하게 되었다고 인정한다. 왜
냐하면 일반 가정의 식탁에서 모든 음식에 '아
지노모토'를 사용하기 때문에 사람들의 미각이
여기에 익숙해져 사용하지 않는 요리를 맛없다
고 생각하게 되었기 때문이다.[13] (그림 7)

　　1931년은 글루타민산 나트륨 보급 제1단
계의 도달점을 상징적으로 보여준 해였다. 스즈
키 상점이 부엌이나 식탁에서도 사용할 수 있는
구멍 뚫린 작은 유리병 형태를 발매했기 때문이
다.[14] 또 이 해에 천황의 식탁에서 사용되는 궁
내성 납품업자로 '아지노모토'가 공식 지정되

그림 7. 1926년 도쿄에서 개최된 '제2회 화학공
업박람회'의 본관 입구에 세워진 '아지노모토의
여신상'. 당시 일본의 화학공업분야에서 이케다
의 발명이 얼마나 큰 심볼이었는지 알 수 있다. 『슌
칸샤신호치(旬刊写真報知)』, 1926.4.25.

었다. 1918년부터 1931년까지 아지노모토사의 가와사키川崎 공장의
생산량은 연간 85톤에서 1,077톤으로 12배 이상 증가했다.[15] 이 때 즈
음 국내 도시 시장 진출은 한계에 달하여 판매 촉진은 농촌이나 식민지,
다른 해외시장에 중점을 두기 시작했다. 구멍 뚫린 작은 유리병의 등장
에 의해 일본 도시지역의 주부는 부엌에서 뿌려도 되고 가족들이 각자
식탁에서 직접 뿌려도 되는 식용 소금과 같은 존재로 '아지노모토'를

13　『味の素沿革史』, 味の素株式会社, 1951, p.88, p.91.
14　長谷川正, 『味の素の経営戦略』, 評言社, 1982, p.223.
15　앞의『味の素株式会社社史』第一巻, p.148.

완전히 받아들였음을 알 수 있다. 유익한 과학에 대한 고등여학교와 일본여성의 관심 때문에 '아지노모토'는 일본 가정의 일부가 된 것이다.

4. 대일본제국, 중국대륙, 화교의 글루타민산 나트륨

당초 일반 가정에 진출한 후 요식업에 진출했던 일본의 경험과는 대조적으로, 일본의 식민지 타이완에서 글루타민산 나트륨은 역 루트를 밟아 요식업에서 일반가정으로 진출했다. 『아지노모토 주식회사 사사味の素株式会社社史』에 의하면 타이완의 요리사들은 일반적으로 '아지노모토'에 거의 저항하지 않았다. 실제로 스즈키 사부로스케 사장이 1914년에 타이완을 방문했을 때, 이미 노점이나 포장마차에서 사용되고 있었다.[16] 타이완은 작은 섬 식민지였기 때문에 스즈키 상점에게 딱 알맞은 크기의 지배 시장이 되었다. 아지노모토사는 타이완의 주요 도시에 있는 모든 가로등에 에나멜로 제작한 자사광고를 내걸어서 거리의 풍경을 상표명으로 철저히 뒤덮었기 때문에 다른 광고주로부터 불평이 나올 정도였다. 표적으로 삼을 만한 중등학교 여학생이 거의 없었기 때문에 소학교 아동을 대상으로 광고를 했고, 교사가 사용하는 글루타민산 나트륨에 관한 퀴즈를 곁들여서 타이완의 전 소학교에 샘플을 배부했다.[17]

타이완에서는 자발적으로 제품을 팔아주는 요리점과 면 요리를 파

---

16 앞의 鈴木三郎助, 『味に生きる』, p.106.
17 앞의 『味の素沿革史』, pp.463~466.

는 포장마차도 있었다. 만약 식탁에 놓인 구멍 뚫린 작은 병이 일본의 식생활에서 '아지노모토'의 오래된 정착을 상징한다면, 타이완에서는 금색 사각형 1kg 캔이 그것에 해당한다. 이것은 1928년에 처음으로 수입되었다. 음식 포장마차나 면 요리 포장마차는 이 캔을 늘어놓고 손님에게 '아지노모토'를 사용하고 있음을 과시했다.[18] 그들은 아마도 1920년대에 나타난 몇 개의 모조품을 사용하지 않는다고 알리기 위해 그렇게 했을 것이다. 큰 금색 캔은 개인 소비자에게도 특별한 의미를 지니고 있었다. 타이완 상인이 가게에서 캔을 따 소량으로 판매하기 시작했기 때문이다. 스즈키가 1934년에 재방문했을 때에는 나룻배 사공도 하루에 5전 정도 분량의 '아지노모토'를 구매하고 있었다.[19] 이 같은 시장획득 과정을 보면, 타이완에서는 글루타민산 나트륨이 일본과는 꽤나 다른 문화적 위치에 있었음을 알 수 있다. 거리에서든 모든 계급의 타이완인 가정에서든 '아지노모토'는 단순히 싸고 일상적인 식재료의 일부라는 지위를 확립했고, 일본의 선전에서 중요했던 전문가의 찬사, 위생이나 효율과 같은 수사학, 모던 생활의 함의 등은 필요치 않았다.

요리의 요인과 사회적 요인의 조합이 타이완에서 글루타민산 나트륨이 급속도로 보급되는 데 공헌했다. 아지노모토사 역사에 의하면, 제품이 잘 팔린 이유로는 타이완요리 — 그리고 중화요리 일반 — 에서 복잡한 풍미를 만들기 위해 사용하는 다종다양한 국물 맛이나 식재료의 중요성을 들고 있다.[20] 타이완 요리사는 확실히 일본 요리사보다 분말

---

18 위의 책, p.454. 금색 캔에는 정확히 1kg보다 많은 1,125g이 들어있었다.
19 위의 책, p.455. 또한 1938년에 내지에서 타이완을 방문한 사람도 '아지노모토'를 매일 2회, 3전 분량을 구매하던 인력거꾼을 만났다고 기록하고 있다.(위의 책, pp.916~917)
20 위의 책, p.201.

스파이스를 사용하는 데 익숙했으므로 이국의 하얀 물질에 그다지 거부감을 가지지 않았을 것이다. 또 여러 가지 사회적 요인 중 타이완의 식생활에서 포장마차 요리가 차지하는 중요성도 한 요인이었을 것이다. 패스트푸드 형태로 팔리기 때문에 요리에 진한 맛을 내야 할 필요가 있었고, 글루타민산 나트륨은 강력한 미각 자극물로 사용되었다. 동시에 식민지였던 것과 스즈키 상점이 시장포화飽和 정책을 펼친 것이 분명한 역할을 했다. 오늘날에도 타이완은 1인당 글루타민산 나트륨 소비량이 세계 최고인 곳 중 하나이다.[21]

1930년대에는 '아지노모토'의 생산량이 다시금 극적으로 증가하여 1930년부터 1937년까지 4배가 되었다. 글루타민산 나트륨의 절반 이상은 여전히 일본 국내에서 생산·소비되고 있었지만, 대륙이나 식민지의 소비도 급속히 증가했다.[22] 1925년 스즈키 상점은 다롄에 공장을 설립하고 만주국 정부수립을 쫓아 만주시장에 진출했으며, 1937년에는 중국 시장용으로 톈진에 진출했다.[23] (그림 8) 1931년에는 경성영업소를 세우고 지역 사정에 맞춘 판매촉진책을 다듬기 시작했다. 조선에서 정기적으로 열리는 시장에 샘플을 제공하거나 거리에서 선전했으며 '아지노모토'를 경품용으로 면 요리 포장마차나 음식점에 배부하고 인기 있는 기생을 그린 포스터를 발행했다.[24] 조선용 수출은 1926년에 겨우 29톤이었지만 1935년에는 136톤으로 증가했다. 만주도 같은 해에 꽤 많은 양을 소비했다. 1936년까지 조선에서 소비된 글루타민산 나트륨 전량은 스즈

---

21 Aurora Saula Hodgson, "Some Facts about Monosodium Glutamate (MSG)", *Food and Nutrition*, November 2001.
22 1935년에 생산된 '아지노모토'의 약 44%가 수출되었다.
23 앞의 『味の素株式会社社史』 第一卷, p.236, p.300.
24 위의 책, pp.230~231.

그림 8. 만주의 거리를 도는 '아지노모토' 광고 퍼레이드. 『아지노모토 연혁사』.

키 상점의 가와사키 공장에서 생산되었다. 1936년에 다이즈화학공업(일본질소비료의 손자회사)의 '아사히아지旭味'가 경쟁 제품으로 조선 시장에 출현했다. 그래도 1인당 소비량으로 말하자면, 조선의 소비량은 타이완에 비해 여전히 적었다. 1935년의 한반도 인구는 2,289만 9천 명이었고, '아지노모토'는 1인당 약 5.9g 소비했다. 이것은 1931년의 일본 국내 평균을 밑도는 수치이고, 최대 소비량을 보여준 오사카부大阪府(1931년에 34g)에 크게 못 미친다. 더욱 놀라운 것은 같은 해 타이완의 1인당 소비량 69g(인구 521만 2,400명에 대해 '아지노모토' 359톤)에 비하면 조선의 소비량은 1/10 이하였다는 점이다.[25] 조선인 대다수는 자택에서 된장과 간장을 만들고, 도시에서는 가내수공업자에게 일용품을 구입해왔다. 전통적 요리관습과 여전한 식품의 가내생산 때문에 글루타민산 나트륨은 동시대의

25 위의 책, pp.202~205; 『味のグループの百年史』, 2009 부록을 토대로 계산함.

타이완만큼 조선의 부엌에서 핵심을 차지하지는 못했던 것 같다.[26]

타이완 요리와 중국 남부 요리는 밀접히 관련되어 있으나, 스즈키 상점은 중국에서 방해에 부딪혔다. 1918년 상하이와 광둥의 판매를 시작으로 1922년에는 타이완과 비슷한 선전 공격을 개시했지만 눈에 띄는 광고 간판 때문에 '아지노모토'는 일본 제국주의의 상징으로 항의하기 좋은 표적이 되었다. 판매 결과는 저조했다.[27] 1920년대 후반의 스즈키 상점 조사에서는 '아지노모토'가 코스모폴리탄 도시 상하이에서 레스토랑이나 중류 이상의 가정에 침투했으나 난징이나 다른 도시의 시장에서는 고전하고 있었다.[28] 동시에 민족주의적 반응 때문에 현지 산 경쟁품 개발에 박차가 가해져 수입품보다 싸게 팔렸다. 1923년에 설립된 중국 최대의 제조사 천주사天廚社는 자사제품을 '국산조미료! 순국산품! 수입품과는 다르다! 아지노모토 보다 고품질에 적정가격……!'이라 선전했다.[29] 천주사는 의도적으로 '아지노모토'의 포장과 광고를 모방했다. 1930년에 불매운동과 소매점 습격으로 다시 손해를 입은 스즈키 상점이 중국어 상표를 고안한 중국 경쟁사의 포장을 모방하는 것으로 대응

---

26 많은 조선인들은 1937년 중일전쟁 발발 후 정부 통제 때문에 조선 시장에 유입된 합성 간장을 사용하게 되면서 처음으로 대량 생산된 '감칠맛'을 느꼈을 것이다. 합성 간장은 아지노모토나 동종업계 회사들이 글루타민산 나트륨의 부산물인 야채단백가수분해물(HVP)을 사용하였다. 합성 간장은 1990년대까지 한국시장을 지배했다.(Katarzyna Cwiertka, *Cuisine, Colonialism and Cold War : Food in Twentieth-Century Korea*, London : Reaktion Books, 2012, pp.65~69)

27 앞의 『味の素沿革史』, pp.467~468, pp.472~475.

28 앞의 『味の素株式会社社史』第一卷, pp.233~234.

29 吳蘊初与中国味精业(http://www.novelscape.com/js/l/%20liuyu/zgbn/011.htm). 이 사이트에서는 창업자 오온초(吳蘊初)의 생애를 소개하고 국가의 영웅이라 칭하고 있다. 당시 중국에서 국산품을 사는 것은 큰 정치문제였고, 많은 상품은 국산품인지 아닌지의 문제가 결정적이었다. Karl Gerth, "Commodifying Chinese Nationalism", In *Commodifying Everything : Relationships of the Market*, edited by Susan Strasser, pp.235~258, New York and London : Routledge, 2003 참조.

하는 등 시장경쟁의 악순환이 이어졌다. 이 즈음에는 중국인이 경영하는 모방기업의 매출총계가 '아지노모토'의 중국 매출을 넘어섰다.[30]

중국의 '아지노모토' 광고는 상하이 회사가 디자인했는데, 일본의 선전과 마찬가지로 제품의 근대성을 강조하기는 했지만 근대적인 주부가 부엌에 서있는 사진은 없다. 어떤 광고는 중산계급 일가가 급사를 기다리고 있고, 다른 광고에서는 남녀가 함께 식사를 하고 있으며, 또 다른 광고에는 모던한 여성이 혼자 식탁에 앉아있다.(그림 9) 이러한 광고 중 어느 것에서든 여성 스스로 식사 준비하는 모습을 찾아볼 수 없다. 그 대신 제품은 최신이고, 음식의 풍미를 좋게 한다고만 적혀있다.

천주사의 광고에서도 우아한 복장의 여성이 음식에 맛을 내서 나르고는 있으나, 앞치마를 착용하거나 부엌에서 작업하고 있지는 않다. 1933년, 상하이의 신문 『신보晨報』의 부록 「국경아동대결화보国慶児童比賽画報」에 게재된 광고에서는 영양을 강조한다. 한껏 멋 부린 여자아이가 천주사의 병(당시의 '아지노모토' 병과 같은 모양이다)으로 야채에 조미료를 넣고 있다. 광고 문구에는 아이들의 소화 능력이 낮으므로 발육에는 보조가 필요하다고 적혀 있다.(그림 10)

중국인 여성은 보편적 과학을 향한 호소를 명백히 거부하지는 않았다. 근대 중국의 도시에서는 코스모폴리탄적인 중산계급층이 두터워졌고, 근대 가정과 새로운 소비습관을 촉진하는 여성용 간행물도 일본의 부인잡지와 비슷한 상황으로 출판되었다. 하지만 일본에서 식사개선의 실험장이었던 여학교, 다시 말해 중등교육기관에 중국에서는 소수의 여

---

30 앞의 『味の素沿革史』, pp.467~468, pp.479~480.

그림 9. 1920년대 상하이의 거리 광고. 『아지노모토 연혁사』.

그림 10. 1933년 상하이의 신문 부록에 실린 '천주미정(天厨味精)' 조미료 광고. 아이들의 건강증진과 회사의 근대성을 강조하고 있다. '미정을 조리하는 데 사용하면 두 가지 이점이 있다. 풍미를 높여서 아이들의 먹는 양을 늘리고, 그들의 자양에도 도움이 된다'고 쓰여 있다.

성만 입학했다. 1923년 중국에서 3,249명의 여성이 여자중학교에 진학했는데, 이에 비해 남성은 10만 명을 넘었다. 더욱이 여자중학교는 근대적인 가정의 이념을 가르치기는 했으나, 적어도 요리는 국립기관의 커리큘럼에 포함되지 않았다.[31] 도시에서도 가정의 중산계급 중국인 여성은 일본에 비하면 혼자서 부엌을 꾸려나가는 일도 핵가족용으로 요리하는 일도 드물었다. 톈진의 근대가족을 연구한 엘리자베스 라쿠튀르는 1919년 이후 5.4운동의 개혁언설로 핵가족을 가리키는 '소가정'이 이상화되었음에도 불구하고, 실제로는 도시의 전문직 층이 대부분 확대가족으로 살고 있음을 보여준다. 라쿠튀르에 의하면, 상하이와 톈진의

부인 잡지는 빈번히 이상적인 가정을 다루었으나 부엌을 묘사하거나 부

---

31 Harriet T. Zurndorfer, "Gender, Higher Education, and the 'New Woman' : The Experiences of Female Graduates in Republican China", In *Women in China : The Republican Period in Historical Perspective*, edited by Mechthild Leutner and Nicola Spakowskir, pp.450~481, Munster : Lit Verlag, 2005, p458, p.461.

얽일을 논하는 일은 드물었다.[32] 이러한 모든 요인은 일본과 대조적으로 중국의 혁신적인 젊은 주부가 글루타민산 나트륨을 식생활 체계로 진출시키는 주요경로가 되지 못했음을 시사한다.

일본 광고의 초기형태에는 상부에 '이학박사 이케다 기쿠나에 선생의 발명'이라는 말을 배치하고 글루타민산 나트륨이 화학연구실에서 등장했음을 강조했다. 마찬가지로 천주사의 광고에서도 창업자 오온초의 이름이 눈에 띈다. 하지만 그 목적은 유익한 과학과의 관련을 호소하는 것이 아니라 고향 중국에서 생산되었음을 강조하는 것이었다. 천주사의 조미료가 수입품의 대체품으로 매출을 올리면서, 오온초는 민족의 영웅이 되었고 그 이름이 더더욱 제품의 판매를 촉진시켰다.[33]

천주사의 판매 방법에는 중국 식생활에 글루타민산 나트륨이 파고든 위치의 특이성을 보여주는, 또 다른 특필할 만한 차이점이 있다. 상표는 '불수佛手'라고 불렸고 라벨은 파랑과 금색이었다—이것은 오의 공식 전기에 의하면 정토淨土를 상징하는 색이었다.[34] 이 도상은 글루타민산 나트륨이 대륙 중국의 식사에서 스프 국물을 대체하는 값싼 조미료로서만이 아니라 정진精進 요리의 조미료로도 유용하게 사용된 사실을 보여준다. 영어판 팸플릿에서 천주사는 자사제품이 밀로만 만들어졌기 때문에 정진 요리에 사용할 수 있다는 것이 최대 장점이라고 주장했다.[35] 일본에서도 정진 요리는 글루타민산 나트륨을 받아들이는 경로

32 Elizabeth LaCouture, "Modern Families in Tianjin, China, 1860~1949", Ph.D. dissertation, Columbia University, 2010, pp.102~104, p.313.
33 Karl Gerth, op. cit., p.252.
34 王丕来・王钰,「东方味精大王吴蕴初」, 赵云声编,『中国的资本家传 五 : 工商大王卷』, 长春 : 时代文艺出版社, 1994, p.362.
35 Tien Chu Manufacturing Company ed., "A Century of Progress of Condiments", Shanghai,

중 하나였지만, 중국에서는 보다 중요한 요소가 되었던 것 같다 ― 아마 많은 중국인이 정기적으로 육류를 먹지 않았기 때문일 것이다.

　이처럼 글루타민산 나트륨은 과학의 승리라기보다 즉석에서 국물을 낼 수 있는 저렴한 방법이나 최신 수입품으로서 ― 곧 일본을 이길 수 있는 수입 대체품으로서 ―, 또한 정진 요리의 조미료로서 중화요리의 성분에 더해졌다. 스즈키 상점의 통계와 일반용 요리책에 의하면, 이미 제2차 세계대전 이전부터 화교 사이에서도 글루타민산 나트륨은 일반적인 가정필수품이었음을 알 수 있다. 스즈키 상점도 천주사도 홍콩, 싱가폴, 중국인이 모이는 아시아 도시나 미국 서해안 도시로 수출했다. 헨리 로우의 『중국식 가정요리*Cook at Home in Chinese*』는 1938년 뉴욕에서 발행되었는데, 모든 레시피는 글루타민산 나트륨을 포함한다. 로우는 이것을 '구르메 파우더'라고 부르고 5종의 '중국기본식재료' 중 하나로 꼽고 있다.[36] 하지만 모든 중화요리서가 예찬했던 것은 아니다. 펄벅의 서문을 받아 1945년에 초판이 간행된 양보위Buwei Yang Chao의 유명한 『중국식 요리와 식사』에는 글루타민산 나트륨을 반대하는 저자의 특별한 주석이 달려 있다. 거기에는 이렇게 쓰여 있다. "최근 조미 파우더가 널리 사용되고 있는데, 이것은 올바른 조리법의 기준을 낮추고 모든 요리를 하나의 맛으로 평준화시킨다."[37] '아지노모토'가 1930년대

1932, p6. 오온초를 찬양하는 전기물에는 '천주(天廚)'가 '아지노모토'와 달리 밀로만 만들어졌다고 기술되어 있지만 이것은 잘못된 것이다. 양쪽 모두 글루텐을 추출하기 위해 당시 가장 싼 북미산 밀을 주로 사용하였다. '아지노모토'는 지금도 밀이나 비트, 옥수수 등 싼 탄수화물의 발효 과정에서 만들어진다. 2001년 인도네시아에서 '아지노모토' 재료에 돼지에서 유래된 효소가 사용되고 있다는 것이 알려지면서 돼지를 먹는 것을 금기시하는 이슬람법에 위반된다며 큰 문제가 되었다.

36　Henry Low, *Cook at Home in Chinese*, NY : MacMillan, 1938, introduction.
37　Buwei Yang Chao, *How to Cook and Eat in Chinese*, NY : John Day Company, 1945, p.2. 이 책

에 도시시장으로 확산되면서 많은 일본인 조리사와 마찬가지로 중국인 조리사도 혐오감을 공유하고 있었던 것이다.

5. 미국의 글루타민산 나트륨

1930~40년대에 영어로 요리서를 쓴 중국인 조리사가 '구르메 파우더'를 당연시했든 과잉사용을 경계했든 당시 미국에 있는 중화요리점은 틀림없이 글루타민산 나트륨을 일상적으로 사용하고 있었다. 그리고 이 시기야말로 많은 백인 미국인이 처음 중화요리점을 방문하게 되었다. 일본에 침략당한 중국을 향한 동정, 장제스 정부를 동맹국으로 공인하면서 그에 따른 문화교류 등으로 미국인이 중화요리를 대하는 태도가 변화했기 때문이다. 비중국계 미국인이 그 지역의 중화거리를 돌아다니게 되었고, 비중국인 고객용 요리점이나 식료품점을 경영하고 있던 화교가 중국 식품을 판매하기 시작했다.[38] (그림 11)

하지만 미국의 글루타민산 나트륨 소비 원인이 화교일 것이라 무관심하게 단정하기 전에, 그다지 눈에 띄지는 않지만 다른 중요한 경로를 탐구해야 한다. 가공식품과 군산복합체이다. 이미 1920년대에 스즈키 상점은 미국 주부에게 향수병 모양의 제품을 판매하려고 했으나 그다지 성공하지 못했다. 하지만 그럼에도 미국이 풍부한 시장임을 금방 알았다. 실제 1930

은 '나한의 단식(羅漢の断食)'이라는 이름의 채식주의자용 레시피 등에서 글루타민산 나트륨의 사용을 추천하고 있다.

[38] J. A. G. Roberts, *China to Chinatown : Chinese Food in the West*, Reaktion Books, 2002, pp.152~153.

그림 11. 1939년 8월 2일, 중일전쟁이 한창일 때, 로스앤젤레스에 '차이나 시티'라는 새로운 관광객용 중화가가 열렸다. 문에 성조기와 중화민국의 깃발이 보인다. 테마파크 같은 건물의 일부는 펄 벅 작 「대지」의 영화 세트에서 가져왔다고 전해진다. "Chinatown Then and Now", *Los Angeles Times*, September 27, 2015.

그림 12. 캠벨 스프. 1869년에 창립된 캠벨사는 1897년에 농축 스프를 개발했다. 1920~30년대부터 일본산 글루타민산 나트륨을 사용하게 되었다.

년대 중기부터 1941년까지 미국은 일본 본토와 타이완을 제외한 어느 나라보다도 '아지노모토'를 많이 구매했다.[39] 캠벨 스프사를 비롯한 미국의 통조림 식품 제조사가 이 수요를 지탱하고 있었다.(그림 12) 발명자 이케다 기쿠나에와 마찬가지로 그들은 맛이 없는 값싼 음식을 맛있게 만드는 글루타민산 나트륨의 힘을 인정했던 것이다. 미국시장을 인식한 스즈키 상점은 그때까지와는 다른 형태로 제품을 포장했다. 일본에서 글루타민산 나트륨은 구멍 뚫린 작은 병에 들어있는 식탁의 필수품이었다. 타이완에서 글루타민산 나트륨은 소매점이 매번 소량으로 나누어 판매하는 1kg 캔이라는 형태로 현지의 식습관에 스며들었다. 그에 비해 1926년 이후 태평양을 건너 북미

---

39 앞의 『味の素沿革史』, p.512 도표.

제국일본의 생활공간

로 갔을 때에는 기업 고객용으로 만든 10파운드 양철 캔을 채운 나무상자의 형태였다.[40]

당시 미국에서는 세계 어느 곳보다도 식품 전반의 공업화가 이루어졌다. 기술이 점점 고도화되는 군으로부터의 기술이전이 식품가공의 진전에 크게 기여했다. 제2차 세계대전 후 군은 글루타민산 나트륨의 장점에 관심을 가졌는데, 그것은 미군 양식포장 연구소 장교 조지 D 피터맨 대령의 말에 의하면 '풍미가 부족한 양식은 군대생활의 그 어떤 요인보다도 급속히 사기를 떨어뜨리'기 때문이다.[41] 연구소가 후원한 두 번의 심포지엄에서는 산업계 전문가를 초대하여 글루타민산 나트륨의 새로운 이용법을 논의했다.

이처럼 미군은 글루타민산 나트륨을 알고 있었고, 아마도 제2차 세계대전 중부터 이미 양식 일부에 사용했을 것이다. 하지만 병사의 식생활 기호를 체계적으로 연구하는 것 자체가 새로운 것이었다. 미군 군수품과는 1944년에 양식수용 연구부를 설립했다. 이 주제에 관한 최초의 회의는 태평양 전쟁 종전 직후인 1945년 12월에 열렸다.[42] 일반적으로 군대에서는 대규모 배급이 필수일 뿐 아니라 병사가 선택의 여지가 없는 수동적 소비자 군이며, 그 식욕을 돋우고 가능한 한 낭비가 없도록 먹여야 했기 때문에 군대는 항상 공업 식품을 실험하는 특별한 장을 제공해왔다.(그림 13) 일본군은 1920~30년대에 이미 병사의 식생활 기호라는 문제에 몰

---

40 위의 책, p.513.

41 John D. Peterman, "Flavor : A Major Aspect of Ration Improvement", In *Monosodium Glutamate : A Second Symposium*, Chicago : Research and Development Associates, Food and Container Institute, Inc., 1955, p.3.

42 Herbert L. Meiselman and Howard G. Schutz, "History of Food Acceptance Research in the US Army", *Appetite* 40, 2003, pp.199~216.

두해 있었고, 서양이나 중국 메뉴를 다수 포함한 고단백식에 이르렀다.[43]

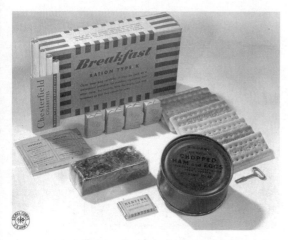

원료부족으로 1940년에 글루타민산 나트륨 생산이 정부에 의해 제한되었을 때에도 스즈키 상점은 특별한 군사에게 할당하기 위해 대형 캔에 담은 공급을 예외로 허가받았다.[44] 이처럼 글루타민산 나트륨의 중요성은 전시국가 일본에서도 인정받고 있었다.

그림 13. 1942년 이후 제2차 세계대전 중 미군에서 가장 널리 사용된 양식 'K 레이션'의 조식판. 병사들 에게 인기가 없었다고 한다.

미군의 글루타민산 나트륨에 관한 첫 모임의 참가자 칼 A 펠러스는 전쟁 중 태평양에 주둔했을 때 일본 육군의 통조림 생선이나 고기가 '대두가수분해제품大豆加水分解製品'이 들어간 국물에 절여져 있는 것을 발견했고, 미군병사도 이것을 굉장히 좋아했다고 회상한다.[45] 다시 말해 태평양의 미일 군사적 충돌은 미각기술 이전에 공헌했던 셈이다. 미국의 회의참가자는 일식에 아무런 관심도 없었고 이케다 기쿠나에가 제안했던, 글루타민산 나트륨이 독자적인 '제5의 맛'을 대표한다는 생각도 인정하지 않았다. 하지만 식욕을 환기하면서 최대한 싸고 대량의 단백질을 공급하려고 고안하는, 문화적

43 Katarzyna Cwiertka, op. cit., 2002.
44 앞의 『味の素株式会社社史』 第一卷, p.409, p.443.
45 Carl A. Fellers, "The Use of Monosodium Glutamate in Seafood Products", In *Flavor and Acceptability of Monosodium Glutamate*, pp.44~48, Chicago : Quartermaster Food and Container Institute, 1948, p.47.

제국일본의 생활공간

으로 균질화 된 군대의 양식에서 양국의 식체계는 공통되었다. 또 최초의 심포지엄에서 볼 수 있듯이, 전후 미군 군수품과軍需品科는 미군 점령하에 놓인 많은 민간인에게 식용으로 쓸 만한 값 싼 음식물을 공급해야 하는 과제에 대처하기 위해 동일한 관심을 가졌던 것이다.[46]

20세기 중반의 미국 소비자는 대체로 자택에서 식품첨가물을 직접 사용하기보다 가공식품제조자에게 맡기는 편이 많았다. 1947년의 '악센트'를 시작으로 '아지노모토'에 상응하는 몇 가지 글루타민산 나트륨 제품이 미국에서 소매용으로 제조되었다.(그림 14) 그것들은 전후 20년간 부엌이나 바비큐 파티에서 종종 사용되었지만, 일본 가정에서 볼 수 있는 일상적 지위는 얻지 못했다.[47] 하지만 같은 시기에 글루타민산 나트륨은 가공식품산업 전반으로 퍼졌고, 중화요리점도 미국 풍경의 일부가 되었다. 따라서 개인 고객이 일부러 집에서 병에 든 글루타민산 나트륨을 식사에 사용하든 안하든 일반적이 된 두 가지 식사체험 — 통조림 및 냉동식품과 중국요리 — 에서 대량의 미각 자극물이 미국인의 미각 세포로 전달된 것이다.

그림 14. 1947년에 발매된 미국 브랜드 글루타민산 나트륨 '악센트(Ac'cent)'.

식품산업에 관한 소비자의 신뢰는 1960년대에 깨졌다. 환경운동,

---

46 Daniel Melnick, "Discussion", In *Flavor and Acceptability of Monosodium Glutamate*, pp.66~68, Chicago : Quartermaster Food and Container Institute, 1948, p.66.

47 Ac'cent는 1999년까지 필즈베리 주식회사의 상품이었다. 미국 가정요리 고전서 중 하나인 *The Joy of Cooking*의 1953년판에는 글루타민산 나트륨을 "애용자들에게 MSG라는 별명으로 불리는 동양의 신기한 '하얀 가루'"라고 설명한 기술이 있다. (Irma S. Rombauer, and Marion Rombauer Becker, *The Joy of Cooking*, 3rd edition, Indianapolis and New York : Bobbs-Merrill Company, 1953, p.834)

건강촉진운동, 제품안전성을 요구하는 소비자운동에 의해서 식생활 체계의 화학물질 위험성에 시민의 관심이 쏟아졌다. 살충제에 관한 시민의 분노는 레이첼 카슨이 쓴 1962년의『침묵의 봄』출판으로 시작되어, 식품첨가물에 대한 새로운 경고가 겹쳐진 60년대 종반까지 고조되었다. 1968년에 과학자가 인공감미료 사카린이 발암성을 가지고 있을 가능성이 있다고 경고했다. 다음해 10월 미국 식품의약품국이 다른 인공감미료인 치클로 사용을 금지했고 수백만 달러 상당의 청량음료 회수를 명령했다.

중화요리점 증후군의 '발견'도 스스로를 키워준 식품산업에 미국 소비자가 반항하기 시작했을 때 찾아왔다. 1968년 4월『뉴잉글랜드 의학 잡지』에는 메릴랜드 주 중국계 미국인 의사 로버트 호우 만 쿼크가 보낸 편지가 게재되었다. 여기에는 '필자가 이 나라에 오고부터 수년간 중화요리점, 특히 중국 북부의 요리를 내놓는 가게에서 외식을 할 때마다 기묘한 증상을 체험해왔다'고 적혀있다. 쿼크가 말하는 증후군에는 마비나 심한 심장 두근거림이 있었다. 잡지는 이 편지에 '중화요리점 증후군'이라는 표제를 붙였는데, 이것에 뒤이은 편지나 보고가 곧바로 제기되는 동안 다른 의사들도 이 말을 사용하면서 용어로 정착했다. 소금, 차, 덕 소스, 수입 버섯 등도 원흉일 가능성이 지적되었지만, 금방 글루타민산 나트륨을 원인으로 보는 견해로 일치되었다. 앙케트 조사나 연구실 실험이 이것을 추적했다.[48]

---

48 Kwok, Robert Ho Man, "Chinese-Restaurant Syndrome", *New England Journal of Medicine* 278, no.14, April 4, 1968, p.796. 이름의 표기로 보아 아마 중국 남부 출신이었을 쿼크 씨가 중국 북부의 요리를 특정해 문제를 지적한 것이 흥미롭다. 이것은 그의 무의식 속 지역차별이 드러난 것일지도 모르지만, 자신이 먹고 있는 중화요리가 북부의 것인지 남부의 것인지

식품의약품국이 치클로 금지를 발표하고 며칠 지난 1969년 10월 23일, 식품·영양·건강에 관한 화이트 하우스 협의회의 진 메이어 의장은 글루타민산 나트륨을 베이비 푸드에서 **빼도록** 권고했다. 같은 해에 조지 올니 박사가 글루타민산 나트륨 주사를 맞은 쥐에게 병적 비만과 뇌장애가 발생했다고 주장한 연구에 기반한 조치였다.[49] 치클로 논쟁을 고려한 닉슨 대통령은 식품의약품국에게 '일반적으로 안전하다고 인정받는' 물질 리스트에 게재된 식품첨가물 전체를 재심사하도록 명령했다.[50] 올니의 증언, 그 후의 동물 실험, 1970년대 내내 무수히 많은 의사들이 보고한 사례증거 등에도 불구하고 글루타민산 나트륨이 금지되거나 규제가 추가되는 일은 없었다. 세계의 현행 식생활 체계에서 나라에 따라 제한의 차이는 있을지언정, 사카린이나 그 외 안전성이 명료하지 않은 많은 물질과 마찬가지로 글루타민산 나트륨이 건강에 미치는 영향에 관한 논쟁이 존속되고 있음에도 불구하고 계속해서 소비되고 있다.(그림 15)

그림 15. 현재 북미의 중화요리집 대부분은 메뉴에 이처럼 글루타민산 나트륨을 사용하지 않음을 내걸고 있다. 사진 우측 하단의 마크는 일반적 표기법.

대부분 몰랐던 비중국계 미국인에게 이 구별은 의미가 없었다.

49 『味をたがやす―味の素八十年史』, 味の素株式会社, 1990, pp352~353.
50 United States Food and Drug Administration, "Milestones in U.S. Food and Drug Law History", *FDA Backgrounder*, May 3, 1999. http://www.fda.gov/opacom/backgrounders/miles.html.

6. '글루타민산 나트륨을 먹으면 머리가 좋아진다'

올니의 쥐가 글루타민산 나트륨 주사를 맞은 최초의 연구실 동물은 아니다. 1957년에 영국 안과의 D.R 루카스와 J.P 뉴하우스도 비슷한 실험을 행했고, 생명에 지장이 없을 정도로 대량의 여러 글루타민산 염용액鹽溶液을 성체成體와 새끼 쥐에게 주사했다. 그리고 주사가 망막 손상으로 귀결된다는 것을 알았다.[51] 이후 올니를 포함한 다른 연구자가 인용했으나 이 연구는 당시 일반인에게 알려지지 않았다. 그들의 발견은 안과의사 대상 전문지에 실렸고, 음식물에 사용되는 글루타민은 언급되지 않았다. 만약 언급되었다 하더라도 무시되었을지도 모른다. 1960년대 말에 고조된 식품첨가물 문제는 1950년에 미디어의 주목 대상이 아니었다. 이에 비해 올니는 광범위하게 읽혀지던 『사이언스』지에 실험 결과를 투고했다. 쿼크의 사례가 아직 미디어의 기억에 새로웠을 시기였는데, 올니 또한 글루타민산 나트륨의 '중화요리점 증후군에 대한 관여'를 언급했다.[52] 하지만 루카스와 뉴하우스의 연구보다 올니의 연구에 반향이 훨씬 컸다. 아마도 가장 중요한 요인은 실험 과학과 음식물을 둘러싼 추세가 십년 동안 미국에서 변화했기 때문일 것이다. 경종을 울리는 올니의 연구가 실린 『사이언스』의 같은 호에는 처방약의 안전성에 관한 기사와 농업용 살충제에 관한 기사도 게재되었다.

실험의 의도나 결과의 해석에 따라서는 동일한 글루타민산염이 두

---

51 D. R. Lucas, and J. P. Newhouse, "Toxic Effect of Sodium L-Glutamate on the Inner Layers of the Retina", *AMA Archives of Ophthalmology* 58, no.2, 1957, pp.193~201.
52 John Olney, "Brain Lesions, Obesity, and Other Disturbances in Mice Treated with Monosodium Glutamate", *Science,* New Series, 164, no.3880, May 9, 1969, pp.719~721.

뇌를 손상시키는 것이 아니라 향상시킨다고도 볼 수 있었다. 실은 루카스와 뉴하우스보다 훨씬 이전에도 글루타민산 나트륨의 영향에 관한 다른 실험연구가 있었다. 1950년대 말부터 일본에서는 '아지노모토'를 먹으면 머리가 좋아진다고 널리 믿어졌다. 이 생각의 주된 기원은 제조사가 아니라 생리학자이자 대중작가인 하야시 다카시林髞였다. 베스트셀러『두뇌—재능을 이끌어내는 처방전頭脳—才能をひきだす処方箋』(1958)에서 하야시는 두뇌에 대량의 글루타민산이 포함되어 있고, 충분히 밝혀지진 않았지만 여기에 중요한 신경계 기능이 있음을 연구자가 발견했다고 알렸다.[53] 이 책에서 그는 소박하게 글루타민산의 중요성을 주장한다.

자, 그러면 여기에서 예로 든 것 같은 물질은 바보를 고칠 약이 될 것인가. 아니다, 백치나 정신박약은 어찌할 도리가 없다. 그렇다면 주의력이 떨어지는 사람을 주의력이 좋은 상태로 만들 수는 있을까. 그것은 아마 가능할 것이다. 적어도 가까운 장래에 그것은 가능하리라 예상된다. 어쨌든 이런 물질들의 원료인 글루타민산은 단백질 분해로 생겨나는 것이므로 음식물로서는 단백질 섭취가 꼭 필요하다. 물론, 글루타민산은 글루타민산 그대로 섭취하는 것이 당연하다. 그러므로 특히 '아지노모토'를 좋아하는 사람은 입으로 섭취하는 것이다.[54] (그림 16)

---

53 林髞, 『頭脳—才能をひきだす処方箋』, 光文社, 1958, pp.133~134. 이 책에서 하야시는 밀가루가 주식인 서양인에 비하면 쌀 주식이 일본인의 발달을 늦췄다고도 주장했다. 그는 1960년대에 유행한 '두뇌 빵'이라는 제품을 개발했다.
54 위의 책, p.122.

하야시에게는 글루타민산의 신경학적 효과에 관한 연구를 추진할 만한 이유가 있었다. 그 자신이 이 과제에 대한 실험을 할 만한 중요한 과학자 중 한 사람이었기 때문이다. 1930년대에 이반 파블로프의 가르침을 받은 하야시는 조건반사에 관한 파블로프의 이론을 일본에 소개했다. 파블로프는 개의 조건반사에 관한 여러 약품의 효과를 비

그림 16. 기운이 없어 보이는 표정의 남성 머리에 글루타민산을 뿌려주는 의사. '바보를 고칠 약은 있다. 그것은 글루타민산이다.' 하야시 다카시(林髞), 『두뇌(頭腦)−재능을 이끌어내는 처방전(才能をひきだす処方箋)』, p.119.

교 연구하도록 하야시에게 조언했다. 하야시는 주사하면 경련으로 이어지는 운동 반사를 일으킨다고 이미 밝혀진 글루타민산 화합물에 초점을 맞추기로 했다. 신체 연구에 대한 전후의 영어 논문에서 그는 글루타민산 주사가 뇌의 신경세포를 자극하기 때문에 다량의 복용은 심각한 경련으로 이어지는 한편, 소량의 복용은 조건반사를 높인다(다시 말해 개가 보다 간단히 반사를 학습하고 학습한 것을 상기한다)고 결론지었다.[55] 이후 하야시의 결과를 글루타민산 주사의 유해한 효과를 보여주는 증거로 인용하는 사람도 있었지만, 하야시 자신이 강조하고 싶었던 것은 글루타민산의 잠재적 가능성이었다. 『두뇌−재능을 이끌어내는 처방전』에서 하야시는 인간 뇌의 가능성은 전체의 3분의 1밖에 달성되지 않았다고 주장하면서

---

55 Takashi Hayashi, "Effects of Sodium Glutamate on the Nervous System", *Keio Journal of Medicine* 3, no.4, December 1954, pp.183~192.

효과적으로 자극한다면 뇌는 향상될 수 있다고 말한다. 동일한 자극 효과는 이후 조지 올니가 글루타민산 나트륨을 '흥분독극물'이라고 명명하는 것으로도 이어졌다. 이 차이는 연구결과의 차이임과 동시에 화합물에 의한 뇌의 인공적 흥분을 적극적 가능성으로 보느냐 위협으로 보느냐의 문제이기도 했다.[56]

프랑스와 미국에서는 1940년대와 50년대에 다른 연구자들이 글루타민산을 간질 치료제로, 그리고 쥐 등의 동물에 주입해서 인간의 지능장애 환자의 뇌 능력을 높일 가능성이 있는 약제로 실험했다. 『타임』지는 1947년에 글루타민산을 지능장애와 간질 증세가 있는 아이들에게 투여하면 아이들의 지능지수가 상승한다고 보고한, 의학박사 프레데릭 짐머만이 이끄는 콜롬비아 대학 팀의 연구에 관한 짧은 기사를 실었다.[57] 하지만 연구자들도 『타임』지도 '아지노모토' 등의 식품첨가물은 언급하지 않았다. 이후의 연구에서 글루타민산, 특히 입으로 섭취된 글루타민산과 지능지수가 관련 있다는 주장에 의문이 던져졌다. 하지만 희망의 씨앗은 한 번 뿌리를 내리자, 일부는 하야시가 쓴 대중용 책자 덕에 일본에서 싹을 틔우고 힘차게 자라났다. 이미 글루타민산 나트륨이 각 가정에서 익숙해졌기 때문에 일본의 소비자는 하야시의 이론을 너무나도 간단히 응용할 수 있었다. 전전의 여학교에서 최초로 선전된 이래, 제품에 부여되었던 유익한 과학이라는 아우라가 그 유행에 한층

---

56 하야시는 파블로프의 학생이었기 때문에 '인간의 가장 좋은 친구' 개를 제1 실험대상으로 삼는 한편, 올니는 쥐로 실험을 행했다는 것에도 주의할 필요가 있다. 하야시의 행동주의 심리학에서 개는 자극에 대한 반응의 학습을 기대 받고 있었고, 이 의미는 과학자의 지식생산을 위한 능동적 참가자였음을 뜻한다. 이것에 비해 올니의 쥐는 주사를 맞고 물질의 독성을 시험받는 수동적 유기체밖에 안 되는 존재였다.

57 "Brain Food?", *Time* 49, no.23, June 9, 1947.

공헌했음에 틀림없다. 하지만 '부국강병'의 메이지 말기에 과학이 국민의 식생활을 향상시켜 일본인의 신체를 크고 강하게 만들겠다고 약속한 데 비해, 고등교육과 화이트칼라로 출세하는 것이 거의 모든 부모 자식의 소원이 되어 '교육엄마'라는 용어가 탄생한 1960년대 일본의 학력사회에 걸맞게 이 시대의 과학은 아이들을 크게 하는 것 대신 똑똑하게 만드는 것을 약속한 것이다.

2013년에 필자가 H-Net이라는 연구자 네트워크에서 실시한 간단한 조사에 따르면, 글루타민산 나트륨을 먹으면 뇌의 기능이 높아진다는 생각을 보여주는 증거가 되는 일화는 다른 나라에도 어느 정도 전해졌지만, 아시아에서 폭넓게 보급되지는 않은 듯하다. 많은 중국인 소비자는 건강에 좋다고 생각하지만 지능을 촉진시킨다고는 생각하지 않았다. 지능과 관련된 논의가 일본에서 가장 퍼졌던 1960년대에 중국에서 글루타민산 나트륨은 사치품이었다. 동시에 글루타민산의 실험과 식품을 특별히 연결 짓는 유일한 근원지였을 일본에서 중국으로 정보가 거의 들어가지 않았다. 훗날 중국에서 글루타민산 나트륨에 대한 악평이 쏟아질 때 머리숱이 적어진다고 들은 사람이 있지만, 이것은 글루타민산과 뇌에 관한 소문의, 이를테면 말 전하기 게임의 결과일지도 모른다. 1910년대에 태어난 어느 타이완 여성이 1970년대에 글루타민산 나트륨이 아이들을 똑똑하게 만든다며 미국의 친척에게 종종 제품을 보냈다는 이야기도 들었다. 1960년 타이완의 신문기사에서 글루타민산 나트륨이 뇌에 좋다고 보고되었다.[58] 이 기사에는 어디에서 인용했는지

---

58 「味精能補腦」, 『微信新聞報』, 1960.4.27.

제국일본의 생활공간

나와 있지 않다. 한국의 블로그는, 수험생 사이에서 글루타민산 나트륨을 한 두 숟갈 먹는 것이 잠시 유행했는데 시카고 의과대학의 불특정 연구가 똑똑해진다고 증명한 것이 이를 부채질한 것 같다고 보고한다. 이 블로그에 유행한 시기는 나와 있지 않다. 양쪽 케이스로부터 과거 대일본제국이었던 지역에서 '글루타민산 나트륨을 먹으면 머리가 좋아진다'는 설이 '글루타민산 나트륨 때문에 병이 든다'라는 위기 이후에도 여전히 종종 유행한 적이 있음을 알 수 있으나, 일본처럼 널리 반복되고 장기간 믿어지지는 않은 모양이다.

7. 위기와 반응 – '감칠맛'의 재발명

1960년대 미국에 등장한 식품산업에 대한 소비자 심리의 파도는 전 세계 부유국에서도 발생했다. 1968년 일본의 소비자 단체는 PCB를 포함하는 것으로 판명된 보급 식용유 카네미유 판매 정지를 요구하며 투쟁했다. 몇천 명의 일본인이 이 제품 때문에 피해를 입었다고 주장했다. 같은 해 소비자 보호법이 제정되었다.

치클로나 그 외 첨가물의 위험에 관한 보도는 미국과 마찬가지로 일본에서도 시민의 경계로 이어졌는데, 글루타민산 나트륨에 관한 불안은 일본에서 특별한 반향을 불러왔다. 아지노모토사는 여전히 세계의 글루타민산 나트륨 주요 제조사였고, 일본의 식품산업에서는 최대 대기업 중 하나로 일본의 소비자와 오랜 관계를 구축하고 있었다. 1918년 미야타케 가이코쓰宮武外骨의 잡지 『스코불スコブル』에 '아지노모토'가 뱀으로 만들

그림 17. 미야타케 가이코쓰(宮武外骨)의 풍자 잡지 『스코불(スコブル)』은 「재미있는 현상(懸賞)」이라는 패러디 광고를 싣고 '아지노모토'는 뱀으로 만들었다고 주장했다. 1918. 10.

어졌다는 소문이 게재되었을 때(그림 17), 스즈키 상점은 그것이 거짓말임을 약속하는 신문 광고로 대응해서 소비자의 신뢰를 되돌렸다.[59] 당시에도 제품을 수출하고 있었지만, 음식물의 불상사를 자국내에 그치도록 할 수는 있었다. 일본의 제조사는 국내 시장과 밀접한 관계가 있었기 때문에 자발적으로 내건 공약으로 소비자를 안심시킬 수 있었다. 대조적으로 1960년대에는 미디어도, 미디어에서 보고된 산업 문제도 세계적이 되었고, 소비자는 비즈니스 관행이 불투명하고 생산방법이 복잡하여 알기 어려운 거대 식품 기업의 중역重役을 쉽게 의심했다. 올니의 쥐는 화이트 하우스 협의회의 권고가 있은 지 이틀 만에 일본 신문 1면에 실렸고, 제품의 이미지는 미일 양 국가에서 영구히 손상되었다.[60]

1970년까지 일본에서 글루타민산 나트륨을 둘러싼 과학의 밝은 아우라는 어느 쪽이냐 하면 어두운 구름으로 바뀌었다. 1970년에 아지노모토사 역사상 처음으로 매출이 감소했다. 이 위기에 대해 회사 경영진은 두 가지 방법으로 대응했다. 첫 번째는 자사 제품의 라인업을 다양화하여 병에 든 글루타민산 나트륨의 비중을 줄이는 것, 두 번째는 대규

---

59 앞의 『味の素株式会社史』第一巻, pp.138~139.
60 앞의 『味をたがやす―味の素八十年史』, p.353.

제국일본의 생활공간

모적인 기업 이미지 쇄신에 몰두하는 것이었다. 그들은 1960년대에 글루타민산 나트륨 매출이 정점에 달한 것 같은 조짐이 보였을 때, 제품의 다양화 프로세스에 발 빠르게 착수하여 대비했다. 1971년에는 국내 시장이 포화상태에 이르렀음이 명백했다.[61] 아지노모토사는 점점 유행에 뒤처져가는 작은 유리병과 병행하여 생선을 베이스로 한 즉석 국물 '혼다시'와 같은 '자연조미료' 제품을 도입했다.[62] 아지노모토사는 다른 가공식품에도 신속히 진출했다. 1966년부터 1974년까지 아지노모토사의 매출에서 차지하는 조미료 비율은 52%에서 24%로 감소한 반면, 가공식품은 3%에서 16%로 증가했다. 가공식품 생산은 1980년에 총 매출의 35%에 달할 때까지 계속 증가했다. 이 전략으로 기업 이익은 10년간 착실한 성장을 보증받았다.[63] 1970년대에 'MSG'가 미국에서 유해한 과학과 동의어가 되었을 때, 아지노모토사의 계열회사나 그 경쟁회사는 아시아와 남미에서 생산과 판로를 늘리고 있었다. 그들의 성공은 미국이나 일본에서의 혹평에도 제3세계의 식품관련 소비자 운동 등장에도 방해받지 않았던 모양이다. 아지노모토사와 제휴하고 있던 유니온 케미컬즈 사의 필리핀 생산은 1970년 월 생산량이 480톤에서 1978년 750톤으로 상승했다. 1962년에 설립된 태국 아지노모토사는 1970년 월 생산량이 600톤에서 1974년 1,280톤으로 두 배 증가했다. 1968년에 설립된 아지노모토의 인도네시아 공장은 1970년부터 생산

---

61 『食糧年鑑』, 日本食糧新聞社, 1972, p.60.
62 『食糧年鑑』, 日本食糧新聞社, 1971, p.21. 1970년 『식량연감』에 의하면, 어찌됐든 천연이 아니면 안 된다는 분위기 속에서 '자연조미료'가 그 해의 붐이 되었다.(『食糧年鑑』 1970, p.61.)
63 앞의 長谷川正, 『味の素の経営戦略』, p.52.

을 시작했다. 소매량은 1972년 56톤에서 1977년 416톤으로 증가했다.
페루 아지노모토사는 1969년 4월에 공장을 개설하고 생산량은 1973
년 150톤에서 1977년 300톤으로 상승했다. 1977년에 조업을 개시한
이 회사의 브라질 공장은 곧바로 연간 8천 톤 이상을 생산했고 그 대부
분이 수출되었다. 브라질을 제외하면, 거의 모두가 각각의 국내 소매용
이었다. 유럽이나 북미 사람들과 다르게 이런 나라들의 소비자는 '아지
노모토'나 다른 제조사의 상표가 붙은 병이나 봉지를 빈번히 구입했고
부엌이나 식탁에서 사용했다.

글루타민산 나트륨을 먹으면 머리가 좋아진다는 소문에 비하면,
먹으면 병에 걸린다는 소문은 틀림없이 퍼지기는 했으나 확산이 고르
지 못했던 것 같다. 이것은 서양에서 시작하여 1960년대에 세계적 네
트워크를 형성한 소비자 단체의 영향을 크게 받았다. 국제 소비자 기구
는 1960년에 창립되었다. 이 기구의 아시아 태평양 사무국은 1973년
말레이시아에 개설되어 아시아의 기존 소비자 단체를 유럽의 영향력
아래에서 연대시켰다. 아시아에서의 반 MSG 운동은 1980년대 초에 시
작되었다. 국제적 연락을 통해 이 단체들은 강력해졌다. 국제연합 식량
농업기구[FAO]와 세계보건기구[WHO]의 로고를 붙인 '아지노모토'의 광고
가 말레이시아 신문에 실렸을 때, 지역 소비자 단체는 UN과 일본 단체
에 항의했다. 아지노모토사는 광고 철회로 내몰렸다.[64] 같은 국제조직
의 지원을 받아 1983년에 설립된 한국소비자 보호시민연합은 1986년
부터 국내 MSG 소비량을 줄이는 운동을 시작했다. 이 운동은 말레이시

---

[64] "Being Sold Short : Consumer Power in the Third World", *New Internationalist* 147, May
1985.

아와 마찬가지로 익숙한 상품을 위험한 첨가물이라고 바꾸는 새로운 인식을 화학명과 함께 널리 퍼뜨리는 데 성공했다.[65] 1990년대에 한국의 어느 가공식품 제조사는 미국에서 수입된 알파벳 약어를 가져와 'MSG 제로'라고 주장한 자사제품 광고로 경쟁 회사와의 차별화를 도모했다. 한편, 반 MSG 운동이 비교적 발생하지 않은 나라도 있었다. 예를 들면 필리핀에서는 '아지노모토'의 TV 광고가 오늘날도 이어지고 있고, 그 광고에서는 주부가 하얀 가루를 조리중인 요리에 뿌리고 있다. 이것은 같은 기업의 일본 광고에서는 더 이상 볼 수 없는 장면이다.

1960년대 말, 식품첨가물에 대한 불안이 생겨날 때까지 최첨단 화학기술은 아지노모토사가 최대한의 노력으로 선전하고픈 긍지의 근원이었다. 아지노모토사의 조미료를 나타내는 일반명칭 '화학조미료'는 회사 문서나 법률 또는 저널리즘에서도 오랫동안 표준으로 사용되어왔으나, 1970년대에는 명백히 전략상의 장애물이 되었다. 그 대신 아지노모토사와 국내 글루타민산 나트륨 제조사는 이케다 박사가 스스로 택한 미각을 표현하는 형용사 '맛있는旨い'이라는 회화체로 돌아왔다. 글루타민산 나트륨을 일본 소비자에게 보다 친근하고 자연스럽게 들리게 하기 위해 각 회사는 이것을 '감칠맛 조미료'라고 개명한 것이다. 일본 감칠맛 조미료 협회가 1982년에 감칠맛 연구회와 함께 설립되었다.[66] 1990년에 간행된 아지노모토사 역사의 제3판 『아지노모토 80년사味の素八十年

---

65 1970년대부터 80년대에 걸쳐 한국에서 글루타민산 나트륨을 포함한 소비자운동 고조의 사례는 Moon, Eunsook, "Examination of Consumer Activism and Its Impacts : An Empirical Study of the Korean Consumer Movement", Ph.D. dissertation, Oregon State University, 2004, pp.80~90 참조.

66 앞의 『味をたがやす一味の素八十年史』, pp.496~497.

그림 18. 1971년과 1990년에 출판된 아지노모토사 역사의 서두 사진. 1971년판 사사는 가와사키(川崎) 중공업 지대에 있는 메인 공장의 야경을 SF적으로 표현한 사진으로 공장 생산을 강조하고 있다.(오른쪽) 한편 1990년 사사에서는 "Ajinomoto Dream(아지노모토의 꿈)"이라는 영어 타이틀 아래 자연 이미지를 강조한 사진을 싣고 있다.(왼쪽)

史』는 『맛을 일구다』라는 농업을 연상시키는 타이틀을 붙이는 등 글루타민산 나트륨을 화학보다도 자연과 결부시키기 위해 여러 방법을 사용했다.(그림 18) 용어 문제에 대해 사사는 '화학조미료'라는 말이 1950년대의 라디오 정책 때문에 제품에 강요된 용어라고 밝히고 있으나, 실제로는 이전의 사사가 일관되게 이 말을 사용했고 이 말이 들어간 전전의 회사 문서도 인용되고 있다.[67]

　　이케다 박사의 '감칠맛'이라는 용어를 업계가 부활시킨 것은 유익한 과학의 추진자라는 아지노모토사의 과거 이미지를 되돌리려는, 아지노모토사의 전면적인 계획을 보여준다. 이케다는 감칠맛이 제5의 기본 미각이고, 단맛, 신맛, 짠맛, 쓴맛이라는 이미 인정된 기본 미각과는 다르다고 주장했다. 1980년대에 업계는 미각 생리학과 관련된 최신 실험 방법으로

67　위의 책, p.497; 앞의 『味の素株式会社社史』第一卷, p.275.

제국일본의 생활공간

이를 증명하려 노력했다. 여기에는 미각의 '좋은 과학'이 '화학조미료'라는 '나쁜 과학'의 죽음을 선언한다는 기대감이 엿보인다. 이런 목적으로 아지노모토사는 1985년에 하와이에서 열린 국제 심포지엄을 시작으로 일련의 연구 프로젝트에 보조금을 지원했다. 그곳에서는 미일의 연구자가 스톱워치, 색채 코드를 붙인 미각 샘플, 피험자의 혀에 핀셋으로 올린 액체가 밴 여과지 디스크 등을 이용한 실험이 보고되었다.(그림 19)

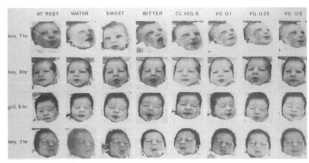

그림 19. '감칠맛'을 식별하는 유전을 찾는 신생아 실험. 오른쪽 3열은 글루타민산 혼합 액체를 부여받은 후의 모습. Halpern, Bruce P., "Human Judgments of MSG Taste : Quality and Reaction Times", In *Umami : A Basic Taste*, ed. Yojiro Kawamura and Morley R. Kare, New York and Basel : Marcel Dekker, 1987.

연구자들의 결론은 '감칠맛'을 유익한 과학의 언어라고 잠정적으로 인정했다.[68] 기본 미각이 네 가지인지 아니면 다섯 가지인지에 관한 주장의 논리적 일관성을 의심하는 심포지엄 참가자도 있었지만, 실제로 자사 제품이 제5의 기본 미각의 근원임을 과학으로 증명했다고 아지노모토사가 주장하기에는 이 정도 조건을 충족시킨 지지로 충분했다.[69] 이 견해를 전하기 위해 제1회 심포지엄의 결과물을 영어로 간행물에는 『감칠맛─하나의 기본 미각』이라는 제목이 붙었다.

---

68 Bruce P. Halpern, "Human Judgments of MSG Taste : Quality and Reaction Times", In *Umami : A Basic Taste*, ed. Yojiro Kawamura and Morley R. Kare, New York and Basel : Marcel Dekker, 1987, p.328.

69 아지노모토와 기타 식품 제조사로부터 지원받은 연구이긴 하지만, 기업 이익으로 이어지는 성과를 내야만 했던 것은 아니다. 감칠맛 연구가 아지노모토사의 CI 전략에서 중요한 위치를 점해왔음을 지적하는 것이 곧 그 연구 자체를 비판하는 것은 아니다.

2000년 이후 생리학자는 혀 표면에 있는 일군의 분자가 글루타민산 나트륨이 일으키는 자극에 특이하게 반응하는 것을 보여주는 여러 실험 결과를 발표했다. 『네이처』지는 2002년 2월에 '단백질 구성요소를 맛볼 수 있도록 하는 수용체가 특정되었다. 아미노산 수용체는 조미료를 이용한 감칠맛이 입맛을 다시게 만드는 풍미를 유발한다. 이 발견은 새로운 첨가물 설계에 유용할 것이다'라는 미국의 새로운 연구를 알렸다.[70] 이것으로 업계는 과학적 승리를 선언할 기세였지만, '나쁜 과학'은 아직 항복하지 않았다. 2001년 말, 히로사키弘前 대학의 과학자들은 글루타민산 나트륨이 풍부한 먹이를 준 쥐의 망막이 옅어지고 실명에 이르렀다는 결과를 보고했다.[71]

앞의 『네이처』지 기자가 그 의미를 'MSG 풍미' '세이버리(풍미 좋은)' 등이 아니라 '우마미('감칠맛'이라는 뜻의 일본어—옮긴이)'라고 부르고 있는 것은 주목할 만하다. 이것을 보면, 악평이 따라다니는 'MSG' 보다 매력적으로 들리는 '감칠맛'으로 주의를 돌리려 한 글루타민산 산업의 캠페인이 결실을 맺었음을 보여준다.[72] 영어로 번역하지 않은 용어법에 의해서 그 풍미에 뭔가 다른 말로 표현할 수 없는 일본적 특질이 있다고 암시받은 사람들은 제품의 악평이 문화적 오해에서 유래되었고, 유익한 과학에 의해 극복될지도 모른다고 상상하게 되었다. 이케다 박사 스

---

[70] John Whitfield, "Yum, Amino Acids", *Nature News Update,* February 25, 2002. http://www.nature.com/nsu/020218/020218-21.html#b2.

[71] Huda Majeed Saleh, "MSG Found To Injure Retina, Damage Eyesight", ANI-Asian News International 2001. http://www.rense.com/general33/found.htm.

[72] "Umami"라는 단어가 영어의 요리 저널리즘에 정착해 가고 있다고 느낄 만한 최근의 사례가 여러 개 있다. 예를 들면 미국 *Bon Appetit*지에는 'umami'를 '전국의 셰프 사이의 최신 캐치프레이즈'라고 전하는 기사가 있다.(Maureen C. Petrovsky, "Umami Dearest : The Chef's Secret Fifth Flavor", *Bon Appétit*, September 2004, p.45.)

제국일본의 생활공간

스로는 영어로 서술할 때 'glutamic taste(글루타민 맛)'이라는 단어를 사용했다. 또한 전전의 영어 광고에는 'savory seasoning(맛있는 조미료)'라는 말을 사용한 적이 있다. 중국 제조사는 광고에서 '선미鮮味'라는 단어를 사용했다. 전문가의 시선으로 보자면 각 용어에는 상이한 미각 체험의 영역이 나타나겠지만, 풍미를 나타내는 회화체는 본래 정확하다고는 할 수 없기 때문에 이케다의 발명을 전하기 위해서는 어느 것이든 나름대로 도움이 되었을지도 모른다. 하지만 20세기 말에 세계가 요리의 글로벌리제이션과 국제적 문화 경쟁의 시대에 들어서게 되자, '감칠맛'에는 요리의 혁신자라는 일본의 위상을 높이는 매력이 분명히 포함되었을 것이다. 기술과 감성의 새로운 조합을 그 레시피에, 그리고 새로운 말을 그 어휘에 추가함으로써 전 세계를 여행하는 유명 셰프의 흥미도 불러일으켰다. 이러한 요리사 대부분은 아지노모토사 대표로부터 '감칠맛'의 개념을 소개받았다.[73] (그림 20)

그림 20. 2007년 2월 18일 『뉴욕타임즈』지는 미국의 전형적인 중화 테이크아웃 용기(用器)를 일러스트화한 이 도판과 함께 악평 높은 'MSG'는 실은 유행하는 'umami'의 기원이라는 상찬 기사를 게재했다.

또 앞서 말했던 글루타민산 나트륨에 특이하게 반응하는 분자가 혀 위에 있음을 발견한 최근 연구자가 미국인이고, 다른 한편 그것의 유해한 생리적 영향을 발견한 연구자가 일본인이었다는 우연한 사실도 흥미롭다. 글루타민산 나트

73 Shako Imai, "Japanese as Global Food : Umami, Celebrity and the Global Urban Network", In *The Globalization and Asian Cuisines : Transnational Networks and Culinary Contact Zones*, edited by James Farrer, pp.57~78, New York : Palgrave MacMillan, 2015.

륨의 의미가 구축되는 곳에는 이미 국경이 없다. 일용품의 내셔널리즘이 1930년대에 상하이 거리에서 글루타민산 나트륨을 분쟁에 휘말리게 한 (때로는 신체적인 폭력에까지 이르렀다) 것과는 대조적으로, 현대의 분쟁은 글로벌한 목적을 위해 수행되어 인체 그 자체가 전쟁터가 되었다.

　어느 명칭이 사용되고 누가 연구를 했든, 연구자가 추구하는 감칠맛 수용체는 글루타민산 나트륨을 생리학적으로 정당화하는 역할을 했다. 인간의 혀가 소금이나 설탕과 마찬가지로 이 풍미에 반응한다는 것이 실제로 입증되면, 글루타민산 나트륨은 첨가물이 아닌, 본질적인 미각의 신전神殿에서 한 자리를 차지할 수 있게 될지도 모른다. 이처럼 여기서 실천된 '좋은 과학'은 이케다가 본래 연구했던 미각의 과학과는 성질도 동기도 다르다. 1908년에 '감칠맛'이라는 말을 만들었을 때, 이케다는 소비자의 욕망을 높이기 위해 연구실에서 만들어 낸 풍미에 이름을 붙였다. 하지만 아지노모토사가 이 이름을 재등록했을 때 이것은 연구실이라는 신비에 의해서 미지와의 조우로 인한 불안이 모든 소비행동에 따라다니게 된 환경에서 소비자를 다시금 안심시키려는 노력의 일부가 되었다. 이리하여 이케다의 과학은 물질적 상품을 생산하는 전통적 자본주의에 도움이 된 한편, 최근의 '감칠맛'의 과학은 이미지나 감정을 생산하는 탈공업시대의 자본주의에 도움이 되고 있다.

　유익한 과학에서 유해한 과학으로, 그 후 건강과학을 넘어서 소비자의 욕망에 다가간 미각의 전문기술로, 글루타민산 나트륨이 걸어온 길은 리비히의 비프 엑기스의 이야기를 1세기 후에 반복하고 있다. 글루타민산 나트륨 또한 제국의 근대 과학과 글로벌한 근대 과학의 변증법을 똑같이 보여주고 있는 것이다. 즉, 리비히도 이케다도 그 연구가 강한 군대와 국민을 만드는 목적을 가졌던 것처럼, 미각과 영양의 과학은 당초 제국 확대를 위해서 제공되었다. 그 과학에 대한 위협이 나타나자, 제조사의 전략은 그 대신 욕망의 글로벌한 근대 경제로 방향을 바꾸었다. 그 결과 소비자와 손을 잡고 영양학자를 고립시켰다. 한편, 깊이가 있는 스프를 만드는 지름길로서 리비히의 엑기스를 좋아했던 19세기의 소비자가 일반적으로 영양적 가치보다 풍미를 신경 썼던 것과 마찬가지로, 오늘날 감칠맛의 애호자는 국민의 식생활 향상이 아니라 단순히 미각의 쾌락을 추구하는 것이다.

8. 제국의 뒷맛

글루타민산 나트륨 소비량 상위 8개국을 나타낸 다음 페이지의 지도에서 식문화와 제국 경험의 조합이 현대 소비습관의 근원임을 알 수 있다. 하지만 우선 이 데이터에서 명백하고 중요한 사실은 오늘날 이 나라들의 1인당 소비량은 제2차 세계대전 이전 아지노모토사의 생산이 정점에 달했을 때의 대일본제국 소비량의 열 배 이상에 달하고 있다는 점이다. 이 통계들은 소매와 도매 모두를 포함한다. 가공식품산업이 1950~60년대에 전세계적으로 급성장함에 따라 글루타민산 나트륨 사용은 대부분 가정에서 공장용으로 전환되었다. 1956년, 제조과정에 발효법이 도입되자 종래보다 싼 값에 낭비 없는 안정된 품질로 대량생산할 수 있게 되었고 그 결과 가격 경쟁과 세계 음식 체계에서 범람이

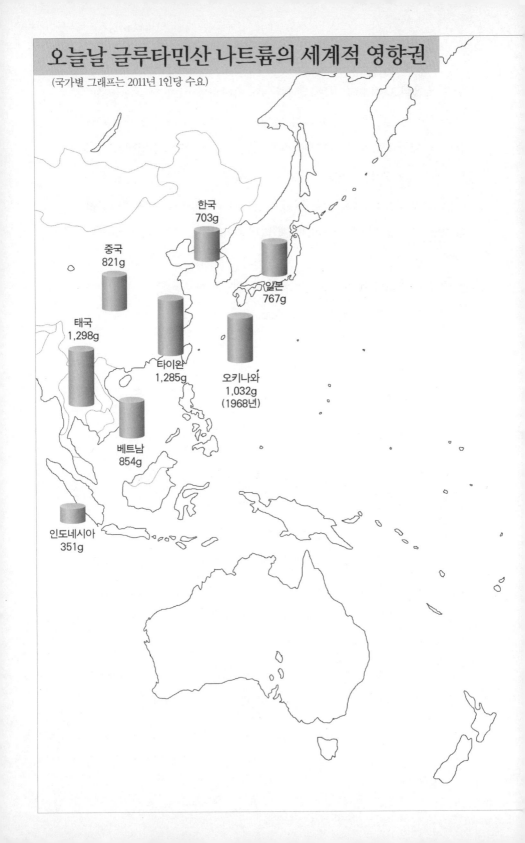

오늘날 글루타민산 나트륨의 세계적 영향권

(국가별 그래프는 2011년 1인당 수요)

중국
821g

한국
703g

일본
767g

태국
1,298g

타이완
1,285g

오키나와
1,032g
(1968년)

베트남
854g

인도네시아
351g

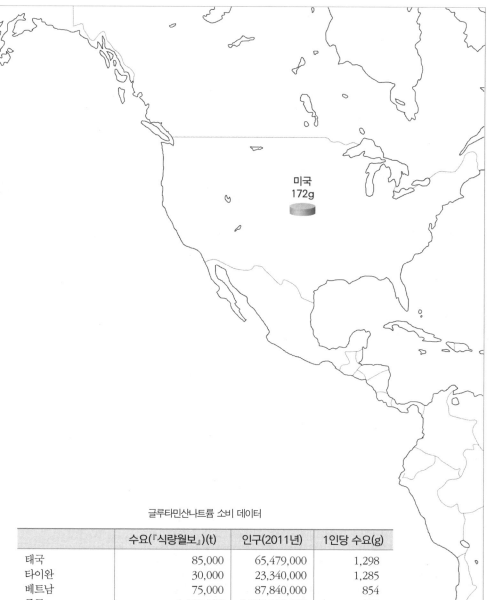

미국
172g

글루타민산나트륨 소비 데이터

	수요(『식량월보』)(t)	인구(2011년)	1인당 수요(g)
태국	85,000	65,479,000	1,298
타이완	30,000	23,340,000	1,285
베트남	75,000	87,840,000	854
중국	1,100,000	1,340,000,000	821
일본	98,000	127,800,800	767
한국	35,000	49,780,000	703
인도네시아	85,000	242,300,000	351
북미(미+캐)	60,000	343,380,000	172
오키나와(1968년)	1,083 (본토에서 수입)	970,000	1,032

오키나와의 글루타민산 나트륨 1인당 연간 소비량 추이(일본 본토에서 수입한 양으로 추정) :
4g(1931년) → 115g(1955년) → 384g(1964년) → 1,032g(1968년)

발생했다.[74] 앞서 나온 데이터에서 알 수 있는 두 가지 사실은 상위 7개 국이 동아시아와 동남아시아에 있고, 8위는 역사상 처음으로 '아지노 모토'를 수입했던 아시아 외의 국가라는 것이다. 이처럼 태평양을 중심 으로 하는 분포가 얼마만큼 기존의 미각과 식사 형태의 결과인지, 얼마 만큼 대일본제국의 산업과 이민·정보·물류 네트워크의 결과인지, 얼 마만큼 다른 더 새로운 역사적 우연에 의한 산물인지 파악하기는 어렵 다. 하지만 유럽, 라틴 아메리카, 남아시아, 아프리카 국가가 리스트에 없는 것이 주목을 끈다. 인도 반도에는 17억 명 규모의 인구와 세계 다 른 지역에 비해 큰 비율을 차지하는 채식주의자가 있기 때문에 거대한 시장이라 생각되지만, 타이완 기업의 보고에 의하면 2009년에 이 지역 은 일본의 6분의 1에 해당하는 2만 톤 밖에 소비하지 않았고, 생산은 전혀 하지 않았다.[75] 일본 제국주의 시대에도 스즈키 상점의 판로는 인 도에 도달하지 못했다. 1947년 이후 넬 수상은 국내 농업과 공업을 무 거운 관세로 보호했다. 이것이 글루타민산 나트륨의 인도 미각 정복을 막았을지도 모른다. 글루타민산 나트륨이 1970년대에 인도 중류계급 에서 유행했다는 이야기가 있다. 하지만 인도의 식습관이 뿌리 깊게 남 아 있고, 게다가 대일본제국이 쌓아 올린 문화권 밖에 있었으며, 인도 독립 후의 보호 무역 정책 때문에 소비는 낮은 상태로 머물러 있던 모 양이다. 상위 7개국에 들어가는 타이완, 한국, 중국은 모두 1945년 이 전에 스즈키 상점의 핵심 시장이었다. 태국과 베트남은 현재 세계에서

---

74 佐藤奨平·木島実·中島正道, 「戦後うま味調味料産業の構造変化」, 『食品経済研究』 第 39号, 2011.3, pp.33~47.

75 蘇遠志, 「台灣味精工業的發展歷程」, 『科學發展』 457期, 2011.1., p.153.

가장 많이 소비하는 국가에 포함되어 있지만, 글루타민산 나트륨의 생산이 크게 삭감되었던 태평양 전쟁 때까지 일본의 지배 하에는 없었다. 그러나 양국 모두 제국 일본의 상권에 있지는 않았지만, 두 나라 모두 포장마차와 같은 식습관이 뿌리 깊은 것은 타이완이나 도시화가 진행된 다른 동남아시아 각국과 동일하다. 또한 두 나라는 일본의 글루타민산 나트륨 제조사와 타이완의 경쟁업자에 의해서 1950년대 후반부터 시장 확대의 대상이 되었다.

상위 8개국 리스트에는 올라가 있지 않지만 유럽도 글루타민산 나트륨 생산을 상당히 했었고, 전후 초기에 일본이 식민지 시장을 잃었을 때 일본의 글루타민산 나트륨 수출은 대부분 독일과 스위스를 중심으로 하는 서유럽 국가들이었다.[76] 하지만 유럽에서는 글루타민산 나트륨의 거의 전량이 야채 통조림, 건조 스프, 고형 부용 등 가공 식품 생산에 사용되었다. 병에 든 분말을 위한 소매 시장이 너무 작아서 많은 서유럽 사람들은 일본어 상표명도 화학물질 약칭인 'MSG'도 몰랐을 정도다. 따라서 글루타민산 나트륨은 유럽에서 목격되지 않았고, 유익한 과학이라는 선전과 유해한 과학이라는 고발에 의한 흥망과도 거의 상관없었다.

1945년까지 스즈키 상점은 독점적인 글루타민산 나트륨 제조사였고, 아마 세계 시장의 절반 이상을 확보하고 있었을 것이다. 이 시점의 글루타민산 나트륨의 영향권, '아지노모토권'은 대일본제국에 의해서 강하게 규정되었다. 모리시타 진탄森下仁丹, 호시星 제약 등의 제약 기업

---

[76] 『グルタミン酸ソーダ工業協会拾周年記念史』, グルタミン酸ソーダ工業協会, 1958, pp.52~53 통계에 의함.

과 마찬가지로 스즈키 상점은 일장기를 추종했던 것이다. 미국 서해안에서 보다 나은 생활을 꿈꾸던 일본인의 이민 유입이 멈췄던 1920년대에 아지노모토사는 때마침 기회를 얻어 태평양 건너 미국으로 수출을 개시했다. 경제적 관점에서도 또한 아지노모토 권역은 기본적으로 제국 근대의 발로라고 볼 수 있다. 예를 들면 전쟁 중 아지노모토사는 일본이 지배하는 지역인 만주에서 대두분大豆粉이라는 형태로 원료를 수입했고, 제품을 식민지 시장으로 수출했다. 동시에 미국의 경제적 지배를 반영하여 스즈키 상점이 태평양을 건넜을 때, 무역 관계에서 일본의 지위는 세계 시스템론적 표현을 빌리자면 '준권準圈'에 있었다. 즉 아지노모토사는 글루타민산 나트륨을 공업 사이즈인 큰 캔이라는 반半 완제품으로 수출하고, 그것이 미국의 스프캔이나 야채 통조림이라는 최종적 제품 생산에 사용된 것이다.

식민지 이후의 글루타민산 나트륨은 제국 지배하의 정치·문화 경험의 다양성을 반영하며 과거 제국의 각 나라에서 다른 역사를 걸었다. 정근식은 한국의 경우를 설명한다. 한반도에서 일본제 글루타민산 나트륨 판매는 1943년에 종료되었다. 국내 산업이 시작된 것은 1955년으로, 글루타민산 나트륨이 부족했던 12년 동안 중단된 후였다. 정근식이 보여주듯이 한국의 양대 상표는 아지노모토사 제품과 깊이 관련되어 있고, 그것 자체가 논쟁의 표적이 되었다. 미풍味風은 1970년에 자사제품이 아지노모토사와 합병하여 제조되었다는 광고를 개시했고, 식민지 시대에 시장 점유율 1등 기업이었던 기억을 판매 전략으로 삼으려 했다.(실제로 그 때까지 밀수되었던 '아지노모토'는 고급 요리점에서 사용되었다) 경쟁하는 한국 시장 점유율 1위 기업인 미원味元 제조사는 자사가 '국민의 기업'이라고 강조했고, 따라서 일본 제조

제국일본의 생활공간

사와의 합병은 국민을 배신하는 것임을 암시하는 광고 캠페인으로 대항했다. 하지만 미원도 역시 식민지 주의의 흔적에서 완전히 벗어난 것은 아니었다. '미원'이라는 한자는 명백히 일본어 제품명을 모방하고 있기 때문이다.(그림 21) 결국 1970년

그림 21. 한국 브랜드 글루타민산 나트륨 '미원' 광고.(1976) 봉지에 '세계의 조미료'라고 영어로 적혀있다.

대 후반에 두 회사는 '미味'라는 한자를 사용하지 않는 새로운 한국어 명칭으로 다목적 조미료를 제조하기 시작했다. 정근식의 주장에 따르면, 이 단계에서 한국의 조미료 공업은 처음으로 식민지 유산을 극복했다. 한국에서는 동경과 혐오, 두 가지 상반된 식민지 이후의 감정이 '미味'라는 한자에 응축되어 있었던 것이다.[77]

1930년대 일본의 영토 내에 있으면서도 글루타민산 나트륨 소비가 적었던 오키나와에서는 미군정 시대에 눈에 띄게 수입이 증가했다. 아지노모토사의 통계로는 1931년에 오키나와에서는 일인당 4g씩을 소비했는데, 이는 일본 국민 평균의 절반 정도였다. 1955년에 통계를 시작한 일본 글루타민산 나트륨 전체 제조사의 수출 총량 데이터에 의하면, 오키나와의 소비가 이미 30배나 증가했음도 알 수 있다. 같은 해

---

[77] Jung Keun-Sik, "Colonial Modernity and the Social History of Chemical Seasoning in Korea", *Korea Journal*, Summer 2005, p.10, pp.28~29, p.34. (공제욱·정근식 편, 『식민지의 일상 지배와 균열』, 문학과학사, 2006 수록)

일본은 미국령 오키나와에 100톤을 수출했고 미국 제품인 악센트와 경쟁하고 있었다.[78] 이 100톤 중 일부는 점령자 측에서 소비했을지도 모른다. 1955년 오키나와 인구 80만 명에 8만 명으로 추정되는 미국인(1965년의 최대치)을 더해 생각해보면, 이 숫자는 1인당 일본제 글루타민산 나트륨 115g과 정확히 파악하기 어려운 양의 미국제 글루타민산 나트륨을 소비했음을 의미한다.[79] 오키나와 인구가 약 95만 명이었던 1964년에는 일본에서 약 396톤을 수입했고, 소비량은 미국인을 포함해 1인당 384g에 달한다. 1968년에는 97만 명 정도의 인구에, 수입은 약 1,083톤, 1인 당 1,032g으로 증가했다. 일본 복귀 직전인 1968년의 오키나와는 21세기 초의 글루타민산 나트륨 상위 소비국 랭킹에서 타이완, 태국과 어깨를 나란히 하는 순위가 되었다. 1931년부터 1968년까지 한 세대 동안 소비가 250배 증가한 셈이다.[80]

오키나와에서 수입한 글루타민산 나트륨이 얼마나 오키나와 사람들과 미군들에게 소비되었는지 알아볼 방법은 없다. 하지만 오키나와에서 처리된 식품 공장 생산이나 통조림 가공이 거의 없었기 때문에 재수출용 가공식품에는 쓰이지 않고 오키나와 내에서 소비되었다고 생각해도 좋을 것이다. 글루타민산 나트륨 소비의 급격한 증가는 미국 영향하에 있던 오키나와 식문화가 뒤섞이는 현상과 동시에 발생했다. 실은 겹쳐진 두 제국에 의한 증폭 효과가 나타난 것일지도 모른다. 다시 말해 태평양 전쟁 중 미국인이 경험했던 야채단백가수분해물HVP로 맛을 낸

---

78 『日本化学調味料工業協会二十周年記念誌』, 1969, p.53.
79 당시 하와이의 1인 당 소비량에 필적했다.
80 앞의 『日本化学調味料工業協会二十周年記念誌』, pp.76~79.

일본 통조림 식량과의 만남으로 거슬러 올라가는, 식사 측면에서 발생한 군사동맹의 또 다른 전개일지도 모른다.

식사 측면의 동맹은 미국 점령 하 오키나와에서 미국인 가정 경제 전문가가 실제로 추진했다.(그림 22) 고이카리 레미가 밝히고 있듯이, 냉전 하 미국의 문화 외교에는 교환 교육이나 생활 개량 보급 사업과 함께 미군의 부인들이 조직한 모임을 통해 오키나와 여성을 교육하고 문화적으로 동화시키려는 시도가 포함되어 있었다. 미시간 주립대학에서 가정학과 영양학 전문가를 1951년에 설립된 류큐대학으로 파견했는데, 그녀들은 고이카리가 말하는 '가정의 군사화와 군국주의의 가정화' 과정의 일부였다. 그녀들은 하

그림 22. 점령 하 오키나와 강습회에서 불가 밀을 사용하여 치킨 카레 만드는 법을 설명하는 미국 농무성 요리 연구자 마저리 헬드. 미군신문 *Stars and Stripes*, 1964.4.8. 삶아서 건조시킨 불가 밀은 같은 해 미국 지원단체가 오키나와로 1,200만 파운드를 보냈다. 헬드의 요리 메모를 보면 각 레시피에 글루타민산 나트륨이 들어가 있다. 고이카리 레미(小碇美玲) 씨 제공.

와이 대학과도 관계가 있었고, 미군이 깊게 관여했던 동남아시아 각국에도 파견되었다. 오키나와 식사에 밀, 우유, 동물성 단백질, 지방이 부족하다고 믿었던 영양학자는 오키나와 주부에게 고기가 들어간 카레나 스튜 레시피, 또는 빵 제조법이나 가루우유 사용법을 가르쳤다.(비슷한 활동을 일본 본토에서도 시행했다) 그녀들이 써 놓은 많은 레시피에는 미국인 독자용에도, 오키나와 생활 개량 보급용에도 글루타민산 나트륨이 포함되었다. 오키나와 미군 부인 클럽에서는 미군 기지 주택에 토지를 내주기 위해 쫓겨난 오키나와 여성에게 밀가루, 설탕, 그 외 상하지 않는 식

료품과 대량의 '아지노모토'를 크리스마스 바구니에 넣어 선물했다.[81] 따라서 태평양의 미국 군사 제국은 일찍이 대일본제국을 통해 알려진 풍미를 받아들이고 그때까지 중요시되지 않았던 주변적인 지배 지역의 식생활에 그 범위를 확장시킨 것이다.

9. 식품 과학과 식품 문화

국경을 넘은 이 일상품의 역사에서 우리들은 어떤 교훈을 이끌어 낼 수 있을까. 글루타민산 나트륨이나 감칠맛이 특별히 아시아적이라는 증거는 명확하지 않다. 수많은 조미료나 식품첨가물이 전 세계에서 대량 생산된 식품을 통해 각국의 식생활에 스며들어 있기 때문이다. 글루타민산 나트륨을 포함한 가공식품이나 즉석식품이 세계적으로 성공한 것을 보면, 적어도 '구르메'로서 가치가 낮은 이런 '요리'에서 글루타민산 나트륨은 그것이 탄생한 나라에 대한 관심도, 많은 경우 소비자에 대한 직접적인 선전도 없이 미각에 호소하고 있었음을 알 수 있다. 그러나 그 판매 방식과 사용 방식을 자세히 살펴보면 무색무취인데다 빈번히 무의식 중에 소비되었음에도 불구하고 글루타민산 나트륨에 문화적 성격이 전혀 없는 것은 아님을 알 수 있다. 판매 촉진, 국가나 제국

---

81 Mire Koikari, "'The World is Our Campus' : Michigan State University and Cold-War Home Economics in US-occupied Okinawa, 1945~1972", *Gender and History* 24, no.1, April 2012, pp.74~92.; Mire Koikari, *Cold War Encounters in US-Occupied Okinawa Women, Militarized Domesticity and Transnationalism in East Asia*, Cambridge : Cambridge University Press, 2015, p.44 참조.

의 정치, 과학 연구 계획, 자금 단체, 식생활 체계 등으로 형성된 글루타민산 나트륨의 문화는 각각의 환경에 적응해 왔다. 식생활의 기호도 그에 맞게 전개되었다.

과학이 어떤 상황에서 근원적인 풍미 체험에 추가 가치를 확립했고 어떤 상황에서 확립하지 않았는지, 칭찬과 비방이 뒤섞인 글루타민산 나트륨의 수용 과정에서 과학이 한 역할에 질문을 던짐으로써 우리들의 주의는 글로벌한 근대 속 소비자의 일상경험으로 향한다. 유익하다고 보이든 유해하다고 보이든 과학은 등장할 때마다 누구도 부정할 수 없는 상상된 보편적 가치의 근원을 표상한다. 가정의 새로운 과학과 '아지노모토'를 연결하는 캠페인에 부응하여 부엌에 제품을 받아들인 근대 일본의 주부 제1세대에게 글루타민산 나트륨은 분명히 글로벌한 근대의 상징이었다. 1960년대에는 이미 기술 혁신을 둘러싼 아우라가 희석되어 그저 평범한 조미료가 되었음에도 불구하고 뇌에 좋을 것이라는 하야시의 주장이 일본에서 일반인들에게 받아들여져 일부 어머니들이 아이들에게 글루타민산 나트륨을 더 먹이려고 했는데, 이러한 수용은 유익한 과학이라는 글로벌한 근대에 대한 신뢰의 잔재라 읽을 수도 있을 것이다. 흥미로운 것은 동일한 사고방식이 다른 나라에서는 그다지 매력적이지 못했다는 점이다. 만약 상품 'MSG'가 부엌에 정착한 아시아 여러 나라에서 일본의 메이지 후기 이래 키워진 유익한 과학이라는 아우라와 같은 효과가 있었다면, 글루타민산과 지능의 관련을 시사하는 실험 결과의 보도는 분명 널리 알려졌을 것이다. 한편 미국에서는 몇 가지 실험이 이루어져 유익한 과학을 향한 희망이 1950년대에 정점에 달했는데, 만약 당시 미국의 글루타민산 나트륨에 아시아의 부억과 같은 존재감이 있었다면 실험 결과는 일본과 마찬가지로 상품과 연결되었을 것이다. 하지만 실제로는 하야시의 일반용 저서에서부터 쿼크와 올니의 폭로까지 12년간, 다시 말해 글루타민산 나트륨의 세계 판매액이 급증한 사이에 실험실 연구는 판매액에 대부분 영향을 주지 않았고 거의 일본에서만 대다수 소비자가 글루타민산 나트륨을 '머리가 좋아지는 음식'이라 믿게 되었다. 여기에는 일본에서 국내 발명품인 글루타민산 나트륨의 특별한 위치, 그리고 이 시기에 글로벌한 근대에 일본인이 부여한 특별한 신뢰가 반영되어 있다.

매기 소스와 같은 제품이든 다른 곳에서 발명된 많은 첨가물이든 풍미의 과학이 일반적으로 성공했다는 점은 아마도 글루타민산 나트륨이 대일본제국의 도움이 없었더라도 결과적으로는 세계 시장에 퍼졌을 것이라는 상상을 가능케 한다. 하지만 일본 제국주의의 영향을 받은 아시아의 각 지역에서 글루타민산 나트륨은 제국의 회로를 통해 전해져 제국의 일상품으로서 보다 확실히 기억되었고, 따라서 제국의 근대라는 함의를 받아들였다. 한국의 브랜드 명칭 문제에서는 탈식민지 후의 미묘한 문화적 갈등을 엿볼 수 있다. 대부분의 아시아인에게 글루타민산 나트륨이 과거의 제국적 문맥과 분리되어 글로벌한 근대와 처음으로 교차했던 것은 그것이 유익한 과학보다 위협적인 과학과 밀접한 관계를 맺고 있던 1968년 이후였다. 이 시기 이후 글루타민산 나트륨은 미디어, 건강, 글로벌하게 전개되는 소비자 단체 등의 영역에 속했다. 그러나 동시에 식민지 시대 이후의 문맥에서 미국과 일본 이외 지역에서는 그것이 유해할지도 모른다는 메시지의 보급에 차이가 있었다는 사실도 있다. 이것은 '글로벌리제이션' 시대에도 지식 전달이 보편적이

제국일본의 생활공간

라든가 지리적 차이가 없다고는 여전히 말할 수 없음을 시사한다. 과학 지식에는 그것을 해석하고 강화하여 재배포하는 조직, 전문가, 미디어 등의 장치가 필요하다.

대일본제국을 통해 '아지노모토'의 궤적을 추적하는 것으로 제국 주의와의 연대책임과 공범 관계를 주장하고 싶은 것이 아니다. 근대 자 본주의가 제국주의와 불가분의 관계를 맺고 있었음은 논의의 여지가 없을 것이다. 아지노모토사도 다른 글루타민산 나트륨 제조사도 이 점 에서는 타 기업과 전혀 다를 바 없다. 오히려 필자의 의도는, 제국의 근 대와 글로벌한 근대라는 변증법에서 일용품과 미각 체험의 위치를 분 석하는 것이다. 글루타민산 나트륨은 제국의 공용 과학에서 태어나 건 강한 국민과 강한 군대를 형성한다는 목적을 주장했고, 제국의 경로를 통해 시장으로 진출하여 제국 지배하에 있던 점령 지역 사람들의 혀를 익숙하게 만들고 반식민지 민족주의자의 저항을 받았으며, 후에 포스 트콜로니얼한 갈등을 지속하며 욕망되었다. 한편 글루타민산 나트륨은 근대 상업에 의한 이성의 뒷받침을 통해, 나중에 좋은 의미로든 나쁜 의 미로든 인체의 움직임을 모조리 알고 있다고 자부하는 의학 연구의 자 부심을 통해서 글로벌한 과학을 상징하게 되었다.

유익한 과학, 유해한 과학, 혹은 그저 정교한 선전, 무엇에 의한 것 이든 인간의 미각 세포가 부분적으로는 역사에 의해 형성된 것은 명백 하다. 1910년대, 일본요리의 전문가와 교육을 받은 주부들은 글루타민 산 나트륨이 근대적이고 합리적이라 설득 당했다. 한 번 맛을 보니 정 말로 맛있었던 것이다. 20세기 초에 글루타민산 나트륨을 부엌에 받아 들인 일본의 도시 중류계급 주부에게 그것은 단순히 편리하고 '맛있을'

뿐만 아니라 글로벌한 근대의 상징이기도 했다. 독일로부터는 화학, 미국으로부터는 가정학처럼, 특정 지식 체계가 서구 열강에 지배된 광범위한 제국의 경로를 통해 들어왔음에도 불구하고 위생, 효율, 영양, 편리성은 서양의 수입품이라기보다 보편적 가치로 받아들여졌다. 한 번 이런 것들을 학습하자, 그것들은 중산계급 여성의 사회적인 아이덴티티의 일부를 형성했다. 대부분의 여학교 졸업자는 이것을 거부하지 않았다.

1920~30년대 중국대륙에서는 당초 '아지노모토'라는 제품인 글루타민산 나트륨이 정진 요리의 고기 스프의 대용품이 되었고, 또 '천주' 등 국내에서 생산된 유사품의 경우는 일본 제국주의에 대한 역습으로 취급되었다. 이런 문맥 속에서 맛을 보니, 역시나 그들도 맛있었던 것이다. 1970~80년대 미국인은 MSG가 '증후군'이라고 불린 것과 관계있는 첨가물이라고 이해했기 때문에 그것을 나쁜 것이라 판단하고 피했다. 그리고 일단 민감해지자 첨가물이라는 것을 알았을 때 '맛 없다'고 느끼게 되었다. 만약 일본, 타이완, 어쩌면 동아시아와 동남아시아라면 어디든 그 요리가 20세기 중반 중국요리와 같은 형태로 북미 식사에 진출했다면 그 증후군은 '일본요리점증후군', '타이완요리점증후군' 등으로 불렸을 것이다. 과거에 칭송받던 조미료가 갑자기 화학첨가물이 되었을 때, 스토브 옆의 하얀 가루가 발견된 것은 북미의 중국 요리사에게 불행이었다. 1980년대 이후 업계의 캠페인과 미각의 과학 개발로 글루타민산 나트륨의 의미는 식食의 쾌락이라는 관점에서 다시 발명되었다. 다시 발명되었을 때 중화요리사는 다시금 꽝을 뽑았다. 다시 말해 일본어 '우마미'는 유행하는 새로운 풍미에 일본과 관련된 부가가

치를 부여한 반면, 감칠맛과 MSG는 기본적으로는 동일한데도 불구하고 적어도 서양인의 시점에서 보면 여전히 중화요리는 'MSG'가 지닌 부정적인 의미 영역에 놓여 있었기 때문이다. 중화요리의 글로벌한 인기와 인지에도 불구하고 최근 '일본요리'와 '감칠맛'에 부여된 것과 같은, 최첨단 고급요리라는 평판을 얻지 못한 것은 주목할 만하다.

글루타민산 나트륨은 19세기 말 문명의 이상, 빅토리아 시기의 과학, 식사개선, 전업주부라는 근대적 직업 등을 잇는 선이 만나는 지점에서 탄생했다. 일본제국이 확장하면서 전파되어 타이완, 중국 그 외 아시아 요리의 일부가 되었으나, 이 과정에서 제품은 일본제국주의를 향한 민족저항과 분리할 수 없는 정치적 상품이 되기도 했다. 화교와 미국 가

그림 23. 왼쪽부터 '아지노모토(味の素)', '천주미정(天厨味精)', '악센트'. 각 나라의 이미지와 이용 방법을 반영했기 때문에 입자가 미묘하게 다르다. 일본 상품은 과거에 누렸던 지위를 반영하는지 뿌려도 눈으로 확인할 수 있도록 금방 녹지 않는 알갱이 상태이다. 중국 상품은 스프 등에 바로 녹을 수 있는 정제된 가루 상태. 미국 브랜드는 식염과 똑같다. 스테이크에 뿌리면 고기가 부드러워진다고 믿었다.

공식품 산업이라는 별개의 경로를 통해 북미로 옮겨져 1960년대 말까지 대부분의 미국인은 알아차리지 못하고 이것을 소비했으나, 환경위기 시대의 소비자 의식은 이것을 불온한 눈으로 바라보았다. 1980년대에는 '감칠맛'이라는 미각 수용체의 탐구가 진전하는 글로벌리제이션 아래, 새로운 위협에 대한 글루타민산 산업의 대응에서 주요한 역할을 했다. 이로 인해 '감칠맛' 연구는 20세기 말 일본 자본주의 문화의 일부가 되었다. 과학은 차후 '감칠맛'을 자연의 일부로 확립할지도 모르지만, 글루타민산 나트륨의 글로벌한 궤적은 20세기 사회의 역사와 밀접히 관련되어 있는 것이다.(그림 23)

1908년 10월 미 해군의 이른바 '백색 대함대'를 환영하는 미쓰코시 포목점의 광고엽서. 보스턴 미술관 소장.
1908년에 실시된 대함대의 세계 일주는 해군력 과시가 목적이었으나, 해군병에게는 쇼핑 삼매경의 관광 여행이기도 했다. 비단과 기모노는 인기 있는 일본 기념품이었다.

1. 들어가며

이 실험적인 논고는 1908년의 일본인, 조선인, 오스트레일리아인, 북미의 이주민, 민족, 제국, 정치적 급진, 가족 규범, 병과 건강, 전람회, 주택, 가구, 복장, 머리모양, 신체 거동에 관한 삽화 50개의 형식을 취하고 있다. 통상적인 역사학 논증 방법을 피하고, 일견 서로 관계가 없어 보이는 사건이나 발언 사이의 관련이 간접적으로 나타나 서로 공명하게 되는 역사적 상황을 그려볼 예정이다. 필자의 짧은 해석문은 2칸 들여쓰기로 구분했다.

이 장 전체를 이루는 삽화 50개에서 필자는 개별적 사실을 기록하고 해석이라는 개입은 최소화하려 했다. 동시에 사실을 취사선택하여 배열한 것에 감춰진 자의적 권위의 행사를 숨기려고도, 그 사실들 사이나 주위의 불확실함이라는 틈을 메우려고도 하지 않았다.

선적線的인 인과론적 해석이 역사학에서 큰 가치를 가진다고는 하나, 이미 정해진 역사 서술과 논의 형식 때문에 희생당하는 경우도 많다. 우리들은 그 중에서도 전체적 상황의 감각, 다시 말해 과거 어느 순간의 경험이 서로 깊이 관련된 것을 희생양으로 삼는다. 몽타주에서 이 감각을 되돌릴 방법을 얻을 수 있다. 예를 들면 이 장에 나오는 미국의 야구 시합에서 부르는 노래를 통해 선전된 스낵과자와 하와이 설탕농원의 파업 참가자를 위로하기 위해 준비된 야구장 사이, 혹은 미국 보도진이 젊은 여배우의 머리에 대해 언급한 것과 전 한국통감 암살자의 증언이 통감의 머리 모양을 언급한 것 사이에서 적어도 통상적 의미의 인과론적 관계는 전혀 찾아볼 수 없을 것이다. 하지만 이 사건들과 말이 대체로 동일한 시기에 일어났다는 점에서 우리들은 사회적·문화적 패턴에 의한 관계를 상상할 수 있다. 이 사건들 중에서 하나를 다룬다면 일반적으로 구성되는 역사 서술로 설명할 수 있지만, 사건들 사이에서 감지되는 패턴에 의한 연결은 끊어질 것이다.

이 장을 구상하면서 프랑스 문학집단 울리포OuLiPo 소속 작가들이 했던 실험의 역사학 버전을 쓰려고 했다. 예를 들면 그들은 알파벳 중 한 글자를 사용하지 않는 식의 자의적 제한을 스스로에게 두었다. 이 장에서 필자 스스로 둔 제한은 다음과 같다. ① 주관적 평가를 불러일으키기 때문에 형용사와 부사의 사용은 피하고, 사건을 이 틀 안에서 읽어야 한다고 제시하는 추상적 개념명사는 최소한 자제했다. 그 대신 인용을 폭 넓게 사용함으로써 텍스트의 나열과 그것들이 종종 보여주는 놀랄 만한 독자성을 보편적 논의의 대표로 삼지 않고 역사상 가능성의 암시로만 남겨두었다.[1] ② 추상적 수준에서 논의의 통일성을 찾는 대신, 이하의 특정 명사나 관련된 대상 집단을 조사할 때에는 주의하고, 서술할 때 강조했다. 즉 신사, 노동자, 동물, 그리고 방갈로, 베란다, 피아노, 의자, 그네, 식민지(하지만 '식민지주의'는 제외했다), 전람회, 운동, 음식, 연애, 위생, 전염병, 살인이다. '여행하다' '움직이다' '표류하다' '흩어지다'(각각 다른 정도의 자유의지를 암시하고 있다) 등 신체적 움직임과 관련된 소수의 행위 동사를 사용함으로써 앞서 든 사물과 그와 관련된 사람들의 평상시 운동과 흐름을 나타냈다. 또 필자가 기술했거나 인용하는 순

---

1 로저 샤르티에는 아카이브의 독자적 목소리를 추구하는 문화사의 조류를 설명했다. "연속성이나 기준으로 구축된 규칙성의 설명이 아니라, 인용이 차이와 격차의 침입을 보여줄 것이다." Roger Chartier, *On the Edge : History, Language, and Practices*, trans. Lydia G. Cochrane, Baltimore, MD, 1997, p.4.

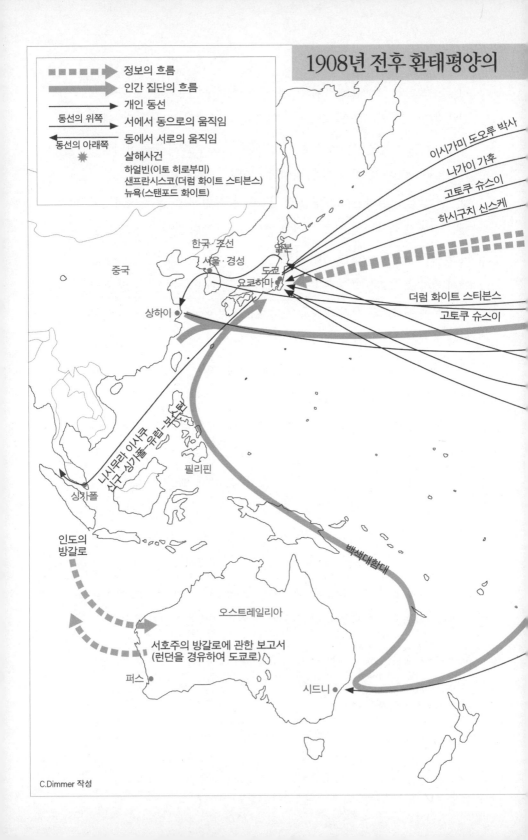

1908년 전후 환태평양의

범례:
- 정보의 흐름
- 인간 집단의 흐름
- 개인 동선
- 동선의 위쪽 — 서에서 동으로의 움직임
- 동선의 아래쪽 — 동에서 서로의 움직임
- 살해사건
  - 하얼빈(이토 히로부미)
  - 샌프란시스코(더럼 화이트 스티븐스)
  - 뉴욕(스탠포드 화이트)

이시가미 도오루 박사
나가이 가후
고토쿠 슈스이
하시구치 신스케

더럼 화이트 스티븐스
고토쿠 슈스이

한국·조선
서울·경성
중국
일본
도쿄
요코하마
상하이

나시무라 이시쿠
시구–싱가폴–유럽–부스 루트

필리핀
싱가폴

인도의 방갈로

백색대함대

오스트레일리아

서호주의 방갈로에 관한 보고서
(런던을 경유하여 도쿄로)

퍼스
시드니

C.Dimmer 작성

사람과 정보의 움직임

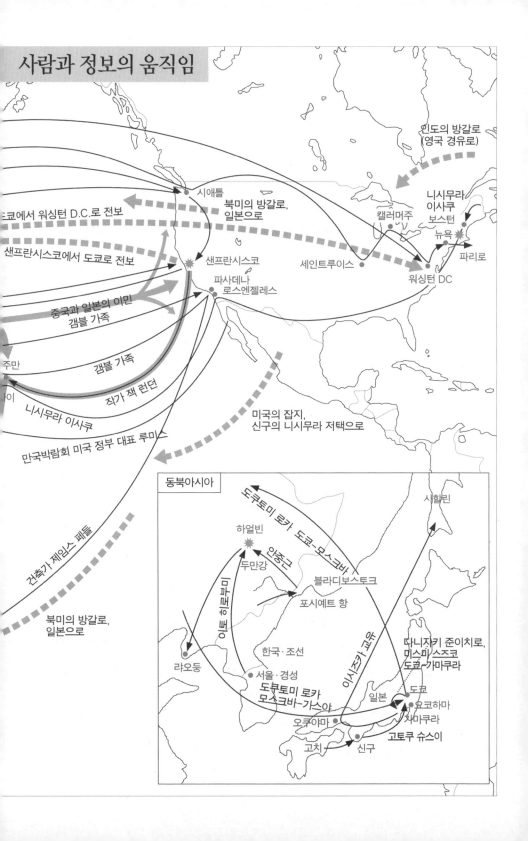

인도의 방갈로
(영국 경유로)

니시무라
이사쿠
보스턴

교에서 워싱턴 D.C.로 전보

시애틀

북미의 방갈로,
일본으로

캘러머주

뉴욕

샌프란시스코에서 도쿄로 전보

샌프란시스코

세인트루이스

워싱턴 DC

파리로

파사데나
로스엔젤레스

중국과 일본의 이민
갬블 가족

주만

갬블 가족

이

작가 잭 런던

니시무라 이사쿠

미국의 잡지,
신구의 니시무라 저택으로

만국박람회 미국 정부 대표 루미스

건축가 제임스 페들

북미의 방갈로,
일본으로

동북아시아

도쿠토미 로카 도쿄-모스크바

사할린

하얼빈

안중근

두만강

블라디보스토크

이토 히로부미

포시예트 항

라오둥

한국·조선

이시카와 다쿠보쿠

다니자키 준이치로,
미스마 스즈코
도쿄-가마쿠라

서울·경성

도쿄

도쿠토미 로카
모스크바-가스야

요코하마

가마쿠라

일본

오쿠야마

고토쿠 슈스이

고치

신구

간에 누가 어디에 있고, 어디로 향하고 있는지를 가능한 한 정확히 묘사했다. ③ 각 삽화의 어떤 측면이 다음 삽화에 다시금 등장하도록 배열함으로써 별개 사건에 대한 이야기들이 공명하도록 촉구하면서 따로따로 존재하지 않도록 했다. ④ 마지막으로, 가능한 한 1908년의 행위와 발언에 한정하고자 했다. 단, 전체 구조를 보다 긴밀히 정리하는 데 도움이 되는 경우에는 이상의 규칙을 적용하지 않을 수도 있다. 말미 즈음 이토 히로부미의 죽음(1909.10)과 대역사건 재판(1910~11)이 일어났기 때문에, 필자는 미일신사협정이 교섭되던 기간에 전개되기 시작한 사건 속의 어떤 흐름을 종결이라 판단하고 주의 깊게 보았다.

통상적 역사와는 대조적으로 공시적 접근을 통해서 우리들은 순간의 소중함을 깨닫게 된다. 현대라면 아침 뉴스가 전 세계에서 동시에 발생한 사건을 기묘하게 나열하여 우리에게 전달할 것이다. 우리의 의식은 매일 정보의 몽타주에 흠뻑 잠기고 그곳에서 세계를 형성한다. 하지만 역사를 서술할 때, 과거 어느 순간의 사람들과 사건들도 동시에 하나의 세계에 존재했었음을 쉽게 잊고 만다. 1908년, 당시 세계의 대부분은 철도, 증기선, 전보나 신문에 의해서 이미 '글로벌화'되어가고 있었다. '글로벌리제이션'의 시작을 몇백 년, 몇천 년 전 과거로 정의하는 것도 가능하긴 하지만, 글로벌한 동시성은 19세기 말까지 상상이 불가능했다. 19세기 중반 이후, 순간적이라고 부를 수 있을 정도의 커뮤니케이션이 급속히 출현했다. 런던과 봄베이가 전신으로 연결된 1870년은 최초로 대서양 사이에 안정된 통신이 성공한지 불과 4년 후였다. 미국은 신사협정 5년 전인 1902~03년에 하와이, 괌, 필리핀에 통신 케이블을 부설했다.

따라서 모더니즘 초기의 미적 실험에서 문자나 회화의 몽타주 수법이 신체적·심리적 경험을 그토록 선명하게 환기시키는 데 도움이 된 것처럼, 역사의 공시적 몽타주는 글로벌한 모더니티 서술에 딱 들어맞는 것일지도 모른다. 20세기 초 태평양을 돌아다니던 여정을 순간적으로 포착당한 사람들은 나중에 필자의 상상 속에 등장하는 단편적인 태평양 역사의 등장인물만이 아니다. 그들은 당시에도 그들 스스로 가속화하는 정보, 사상의 흐름, 같은 여정에 있는 다른 사람들의 움직임을 깨닫고 있었고 그 영향을 받았다. 몽타주 형식으로 나타난 깊은 관련성은 그야말로 사람들이 1908년에 경험하기 시작한 실제의 관련성과 대응한다.

몽타주로 인해서 결말이 있는 역사가 아니라 소위 열린 역사가 창출된다. 분명, 어떤 1년 사이의 관련성은 무한대로 확대될 수 있다. 논리적으로는 하루라도, 한 시간이라도, 일 분이라도 관련성은 무한정이다. 발터 벤야민의 '파사주론'은 아마도 하나의 장으로 구성된 역사로서는 가장 유명한 모델을 보여준다.[2] (이 장의 단편을 모으고 있을 때 벤야민을 의식하지는 않았지만) 벤야민이 몽타주라는 초현실주의적 기법을 역사에 도입하도록 권장한 것은 '시각성을 높이는' 수단이자, 그가 '역사에 대한 통속적 자연주의'라고 부른 것, 다시 말해 선 線적인 산문 서술이 만

---

2 다른 학자나 작가도 역사 표상의 방법으로 몽타주를 실험했다. 유명한 사례는 Michael Lesy, *Wisconsin Death Trip*(NY : Pantheon Books, 1973)인데, 이것은 지방 신문 인용과 함께 배열된 촬영자 한 명의 컬렉션에 의지하고 있다. 또한 스벤 린드크비스트(Sven Lindqvist), 『폭격의 역사(*A History of Bombing*)』(한겨레출판, 2003)와 같은 실험적 역사서도 한 사례이다. 소설가 Nicholson Baker, *Human Smoke : The Beginnings of World War II, the End of Civilization*(NY : Simon & Schuster, 2008)은 신문기사나 회상록에서 인용을 가져와 이 장과 비슷한 방법으로 정리하고 있는데 그 의도는 상황을 묘사하는 것이 아니라 하나의 논의를 전개하는 것이고, 결과적으로는 몽타주 수법의 위험성을 여실히 보여준다.

들어내는 순서와 불가피한 진보의 속임수를 극복할 수 있는 수단으로 삼기 위해서였다. 그는 몽타주를 사용해 '미미한 개별적 계기를 분석하여 사건 전체의 결정체를 찾아내는 것'을 지향했다고 기록하고 있다. '파사주론'의 경우, 그 사건이란 19세기의 총체였다. 보기 드문 창조적 재능을 갖고 태어나 거대한 프랑스 국립도서관에 은둔했던 벤야민은 결과적으로 '파사주론'을 완성하지 못했다.[3] 반면 나의 포부는 보다 작은 것이다. '사건 전체의 결정체'를 바라지는 않으나, 벤야민이 추구했던 '시각성을 높이는' 무언가는 얻을 수 있길 기대한다.

2. 신사협정—태평양 역사의 조각

신사협정

1908년 두 신사는, 북미대륙 태평양 연안에 도착하고 있던 일본인은 신사가 아니라는 합의를 했다. 두 신사 중 한 쪽은 도쿄에 있었고 다른 한 쪽은 워싱턴 D.C.에 있었다. 1906년 10월 11일, 샌프란시스코 시 교육위원회는 같은 해 4월에 발생한 지진으로 교사가 파손되었기 때문에 과밀해졌다며, 이후 동양인 학교 이외의 시내 공립학교에는 일본인과 조선인 학생의 입학을 허가하지 않는다고 선언했다. 동양인 학교는 1882년 중국인 이주민 배척법에 따라 '중국인과 몽고인' 이민 자녀를

---

3 ヴァルター・ベンヤミン, 今村仁司ほか訳, 『パサージュ論』, 岩波現代文庫, 2003, 第3巻, pp.180~181(N2,6)(발터 벤야민, 조형준 옮김, 『아케이드 프로젝트』 1, 새물결, 2005, p.1052). Vanessa R. Schwartz, "Benjamin for Historians", *American Historical Review* 106, no.5 (December 2001), pp.1721~1743도 참조.

격리하기 위해 설립되었다. 샌프란시스코의 일본인 주민은 이 뉴스를 도쿄로 타전했고, 일본의 보도기관은 이의를 제기했다. 일본에서 제기한 이의는 워싱턴으로 타전되었고, 연방정부 관계자가 교육위원회의 결정을 비로소 알게 되었다. 태평양에서 전쟁이 발생할 가능성이 미국과 일본의 신문과 미국 의회에서 논의되었다. 루즈벨트 대통령이 개입하여 1907년에 외교문서가 몇 차례 교환되었다. 일본 정부는 이민 제한에 합의하고, 대일본제국과 미국 사이에 '신사협정'이 성립되었다.[4]

노동자와 신사를 구분해야 할 지점

"노동자와 신사를 구분해야 할 지점을 획정하는 것이 중대한 문제가 되었다"라고 1908년 8월, 재일 미국대사 토마스 J 오브라이언이 뉴욕의 재팬 소사이어티에서 발언했다.[5] 일본 정부는 새로운 이민 정책을 세우고 도미 이주민과 도미 '비이주민'이라는 새로운 분류를 구분하기로 했다. 1908년 11월 도쿄에서 각 지방 자치단체로 보내진 지령에는 이 구분이 자세히 제시되어 있다. 이주민은 '교양의 기회가 적은 자'라고 적혀 있고, 비이주민은 '교양계급'에 속했다. 여권은 '비이주민'과 이미 해외에 있는 이주민의 배우자 및 미성년 자녀들에게만 발행되었다.[6] 하지만 이 구분은 조선이나 중국을 여행하는 일본인에게는 적용되지 않았다.

---

4 이 사건들의 상세한 설명은 Thomas A. Bailey, *Theodore Roosevelt and the Japanese-American Crisis*, Stanford : Stanford University Press, 1934 참조. 당시의 미일 외교 문맥은 Akira Iriye, *Pacific Estrangement: Japanese and American Expansion, 1897-1911*, Cambridge : Harvard University Press, 1972 참조.
5 Mitziko Sawada, *Tokyo Life, New York Dreams : Urban Japanese Visions of America*, 1890- 1924, Berkeley : University of California Press, 1996, p.53.
6 Ibid., p.44, p.53.

이민 회사

일본의 태평양 연안 미야자키宮崎현 오비초飫肥町에서 목재상의 아들로 태어난 하시구치 신스케橋口信助는 당시 태평양 연안의 워싱턴 주 시애틀에 이민 회사를 설립하기 위해 동분서주하고 있었다. 그는 당초 학생의 신분으로 도미했으나, 미국인 집에서 서생으로 일하면서 재봉소를 차렸고, 오리건 주의 콜롬비아 강가 삼림 1구획을 구입할 수 있

그림 1. 벤치에 앉아있는 하시구치 신스케(橋口信助), 아내 마쓰코(松子)와 아이. 우치다 세조(内田靑蔵) 『아메리카야 상품주택(あめりか屋商品住宅)』.

을 때까지 꾸준히 자금을 저축했다. 그는 그곳에서 소나무를 벌채할 일본인 노동자를 찾고 있었다.[7](그림 1)

구속해도 남아도는 인구, 중국인과 일본인

지금으로부터 85년 전 콜롬비아 강 주변 지역은 여전히 소송 중이어서 영국인에게는 콜롬비아 지역, 미국인에게는 오리건 컨트리였을 때, 미주리 주 상원의원 토마스 하트 벤튼은 이 지역을 미군이 접수함으로써 '구속해도 남아도는 인구, 중국인과 일본인'에게 그리스도교와 민주주의를 전하고, 그들이 언젠가 이 땅에 곡창지대를 일구어 낼 것이라

---

7 内田靑蔵, 『あめりか屋商品住宅ー「洋風住宅」開拓史』, 住まいの図書館出版局, 1987, p.14, pp.19~24.

고 설득했다. 『아웃룩』지 1908년 5월 23일호 '미국 확장 이야기'라는 제목의 기사에 의하면, 벤튼의 논리적 근거는 웃음거리 취급을 당했고 당시 상원의원들은 "너무 웃겨서, 오리건 점거로 영국인의 기선을 제압하겠다는 실제로 중요한 문제를 완전히 잊어버리고 말았다." 영국인은 인디언에게서 토지를 구입했다는 근거로 권리를 주장하고 있었기 때문이다.[8] 1908년에 이 지역은 캘리포니아와 함께 약 15만 명의 일본 이주민과 7만 5천 명의 중국 이주민의 곡창지대가 되어 있었다. 약 3만 8천 명의 일본 이주민이 미국 농장에서 일하고 있었다. 1910년에는 캘리포니아 주의 농장 19만 4,742에이커(약 788km2)를 일본인이 소유하거나 대차하여 전국 딸기의 70%를 재배했다.[9]

넓은 베란다가 있는 저택

이러한 노동자 대부분은 하와이를 경유하여 도미했다. 하와이를 미국의 영토라고 선언한 하와이 기본법이 미국 의회를 통과한 1900년까지는 일본인과 중국인 그리고 그 밖의 노동자들이 설탕농원에서 일하는 계약을 맺고 하와이로 왔다. 이후 계약 이민 노동은 금지되었다. 하지만 동쪽으로 향하는 사람들의 이동은 끊이지 않았다. 1908년, 하와이 설탕농원 노동자 4만 5,603명 중 3만 1,774명, 약 70%가 일본인

8 　H. Addington Bruce, "The Romance of American Expansion, Fifth Paper : Thomas Hart Benton and the Occupation of Oregon", *Outlook* 89, no.4, May 23, 1908, p.197.

9 　Ronald Takaki, *Strangers from a Different Shore : A History of Asian Americans*, Boston: Little Brown & Co, 1989, p.189; Franklin Ng, ed., *The Asian American Encyclopedia*, NY: Marshall Cavendish, 1995, p.786; Brian Niiya, ed., *Encyclopedia of Japanese American History*, NY : Facts on File, 2001, p.xvii (chart); Roger Daniels, *Asian America : Chinese and Japanese in the United States Since 1850*, Seattle: University of Washington Press, 1988, p.69.

이었다.[10] 그들은 가건물에 살고 있었다. 로날드 다카키에 의하면 주임은 '훌륭한 방갈로식 주택'에 살고 있었다. 농원 주인은 '넓은 베란다가 있는 저택'에 살았고, 백인 전용 클럽도 있었다.[11] 하와이의 일본인 이민중개업자는 캘리포니아의 자유와 고임금을 약속하고 동포를 유인하여 또다시 동쪽으로 사람들을 보냈다. 1902년 일본의 목수는 하루에 약 70전(32센트) 정도를 벌었다. 하와이 설탕농원에서 일하는 일본인 자유노동자는 하루 약 68센트를 벌었다. 캘리포니아의 철도 노동자는 하루에 1달러를 벌었다.[12] 캘리포니아의 배일排日 추진파는 서해안의 '하와이화'라 부르는 사태를 두려워했다.

미국의 방갈로를 일본으로

일본에서 미국 서해안으로 노동자를 이민시키는 사업을 시작할 수 없게 되었기 때문에 하시구치 신스케는 그 대신 미국의 방갈로를 일본으로 수입하기로 결정했다. 그는 시애틀에서 하던 사업을 1908년 12월에 그만두고 다음 달 요코하마 행 증기선에 올랐다. 일본에 돌아온 후, 도쿄의 가구 거리인 시바芝에 가게를 열고 '아메리카야アメリカ屋'라는 간판을 걸었다.[13] 영국인 식민자가 인도에서 처음으로 개발한, 휴일에 이용하는 작은 별장용 간이 주거형식으로 알려진 방갈로식 주택은 원래 단층집 구조였지만 하시구치가 서생으로 일하면서 일본에 도입하려던

---

10 Alan Takeo Moriyama, *Imingaisha : Japanese Emigration Companies and Hawaii, 1894-1908*, Honolulu : Univ of Hawaii Press, 1985, p.97.(chart)

11 Ronald Takaki, op. cit., p.156.

12 Ibid., p.45; Alan Takeo Moriyama, op. cit., p.170.

13 앞의 内田青蔵, 『あめりか屋商品住宅―「洋風住宅」開拓史』, p.35.

그림 2. 영국령 세일론(스리랑카)의 방갈로(왼쪽, 딘브라 농원, Charles Sco-wen 사진, 1870~1890년 경. P. de Silva 제공)와 미국 서해안의 방갈로(오른쪽, 20세기 초).

주택은 이층집 구조로 1년 내내 사용하는 주거였다.[14](그림 2)

하시구치는 건축에 대한 소양이 거의 없었다. 1925년에 쓴 회상에서 그는 긴 시간 동안 정좌를 하고 바닥에 앉아야 했던 엄격한 예의범절 때문에 자신이 다다미방을 싫어하게 되었다고 기록했다. 미국에 와서 미국인은 부자도 빈자도 똑같이 의자에 앉는 것을 알게 된 후 이것을 일본에 빨리 도입해야 할 습관이라고 확신하게 되었다.[15]

시애틀의 중산계급용으로 설계된 건물은 당시 일본에서 서양식 주택에 살고 싶어 하던 상층 도시생활자의 선입관이나 요구와 들어맞지 않았다. 일본인 고객은 미국풍으로 보이는 주택을 원하긴 했으나, 적어도 내부 일부에는 여전히 다다미 바닥을 원했다. 하시구치가 처음에 판

---

14 방갈로의 세계적인 확산에 관해서는 Anthony King, *The Bungalow : The Production of a Global Culture*, 2nd ed., NY: Oxford University Press, 1995 참조.
15 앞의 内田青蔵, 『あめりか屋商品住宅―「洋風住宅」開拓史』, pp.24~27.

매한 방갈로 6동 중, 5동은 외국인에게 임대주택 사업을 하던 사람이 구입했다.[16] 그 후 아메리카야는 집장사를 그만두고 가구를 수입하면서 주문 주택을 짓는 사업으로 전환했다.

2인용 그네

일본의 대중잡지 등에서 하시구치는 일본 주택이 청소하기 어렵고 안전 확보가 결여되어 있음을 강조하고, 마찬가지로 일터에서는 양복을 입고 집에서는 일본 옷으로 갈아입는 불편함도 강조했다. 그는 의자에 앉는 것도 추천했다. 그는 도쿄에서 간행되던 『후진노토모(婦人之友)』의 독자들에게 많은 사람들이 집에서 하루 종일 '마치 기차라도 탄 것처럼' 바닥에서 떨어져 사는 것은 '편히 쉴 수 없다'고 느껴질 수 있다고 썼다. 하지만 그의 설득에 따르면, 사람들이 그렇게 생각하는 이유는 일본인이 좋지 않은 의자를 부여받았기 때문이었다. 하시구치는 일본 집에 있는 대부분의 의자는 실제로는 일터

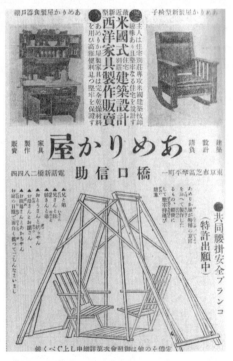

그림 3. '공동좌석안전그네(共同腰掛安全ブランコ')를 선전하는 아메리카야의 광고. 『후진노토모(婦人之友)』, 1911.9, 우치다 세조(内田清蔵), 『아메리카야 상품주택(あめりか屋商品住宅)』.

16 위의 책, p.41.

용이었다고 주장했다.[17] 전년도『후진노토모』에 게재된 아메리카야의 광고에서는 독자가 서양식 거실과 연결 지을 것이라고 하시구치가 예상했던 사무용 가구를 열차 좌석과 대비시키기라도 하듯, 흔들의자와 2인용 그네가 등장했다.(그림 3)

어울리는 음악의 결여

하시구치의 이상 속 주택의 핵심은 당시 미국 여성 잡지나 주택 장식 전문서의 서술에서 유행했던 것과 같은 편안한 '리빙 룸'이 아니라 격식을 차린 빅토리아 조의 팔러Parlor와 비슷했다.[18] 피아노는 그 중심이었다.『후진노토모』에서 하시구치는 서양 주택에 비해 일본 주택이 "사교 무대나 가족의 단란한 장소로" 변변찮다고 기술했다. 그는 가족 모두가 함께 하는 사교 활동이 부족한 원인을, 일본에는 어울리는 음악이 결여되어 있기 때문이라 생각했다. 서양 집에서는 피아노 음악과 노래로 그 자리를 즐겁게 하는 것이 일반적이라고 했다. 이것이 일본에 없는 것은 여성의 습관에 뿌리 내린 이유 때문이라고 하시구치는 주장했다. 일본 여성은 독신일 때는 스스로 즐기기 위해 음악을 배우지만 통상 결혼 후에는 그만둬 버린다. 따라서 사교 모임은 주택 밖에서 이루어지고 아내와 자녀가 배제된다.[19]

---

17 橋口信助,「中流の洋風住宅に要する家具」,『婦人之友』1912年 9月号. (앞의 内田青蔵,『あめりか屋商品住宅-「洋風住宅」開拓史』, p.50, p.52에서 인용)

18 미국의 거실과 팔러에 관해서는 Karen Halrrunen, "From Parlor to Living Room : Domestic Space, Interior Decoration, and the Culture of Personality", in *Consuming Visions : Accumulation and Display of Goods in America, 1880-1920*, ed. Simon J. Bronner, NY: Norton, 1989, pp.157~189 참조.

19 橋口信助,「中等の洋風住宅」,『婦人之友』1911年 9月号. (앞의 内田青蔵,『あめりか屋商品住宅-「洋風住宅」開拓史』, pp.55~56에서 인용)

시를 쓸 줄 알아도 먹고 살 수 없다

도쿄에서 간행되는 월간지 『세이코成功』는 1910년에 '저열한' 일본 가족 제도가 국민의 진보를 늦추고 있으므로 미국에 영주하길 독자에게 권했다. 기자는 "가족은 진실로 인생의 시적 영역이다. 하지만 아무리 시를 쓸 줄 알아도 논을 일굴 수 없다면 먹고 살 수 없다"고 기술했다. 도쿄에서 간행된 다른 잡지 『아메리카亜米加』는 그보다 2년 앞서, 미국 태평양 연안으로 이민 갔던 일본인 노동자 대부분이 "인격이 없는 것은 말할 것도 없고 대부분 어떤 점에서는 동물에 가깝다 (…중략…) 실제로 하등 下等 노동자인 이상, 마치 우리나라에서 중국 노동자를 달갑게 생각지 않는 것과 동일한 관념이 발생한다'는 불행한 상황을 기술했다.[20]

만약 이 집단이 분산된다면

1911년 일본 여행에서 뉴욕으로 돌아왔을 때, 교육자이자 저널리스트인 해밀턴 홀트가 『뉴욕 포스트』에 기술한 바에 따르면, 일본인은 위생을 양호하게 유지하고 있으며, 일본에서 조선으로 향하는 여정에서 3등 선실을 엿보니 300명의 일본인 여행자가 '청결하고 좋은 냄새를 풍기며 악취 없이' 있는 것을 발견했다고 한다. 그는 "우리나라에서 그들이 거류지에 스스로 틀어박히는 경향"은 일본에서도 고립과 편견의 원인으로 인식되고 있으므로 '만약 이 집단이 분산된다면' 미일 관계가 개선될 것이라 생각한다고 덧붙였다.[21]

---

20 『成功』十九卷一号, 一九一〇年九月, 三一~三四頁. 『亜米利加』 12卷 6号, 1908.6, pp.30~31.
21 "Hamilton Holt Says Japan Seeks Peace with the World", *New York Times*, December 31, 1911, p.11.

어떤 관념과 물건이 20세기 초반 미국 동해안에서 서해안으로, 거기에서 또 일본으로, 서쪽을 향해 흐르고 있었다. 방갈로, 전원도시, 격의 없는 가족 단란, 꾸밈없는 생활, 실외 오락 등이다. 그것들이 이동함에 따라 문명과 이 문명이 스스로의 내부에 만들어 낸 문명의 해독제 모두를 체현했다. '이민' 이라는 태평양을 건너 반대편을 향해 가는 인간의 흐름은 정점에 달했고 지 금은 억제되고 있다.

아시아 여행

1908년 3월, 데이빗과 메리 갬블은 로스앤젤레스 항에서 서쪽으로 가는 객선에 승선했다. 데이빗 갬블은 비누 제조업 프록터 앤드 갬블사 의 공동설립자 제임스 갬블의 자녀 10명 중 1명이었다. 그는 이 회사의 전 총무부장 겸 경리부장이기도 했다. 은퇴한 지금, 캘리포니아의 신선 한 공기와 간단한 방갈로 생활양식을 원했던 그와 메리는 캘리포니아 주 파사데나 시에 집을 짓기로 했다. 3월에 토지를 개간했다. 공사와 이 사의 혼란을 피하기 위해 일가족이 아시아 여행을 떠났다. 설계자인 찰 스와 헨리 그린 형제는 보스턴 사람인 에드워드 모스의 저서 『일본의 주거－안과 밖』과 1904년 세인트루이스 만국박람회에서 일본 건축을 세부적으로 배웠기 때문에, 건물은 티롤이나 다른 유럽 목조건축의 영 향도 보이기는 하지만, 일가족을 위한 방갈로를 '일본 방식으로' 설계 했다. 그린 형제는 내부 장식에 남미, 아프리카, 아시아에서 수입된 활 엽수 목재와 캘리포니아 산 소나무 목재, 다른 지역 산 침엽수 목재도 사용했다.[22] 그린 형제는 갬블 일가가 귀국하는 8월에 맞추어, 그들의 주택 벽에 세쿼이어 목재로 후지산 부조를 새겼다.[23] (그림 4)

그림 4. 비누왕 제임스 갬블의 아들 데이빗 갬블 일가를 위해 남 캘리포니아 파사데나에 세워진 '갬블 하우스'.(그린 형제 설계, 1908) 일본 취향을 가미한 고급 방갈로로 유명하다.

미국인이 동물을 다루는 방식

1884년에 태어나기 직전에 양친이 미국인 선교사에게 세례를 받았던 니시무라 이사쿠西村伊作는 1908년에 일본에서 유럽을 경유하여 미국에 도착했다. 그의 두 남동생은 보스턴과 로스앤젤레스에 있었다. 신사협정에 의한 제한과, 아마도 니시무라가 사회주의자들과 관계가 있었기 때문에 일본 당국은 그에게 미국행 여권을 발급해주지 않았다. 그는 와카야마和歌山현의 태평양 연안 항구 마을이자 해외 이주민을 많이 보냈던 것으로 유명한 고향 신구新宮에서 유럽으로 향하는 배에 올라 싱가포르, 콜롬보, 수에즈 운하를 경유하여 이동했다. 유럽에 도착한 그

---

22 Edward S. Bosley, *Greene and Greene*, London: Phaidon Press, 2000, p.116; Clay Lancaster, *The American Bungalow, 1880-1930*, NY: Dover, 1995, pp.122~131.

23 갬블 하우스 학예원 안느 마렉 씨와의 사신(私信), 2008.6.14. 부부의 아시아 여행은 Xing Wenjun, *Social Gospel, Social Economics, and the YMCA : Sidney D. Gamble and Princeton-in-Peking*, Ph.D. diss., University of Massachusetts, Amherst, 1992, p.37 참조.

는 헤이그 일본대사관에 가서 남동생이 아파서 일본에 귀국시킬 필요가 있다고 거짓말을 했다. 실제로 두 사람은 이후 샌프란시스코에서 호놀룰루를 경유하여 요코하마에 도착하는 배로 함께 귀국했다. 니시무라는 신구에서 미국식 생활양식을 권했지만, 미국에서의 경험에는 호의적인 인상을 갖지 않았던 모양이다. 회고록『내게 복 있으리我に益あり』에서 니시무라는 미국인이 동물을 다루는 방식을 보고 느꼈던 감탄을 떠올리고 있는데, 차별을 받았던 일도 기록하고 있다. 중국인 살인용 의자를 찾던 사복 경관이 철도 차내에서 그를 괴롭혔다. 로스앤젤레스에 있는 남동생이 그에게 알려준 바로는, 일본인은 레스토랑이나 이발소에서도 환영받지 못했다. 남동생의 불안을 아랑곳하지 않고 그는 레스토랑으로 들어갔다.[24]

작은 왕국의 왕처럼

니시무라의 양친은 유년 시절부터 그에게 양복을 입혔다. 그는 신발을 벗고 바닥에 앉는 일본의 습관을 혐오했다. 1907년 결혼 후,『굿 하우스 키핑』『하우스 앤드 가든』『하우스 뷰티풀』등의 미국 잡지를 가져와 아내에게 미국식 요리법과 세탁 방법을 영어와 함께 가르쳤다. 가구는 전부 시카고의 몽고메리 워드에 주문했다. 미국에서 귀국한 후, 미국 책에 실렸던 평면도를 토대로 집을 지었다.[25] 가토 유리는 니시무라가 가정생활을 퍼포먼스로 취급했다고 지적한다. 신구에 있는 니시무라 저택을 빈번히

---

24 西村伊作, 『我に益あり－西村伊作自伝』, 紀元社, 1960, pp.184~194.
25 加藤百合, 『大正の夢の設計家－西村伊作と文化学院』, 朝日選書, 1990, p.24, p.43, pp.67~72.

방문했던 작가나 예술가는 그것을 보고 놀랐다. 정원 잔디 위 테이블에서 등나무 의자에 앉아 식사하는 일가의 저녁 식사 풍경을 보면서 "서양에서나 볼 수 있는 풍경은 몇 번이고 나에게 힘을 주었다"고, 1913년 한 달간 머물렀던 화가 이시이 하쿠테石井柏亭가 기록했다.[26] 손님들은 이국 취향의 장식, 식사, 요리 기구로부터 강한 인상을 받았다. 서양식 가정 노동을 아내에게 개인적으로 가르치며 결혼 생활을 시작한 것과 마찬가지로, 니시무라 일가의 모임은 그의 이상적 모습에 맞추어 연기된 훈련이었다. "마치 작은 왕국의 왕 같다"고, 시인 요사노 아키코与謝野晶子가 감상을 남겼다.[27] (그림 5)

그림 5. 신구(新宮) 니시무라(西村) 저택에서 니시무라 일가의 초상을 그리는 이시이 하쿠테(石井柏亭). 가토 유리(加藤百合), 『다이쇼 꿈의 설계가(大正の夢の設計家)』.

문명인이 식사를 숨길 필요는 없다

독학 건축가 니시무라는 평생에 걸쳐 친구나 친척을 위해 20~30채의 집을 설계했는데, 그 대부분은 방갈로였다. 이 설계들은 그가 제창하는 사회적 투명성의 이념을 건축에 체현한 것이었다. 설계는 현관 밖

26 위의 책, p.73.
27 위의 책, p.75.

제국일본의 생활공간

에서 내부를 들여다볼 수 있도록 되어 있다. 니시무라는 거실과 식사 장소를 통합함으로써 가족이 식사하는 장소를 손님이 볼 수 있도록 만들었다. 이것이 불편함의 원인이 될 수도 있다고 니시무라는 인정했지만, 식사하는 모습을 보이는 것은 결코 부끄러운 일이 아니라고 말했다. '먹을 것을 발견하면 바로 아무도 없는 곳으로 가져가 숨어서 먹는' 야생동물을 문명인이 흉내 낼 필요는 없다고 주장했다.[28]

문명의 매연에서 달아나다

하시구치 신스케와 여성 교육자 미스미 스즈코三角錫子가 편집한 잡지 『주타쿠住宅』의 초창기 발행호에서 니시무라는 방갈로가 일본인의 생활을 세계적으로 만드는 이상적 주택이라고 독자에게 알렸다. 방갈로의 지붕은 일본 주택의 지붕과 비슷하고, 실내도 단순한 평면과 직각으로 구성되어 있어 일본인의 취향에 맞는다. 실제로 방갈로 디자인의 대부분은 일본 건축에서 힌트를 얻었다고 니시무라는 지적했다. '문명의 매연에서 달아나 자연과 가까운 생활을 시도해보기' 위해 설계된 미국의 진정한 의미의 방갈로는, 니시무라에 의해서 방 4~5개로만 구성되었고 현관이나 응접실은 없었다. 큰 거실은 식사 장소와 서재를 겸했다. 작은 홀을 갖춘 방갈로도 있지만, 방갈로라는 것이 '손님을 문전에서 내쫓거나, 하인을 시켜 집에 없는 척하는' 생활양식을 위한 주택은 아니었다.[29]

---

28 西村伊作, 『楽しき住家』 第3版, 警醒社書店, 1919, p.39.
29 西村伊作, 「バンガロー」, 『住宅』 1卷4号, 1916.4, p.7.

몇 가지 공산주의적 관념

1908년, 영국 국적을 가진 오스트레일리아인 독학 건축가 제임스 페들은 파사데나에서 시드니로 급히 돌아가, 영국인 에버니저 하워드가 『내일의 전원도시』(1902)에서 제시한 모범에 따라 계획된 오스트레일리아의 첫 전원도시 데이시 빌의 주택설계 공모에 방갈로 계획을 제출했다. 노동자 주택 공급 계획을 오랫동안 제창했던 의원 존 롤랜드 데이시의 이름을 따서 만들어진 이 마을은 금세 세련된 교외 주택지가 되었다. 캘리포니아의 방갈로는 같은 해에 오스트레일리아의 건축 잡지에 소개되었는데, 여기에는 무슨 일이 있을 때마다 야외에 나가고 싶어하는 '유랑민적 본능'을 가진 '즐기기 좋아하는' 오스트레일리아 사람들에게 '맑은 전원 공기'와 '건강한 상태, 행복한 책임감'의 혜택을 약속한다고 쓰여 있다. 『빌딩』지에서 페들은 버클리나 오클랜드 등 샌프란시스코의 새로운 교외 풍경을 격찬하고, 소유지를 둘러싼 펜스를 철거하는 등 미국의 이웃관계에서 나타나는 '몇 가지 공산주의적 관념'을 받아들이도록 오스트레일리아 사람들에게 촉구했다.[30]

데이시 자신은 당시 오스트레일리아 노동당의 회계간사였는데, 그 중에서도 보호주의적 파벌에 속해 있었다. 당의 강령은 '인종적 순결 유지에 기반 한 오스트레일리아적 감정 함양'을 추구했다.[31] 정치평론가 A. 모리스 로우가 뉴욕에서 간행되는 잡지 『포럼』에 1908년 10월에 기록한 바에 의하면, "몇 해 전 오스트레일리아인은 오스트레일리아가

---

30 Anthony King, op. cit., pp.237~239.
31 C. Hartley Grattan, "The Australian Labor Movement", The Antioch Review 4, no.1, Spring 1944, p.63.

백인국가이기 때문에 아시아인 이민은 허가할 수 없다고 정했다." 로우는 오스트레일리아 설탕농원에서 '백인은 일할 수 없거나 일하려 하지 않기' 때문에 비교적 미개발 상태에 머물러 있다고 기록했다. 특히 오스트레일리아에서는 일본인을 '지구상 어떤 곳보다도 심하게 싫어한다'고 말했다.[32]

집에 있는 모습을 보이기 싫어하는 영국인조차도

건축가 다나베 준키치田辺淳吉는 『겐치쿠잣시建築雜誌』 1908년 1월호에서 서 오스트레일리아의 방갈로를 회원에게 소개하는 기사를 발표했다. 다나베는 오스트레일리아를 여행한 적이 없었다. 그가 인용한 것은 퍼스의 건축가가 영국 왕립 건축가 협회에 제출한 보고서였다. 이 보고서는 방갈로가 오스트레일리아 기후에 적합하다고 지적하고, '실외 거실'인 베란다에서 쉬는 즐거움을 강조하며 집에 있는 모습을 보이기 싫어하는 영국인조차도 실제로 시도해보면 오스트레일리아의 관습으로 바꿀 것이라고 기록했다. 저자는 넓은 베란다가 달린 단층 주택을 '방갈로적'이라고 언급했지만, 다나베는 그것을 인도 등지에 많이 있는 집이라고 일본의 동업자에게 설명했다.[33](그림 6)

외관상 '도쿄 주변의 보통 주택'과 닮은 것이 인상 깊었던 다나베는 오스트레일리아 방갈로에서 일본 주거 건축의 개량 모델을 발견했다. '대부분의 사람은 양복을 입고 (…중략…) 식사도 점점 서양풍을 가미하고' 있기 때문에 건축가에게는 '중류사회의 유럽풍 취향 요구에 응하

---

32 A. Maurice Low, "Foreign Affairs", *Forum* 40, no.4, October 1908, p.307.
33 田辺淳吉, 「西濠州の住家」, 『建築雜誌』 253号, 1908.1, pp.23~32.

그림 6. 영국의 건축잡지에서 일본의 건축잡지에 재인용된 「서오스트레일리아 방갈로」의 도판. 1908,
우치다 세조(内田清蔵), 『일본의 근대주택(日本の近代住宅)』, 가시마 출판회(鹿島出版会), 1992 재인용.

는'것과 같은 '보편적인 주택 개량 문제'의 제안을 생각해 볼 책임이 있
다고 적었다. '순 서양식'으로 건축적 문제를 해결하는 것에 아무런 본
질적 문제는 없지만, 비용과 현재 일본의 '일본인의 의식수준과 취향
풍토'가 앞을 가로막고 있었다. 다나베는 영국인 저자가 오스트레일리
아 주택에 대해 "그 조잡함은 우리 동포 여러분도 깜짝 놀랄 것"이라 예
상하고 있다고 번역했다. 다나베의 견해로는, 이러한 오스트레일리아
의 주택이 일본의 건축가에게 당장의 타협안을 제공하는 것이었다.

야만인의 풍습이라고 비난하다

영국인 건축가가 오스트레일리아의 베란다에서 공기를 마시는 것
을 기술했던 내용에서, 다나베는 동일한 행동을 해온 일본인의 습관을
'야만인의 풍습이라고만 비난할' 필요가 없다는 확증을 얻었다. 하지만
그는 몇 가지 플랜에서, 베란다에서 직접 거실로 들어올 수 있게 만드는

제국일본의 생활공간

것에는 찬성하지 않았다. 방문자가 현관에서 집 안을 들여다 볼 수 있기 때문이다.

영국의 방갈로는 시애틀의 방갈로와 다르고, 파사데나의 방갈로, 하와이의 방갈로, 서 오스트레일리아의 방갈로도 서로 다르다. 하지만 앤소니 킹이 실증했던 것처럼 꾸밈없는 생활 혹은 형식을 중요시하지 않는 방갈로에 대한 생각은 공통적이었고, 그 때문에 대영제국의 열대식민지 생활 경험은 근대의 여가와 휴가용 작은 별장, 미국판 아트 앤드 크래프트 운동, 미국이나 오스트레일리아, 그 밖의 대중용 교외 주택지 형성으로 이어졌다. 여기에는 두 가지 흐름이 있다. 첫 번째는 인도에서 발생한 대영제국 내부의 흐름이고, 두 번째는 영국에서 미국 및 그 밖의 지역으로 확산된 상업적 보급이다. 다나베 준키치가 소개했던 서 오스트레일리아의 주택은 인도에서 대영제국을 거쳐 알려진 첫 번째 흐름에 속한다. 하시구치 신스케나 제임스 페들의 방갈로는 두 번째 흐름에서 유래한다. 즉 주택 도면집이나 잡지를 통해 영국에서 미국으로 영향을 주고, 이어서 조립식 주택을 판매하는 목수를 통해 미국의 태평양 연안에 퍼진 방갈로 형식의 상업적 보급이라는 흐름이다.[34] 그린 형제의 방갈로는, 소위 전원주택의 롤스 로이스이자 미국의 아트 앤드 크래프트 운동의 지도자인 구스타브 스티클리의 잡지 『더 크래프트맨』이나 다른 잡지가 추천하던 간이생활의 이상과 함께 미국에서 유행한 일본 취향의 영향을 크게 받았다.

---

[34] Anthony King, op. cit., pp.231～232.

퇴폐와 신경쇠약

도쿄의 사회민주당 창설자중 한 사람인 아베 이소安部磯雄는 1908
년, 일본인에게는 건강한 실외 오락이 없다고 말했다. 그는 '앵글로색
슨인'은 건전하고 활력 있는 실외 운동을 하여 "무쇠 같은 신체와 강철
같은 의지를 지니고 있다"고, 같은 해 6월 『세이코』지에서 기술했다. 대
조적으로 일본인의 오락은 '여성적, 소극적, 은거적'이며 너무 많은 시
간을 소비한다. 스모相撲만은 예외였으나, 이것도 단순한 구경거리 스포
츠였다. 일본인이 모이는 장소는 대부분 유곽이나 음식점이다. 집에서
다다미에 앉는 것은 신체 운동을 방해한다. 쉽게 앉으려 하는 일본인의
습관이 퇴폐와 신경쇠약을 초래하는 것은 미국 서해안의 이주민 사이
에서도 명백하다.[35] 아베는 일본에서 야구 보급을 선도한 사람 중 한 명
이 되었다.

각국의 노동자가 열중하는 이 스포츠

하와이의 설탕 생산량은 미국 영토가 된 1898년부터 10년 후인
1908년까지 연간 22만 9,414톤에서 52만 1,123톤으로 2배 이상 증가
했다. 하와이 설탕농원의 일본인 노동자의 임금은 거의 상승하지 않았
다.(그림 7) 1902년과 1908년 사이에 자유노동자의 평균 일당은 5센트
상승했으나, 일본인 계약 노동자의 일당은 99센트에서 91센트로 하락
했다.[36] '증급기성회增給期成会'라 자칭하는 섬 안의 일본인 노동자 조직

---

35 安部磯雄, 「日本人は何故不完全なる娯楽に耽る乎」, 『成功』 14巻1号, 1908.6, pp.7~10.
36 Edward D. Beechert, *Working in Hawaii : A Labor History*, Honolulu: University of Hawaii
Press, 1985, p.170.

그림 7. 하와이 설탕농원의 일본인 노동자. Franklin Odo, Kazuko Sinoto, *A Pictorial History of the Japanese in Hawaii*, Bishop Museum, 1989.

이 보다 나은 임금과 노동조건을 요구하면서 파업을 선언했다. 오아후 섬의 일본어 신문 『하와이지지日布時事』는 사설에서 일본인 노동자에게 무슨 일이 있어도 자신들의 문화를 잊지 말고 '무모한 과격론'이 조국에 초래할 불명예를 다시 한 번 생각해 보길 부탁했다. 증급기성회의 지도자도 야마토 혼大和魂을 이야기했다. 1909년 1월 말까지 오아후 섬 일본인 노동자 7천 명이 파업에 참가했다. 파업은 최종적으로는 괴멸되었으나 파업 참가자의 요구는 대부분 달성되었다. 설탕 생산자협회가 임금을 올리고, 노동자 캠프를 새로 짓는 것에 동의했다.[37] 이 협회는 노동자에게 스포츠, 음악, 영화 등의 오락을 제공하도록 농원 관리자에게 조언했다. 관리자는 '각국의 노동자가 열중하는 스포츠를 추진하기 위

---

37 Ibid., pp.172~174.

해' 야구장을 설치하라는 명령을 받았다.[38]

집으로 돌아갈 수 없더라도

흑인으로 분장하는 코미디언이자 보드빌 작곡가인 잭 노워스는 1908년 어느 날 '나를 야구장으로 데려가 주오'라는 노래를 작곡하고 있을 때, 맨해튼 행 지하철에 타고 있었다. '집으로 돌아갈 수 없어도 괜찮아요I don't care if I never get back'라는 가사는 '땅콩과 크래커 잭도 사줘요Buy me some peanuts and Cracker Jack'라는 가사와 리듬을 맞춘 것이다. 두 개의 프로 리그가 성립하면서 야구는 앉아서 즐길 수 있는 오락이 되었다. 노워스의 곡은 미국에서 '비공식 야구찬가'로 알려졌고, '먹을수록 더 먹고 싶어진다'라는 선전 문구와 함께 전미에서 처음 대량생산된 달콤한 스낵과자 중 하나인 크래커 잭과 이 오락의 관계를 굳혔다.[39]

태평양 식당

니시무라 이사쿠西村伊作의 숙부 오이시 세노스케大石誠之助는 1891년 노비濃尾지진으로 교회가 붕괴하여 이사쿠의 양친이 돌아가신 후, 이사쿠를 키운 친척 중 한 명이었다. 오이시는 미국으로 건너가 하인 겸 요리사로 일한 후, 오리건 주에서 의학을 배우고 신구新宮로 돌아와 식당을 차렸다. 식당은 와카야마 현에서 최초로 양식을 파는 가게로 알려졌다. 이사쿠는 정면에 내거는 간판을 제작하고, 영어와 일본어로 '태평양 식당Pacific Refreshment Room'이라고 적었다. 가게 이름은 '태평양/평화Pacific'라는 단

---

38 Ronald Takaki, op. cit., pp.161~162에서 인용.
39 Baseball Almanac, http://www.baseball-almanac.com/poetry/po_stmo.shtml.

제국일본의 생활공간

어의 이중적 의미 때문에 선택되었다. 오이시는 고토쿠 슈스이幸德秋水가 편집했던 주간『헤이민신분平民新聞』에 정기 기고를 했다. 이 잡지는 러시아와의 전쟁에 반대했던 유일한 국내 신문이다.(그림 8)

오이시는『헤이민신분』독자에게 식당 개업을 알리며 다음과 같이 설명했다. "레스토랑이라고는하나 일반적인 서양 요리점과는 달라서 가옥 구조, 가구 선택, 내부 장식 등 하나하나 서양식 간이 생활법을 기준으로 삼아 장식에 공을 들였고, 식당 안에는 신문과 잡지를 자

그림 8. 태평양 식당 앞에 선 오이시 세노스케(왼쪽에서 두 번째), 니시무라 이사쿠(그 오른쪽)와 점원. 가토 유리(加藤百合), 『다이쇼 꿈의 설계가(大正の夢の設計家)』.

유롭게 읽을 수 있는 곳, 간이 악기, 실내 놀이 기구 등을 놓아 청년을 위한 청결한 오락과 식음의 장소를 만들기 위해 애쓰고 있습니다." 식당은 정해진 날에 빈민용 무료 식사도 제공했다. 식당은 금방 실패했다. 니시무라의 회상에 의하면, 손님들은 자신들에게 서양식 매너를 가르치는 것을 싫어했다.[40] 1908년 경, 오이시는 도덕 개혁과 빈민을 구제하는 일에서 고토쿠 슈스이가 지지하기 시작한 아나키즘과 직접 행동의 철학으로 전환했다. 신구新宮에서 전형적인 하루 일과를 마치며 "종종 연설을

---

40 앞의 加藤百合,『大正の夢の設計家―西村伊作と文化学院』, p.55.

하고 젊은이들과 반란을 이야기한다"고, 그해 여름에 오이시는 『구마모토효론熊本評論』지의 독자에게 자신의 개인적 근황을 보고했다.[41]

도쿄 신사처럼

경찰은 1905년, 고토쿠 슈스이의 『공산당 선언』 번역이 출판된 직

그림 9. 고토쿠 슈스이

후 『헤이민신문』 발행을 정지시켰다.(그림 9) 고토쿠는 감옥에서 5개월을 보낸 후 요코하마에서 시애틀 및 샌프란시스코 행 객선에 올랐다. 출발 전 그는 샌프란시스코의 아나키스트 알버트 존슨에게 미국에 가면 '천황의 마수가 닿지 않는 외국에서, 천황을 비롯하여 (…중략…) 자유자재로 평론' 가능하다고 써 보냈다.[42] 그가 시애틀 일본인 회당에서 5백 명 이상의 청중을 앞에 두고 강연할 때, 연단의 정면에는 천황과 황후의 초상이 있었다. 그 좌우에는 러일전쟁 때 해군 영웅들의 초상, 옆 벽에는

당시 주한 공사였던 이토 히로부미 후작의 글이 걸려 있었다. 고토쿠 자신의 겉모습과 행동은 샌프란시스코에 있던 일본인 동지 이와사 사쿠타로岩佐作太郎로 하여금 메이지 천황을 떠올리게 했다. 그는 '일본에서는 훌륭한 신사였음은 물론이고, 모닝코트에 중절모를 쓰고 목검을 지팡이

---

41 Joseph Cronin, *The Life of Seinosuke : Dr. Oishi and the High Treason Incident*, Kyoto : White Tiger Press, 2007, p.71.

42 塩田庄兵衛編, 『幸徳秋水の日記と書簡』, 未来社, 1990, p.164.

로 휴대하고 있었다. 하지만 샌프란시스코에서 그것은 '몹시 이상한 옷차림'으로 보였다고, 훗날 기록했다.[43]

무리를 지어 유입하는

『인터내셔널 소셜리스트 리뷰』1908년 5월호에서 캐머런 H 킹 주니어는 "일본인에 대한 우리 형제의 감정은 (…중략…) 무리를 지어 유입하는 외지인 파업 파괴자로 그들을 간주하는 이유가 없어질 때까지" 기다려야 한다고 말했다. 또한 오클랜드의 사회당 대회에서 아시아인 이민 문제를 토의하던 중, 작가 잭 런던은 "나는 우선 백인이며 그리고 사회주의자다"라고 분명히 밝혔다.[44]

결핵 국제회의에서

이시가미 도루石神亨 박사는 1908년, 동쪽에 있는 워싱턴 D.C.를 향해 여행했다. 파나마 운하 건설은 1904년에 프랑스에서 미국으로 넘겨졌지만, 1914년에나 완성되었기 때문에 이시가미는 아마도 배로 시애틀이나 샌프란시스코로 가서 대륙을 횡단했을 것이다. 그는 결핵 국제회의에 출석하여 이 병을 치료할 수 있는 혈청에 대해 발표하기 위해 여행을 결심했다. 이시가미는 페스트균 발견자 기타사토 시바사부로北里柴三郎의 학생이자 조수였다. 그는 기타사토와 홍콩으로 가, 그곳에서 균을 분리하는 작업을 도왔다. 뉴욕에서 발행되는 『하퍼스 매거진』은

---

43 岩佐作太郎稿, 「在米運動史話」, 『社会文庫叢書』 一巻, 柏書房, 1964, p.528.

44 Roger Daniels, *The Politics of Prejudice : The Anti-Japanese Movement in California and the Struggle for Japanese Exclusion*, Berkeley: University of California Press, 1962, pp.30, p.127, n.43.

처음에는 이시가미의 혈청을 대회의 주된 화제라고 대대적인 보도를 했으나, 이후 뉴욕에 참가한 의사가 쓴 회의적인 기사를 실었다. 그 의사는 "회의에서 일본의 이시가미 박사가 혈청의 가치에 관해 펼친 주장은 아직 입증되지 않았고, 대다수의 의학전문가에게 승인도 받지 않았다"라고 기록했다. "어떤 특정한 약품보다도 환자 자신의 체력을 강하게 만드는 위생 처치와 생활양식이 점점 강조되고 있다."[45] 위생에 대한 관심은 감염자를 격리하는 것으로 이어졌다. 회의 참가자 중에는 결핵 문제가 인종의 바람직스럽지 않은 혼합과 관계있다고 말하는 사람도 있었다. 그들은 백인이 아닌 인종의 위생 경시가 백인 인구를 위협하고 있다고 우려했다.[46] 이시가미는 『필리핀 의학 잡지』 11월호에 혈청의 시험 결과를 공표했다.[47]

만일

"만일 1만 마리의 굶주린 식인 호랑이들이 갑자기 극동에서 끌려와 자유롭게 우리들의 태평양 연안을 들쑤시는 것을 보고만 있다면"이라고, 『하퍼스 매거진』 1908년 7월 4일 호 윌리엄 잉글리스의 기사는 시작된다.[48] 잉글리스는 이 비유를 사용하여 페스트균의 매개가 되는 벼

---

45 "The Winning War Against Tuberculosis", *Harper's Weekly*, October 10, 1908, p.7; Alfred Meyer, "Is Science Conquering Tuberculosis?", *Harper's Weekly*, October 17, 1908, p.7(quotation).

46 Jessica Robbins, "Class Struggle in the Tubercular World : Nurses, Patients, and Physicians, 1903-1915", *Bulletin of the History of Medicine* 71, no.3, 1997, pp.424~425; Sheila M. Rothman, *Living in the Shadow of Death : Tuberculosis and the Social Experience of Illness in American History*, Baltimore: Johns Hopkins University Press, 1995.

47 T. Ishigami, "Tuberculo-toxoidin and Immunization Serum", *Philippine Journal of Science*, November 1908, pp.379~384.

48 William Inglis, "The Flea, the Rat, and the Plague", Harper's Weekly, July 4, 1908, p.27.

룩의 위협을 강조했지만, 독자 중에는 황화론黃禍論을 돌려 말한 듯한 느낌을 받은 사람도 있었을 것이다. 하지만 이 기사는 이민 문제를 직접 언급하지는 않았다. 질병 확대가 미국과 일본에서 느린 것은 양국 사람들이 자주 목욕하기 때문이라고 쓰고 있다. 잉글리스는 이 병이 '샌프란시스코의 아시아인과 소수 백인 사이에서조차 자리를 잡은' 후 취해진 검역 수단도 설명하고 있다. 첨부된 사진에는 돌출창이 달린 샌프란시스코의 2층짜리 연립이 찍혀 있고, 캡션에는 "이 일본인 주택에서는 선페스트bubonic plague에 감염된 사람과 쥐가 발견되었다"고 쓰여 있다.

숙녀협정

신사협정 후, 남성보다 여성 쪽이 훨씬 많이 일본에서 미국 본토로 이동했다. 1910년에서 1920년 사이, 미국에 사는 일본인 여성 수는 150% 증가했다.[49] 여성의 사진이 이민 회사 사무소에 붙어있고 무료로 결연이 가능했다. 일본 당국은 1920년에 사진 신부 유출을 막는 것에 동의했는데, 그 동의는 '숙녀협정'이라 불렸다.[50] 연방 의회 이민 위원회 의장 알버트 존슨(앞서 등장한 아나키스트와는 무관)은 일본인 사진 신부가 평균 5명의 아이들을 키우면서 남편과 함께 농장에서 일하는 것으로 보아, 사실상 노동자로 이민을 온다고 보고했다. 1925년, 전 사우스캘리포니아 대학 조교수이자 와세다早稻田 대학 강사인 이누이 기요스에乾精末는 농원에서 남편과 함께 일하는 일본인 이민 여성을 "미국의 표준

---

49 Brian Niiya ed. *Encyclopedia of Japanese American History*, NY: Facts on File, 2001, p.xvii (chart).
50 Kiyo Sue Inui, "California's Japanese Situation", *Annals of the American Academy of Political and Social Science* 93, January 1921, p.99.

이 아니라고 인정할 수밖에 없다"고는 하지만, "일본인 커뮤니티는 이 관행을 멈추기 위해 여러 조직을 통해 최선을 다하고 있다"고 미국의 사회과학 전문지에 투고했다.[51] 요코하마의 이민협회는 미국으로 출국하는 여성에게 미국의 가정 관리, 위생, 관습에 대해 35시간의 무료 수업을 실시하고 있었다.[52]

문명화 되지 않은 남부 어딘가에서

미스미 스즈코三角錫子는 1908년, 건강상으로 추측되는 이유 때문에 도쿄 남쪽의 태평양 연안에 위치한 즈시逗子의 가마쿠라鎌倉여학교로 이직했다. 그녀에게는 결핵의 징후가 보였다. 의사는 즈시의 공기가 증상을 완화시키는 가장 좋은 기회를 만들어 줄 것이라고 추천했다. 같은 해 10월의 『하퍼스 매거진』에 어느 저널리스트는 결핵 때문에 "직장을 팽개치고 문명화되지 않은 남부 어딘가의 텐트에서 사는 사람을 누구나 들어본 적 있다"고 기술했다.[53] (그림 10)

가마쿠라여학교에서 가르치는 사이 미스미는 미국의 프레데릭 테일러의 과학적 경영이론의 영향을 받아 가정 관습에 '동작 경제'라는 것을 적용하기 시작했다. 이어서 그녀는 이 원칙과 일치하는 자택을 설계하도록 아메리카야에 의뢰했다. 그녀는 아메리카야 사장 하시구치에게 자신의 가정 과학을 설명했다. 두 사람은 함께 주택개량회를 설립했

---

51 Kiyo Sue Inui, "The Gentlemen's Agreement : How It Has Functioned", *Annals of the American Academy of Political and Social Science* 122, November 1925, p.194.

52 東栄一郎, 飯野正子他訳, 『日系アメリカ移民, 二つの帝国のはざまで―忘れられた記憶 1868~1945』, 明石書店, 2014, p.99.

53 "The Winning War Against Tuberculosis", Harper's Weekly, October 10, 1908, p.7.

다. 이 단체는 월간지 『주타쿠』를 발행했고, 보다 효율적인 미국식 모델에 기초하여 일본 주택을 변혁하도록 국내 일반의 지지를 호소했다.[54]

그림 10. 미스미 스즈코(三角錫子).

그녀는 오르간을 쳤다

미스미는 즈시에 도착할 당시, 36세의 미혼이었다. 그녀의 담당의는 신선한 공기와 함께 결혼도 상태를 호전시키는 데 도움이 될 거라고 조언했다. 그녀가 해안에 살고 있는 동안, 근처 학교 학생 12명이 보트 사고로 태평양에서 익사했다. 미스미는 사고 희생자를 기리기 위해 미국인 작곡가 제레미아 잉갈스의 찬송가에 맞추어 가사를 썼다. 그 노래에는 '새하얀 후지산 봉우리'라는 제목을 붙였다. 소년들의 장례식에서 학생들의 노래에 맞추어 그녀는 오르간으로 반주를 했다. 노래는 유명해졌고, 사고는 일본 전역에 알려졌다.

소년들의 사감이었던 이시즈카石塚 교사는 제3자를 통해 미스미와 결혼하라는 권유를 받았다. 소년들이 물에 빠졌을 때, 이시즈카는 가마쿠라에서 이 혼담을 주고받고 있었다. 그는 비극의 책임을 지고 사직한 후, 서쪽의 오카야마岡山로 가서 다른 사람과 결혼하고 훗날 북쪽의 가라후토樺太(사할린-옮긴이)로 부임했다. 그가 죽은 후, 아들은 아버지의 비극에 대한 책임을 도쿠토미 로카德富蘆花의 『소쩍새不如帰』라는 제목의

---

54 앞의 内田青蔵, 『あめりか屋商品住宅-「洋風住宅」開拓史』, pp.89~99.

대중소설의 탓으로 돌렸다. 이 연애 소설의 주인공 나미코浪子는 결핵을 앓고 있었다. 그녀는 즈시에서 태평양의 건강한 공기를 원했고, 그곳에서 사랑하는 해군사관 남편과 머무른다. 이시즈카의 아들의 추측에 따르면, 결핵을 가진 미스미와 만났을 때 이시즈카는 소설 속 연애를 그 자신의 인생과 겹쳐서 보았다고 한다. 훗날 이시즈카는 아들에게 소설 읽는 것을 금했다.[55]

Nami-ko : A Realistic Novel(『나미코-사실소설』)로 영역된 『소쩍새』는 미국의 비평가들에게 높은 평가를 받았다. 윌리엄 엘리엇 그리피스는 이 작품을 "현대 일본 가정생활에 대한 현실적이고도 진실된 이미지를 얻을 수 있는 유일한 영어 소설작품"이라 했고, "어쩌면 우리나라에서 스토 부인이 흑인 노예를 위해 했던 것을, 일본 여성 노예를 위해 할 수 있을지도 모른다"[56]고도 덧붙였다.

병과 건강 및 가족에 대한 태도, 오락과 여가의 형태, 신체의 거동 방식, 일상용 가구와 내부 장식 등이 유럽 식민지 지배의 문맥 속에서 새로운 특징을 흡수하면서 유럽의 확장과 함께 지구를 에워싸고 있었다. 감염 공포로 인해 사람들은 인구가 모이는 중심에서 떨어진 산악부나 해안부를 새로운 점유영역으로 원했다. 유럽이나 북미와 마찬가지로 일본에서도 여유 있는 결핵 환자는 '전지요양'을 했으며, 옥외 포치porch에서 잠들고 요양소 안락

---

55 이 사건은 柄谷行人, 『日本近代文学の起源』(講談社文芸文庫, 1988)에 분석되어 있다. (가라타니 고진 지음, 박유하 옮김, 『일본근대문학의 기원』, 도서출판b, 2010) 아들의 기술은 宮内寒弥, 『七里ガ浜』(新潮社, 1987)에 있다.

56 Kenjiro Tokutomi, *Nami-ko : A Realistic Novel*(trans. Sakae Shioya and E. F. Edgett, Tokyo, 1905)의 판권장 뒤에 있는 광고.

의자에서 아무것도 하지 않고 지냈다. 동시에 만성적이라는 결핵의 성질이 새로운 거주 습관을 요구했고, 19세기에 나타난 일부일처제와 근대가정이라는 로망스 속에 질병을 위치시켰다.

제2의 식민지

도쿄 아오야마青山에서 서쪽으로 10km 정도 떨어진 교외의 작은 농촌 마을 가스야粕谷로 1908년에 이사했을 때, 『소쩍새』＝『나미코』의 저자 도쿠토미 로카는 베스트셀러 소설의 인세로 유복했다. 그는 이 이사를 '낙향'이라 불렀다. 4년 후 일기 소설 『지렁이의 잠꼬대』에서 말한 바에 따르면, 그는 문명에서 동떨어진 간소한 생활을 바라고 있었다.(그림 11) 1906년에 모스크바 남부의 저택으로 레오 톨스토이를 방문했을

그림 11. 가스야의 집 앞 땅바닥에 앉은 도쿠토미 로카, 아내 아이코(愛子)와 양녀. 「도쿠토미 겐지로(德富健次郎) 씨는 전원생활을 보내고 있다……」, 『후진가호(婦人画報)』 1914년 4월호.

때, 톨스토이는 중노동과 전원생활이 가져다주는 도덕적 효용을 위해 농업을 시작하도록 도쿠토미에게 권했다. 1908년 3월 11일, 로카는 결핵으로 입원 중이던 친구 구니키다 돗포国木田独步에게 보내는 편지에 다음과 같이 적었다. "메이지 45년 대박람회가 개최될 때면 신주쿠新宿와 하치오지八王子를 오가는 전차가 이 근처를 지나간다는군. 요 며칠 전에 도쿄의 아무개가 근교에 땅을 샀어. 머지않아 앞 골짜기에 공장이 세워지고 새까만 연기를 내뱉는 굴뚝이 설지도 몰라. 그렇게 되면 끝이다. 나는 즉시 제2의 식민지를 구하겠네."[57]

두만강을 건너 북쪽의 만주로

현재 자료관으로 보존되어 있는 가스야의 도쿠토미 로카 구 저택 서재에 '빈이무첨 부이무교貧而無諂 富而無驕'라는 족자가 걸려있다. 이 글은 안중근(세례명 토마스)이 쓴 것으로, 그는 이 글을 썼을 당시에는 거의 알려지지 않았으나 훗날 일본의 식민지 지배에 대항한 조선 독립 운동의 영웅이 된 인물이다. 두 사람이 만난 적은 없다. 로카는 다롄을 여행하던 중, 학교 교사로부터 족자를 받았다. 1908년에 안중근은 일본 지배에 저항하는 조선 게릴라 부대를 이끌기 위해 한반도에서 두만강을 건너 북쪽의 만주로 이동했다. 현지 일본군 때문에 사방으로 흩어져야 했으므로, 그를 포함한 40~50명은 러시아로 국경을 건너 블라디보스토크 남쪽의 포시예트 항으로 향했다. 11월 하순, 그는 그곳에서 왼손 약지를 잘라 농민, 사냥꾼, 이발사 등을 포함한 동지 12명과 피의 맹세

---

57 槌田満文, 『東京記録文学事典』, 柏書房, 1994, p.202 인용.

제국일본의 생활공간

로 나라를 위해 목숨을 걸겠다는 선언에 서명했다.[58]

무릎 꿇은 고종 황제

　1907년 7월, 한국통감 이토 히로부미 후작은 한국 황제에게 황위 포기를 강요하고 한국군을 해산시켰다. 한반도의 관료 임면권을 통째로 한국통감에게 양보한다는 문서가 작성되었다. 일본의 정치 풍자 화가 기타자와 라쿠텐北澤楽天은 이 서명식을『도쿄팩 東京パック』지에 묘사했다.(그림 12) 이 그림에는 프로이센을 모방한 군복을 입은 이토와 외무대신 하야시 다다스林董가 의자에 앉아 다리를 벌리고 손을 넓적다리에 올려놓고 있다. 그들은 축소된 한반도가 그려진 종이 위에 무릎 꿇은 고종 황제의 숙인 머리를 내려다보고 있고, 황제는 눈앞에 펼쳐져 있는 문서에 자신의 도장을 찍고 있다.[59] 협약

그림 12. 제1차 한일협정서명을 그린 기타자와 라쿠텐(北澤楽天)의 만화.『도쿄팩(東京パック)』제3권 21호, 1907.8. 도쿄대학 정보학환도서실(情報学環図書室)의 후의에 의함.

후 한반도와 만주의 넓은 지역에 조선인 저항자가 투쟁하기 위해 모여들었다. 이때 안중근은 가족에게 이별을 고하고 북으로 향했다.[60]

58　佐木隆三,『伊藤博文と安重根』, 文芸春秋, 1992, pp.21～22. (사키 류조 지음, 이성범 옮김,『안중근과 이토 히로부미』, 제이앤씨, 2003)

59　『東京パック』3巻21号, 1907.8.

60　佐木隆三, 앞의 책, pp.20～22.

보다 상층의 식민자

뉴욕의 『인디펜던트』지 1908년 4월 2일 호에 실린 한국에 관한 보고에 따르면, 일본의 한국통감 외국인 고문 더럼 화이트 스티븐스가 샌프란시스코의 페리 터미널에서 몇 명인지 모를 한국인에게 총살당했다. 또한 일본에서 미국으로 들어오는 이민의 흐름을 돌려서, '군대를 따라오는 채벌꾼'이 아니라 '보다 상층의 식민자'의 한반도 입식入植을 확보하기 위한 법안이 제국의회를 통과했다는 사실도 언급했다.[61] 7월에 조각된 가쓰라 다로桂太郎 정권은 같은 해 말에 동양척식주식회사를 설립하여 일본인 입식자가 반도에서 농업을 시작할 수 있도록 지원을 했다. 최초 3년 동안 6만 명의 이민을 계획했지만, 2년 후에는 아무도 신청하지 않았다. 자주적으로 대륙으로 이민 간 일본인은 도시 거주를 선호했다. 따라서 동양척식주식회사는 한국인 소작농이 경작하는 토지를 일본인이 구입할 수 있는 융자 사업으로 전환했다.[62] 1905년 보호령화 이후 통감부는 한국인이 하와이 및 미국으로 이민 가는 것을 금지시킴으로써, 하와이 및 미국에서 일본인 노동자와 경쟁하는 것을 완화시키고 조선 독립 운동가를 통제했다.[63]

배출되거나 포낭에 감싸지거나

파나마 운하 완성 전년도인 1913년, 전 샌프란시스코 시장 제임스

---

61 "Korea", *Independent* 64, no.3096(April 2, 1908), p.716. 스티븐스 살해범은 실제로는 두 명이며, 샌프란시스코에 사는 한국인 독립운동가인 장인환과 전명운이었다.

62 Peter Duus, *The Abacus and the Sword : The Japanese Penetration of Korea, 1895~1910*, Berkeley: University of California Press, 1995, pp.304~307.

63 Ronald Takaki, op. cit., p.57.

D 페란 박사는 "파나마 운하로 인해 캘리포니아에 동화 가능한 남녀가 이민해올 것이다"라고 적었다. 페란의 주장에 따르면 일본인은 '행복한 가정에서 볼 수 있는 보다 큰 소원'을 돌이켜보지 않고 '끊임없이 꾸준히 노역에 동원되는 완벽한 인간기계'였다. 그는 이어서 이렇게 말했다. "우리들은 역사의 총체가 경고해왔던 인종문제를 만들어냈다. 두 인종이 인접하여 살 경우, 한 쪽은 열등한 지위를 점하게 되거나 아니면 억누를 수 없는 충돌에 빠지게 된다. 마치 배출되거나 포낭에 감싸지지 않는 이상 이물질이 인체의 시스템을 혼란시키는 것과 마찬가지로 이것은 국가의 신체에 관한 일이다."[64] 운하 완성에서 4년을 더 거슬러 올라간 1908년에는 파나마 태평양 만국박람회의 주요 개최지를 둘러싸고 샌프란시스코, 뉴올리언스, 샌디에이고의 유치 경쟁이 시작되었다. 그리고 샌프란시스코가 선정된다.

아이누에게 쫓기는 고로봇쿠루처럼

1908년 가을, 사회주의자에서 무정부주의자로 변한 고토쿠 슈스이는 도쿄 시내의 서쪽으로 이주했다. 소설가 도쿠토미 로카와 마찬가지로 생활할 곳을 찾고 있었다. 고토쿠가 고향인 고치현高知縣에 있었던 6월 22일, 그의 무정부주의자 동지가 체포되었다. 그는 당을 재건하기 위해 8월에 도쿄로 출발했다. 신구에 들렀을 때, 그가 건강검진을 받았던 오이시 세노스케 의사는 몸이 약해졌고 결핵이 의심된다고 알렸다. 고토쿠는 오이시에게 폭탄 제조 방법을 아는지 물었다. 오이시는 모른

---

[64] James D. Phelan, "The Japanese Question from a California Standpoint", *Independent* 74, no.3369, June 26, 1913, p.1439.

다고 대답했다. 10월에 그는 도쿄 교외의 오쓰카大塚역과 가까운 스가
모巢鴨 마을에 거처를 정했다. 고토쿠는 11월 3일 스가모의 맑은 물과
잠자는 젖소들을 그려 우편으로『게자이신분經済新聞』에 실었다. 자신이
이동한 정치적 목적은 언급하지 않고, 자신을 도시의 성장에서 튕겨져
나온 영세한 사람으로 묘사했다. 비꼬는 듯한 어조로 영어 차용어를 사
용하며, 그는 '오피스'와 다른 '레지던스'를 가지는 것이 유행하고 있으
며 이것이 문명적 '비지니스맨'의 필수조건이라고 썼다. 도쿄의 남쪽
교외 지역인 오모리大森에 살고 싶었지만, 보다 부유한 귀족 상인이 이
미 차지했다고 했다. 이처럼 그는 '아이누에게 쫓기는 고로봇쿠루(아이
누의 전설에 나오는 왜소한 민족—옮긴이)처럼, 야마토 민족에게 쫓기는 아이
누처럼' 문명의 권역을 확장하는 유력한 식민자에게 쫓겨 '빈 땅을 방
문'했다. 오토와音羽에서 오쓰카大塚까지 시영 전차가 연장된다면, 이 지
역 또한 바뀌겠지 —"우리들 생존경쟁의 열패자들은 또 어딘가로 도망
쳐야만 할 것이다."[65]

열두 민족의 위계

도쿄인류학회 회원은 당시 고로봇쿠루의 실재에 관해 토론하고 있
었다. 아이누 사이에서는 머위 잎 아래에 사는 왜소한 일족이라는 전설
이 있다. 인류학회회장 쓰보이 쇼고로坪井正五郎는 이 전설이 아이누인에
의해 쫓겨났든지 아니면 멸족했든지 해서 절멸한 아이누 이전 민족의 존
재를 알리는 것이라고 믿었다. 쓰보이의 비호 아래, 아이누인 9명이

---

65 幸德秋水,「郊外生活」,『経済新聞』, 1908.11.3;『幸德秋水全集』第6卷, 1966, pp.470~472.

1904년 세인트루이스 만국박람회에서 개최되는 살아있는 인종전시에 끌려왔다. 만국박람회의 공식 간행물 권두화에는 세계 열두 민족의 위계가 그려져 있는데, 일본인(여성의 모습으로 표현되었다)은 러시아인과 '미국·유럽인' 다음의 3위이고, 아래에서 세 번째에 위치한 아이누인(남성으로 나타나있다)보다 7번째 위에 있었다.[66] 이 도판에 고로봇쿠루인은 포함돼 있지 않았다.(그림 13)

그림 13. 세계 12민족의 위계를 그린 1904년 세인트루이스 만국박람회 간행물의 권두화. 1위는 'Americo-European', 2위는 'Russian', 3위는 'Japanese'. Christ, 'The Sole Guardians of the Art Inheritance of Asia'.

천황의 전사의 연습

가네코 겐타로金子堅太郞 자작은 1908년 여름, 도쿄에서 만국박람회 미국 정부 대표 프란시스 루미스의 방문을 맞이했다. 1912년에 계획된 도쿄 만국박람회에서는 미국과 세계를 향해 일본의 평화적 태도를 보여주기로 되어 있었다. 『요로즈초호萬朝報』의 풍자만화는 도쿄에서 '천황의 전사가 평화로운 박람회 부지에서 연습하고 있는' 것을 보고 루미스가 기겁하는 모습을 묘사했다. 『하퍼스 매거진』은 실제로는 "대통령 선거와 내셔널 리그 우승대회가 열리고 있을 때, 이같이 작은 일은 미국인에게 아무런 관심도 불러일으

---

[66] Carol Ann Christ, "The Sole Guardians of the Art Inheritance of Asia : Japan at the 1904 St. Louis World's Fair", *Positions : East Asia Cultures Critique* 8, no.3, Winter 2000, pp.689~691.

키지 않는"데도, 일본의 풍자화 작가는 미국인이 충격을 받는다는 잘못된 인상을 가지고 있다고 서술한 기사와 함께 이 풍자화를 복제했다. 이후 만국박람회는 재정적 이유로 중지되었고, 보다 작은 규모의 내국박람회로 같은 장소에서 개최되었다.[67]

합중국은 공화제이므로

그 다음 해, 가네코 자작은 일본인 학생이 미국으로 유학하는 것의 장점을 미국인 독자에게 알렸다. 그가 설명하는 바로는, 일찍이 일본에서는 "미국이 공화국이므로 급진 사상을 흡수할 위험이 있으므로, 일본의 젊은이는 미국보다 유럽 군주제국가로 보내야 한다"는 문제의식이 있었다. "하지만 미국에서 귀국한 일본인의 근무 결과, 그들은 유럽에서 교육을 받은 사람보다 훨씬 보수적임을 알게 되었다."[68]

받아들일 수 있는 유일한 혼합

이에 앞서 가네코가 일본 귀족원 서기관장이였을 때, 허버트 스펜서가 인종 혼합에 대한 경고를 써 보냈다. 스펜서가 조언하는 바로는, "외국인과 일본인의 국제결혼을 적극적으로 금지해야만 한다. (…중략…) 인종간의 결혼과 동물의 이종교배는 양쪽 모두 결국 '결과는 늘 안 좋다'는 많은 증거를 보여준다." 스펜서는 이에 대해 "말, 소, 양의 권위로 알려진 신사"와 이야기를 나눈 바, "바로 30분만에" 확신했다고 덧붙였다. "이상

---

67 Robert A. C. Linsley, "Why the Tokio Exposition Was Postponed", *Harper's Weekly*, October 24, 1908, p.28.
68 Kentaro Kaneko, "The Effect of American Residence on the Japanese", *Annals of the American Academy of Political and Social Science* 34, no.2, September 1909, p.118.

의 이유로, 나는 미국에서 중국인 이민을 제한하기 위해 정한 규칙에 완전 동의하고, 만약 내게 힘이 있다면 모든 힘을 다해 그들을 최소한으로 제한할 것이다. 내가 이렇게 결의하는 이유는 두 가지 중 한 가지가 반드시 발생할 것이기 때문이다. 만약 중국인이 미국에 거주하는 것이 더 허용된다면 그들은 혼혈하지 않더라도, 노예라 불리지 않더라도, 틀림없이 노예와 가까운 계급을 점하는 피지배민족을 형성할 것이다. 또한 만약 그들이 혼혈한다면, 틀림없이 나쁜 잡종이 될 것이다. 어느 쪽이든 이민을 늘린다고 가정한다면 사회에 헤아릴 수 없는 재앙을 초래하고, 최종적으로는 틀림없이 사회 혼란이 발생할 것이다. 서양 민족과 일본인의 혼혈이 상당히 발생한다면 동일한 일이 일어날 것이다"라고 스펜서는 이어갔다. "유리하게 받아들일 수 있는 유일한 혼합의 형태는 물리적, 정신적 산물의 수입과 수출"이다. 그는 이렇게 강조하며 편지를 끝맺었다. "첫머리에 쓴 말을 다시 하면서 편지를 마칩니다 — '타민족을 가능한 한 팔 하나 정도 떨어진 거리에 두십시오'."[69]

가네코 자작이 미국의 만국박람회 이사를 접대했을 때에는 마침 도쿄에서 간행된 『후진가호』가 서양식과 일본식을 절충한 실내장식의 규범으로 가네코 저택을 사례로 들었을 때이다. 이 잡지의 사진에는 도코노마에 놓인 밀로의 비너스의 축소 복제품, 카펫과 다다미에 깐 동물 피혁과 가죽을 씌운 의자, 맹장지에 묵으로 그린 큰 맹금류가 찍혀 있었다.[70]

---

69 Herbert Spencer, "Three Letters to Kaneko Kentaro (1892)", In David Duncan, *Life and Letters of Herbert Spencer*, London, 1908, quoted on Molinari Institute. http://praxeology.net/HS-LKK.htm.
70 제1장 "양관(洋館)'의 장식 방법 · 주거 방식—메이지 상류계급의 취향은 '오리엔탈리즘' 이었나' 참조

일본인의 기본적인 선조는 백인이다

스펜서가 가네코에게 보낸 편지는 1904년에 런던 『타임즈』에 인용되었다. 『타임즈』의 인용은 다시 『하퍼스 매거진』 1908년 9월 26일 호에 인용되고 "미국의 일본인 배척 선동 — 그리고 일본의 미국인 배척 — 은 혼혈에 관한 명확한 생물학적 문제에 대한 결론이 나올 때까지 비난해서는 안 된다"라는 논설이 덧붙여졌다.[71] 하지만 일본인과 미국인이 인종상 동떨어져 있다는 것에 이의를 제기하는 사람도 있었다. 이 시기에 출판된 윌리엄 엘리엇 그리피스의 저서 『진화하는 일본 국민 — 위대한 민족의 진화 계단』의 서평에서는 그리피스 박사가 말레이의 피 외에 '이란계, 코카서스계, 아리아계 선조의 혈통을 가리키는 많은 증거'도 제시하고 있으며, '초기 일본인이 셈족에 속해 있었다'고 적었다. 그리피스는 "일본인의 기본적인 선조는 백인이다 — 아리아계나 아이누의 선조이다"라고 주장했다. 중국인이나 조선인과 달리 일본인은 몽골계가 아니라는 것이다.[72]

자신의 공중 그네를 넣어둘 3층

1908년, 여배우 블랑슈 슬론은 맨해튼 동쪽 교외에 있는 자마이카에서 여름용 방갈로 공사를 막 끝낸 참이었다. 슬론은 '하늘의 여왕'으로 유명해졌는데, 자신의 공중 그네를 넣어둘 3층을 목수에게 만들게 했다. 그녀는 7년 전 봉통 버레스커즈 극단이 '일본을 여행하는 미국인'을 공연했을 때 뉴욕에서 데뷔했다.[73] 그녀의 여름 집 2층은 큰 거실 하

---

71 "Comment : East Is East, and West Is West", *Harper's Weekly*, September 26, 1908, p.5.
72 "The Japanese in Evolution", *Outlook* 88, no.9, February 29, 1908, p.509.

나로 만들어졌는데, 피아노를 두는 단과 '위장용 침대'가 있는 실외 수면 포치가 달려있었다. 『방갈로』지는 이 집을 신사의 도리이(鳥居, 신사 등에서 신이 사는 영역에 들어가는 입구를 나타내는 문−옮긴이)를 가리키는 'Torri'라고 쓰고 그 설계를 높이 평가했다. "서양식 생활의 요구를 전부 충족시킬 뿐만 아니라, 천황의 나라의 건축에서 항상 나타나는 세련됨의 대부분을 체현하고 있다." 건축의 외장은 불교 사원과 비슷했다. 플로리다에 세워진 이와 같은 건물은 방갈로와 파고다를 합친 '방고다'라 불렸다.[74]

일본제 양산

자신을 보들레르에 빗대어 여배우나 창부와 교우 관계를 즐겼던 일본인 작가 나가이 가후永井荷風는 미국 체류 중 대부분을 뉴욕에서 보냈다. 그는 시애틀에서 시작해 뉴욕에서 체류할 때까지 동쪽으로 세인트루이스, 캘러머 주, 워싱턴 D.C.로 여행했다. 1908년, 가후가 더욱 동쪽에 있는 파리로 이동했을 때, 미국을 묘사한 『미국 이야기あめりか物語』가 도쿄에서 출판되었다. 그 중 한 일화에서 그는 맨해튼 매춘숙의 여주인 방을 묘사했다. 거기에는 '일본제 양산과 붉은 등'이 천장에 매달려있다. 그 방에는 '역시 일본제로 보이는, 바탕에 금계金鷄를 수놓은 2폭 병풍'도 장식되어 있었다. "동양풍 색채가 (…중략…) 일종의 놀랄 만한 부조화를 보여주고 있었다"고 가후는 적고 있다.[75] (그림 14)

---

73 "In the Vaudevilles", *New York Times*, December 8, 1901, p.14.
74 Lancaster, *The American Bungalow*, pp.93~94.
75 永井荷風, 「夜の女」, 『あまりか物語』, 岩波文庫, 2002, p.193.

그림 14. 부채에 그려진 나가이 가후(永井荷風) 자화상. 니혼대학(日本大学) 총합학술정보센터 소장. Edward Seidensticker, *Kafu the Scribbler : the Life and Writings of Nagai Kafu, 1879~1959*, Stanford University Press, 1965.

가후는 또 다른 일화에서 시카고의 젊은 커플인 제임스와 스텔라를 묘사하고 있다. 그녀가 가족과 사는 집에서 그들은 함께 '트로이메라이'를 피아노로 연주하고, 곡의 마지막 부분에 양친이 열광적으로 박수를 치는 와중에 정열적으로 포옹한다. 일본에서는 젊은 작가 다니자키 준이치로谷崎潤一郎가 가후의 퇴폐와 코스모폴리타니즘을 본받으려 했으나, 가후와 달리 그는 부유하게 태어나지 않아 아직 해외 여행을 해본 적이 없었다. 그는 신경쇠약 때문에 태평양 연안의 이바라키현茨城県 스케가와助川 마을(현재 히타치시日立市의 일부)에 머물렀을 때 가후의 『미국 이야기』를 읽었다. 다니자키의 작풍을 분석한 문학연구자 켄 K 이토는 신경쇠약을 '당시 문학계에서 유행했던 병'이라 설명한다.[76]

---

76 Ken K. Ito, *Visions of Desire : Tanizaki's Fictional Worlds*, Stanford, CA: Stanford Univ. Press, 1991, p.32, pp.37~38.

제국일본의 생활공간

장식의 끝없는 전망

안나 H 드와이어는 요코하마로부터의 보고에서, 뉴욕에서 간행되던 『크래프트맨』지의 독자에게 일본의 가사는 "여성의 마음에 매우 소중한 장식에 끝없는 전망을 열어준다. 그리고─굉장하게도─이 매력적인 나라에서 비용은 최우선 사항이 아니다"라고 말했다. 드와이어는 '황동, 금박, 현란한 색을 입힌 족자'를 다다미방에 맞추었다. 인도제 안락의자에는 '화려하게 물들인 쿠션을 곁들였다.'[77] 방갈로와 동일하게 열대 재료로 제작된 안락의자는 아시아의 식민자에게 최초로 받아들여진 이후 영어권의 주거나 별장으로 보급되었다.[78]

천장에 매단 일본식 우산을 걷어차도록 시키다

가후가 뉴욕에 살고 있었을 때, 신문은 공중 그녀를 탄 여배우가 계기가 되어 발생한 살인사건의 재판을 연일 보도하고 있었다. 해리 K 소는 건축가 스탠포드 화이트가 여배우인 아내 이블린 네스빗을 과거에 유혹했던 것 때문에 질투심이 폭발하여 살해한 것으로 공판 중이었다. 소는 근거리에서 총탄 3발을 쐈다. 1908년 1월, 배심은 사건 당시 광기에 휩싸여 있었다는 이유로 그를 석방했다. 화이트는 젊은 여성과 나눈 수차례의 정사로 널리 알려져 있었다. 화이트가 16세의 네스빗과 만났을 때는 네스빗 자신도 유명했다. 그녀는 화가의 모델이었고, 얼굴은 백화점의 디스플레이 뿐 아니라 교외 교회의 스테인드글라스도 장식하고 있었다. 보도진

---

[77] Anna H. Dwyer, "Japanese Wallpapers, Cheap and Beautiful", *Craftsman* II, no.3, December 1906, p.398.

[78] Clarence Chatham Cook, *The House Beautiful : Essays on Beds and Tables, Stools and Candlesticks*, New York, 1881, pp.154~155.

그림 15. 루돌프 아이케마이어의 〈지친 나비〉. 플래티넘 프린트, 1909, 국립 미국역사박물관 사진사(寫眞史) 콜렉션.

은 그녀의 머리를 '영광의 왕관'이라 불렀다. 화이트는 자신의 펜트하우스 스튜디오에서 그녀를 붉은 벨벳 그네에 태우고, 그곳에서 천장에 매단 일본식 우산을 걸어차도록 시켰다. 그는 네스빗에게 기모노도 입혔다. 사진가 루돌프 아이케마이어가 기모노를 느슨하게 입고 곰 가죽 위에 누워 있는 그녀를 촬영한 사진을 '지친 나비'라 이름 붙였다. 이것은 그의 유명 작품이 되었다.[79](그림 15)

미국의 건축, 디자인, '심플 라이프'의 유행이 일본의 이미지로 채워져 있었다고는 하지만, 태평양을 사이에 둔 문화 무역은 균형을 이루지 못했다. 일본의 문화적 첨단에 있던 사람들은 미국 백인의 기준에서 문명화된 생활양식을 그대로 수입하려 했다. 한편 미국인은 통상 아시아인 노동자와 함께 장식 및 싸구려 장식물 등의 피상적 형태로 아시아의 '미美'를 수입했다. 그러나 전부 피상적인 것은 아니었다. 특히 엘리트 건축가와 그 시공주 등의 경우, 미국인의 일본 취향은 재료, 재질, 디자인에 대한 깊은 경의에 기반한 것도 있었다. 일본 미술, 일본에 관한 책, 만국박람회의 일본관 등에서 미국인이

---

79 Michael MacDonald Mooney, *Evelyn Nesbit and Stanford White : Love and Death in the Gilded Age*, NY: Morrow, 1976, p.30, p.46, p.50, p.53.

제국일본의 생활공간

찾아낸 것은 중후한 빅토리아 조의 취향과 완전히 다른 미학이었다. 하지만 동시에 많은 미국인은 동양적 데카당스 분위기 때문에, 그리고 일시적으로 문명의 범위에서 벗어나려는 유희 때문에 일본의 것을 전용했다.

일본으로 돌아가 단발을 단행했다

조선의 내셔널리스트 안중근은 포시예트에서 더욱 북쪽에 있는 하얼빈으로 이동하여 1909년 10월 26일, 하얼빈 역에 도착한 전 한국통감 이토 히로부미 공작에게 근거리에서 총격 7발을 가했다. 이토는 1907년 공작 작위를 수여받았고, 1909년에는 이미 한국통감을 사임했다. 7발 중 3발이 전 통감의 가슴과 배에 맞았다. 같은 날 그는 사망했다. 관동도독부関東都督府 고등법원 검찰관 미조부치 다카오溝渕孝雄는 안중근을 심문했다. 이토 자신은 한때 외세 배척사상의 소유자였지만 '한번 서양에 가서 그 문명을 보고 기존의 생각을 바꾸었다'는 것을 알고 있는가. "그런 것은 모두 알고 있습니다"라고 안중근은 답했다. 그는 이토가 '미국에도 건너가 얻은 것이 매우 많았다는 점, 일본에 돌아와 단발을 단행했다는 것도 알고' 있었다. 검찰관은 물었다. "조선도 수 백년 전 역사를 가진 독립된 국가인데, 그것을 일본이 여러 나라의 감시에도 불구하고 병합할 수는 없다"고 생각하지 않는가. 안중근은 그것을 알고 있고, '일본이 한국을 병합하려는 야심이 있음에도 불구하고 여러 나라가 묵시하고 있는 이유도 알고' 있지만, '이토가 미쳤기 때문에 조선을 병합하려 했다'고 생각하고 있었다.[80]

---

80 1909年 11月 24日 第6回訊問調書, 金正明, 『伊藤博文暗殺記録－その思想と行動』, 原書房, 1972, pp.174~175.

일본의 보도에서는 이토가 여자에게 미쳐있는 것으로 유명했다. 일본의 신문풍자화는 다음 해, 안중근의 총탄 3발로 비틀대며 쓰러지는 한국통감을 묘사했다. 그의 그림자에는 '여女'라는 한자가 쓰여 있었다.[81]

자연법이 허용하지 않는다

1908년 스가모에 살고 있었을 때, 고토큐 슈스이는 아나키즘의 동지 간노 스가코菅野須賀子와 연애를 했다. 두 사람은 결혼하지 않았고, 간노에게는 당시 옥중에 있던 다른 연인 아라하타 간손荒畑寒村도 있었다. 고토쿠와 간노의 '자유연애'라는 스캔들이 도쿄의 각 신문의 3면기사를 채웠다.[82]

그 후 1910년 6월, 고토쿠는 살인미수 혐의로 체포되었다. 고토쿠는 대역죄로 기소된 26명 중 1명이었다. 신구의 오이시 세노스케도 포함되었다. 그들은 메이지천황 무스히토睦仁를 살해하려고 시도한 것으로 기소되었다. 1907년 말에 고토쿠가 샌프란시스코를 출발한 후, 버클리의 일본인 아나키스트 동포 여러 명이 일본 영사관 문에 '일본 황제 무스히토에게 알린다'라는 협박장을 남겼다. 그것은 "알고 있는가, 그대의 조상이라는 진무神武 천황은 누구인가를. 일본의 역사가가 그를 신의 자식이라 해도 그것은 그저 그대에게 아첨하는 말이며 허구이다. 자연법이 허용하지 않는 것이다. 따라서 사실상 그 또한 우리와 마찬가지로 원숭이로부터 진화한 자이고, 특별한 권능을 가지고 있지 않음을 새

---

81 「女ずき者の最期」,『大阪滑稽新聞』, 1909.11, 芳賀徹・清水勲編,『近代漫画IV 日露戦争期の漫画』, 筑摩書房, 1985, p.88.

82 F. G. Notehelfer, *Kotoku Shusui : Portrait of a Japanese Radical*, Cambridge: Cambridge University Press, 1971, p.174.

제국일본의 생활공간

삼 우리가 떠들 필요도 없다. (…중략…) 그가 어디에서 태어났는지에 관해 오늘날 확실한 논거가 없더라도 아마 본토인이 아니라면 중국이나 말레이 반도 주변에서 표류해온 사람일 것이다. (…중략…) 그대는 신성하고 불가침한 자가 되어 있고, 신사紳士 무리들은 태평스럽게 말도 안 되는 소리를 하고 있고, 국민은 마침내 어려운 지경에 놓여졌다." 편지는 협박으로 끝을 맺고 있다. "폭탄은 그대 주위에 있으며 바야흐로 폭발하려 하고 있다. 안녕히."

경찰은 신구를 비롯해 범인을 체포하기 위해 전국으로 수사를 전개했다. 폭탄은 전혀 발견되지 않았다. 불경죄가 존재하지 않는 캘리포니아에서 체포자는 없었다. 미국의 이민법은 입국 이전부터 무정부주의자였다는 증거가 없는 이민 용의자의 외국 추방을 금지했다. 버클리의 일본인 무정부주의자가 살고 있던, 붉은 칠이 된 집에서 이와사 사쿠타로岩佐作太郎와 협력자 다케우치 데쓰고로竹内鉄五郎는 조사관에게 잭 런던에게 영향을 받았다고 말했다. 고토쿠, 오이시 세노스케, 그 외 10명은 1911년 1월 24일 교수형에 처해졌다.[83] 소설가 도쿠토미 로카徳富蘆花는 그 다음 주, 제1 고등학교에서 이 처형을 슬퍼하는 유명한 연설을 했다.

취생몽사醉生夢死의 무리가 사는 곳

1907년 여름, 샌프란시스코를 출항한지 27일 후 스나크 호는 하와이 준주準州 오아후 섬의 진주만에 정박했다. 잭 런던과 아내 차미언, 그들이

---

83 神崎清, 『実録幸徳秋水』, 読売新聞社, 1971, pp.287~291.

그림 16. 스나크호 갑판 위의 잭 런던, 아내 차미언과 선원. 일본인 급사인 도치기 히데히사는 없다. 캘리포니아 주립대학 버클리교 지리학부 소장.

'도치기'라 불렸던 일본인 급사(본명은 도치기 히데히사栃木秀久였다)가 상륙했다.(그림 16) 런던과 아내는 하와이 요트 클럽의 환영을 받았다. 런던은 러일전쟁 보고와 대중소설, 수필로 유명했다. 그 중에는 『황화론黃禍論』(1904.6)과 『나는 어떻게 사회주의자가 되었나』(1905)가 포함되어 있는데, 후자의 책에서 그는 "반드시 해야만 하는 일 이상의 것 외에는 단 하루도 몸을 혹사시키지 않을 것"을 맹세했다. 1908년 8월 8일 『하퍼스 매거진』에 실린 기사에서 런던은 독자에게 진주만 광경이 꿈만 같다고 적었다. 부부는 뺨이 태양에 그을리고 눈이 '삐까뻔쩍한 달러의 산을 너무 바라보아 현혹되거나 흐려지지 않은' '맑은 사람들'과 만났다. 부부는 '취생몽사醉生夢死의 무리가 사는 것 같은 꽹장히 넓은 베란다'가 달린 '꿈만 같은 공간'을 안내 받았다. 거기에서는 일본 옷을 입고 '나비처럼 소리도 없이 주위를 돌아다니는' 일본인 메이드에게 시중을 받았다. 벽에는 타파 천이 걸려있었다. 방에는 런던이 '분명 자장가보다 자극적인 것은 아무것도 연주되지 않을 것'이라는 감상을 남긴 그랜드 피아노가 있었다.[84]

---

84 Jack London, "Adventures in Dream Harbor", *Harper's Weekly*, August 8, 1908, p.22.

제국일본의 생활공간

이국의 습관, 의복, 머리 모양을 이용한 문화적 실험의 심층에는 실제 정치가 있었다. 그 정치 또한 일본인과 조선인의 마음에도, 미국인과 오스트레일리아인의 마음에도, 무정부주의자에게도 보수파에게도 있었던 인종이라는 이데올로기를 경유했다. 일본 정부와 그 고관들은 일본이 개발도상 제국주의국이고 자국민을 타국으로 유출하는 동시에 제국주의 열강으로 인정받기를 바라는 기묘한 지위에 있었다. 그들이 이 지위를 교섭하는 하나의 방식은 백인이 지배하는 세계질서에서 생겨난 차별적 견해를 암묵적으로 받아들이면서 자국의 사회적 하층계급을 타민족으로 취급하는 것이었다. 미치코 사와다가 지적하듯이, 미국과의 신사협정 수락은 일본제국이 아시아에서 추구하고 있던 이익이나 열강 사이의 일본 지위에 민족주의적 인지가 영향을 주지 않도록, 국제적인 민족 간의 역학을 국내화 한 전략의 한 예시였다.[85] 제국주의국가에 반대하는 일본의 급진주의자가 서양을 방문하게 되자 그들은 일본인이라는 짐을 져야 했고, 캘리포니아에서는 '황색인종'으로도 간주되었다. 국내에서 그들은 자본주의와 함께 신성한 천황이라는 부담도 져야만 했다. 일본의 제국주의에 저항했던 조선인은 이 짐들 말고도 자신들의 국가주권 상실이라는 사태에도 직면했다.

꿈이었던 미국의 호수

1908년 여름, 미국인이 스네크 호의 모험을 읽고 있었을 때 미국의 함대도 서쪽으로 그랜드 투어를 떠났다. 소위 그레이트 화이트 프리트(백색 대함대, 백선白船)의 항해 계획은 3월 14일 공표되었다. 3월 19일 미

---

85 Mitziko Sawada, op. cit., pp.41~56.

국 국무장관 엘리후 루트는 일본 대사 다카히라 고고로高平小五郎로부터 초대장을 받았다. 편지에는 "제국 정부는 귀국 함대가 샌프란시스코에서 필리핀 제도로 항해하는 계획을 전해 듣고, 일본 국민이 귀 국민에게 안고 있는 우정과 찬미의 감정을 열렬히 보여줄 기회가 주어지길 진심으로 갈망하고 있음을 알리는" 영예를 입었다고 쓰여 있었다. 로버트 베이컨 장관대행이 미국을 대표하여 이 초대를 "당 정부는 특별한 기쁨을 가지고 받아들이겠다"고 답했다.[86]

오스트레일리아인의 입장에서 함대의 항해가 지닌 의의를 기록한 저널리스트 A 모리스 로우는 『포럼』지에, 항해가 아무런 직접적인 정치 목적을 가지고 있지는 않으나, 그것은 '앵글로색슨 세계의 상상을 불러일으키는' '국제 행사'라고 썼다. 로우가 기록한 바로는, '세계는' 미국과 일본이 최종적으로 태평양의 패권을 둘러싸고 전쟁에 돌입할 것이라 생각하고 있었다. "만약 색슨이 크게 승리하여 태평양을 미국의 여러 정치가의 꿈이었던 미국의 호수로 만든다면, 오스트레일리아는 아무것도 두려울 것이 없다. 하지만 만약 일본이 승리하여 일장기의 태양이 더욱 더 높이 오른다면 오스트레일리아는 일본이 마음먹은 대로 될 것이며 백인의 호주는 기억으로만 남을 것이다."[87] 함대는 10월 18일 요코하마에 도착하여 열렬한 환영을 받았다. 몇천 명이나 되는 일본인 아동이 미국 노래를 불렀다. 『인디펜던트』지가 실은 기사에 따르면, 미국 태평양 연안에 사는 일본인 '급사와 노동자'는 25센트 이상을 일본의 함대 환영 행사에 지불하는 기금으로 갹출했다.[88]

---

86 "The Fleet Will Visit Japan", *Independent* 64, no.3095, March 26, 1908, p.659.
87 A. Maurice Low, "Foreign Affairs", *Forum* 40, no.4, October, 1908, p.307.

신사협정

이 장 서두에 등장한 두 사람의 신사는 가공의 인물이다. 후에 그 이름으로 알려지게 된 '신사협정'은, 1907년부터 1908년 사이에 양쪽 정부의 여러 대표가 주고받은 편지와 전신이었다. 정식적인 조약도 없거니와 서명자도 없었다. 교신의 정확한 내용은 양 정부에 의해 비밀에 부쳐졌다.

다카히라高平 루트, 혹은 루트 다카히라

1908년 11월 30일, 워싱턴 D.C.에서 합중국 국무장관 루트와 일본 대사 다카히라高平가 '태평양 지역'의 '현 상황'에 대해 서로 만족하고 있음을 분명히 밝힌 동일 문서에 서명했다.[89] 두 명이 서명한 문서를 미국에서는 루트 다카히라 합의, 일본에서는 다카히라 루트 합의라 부른다. 가쓰라 다로 수상 집권 하의 일본 정부는 '해외 이민을 조선과 만주로 집중시키는' 정책을 펼쳤다.[90] 한국은 1910년에 합병되었다. 일본 사람들은 1924년 미국 이민 배척법이 모든 아시아인 이민을 금지할 때까지 미국 태평양 연안으로 계속 이민을 떠났다.

88 "The Fleet Will Visit Japan", p.659.
89 Thomas A. Bailey, "The Root-Takahira Agreement of 1908", *Pacific Historical Review* 9, no.1, March 1930, pp.19~35; Raymond A. Esthus, *Theodore Roosevelt and Japan*, Seattle: Univ. of Washington Press, 1966, chap.16.
90 Peter Duus, op. cit., p.303.

제4장

세계 문화를 꿈 꾼 '문화주택'

급행열차로서의 '문화생활'. 『도쿄팩』 1922년 5월 표지, 시모카와 헤코텐(下川凹天) 그림.
세계적 근대화를 표상하는 열차는 가차 없이 돌진하고 일본은 뒤쳐지고 만다. 캡션은 '일본의 고민!!
어떻게 이 짐(전통적인 인습)을 짊어진 채 멈춘 적 없는 이 급행열차로 뛰어오를 수 있을까.' '일본'
이라는 글자가 있는 모자를 쓴 남자는 '정치' '종교' '사상' '경제' '가정' 이라는 짐을 짊어지고 있다.

1. 하나의 세계문화라는 이념

제1차 세계대전 후 일본어에 신조어가 추가되었다. '문화'이다. 물론 숙어로서는 예로부터 있었지만, 이 시기에 완전히 새로운 의미를 획득했다. '다이쇼大正 문화'는 자주 회자되었으나, 현대 의식 속의 '문화'가 '문화주의' '문화생활' '문화주택'이라고 불린 것이나, 1920년대에 '문화'가 붙은 많은 숙어로 나타난 '문화'와 같은 '문화'라고 상상해선 안 된다. '문화 생활'이라는 사상 속 이념에서 그리고 '문화 식칼' '문화 기저귀' 등 폭 넓은 말의 수식어에서, '문화'는 본래 당시의 일본사회가 가지고 있던 특징('일본문화')이 아니라 세계 기준을 가리키고 있었다.(그림1)

그림 1. 삿포로(札幌) 농학교 시절에 바이올린을 켜는 모리모토 고키치와 친구 아리시마 다케오(有島武郎), 모리 히로시(森廣). 1901년 6월 촬영. 『신초분가쿠 앨범 9 아리시마 다케오(新潮文学アルバム 9 有島武郎)』, 신초샤(新潮社), 1984.

'문화생활'이라는 말의 유행은 경제학자이자 사회개량주의자인 모리모토 고키치森本厚吉가 처음 사용했는데, 그의 문화생활연구회는 1920년에 창립되었다. 이 모임은 고등여학교를 졸업한 여성에게 통신교육을 하기 위한 강좌를 출판하는 것에서 시작되었다. 모리모토는 작가 아리시마 다케오, 정치사상가 요시노 사쿠조吉野作造와 같은 지식인의 지원을 받았다. 그들의 '생활과 문학'이나 '여성과 정치'와 같은 주제에 관한 강좌는, 모리모토 자신의 소비경제에 관한 강연과 모리모토의 아내 시즈코

静子의 정치에 관한 강연, 여러 주제에 관한 고명한 남성학자의, 대부분은 '가정' '가족'과 같은 단어가 제목에 포함된 강연 등과 함께 『분카세이카쓰켄큐文化生活研究』에 실렸다. 1921년부터 모리모토는 통신교육 『분카세이카쓰켄큐』 외 『분카세이카쓰文化生活』라고 이름 붙인 잡지도 출판했다.[1] (그림2) 1925년 오차노미즈お茶の水에 문화 아파트를 건설하여 일본 최초로 설비가 갖춰진 근대적 집합주택으로 선언하였는데, 이것의 의도는 효율적이고, 건강하며, 안전하고 경제적인 장래 생활양식의 모범이 되도록 하는 것이었다.

그림 2. 잡지 『분카세이카쓰』 표지. 문화생활연구회, 1922년 10월호.

'문화'와 '문화생활'이라는 용어를 다이쇼기 문맥에서 떼어내는 것은 어렵다. 왜냐하면 그것들이 불러일으키는 근대성은 출현한 시기 특유의 의미로 채워져 있기 때문이다. 실제로는 많은 근대적 대중용 일상품과 마찬가지로, 용어 그 자체가 덧없는 혜성 같은 궤적을 그리며 어둠 속으로 사라질 때까지의 찰나에 대중적 표상공간을 꾸민다. 1920년에 도래한 '문화생활'은 1928년에 그 역할을 거의 끝냈다. 아마 모리모토 고키치의 개념 자체가 그 종언에 한 몫 했을 것이다. 왜냐하면 그의 개념이 소비의 실천과 관련되어 있어서 상업 목적의 이용과 그에 따른 급속

---

1 寺出浩司, 『生活文化論への招待』, 弘文堂, 1994. pp.92~93. 두 간행물 모두 월간이었다. 『분카세이카쓰켄큐』에는 에스페란토어로 'La Studado pri la Kultura Vivo'라는 제목도 적혀 있었다.

한 통속화를 불러일으켰기 때문이다. 대중시장의 새로운 물건을 향한 끊임없는 추구는 '문화'와 '문화적'이라는 새로운 형용사를 확실히 퇴화시켰고, 그 결과 그것들은 단순히 조악하고 신기한 것에 대한 통속적인 라벨이 되었다. 말의 유통 사이클 속에서 이 시점에 달했을 때 시장은 다른 말을 찾았고, '모던'이 부상했다.[2]

이상의 경과는 이미 1930년에 이 말의 간결한 역사를 요약한 오야 소이치大宅壯一가 명백히 밝힌 바 있다.

['문화'라는 말은] 우리들의 소비적 이상을 대표했던 암호이다. 유럽대전 시대의 호경기로 인해 흘러들어온 돈이 우리나라 중류 이상의 가정 소비생활을 현저히 향상시킨 것이, 우연하게도 당시 독일에서 일어난 형식주의적 유한철학인 '문화철학'을 받아들이기 위한 바탕을 만들었고, 그것이 결국 '문화주택'이 되고 가정의 일상품에서 암시장에서 거리 상인이 파는 물품에까지 '문화'라는 말을 쓰지 않으면 팔 수 없는 엄청난 유행을 만들어냈다. 하지만 그것도 찰나이고, 최근의 심각한 불경기는 어느새 이 암호도 어디론가 날려버리고 말았다.[3]

오야의 서술은 사회철학자와 미학자가 사용한 고도의 개념과, 그 후 타락한 진부한 슬로건이라는 두 가지 '문화' 사이를 비약하고 있다. 이 중간에 모리모토 같은 개혁자의 문화운동이 있다. 모리모토의 '문화

생활'은 에스페란토가 지식인에게 수행했던 역할을 중간대중에게 수행했다. 양 쪽 모두 전 인류가 형제라는 공통기반이 이성으로 제시되는 듯한, 합리화된 보편적 근대성을 열망하고 있었다.

모리모토가 주택과 가정생활의 개혁을 위해 제시한 구체적 제언은 1919년 말에 문부성 주도로 설립된 생활개선동맹회의 제언과 닮아있다. 양 쪽 모두 서양이라는 모범에 기반을 둔 주거와 일상행동을 '생활능률' 향상의 수단으로 삼아 변화를 추진했다. 하지만 '문화생활'이라는 용어는 정부가 제창했던 '생활개선'이라는 슬로건보다도 광범위하게 통용되어 교육자의 글만이 아니라 가정용품의 판매 문구에도 나타났다. 슬로건으로서 '생활개선'과 '문화생활'은 거의 교환 가능했고, 실제로 시대의 유행에 따라 교체되었다.

1920년에 건축학회는 다음 해 대회 주제를 '건축과 생활개선'이라고 예고했지만, 1921년 4월 대회 시점에 주최자는 주제를 '건축과 문화생활'로 변경했다. '개회사'에서 학회장 나카무라 다쓰타로中村達太郎는 "실질적으로는 거의 동일한 것으로, 요컨대 주제를 바꾼 것도 문화주의에 따라 바꾼 것입니다"라고 말했다.[4] 이처럼 설정이 애매했기 때문에, 무엇이 '문화주의'인지에 대해 각 강연자가 서로 다른 독자적 견해를 가지고 있었다는 사실은 놀랄 만한 일도 아니다.[5]

---

4 中村達太郎, 「開会之辞」, 『建築雑誌』 35巻 416号, 1921.5., p.7.
5 당시의 키워드 '문화'는 모리모토가 문화생활에 관한 논의를 시작했을 때, 이미 철학적 언설에서 장황하고도 과잉되게 규정되어 있었다. 예를 들면 '문화주의'의 초기의 표현은 다음과 같다. "우리들이 가진 인문시장의 모든 가치를 순화하고 일방적 상승의 과정을 극치로 이끌 때, 그 극한에 서서 우리들의 인문사상의 모든 노력에 대해 그 목표가 되는 것은 소위 문화가치, 바로 이것이다. 나는 지금 이 같은 논리상의 보편타당성을 구유(具有)하는 문화가치의 내용적 실현을 기도하는, 말하자면 형이상학적 노력을 일컬어 '문화주의'라 부르려 한다."(左右田喜一郎, 「文化主義の論理」, 『左右田喜一郎論文集』 第2巻, 岩波書店, 1922.

『후진노토모婦人之友』가 '문화생활호'를 1921년 1월에 발행했는데, 이것은 '생활개조호生活改造号'를 발행한 지 2년 3개월만의 일이었다. 저널리스트 미야케 세쓰레三宅雪嶺는 양 쪽에 권두기사를 기고했다. 1919년, 미야케는 의식주에 어떤 개선이 가장 필요한지 논하고 생활개선의 본질은 생활을 단순화하여 계급의 격차를 줄이는 데 있다고 결론지었다. 1921년 미야케의 권두기사는 동일한 주제를 다루면서 세계대전 이후 유럽의 복장 관습이 보다 민주화되어 '젠틀맨'의 자격도 지금은 대폭 넓어졌다고 적혀 있다. 기사의 서두에는 "문화생활은 해석에 따라 여러 가지이지만, 넓게 말하자면 신사숙녀의 풍風에서 부귀를 연상시키는 무언가를 뺀 것으로 보면 된다"고 쓰여 있다.[6] 미야케가 제시한 실크햇이 없는 민주적 신사의 이미지는 당시의 리버럴하고 코스모폴리탄한 분위기와 잘 어울렸다. 종종 동일한 계획으로 연결되었다고는 해도, '문화'는 생활개선을 향한 정부의 교화 레토릭에는 없는 적극적인 매력을 가지고 있었다.

모리모토 고키치의 경제학 연구의 핵심은 문화생활 달성을 향한 실증적 기준을 정하는 것이었다. 존스홉킨스 대학에서 경제학 박사 학위를 취득한 모리모토는 동시대 영미권 경제학자의 업적과 함께 미국에

---

p.58) 이 논문에서는 '문화생활'도 다루고 있으므로, 모리모토 고키치가 이 말을 조어한 것이 아니라는 것을 알 수 있다. 하지만 모리모토의 문화생활연구회는 이 말을 물리적 생활이라는 평범한 수준으로까지 끌어내리는 역할도 했다. 이후 '문화'는 처음으로 만질 수 있는 욕망의 대상으로 일반적 용어에 들어와 '문화 기저귀' '문화 식칼' 그리고 '문화주택'이라는 형태로 널리 퍼졌다. 해리 하루투니언은 당시의 일본 문화라는 말을 동시대 독일의 Kultur라는 말과 비교하고 있다.(H. D. Harootunian, "Between Politics and Culture : Authority and the Ambiguities of Intellectual Choice in Imperial Japan", In Bernard Silberman and H. D. Harootunian, eds., *Japan in Crisis : Essays in Taishō Democracy*, pp.110~155, Princeton University Press, 1974)

6 三宅雄二郎, 「改造の程度」, 『婦人之友』生活改造号, 1919.10., pp.11~15.; 三宅雄二郎, 「文化生活」, 『婦人之友』文化生活号, 1921.1., pp.14~17.

서 겪은 생활체험의 영향도 받았다. 『생활문제－생활의 경제적 연구生活問題－生活の経済的研究』(1920), 『생존에서 생활로生存から生活へ』(1921) 등의 저서와 문화생활연구회의 두 잡지에서 모리모토는 서양 도시의 수입과 생활비 데이터를 일본정부의 통계나 자신의 조사 결과와 비교함으로써, 지배적인 서양 각국의 주민에 비해 일본인이 평균적으로 상당히 가난하다는 근심스러운 결과를 제시했다. 『분카세이카쓰켄큐』의 서두 강의에서 그는 세계대전 당시, 각국의 각 개인이 지닌 금전적 가치에 관한 프랑스 보험기사 바리오의 통계를 소개했다. 리스트의 가장 아래에는 러시아인 1명의 가치가 적혀 있고, 모리모토는 4,040엔이라고 전한다. 근거는 명확하지 않지만 그는 자신만의 계산에 따라, 러시아인 1명의 가치는 일본인 1명의 가치와 동등하다고 주장했다. 이 가치는 영국과 미국 국민이 지닌 가치의 절반이었다. 통계상의 불균형은 '첫째, 사회에 있어서 생산능력의 규모'를 나타내고, 일본이 비생산적인 근본적 원인은 '사람들 자신의 생활문제'에서 비롯된다고 한다. 일본인은 모리모토가 '능률적 생활표준'이라 부른 것을 아직 달성하지 못했다.[7]

　모리모토의 연구에서는 개량이라는 목적이 경제상황의 학술적 분석보다도 우선시되었다. 중류계급에 해당하는 기준이라고 판단된 사람들의 인구 데이터에서 출발하여 그 계급의 성질을 결정하는 생활수준을 도출하는 그의 계산은, 모리모토 자신의 눈앞에 그릴 수 있는 중류계급에 대한 구체적 규범을 세우려던 것이었다. 계급에 관한 선입관에 근거하여 선정된 통계 샘플의 문제 이외에, 그가 '중류'라고 부른 기존의

7　森本厚吉, 「文化生活研究に就いて」, 『文化生活研究』 1卷1号, 1920.5., pp.3~4.

경제 계층과 이념상의 중류계급─'능률적' 혹은 '문화적' 생활수준에 맞는 수준을 달성했다는 특징을 지닌 사람들─사이에는 용어의 혼동도 보인다. 결국, 모리모토의 경제론은 상상 속의 중류계급을 위한 선언이었다. 서양 각국, 특히 모리모토 자신이 보았던 미국의 물질적 사례가 경제원리 이상으로 방해물로 작동했다. 예를 들면 일본 인구 샘플의 평균적 주거비 비율이 미국 조사에서 나타난 주거 비율과 동등하다면, "우리 집은 그것과 비교했을 때 매우 허름하므로", 이는 소비가 대등한 것이 아니라 일본의 중류계급이 미국의 중류계급보다 많은 돈을 주택에 쓰고 있는 증거라고 해석했다.[8]

모리모토는 지식계급을 선두로 하는 중류계급은 다른 계급이 따라야만 할 규범을 제시할 의무를 가지고 있다고 주장했다.[9] 앞으로는 국가 전체가 동일한 문화생활을 누려야만 했다. 하지만 당면한 위기는 선두여야만 할 중류계급이 아직 구폐에 묶여있다는 것이었다. '유치'한 일본 가정생활에서 '생활문제'의 근본을 발견한 모리모토는 우선적으로 가정의 경영자인 여성을 교육함으로써, 생활개선동맹회가 주장한 바와 같이 주거, 의복, 일상 예법의 개량에서 그 해결을 도모했다.[10]

2. 문화생활과 제국질서

전간기의 문화사 연구자는 상업도시의 공공 공간을 근대성의 중요

---

8 森本厚吉, 『滅びゆく階級』, 同文館, 1924, p.228.
9 위의 책, pp.209~210.
10 森本厚吉, 「文化生活研究に就いて」, 앞의 책, pp.11~12, p.15.

제국일본의 생활공간

한 장소로 주목해왔다. 근대는 긴자銀座와 같은 상업지구의 거리에서 가장 화려한 모습을 보였지만, 주거의 사적공간에서도 기대감을 불러일으켰다. 당시의 말을 보면, 근대성은 각각의 장소에 따라 어느 정도 구별되었다. '모더니즘'이나 '모던'이라고 불리는 여러 사안과 달리 '문화생활'은 가정을 중심의 장으로 삼았다. 그렇더라도 이 말은 틀림없이 근대성을 의미했다. 예를 들면 모리모토는 『분카세이카쓰』의 영역을 "Modern Life"라고 했다. 물질적인 의미에서도, 근대의 미디어 혁명은 거리에 머무르지 않고 사적공간으로 침입했다. 1920년대에 가장 영향력을 끼쳤던 네 개의 새로운 매스미디어, 다시 말해 영화, 전국 일간지, 라디오, 축음기 중 후자 세 가지는 가정 내에서 소비되었다.[11]

건축가 세리자와 에지芹沢英二는 "말할 필요도 없이 우리나라 문화의 정도가 점차 세계적이게 됨에 따라 우리들의 생활양식이나 건축양식도 자연스레 세계적인 것에 가까워진다는 것은 새삼스레 여기서 논할 필요도 없다"라고 『신일본의 주가新日本の住家』 서문에 쓰고 있다.[12] (그림3) 이 책은 1924년에 일반 독자용으로 도판을 가득 실어서 간행한 주택 설계집이다. 제1차 세계대전 후 대량 출판된 이런 종류의 출판물은 근대생활의 입문을 제공했다. '세계적'인 문화는 많은 것을 의미할 수 있기 때문에, 세계시장이 무엇을 제공하고 있는지 독자에게 알리는 것이 이러한 책들의 사명 중 하나였다. 엘리트와 대중, 서양과 토착 사이를 중개했던 건축가나 그 외 문화중개자의 역할은 대중 독자가 글로

---

11 곤다 야스노스케(権田保之助)는 "'모던생활'은 거리의 생활이다. 그것은 '집'을 꾸밀 수 없는 생활이었다"라고 말한다.(南博, 『昭和文化』, 勁草書房, 1987, p.69) 하지만 '문화'나 '문화적'과 '모던' 사이에 엄밀한 용어상 구별은 불가능하다.

12 芹沢英二, 『新日本の住家』, アルス, 1924, p.1.

그림 3. 세리자와 에지(芹沢英二), 『신일본의 주가(新日本の住家)』 표지. 아르스, 1924.

벌한 근대의 구체적 내용물을 골라내도록 도와줌으로써 폭넓게 확대되었다. 예를 들면 통속적 입문서를 쓰던 히라노 소센平野小潜이 전체에 후리가나를 달아놓은 가정사전 『문화생활의 지식』을 보면, 메이지기의 입신출세물에서 볼 수 있는 일화와 함께 문화주택의 설계 사례나 가정용 전기제품에 관한 정보가 백 쪽 넘게 가득 실려 있다.[13] 신시대의 기술은 이 같은 통속적인 읽을거리에서도 크게 다루어졌다.

일상생활에 글로벌한 미디어가 들어오고, 일부 지식인이 경계할 정도로 대중문화는 국경을 초월했다. 하지만 다이쇼 시대의 도시 거주자가 가지기 시작한 세계문화적 자기의식은 미디어 기술에서만 유래된 것이 아니다. 1920년대에는 도쿄·오사카 도심에 사는 것만으로, 일본 국내보다 다른 세계도시와 공유하는 요소가 많은 환경으로 몸소 들어가는 것을 의미했다. 특히 해외여행을 해본 적 없는 사람에게 도쿄 중심부의 절충적인 도시경관은 서양 도시의 대용물로 비추어졌고, 그 다양성은 일본의 세계적 지위를 증명했다. 해외에서 들어온 상품이나 유행이 도시로 유입되어 일본의 근대성이 확립되었던 것과 마찬가지로, 해외나 식민지에서 온 사람들로 인해 제도의 세계문화성이 재확인되고 도쿄 주민은 아시아 제국의 중심에 살고 있음을 다시금 의식하게 된 것이다.

---

13 平野小潜, 『文化生活の知識』, 勇栄社出版部, 1925.

식민지 제국이라는 일본의 새로운 지위는 1920년대의 세계문화주의를 간접적으로 보증했다. 20세기에 태어난 일본인에게 일본은 반半식민지화된 나라라기보다 식민지 종주국이었기 때문에, 제국주의 열강의 지위는 태어나면서부터 이미 가지고 있는 것이었다. 추진자는 문화의 보편성을 주장했지만, '문화'는 일본 국내 사람들이 누리고 식민지 지배하의 사람들—특히 민족적 '타자'였던 선주민족—이 여전히 누리지 못하는 것으로 정의할 수 있었다.(그림 4) 또한 내지의 일본인에게 제국은 반드시 열등 민족의 위에서 지배하며 뻐기는 것이라고 상상할만한 필연성은 없었고, 오히려 일본도 그 담지자 중 하나가 된 세계 문명의 본성적 확대의 일부라고 생각할 수도 있었다. 이 문맥에서 '문화'는 어느 일정한 다원주의를 인정하면서도 헤게모니의 보편적 정당화를 초래했다. 1919년 3월 1일 조선독립운동 이후, 무단정치 대신 등장했던, 한글 미디어에 한정적 자유를 부여하는 등의 조선 총독부의 신정책이 '문화정치'라 불린 것은 이러한 문맥에서이다.[14]

그림 4. 타이완 경찰 전람회 포스터 〈문화의 여명으로〉. 야마지 가쓰히코(山路勝彦), 『근대일본의 식민지 박람회(近代日本の植民地博覽会)』. 후쿄샤(風響社), 2008. 원주민을 '미개'한 산촌에서 정연한 도시의 거리로 이끌어주는 식민지 경찰을 그린 이 포스터의 '문화'는 메이지 이래의 민족 질서를 상정한 '문명' 논리에 가깝다.

---

14 문화라는 말을 구성하는 한자(漢子)는 오래되었기 때문에, 식민지 정책의 이런 측면이 독일어의 '문화(Kultur)' 또는 그것에 이어지는 언어 유행의 도입에 의존할 필요는 분명히 없었을 것이다. 하지만 유행의 한복판에서 태어난 정책이기 때문에 그 명명을 무시할 수는 없다.

1920년대 중반에 나타나 일본 내지를 특징짓는 세계 문화적 로맨스나 아이덴티티의 유희가 식민지 영토 획득으로 가능했다는 사실은 다수의 대중 미디어가 보여준다. 가와무라 미나토가 지적하고 있듯이, 만화, 소년 잡지, 학교 교과서에 등장하는 동남아시아와 타이완의 '토인' 및 '야만인', 대륙의 '쿨리'의 표상 때문에, 거꾸로 일본의 '문명화'를 확인할 수 있는 수단이 획득되었다. 내지의 대중은 다큐멘터리 영화나 여행기를 통해 원거리에서 제국을 배울 기회를 얻었고, 유행가 중에는 식민지 지배하의 여성을 이국적이고 낭만적으로 묘사한 히트송도 있었다.[15] 1930년대 긴자의 카페는 대륙풍 장식과 치파오(차이나 드레스)를 입은 여급을 고용하여 '살롱 만주'를 만들었다. 이 카페의 부유한 남성 고객은 제도帝都의 중심에서 화려한 제국 판타지를 연기할 수 있었다.(그림5)

하지만 그렇다고 해서 식민지 제국의 표상이 모든 대중 미디어에 일관되게 나타난 것은 아니다. 전간기의 극영화를 연구한 기노자 나오미에 따르면, 식민지는 인기 있는 주제가 아니었다. 오히려 1931년 만주사변 때부터 사치와 서양적 가치관을 배제하기 위해 검열이 엄격해지는 1940년까지 일본의 영화산업은 '모던 라이프'를 구현한 여러 가지 새로운 소비선택을 향유하는 도시 생활자의 가족 드라마를 제작하여 번영했다고 주장한다. 기노자의 연구는 전간기의 소비 자본주의가 단순히 제국주의에 봉사하는 존재가 아니었음을 깨닫게 해주는, 중요한 지적을 하고 있다. 식민지 조선과 타이완이 각각 자신의 영화산업을 가지고 있었고, 그 산물이 일본 본토에서 관객을 획득한 적은 거의 없

15　Michael Baskett, *Attractive Empire : Transnational Film Culture in Imperial Japan*, Honolulu : University of Hawai'i Press, 2008 참조.

그림 5. 카페 '긴자 팰리스'의 '살롱 만주'. 후지모리 데루노부(藤森照信) · 하쓰다 도루(初田亨) · 후지오카 히로야스(藤岡洋保) 편, 『잃어버린 제도 도쿄(失われた帝都東京)』, 가시와쇼보(柏書房), 1991.

다. 한편, 일본의 영화산업은 서양을 크게 지향하고 할리우드의 경향을 하나하나 따라갔다. 기노자는 "지식계급의 관념적 코스모폴리타니즘과 평행하여 스크린 속 서구 사회에 관심을 가지는 대중 관객에게도 소박한 코스모폴리탄 모드가 공유되었다"고 지적한다.[16] 할리우드와 연관된 이 코스모폴리타니즘은 1930년대 극영화에 널리 침투했다. 이 시대의 가족 드라마에는 모던 걸, 카페, 재즈, 외래 유행어, 그리고 일본의 가부장적 가족에 당당히 맞서는 연애 관계가 빈번히 보인다. 또한 무대가 되는 서양풍의 실내에는 중국의 큰 꽃병, 이집트 문양 커튼, 원시미술 등 서양에서 차용한 세계문화의 이국적 물품 전시의 미학이 언뜻 보인다.

16 宜野座菜央見, 『モダン・ライフと戦争―スクリーンのなかの女性たち』, 吉川弘文館, 2013, p.26.

다시 말해 '모던 라이프'를 묘사한 인기 있는 극영화에는 일본의 아시아 지배를 직접 표현했다기보다 서양의 물건과 표상을 매개로 한 세계문화 질서가 표출되고 있었다.

일본제국이 성숙해짐에 따라 전간기에 대두된 세계문화라는 새로운 사고방식은 '일본'이라는 지리적 관념도 크게 확대시켰다. 1929년부터 1931년에 걸쳐 가이초사改造社에서 출판된『일본지리대계日本地理大系』는 조선, 타이완, 동남아시아, 만주 등을 각 권으로 구성하고, 이외에 '해외발전지發展地'라는 제목의 별권을 두 권 추가했다. 결과적으로 이 일본지리학 사전의 4분의 1 이상을 일본 본토 이외의 지리가 점했다. '해외'를 다룬 두 권에서 미국대륙, 태평양 도서, 동남아시아, 중국대륙으로 이민한 일본인은 마치 그들의 노동으로 인해 그 토지들이 일본의 연장선상에 있게 된 것처럼 지역의 산업이나 농업을 갈고 닦은 개척자로 묘사된다.[17] 같은 시기에 출판된 신코사新光社의『일본지리풍속대계日本地理風俗大系』(1930~1932)는 이국적인 주민이 사는 먼 섬의 식민지가 제국의 수도 도쿄 안에도 있음을 독자에게 소개했다. 1880년에 도쿄부에 편입된 오가사와라 제도小笠原諸島에 관한 장은 대도쿄편에 실려 있다. 이 장에는 다민족 식민자에 관한 설명이 있고, 막부 말기부터 살고 있던 '귀화인'과 이후에 들어온 일본인의 '잡혼'을 '생물학적 또는 인종학적으로 연구하는 일이 대단히 흥미로운' 과제로 다루어지고 있다.[18] 섬 생활에 대해서는 그 간소함을 강조하는 한편, 원시적인 설탕제조법이 개량되고 있다는 진보의 조짐도 기록했다. 도판 사진에는 해변에서 바나나 송이를 들고 있거나 카누를

---

17 『日本地理大系』, 改造社, 1929~1931.;『日本地理大系別卷』, 改造社, 1930~1931.
18 『日本地理風俗大系 大東京篇』, 新光社, 1931, p.664.

젓고 있는 나체의 소년들이 찍혀있다.(그림6) 동일한 대도쿄 편에는 도쿄 근교의 오기쿠보荻窪, 오모리大森 등 이전의 농촌 지대로 진출한 신흥 '문화주택 지'가 또 하나의 식민지 개척처 럼 소개되고 있다.(그림7) '문화'는 같은 도시 안에서 일본의 신 중간층도 먼 섬의 '외인'도 포함하는 연속체였다. 메이지 시대에 '문명'의 히에라르키가 있었던 것처럼 다이쇼 시대의 '문화'에도 히에라르키는 있었 지만, 인종 불변의 법칙에 지배 되지는 않았다. 진보의 핵심인 제도帝都에서 보다 나은 생활이 펼쳐지고 여러 지방 사람들이 그것을 모방하면 언젠가는 누 구나 똑같이 누리게 될 것임을,

그림6. 『일본지리풍속대계 대도쿄편(日本地理風俗大東京編)』(1931) 에 오가사와라 제도 아이들이 해변에서 노는 사진이 실려 있다. 대도쿄 속에도 아직 '문화'가 미치지 않은 '미개지'가 있었다. 한적한 섬 생활 묘 사는, 진보의 첨단에 서 있는 제도 도쿄가 이곳의 도민도 끌어안고 점점 그들을 근대로 이끌어가자는 메시지를 보여준다.

그림7. 『일본지리풍속대계 대도쿄편』에 도쿄의 서쪽 교외에 '문화'가 진 행되고 있는 증거로서 아라이주쿠(新井宿) 주택지개발 사진도 실려 있다.

새로운 문화개념의 추진자들은 신봉했다.

이러한 동시대의 상황에서 제1차 세계대전 후의 소위 '신 중간층' 은 그 이전 세대에서는 희박했던 감각을 가지고 자신의 입장을 세계 문 화적 시야에서 상상할 수 있었다. 하지만 세계문화에 참가하기가 이전

보다 쉬워졌다고 해도 내지의 문화적 지배계급인 '중류'에 참가하는 것은 이전보다 더욱 어려운 문제가 되었다. 모리모토 등이 추진했던 중류생활은 일단 획득했다 하더라도 쉽게 유지할 수 있는 것이 아니었다. 그 결과 처음부터 계급 특권으로 인식되었던 진정한 세계 문화적 근대는, 시간이 지나도 바로 코앞에 있으면서 손이 닿지 않는 곳에 있는 것처럼 여겨졌다. 소비를 근대로 가는 길로 제시한 것 때문에 문화생활의 언설은 계급 불안을 증폭시켰던 것이다.

3. 아이콘과 유토피아로서의 문화주택

'문화주택'이라는 용어는 세계대전 중의 '문화주의' 철학과 모리모토 고키치에 의한 '문화생활'로 시작된 유행에서 유래하여, 1922년 평화기념 도쿄 박람회의 일부로 우에노上野에 세워진 일본 최초의 모델 주택 전시 '문화촌' 설치로 정착되었다. 그곳에는 문부성이 주도한 생활개선동맹회를 포함한 다양한 기업·단체에 의해 주택 14채가 건설되어 중류생활의 모범으로 공공에 제시되었다.(그림 8) 상품으로 지어진 우에노 문화촌의 주택은 팔리지는 않았지만, 박람회 이후 도쿄와 그 외 대도시 교외에 출현하기 시작한 다양한 절충양식의 주택이 '문화주택'이라 불리게 되었다. 박람회 전시물이라는 기원과 어울리게 '문화주택'은 특정한 평면계획이나 양식보다는 오히려 신 주택의 새로운 외관을 지향했다. 따라서 현대의 우리가 뒤돌아보며, 어떤 양식의 주택이 '문화주택'이고 다른 것은 '문화주택'이 아니라고 판단하는 것은 무의미하다. 다양하고도

제국일본의 생활공간

서로 다른 양식의 주택이 도
래한 대중 시장의 새로운 현
실을 문화주택 붐이 체현했
기 때문이다.

신기하고 보기 좋은 문
화주택은 일상품의 광고 도
판에서 기호품으로 자주 사
용되었다. 박람회 이후 잡지
광고 등 매스미디어 상에서
진보와 쾌적한 가정생활을

그림 8. '문화주택' 발상의 땅, 1922년 평화기념 도쿄 박람회의 '문화촌'.
『후진가호(婦人画報)』 임시증간 「평화기념 박람회 화보(平和記念博覧会画
報)」, 1922.5.1.

환기시키는 대중적 상징으로 사용되었다. 아지노모토를 제조했던 스즈
키 상점은 1922년 초가을, 자사 제품의 신문 광고에 '문화라는 이름에
걸맞은'이라는 카피에 급경사 지붕을 가진 하프 팀버 양식의 주택 그림
을 곁들였다.(그림 9) 비누 회사, 간장 제조사, 그 외 가정용품 제조사도
동일한 그림을 이용했다. 이 광고들은 일본에서 처음으로 소비자의 만
족을 표상하는 기호로 주거 이미지를 이용한 것이다. 그때까지의 일본
가옥에는 광고에 이용할 수 있을 만한 표상가치가 없었다.

당시 교외에 실제로 세워진 신 주택도 종래의 주택보다 눈에 띤다
는 점에서 훨씬 보기 좋은 인상을 주었다. 높은 토담이나 울타리 대신
낮은 담으로 둘러싸여 있고, 주변이 거의 단층 집인데 비해 대부분 이층
집이었다. 박공벽(건물의 측면에서 지붕보 위 서까래 사이에 있는 삼각형의 벽–
옮긴이)이 길 쪽을 향하고 있어서, 무겁고 개방된 부분이 없는 종래의 기
와지붕에 비해 박공벽 높이 주위를 흘겨보는 듯 창문이 달린 문화주택

은 풍경 속에서 이목을 끌었다.(그림 10)

제1차 세계대전까지 화양 절충주택은 굳건히 서양 대 일본이라는 구조를 전제로 했고, 각각 다른 재료나 건축 공법뿐만 아니라 다른 설계 수법과 도면 표기법까지도 요구했다. 화양 절충의 일본과 서양이라는 대립은 양식상 달랐을 뿐만 아니라 기능상으로도 달랐다. 기모노 대 양복, 좌식 대 의자식, 장지 대 유리창이라는 대비에는 두 가지 완결된 물질적 문화적 체계가 체현되었다. 이에 비해 새로운 주택 입문서나 제1차 세계대전 때부터 시작된 교외 주택 붐에서는 양관洋館의 일반적인 '서양다움'이 차용 가능한 여러 외국 양식의 카탈로그로 교체되면서 동서의 이분법이 더욱 복잡해졌다. 건축가 야스오카 가쓰야保岡勝也의 『일본화 되어가는 양풍 소주택』(초판 1924)에는 최근 저자의 설계로 세워진 주택의 설계가 실려 있는데, '70 퍼센트 양풍洋風 30퍼센트 일본풍'이라고 쓰여 있다. 저자의 분류에서 '양풍'에는 '영국풍' '미국 시골집' '순 영국풍' '순 미국풍' '스위스 산악형' '근세 독일식' '순 독일풍' '영국 근세식' '순 프랑스풍' 등이 포함된다.[19] (그림 11) 일본인 건축가는 역사 양식의 구체적 특징 이외에 해외의 동시대 조류에도 익숙해지고 있었기 때문에 수중의 장기

19　保岡勝也, 『日本化したる洋風小住宅』第3版, 鈴木書店, 1925.

　　　　　　　　제국일본의 생활공간

말을 늘릴 수 있었다. 영국의 절충적인 부흥 운동 때문에 건축가는 여러 가지 양식을 손에 넣도록 요구받았지만, 일본의 문맥에서 그 양식들은 모두 새로운 수입품이었기 때문에 결코 부흥이 아니었다.

1900년에 도쿄제국대학을 졸업한 야스오카 가쓰야는 '양洋'과 '화和'의 불균형적 조합을 정식으로 체계화한 메이지 국가의 건축 체제가 배출한 건축가였다. 하지만 그보다 젊은 다이쇼 시대의 건축가들은 보다 완전한 융합 또는 보다 자유로운 절충을 지향했다. 그들은 장식 양식의 메뉴를 조합하여 설계하는 것만으로 만족하지 않았다. 동시대 유럽 지식인과 마찬가지로 제1차 세계대전 때문에 구 사회질서가 매장되었다고 느꼈으며, 새로운 시대에 걸맞게 주거와 가정생활의 관습에 근본적 변혁이 요구되고 있다고 그들 대부분은 믿었다. 때문에 당시 건축에 관한 신간본의 논의나 도판을 일상생활의

그림 10. 보기 좋은 문화주택. 영화 〈마담과 아내〉. 고쇼 헤노스케(五所平之助) 감독, 1931. 시작 장면에서 교외 빈터에 이젤을 세운 화가 요코오 데카오(橫尾泥海男)는 하얀 벽의 주택을 그린다. 옆에 있는 평범한 셋집에는 관심이 없다. 이후 영화의 주인공은 셋집으로 들어가 하얀 벽의 집에 사는 여성 재즈 가수의 방탕한 생활에 유혹을 받는다.

그림 11. 야스오카 가쓰야의 『일본화 되어가는 양풍 소주택(日本化したる洋風小住宅)』(1924). 오른쪽은 '근세 독일풍' 왼쪽은 '순 프랑스풍'.

이상화理想化가 모두 채우고 있었다. 문화주택 설계자의 문장은 심플한 구어체를 구사함으로써 그들이 건축에서 제창했던 간이簡易한 양식을 언어에도 반영했다. 예를 들면 『문화적 주택의 연구文化的住宅の研究』를 쓴 모리구치 다리森口多里와 하야시 이토코林糸子는 싱크대 높이나 수납공간 구조 등에 관한 구체적 지시에 맞춰 생활개선에 관한 조언도 끼워 넣었다. 「애매통신」이라는 제목의 편지 형식 문장이 독자에게 이야기한다.

당신은 미래의 생활을 생각해 본 적이 있으신가요. (…중략…) 다다미를 깨끗이 하고 조용히 샤미센(三味線)을 켜고 있는 것만이 미래의 생활은 아닙니다. (…중략…) 당신도 자신의 미래 생활을 사랑한다면 그 미래의 생활을 오색 꿈처럼 상상하지 마시고 조금 더 실질적으로 생각하세요. 그리하신다면 당신의 공상 속에는 의식주의 이상적 형식이 눈에 보이지 않는 싹을 틔울 것입니다. (…중략…) 내 사랑하는 동생이여 (…중략…) 누구라도 정말로 자신의 생활을 사랑한다면 부엌의 이야기는 물론이고 뒷간의 이야기조차 정성을 다해 들을 것입니다. 어떤 일이든 그렇습니다. 생활에 대한 사랑에서 나온 것이 아니라면 진실한 개선이 아니거니와 진실한 취미도 아닙니다.[20]

『문화적 주택의 연구』는 호화스러운 저택에서 개축된 마구간까지 일본과 유럽 건축들의 사진과 도판을 이용했고 그 대부분은 구체적 장소를 특정할 수 없으며, 심지어 상호 관계가 없었고 어느 쪽이든 독자

20 森口多里・林糸子, 『文化的住宅の研究』, アルス, 1922., p.20, p.23. 우에노의 평화박람회가 개막한 달에 간행된 이 책에는 이후에 보급되는 '문화주택'이라는 말이 사용되고 있지 않다.

제국일본의 생활공간

자신의 경험에서 멀리 떨어져 있는 것이었다. 저자인 모리구치와 하야시는 꿈만 좇지 않도록 여성독자에게 경고하고 있으나, 이 저서 자체가 실제로는 사회적 · 물질적 한계 없이 일상생활을 재구축한다는 꿈으로의 초대장이었다.

보다 실현 가능한 설계를 발표했던 다른 건축가도 똑같이 의식적으로 쉬운 화법을 사용하며 독자에게 간절히 호소했다. 건축가 노세 규이치로能瀬久一郎가 자신의 설계를 정리한 『30평으로도 가능한 개량주택三十坪で出来る改良住宅』의 방 배치도에는 구어체를 사용한 직접적인 표현으로 잘난 척을 경계하는 말이 붙어있다.(그림 12)

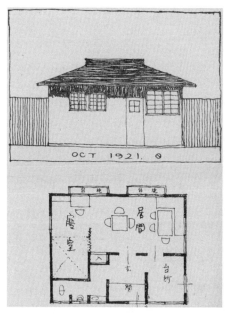

그림 12. 방 한 개짜리 단독주택. 노세 규이치로(能瀬久一郎), 『30평으로도 가능한 개량주택(三十坪で出来る改良住宅)』, 1923. 건축가 노세 규이치로는 효고(兵庫) 현립 공업 전문학교를 졸업하고 오쿠라성(大蔵省) 영선과에서 근무했다. 자신이 만든 것으로 보이는 '문화주택연구회'에서 다수의 주택 도안집을 출판하는 한편, 도쿄 서쪽 교외의 누마부쿠로(沼袋), 노가타(野方) 방면에 주택을 설계했다. '문화주택 붐과 다이쇼 시대 이후의 새로운 생활양식에서 노세와 같은 비 엘리트 건축가의 역할은 대부분 잊혀졌다.

우리들의 생활에는 넓은 거실이 있으면 충분합니다.

객실이나 식당이 있어야만 한다는 사람은 문화생활이고 뭐고 이해하지 못하는 사람입니다.

큰 집에 사는 것만이 문화생활은 아닙니다.

서양관에 살고 있다 해서 문화생활을 하고 있다고 말할 수도 없습니다.

그렇게 생각하는 사람은 문화생활이란 댄스를 추거나 피아노를 치는 것이 문화생활이라고 말하는 사람과 같습니다.[21]

모리구치, 하야시, 노세와 동시대 사람들이 선택한 평이한 말에서는 근대생활의 쾌락이 단순한 쾌락이고, 자신의 일상적 생활환경에 구체적인 변혁을 더하겠다는 각오를 지닌 모든 사람에게 그것이 가능하다고 보여주겠다는 공통된 사명감을 읽어낼 수 있다.

　　건축의 새로운 디자인 언어도 딱딱하지 않고 자유로워지면서 동일한 메시지를 전달한다. 1920년대에 자신의 설계를 공표하기 시작한 세대의 건축가의 경우, 서양풍과 일본풍 각각의 표기법과 설계방법이 보다 혼합된 것으로 바뀌었다. 서양풍과 일본풍 양 쪽의 평면요소가 동일하게 루즈한 방법으로 그려졌다. 간사이関西의 잡지 『겐치쿠토샤카이建築と社会』에서 건축가 와타나베 세쓰渡辺節는 전문학교 교육의 상황을 우려하면서 자유로운 화법의 근원을 유럽 전위미술의 영향으로 보았다.

　　옛날에 건축의 정면도를 그리려면 정자(丁字)자, 삼각자, 컴퍼스, 스프링 및 프리핸드 총 5종을 사용했지만, 소위 시세션 스타일이 나타난 이래 컴퍼스, 스프링은 자취를 감추고 자와 프리핸드 2종으로 바뀌었다. 그러다가 멘델존이 지은 아인슈타인 타워가 출현한 후 자도 어느 새인가 자취를 감추고 프리핸드만으로 모든 것을 해결하려는 굉장히 대담한 수법이 학생 집단에서 유행하게 되었다.[22]

　　토착의 일본풍과 정확히 구별하여 습득해야 할 하나의 유럽 양식으로 '시세션(19세기 말 독일 및 오스트리아에서 일어난 전위적 성격의 예술—옮긴

21　能瀬久一郎, 『三十坪で出来る改良住宅』, 洪洋社, 1923, p.50.
22　渡辺節, 「現在の建築教育方針に就て」, 『建築と社会』 10巻7号, 1927.7., p.7.

이)'을 인식한 야스오카 가쓰야와 같은 엘리트 건축가에게 '시세션'이나 이후 유럽 동시대의, 이단의 그림 기법에 오염되어 양식적 정의에 들어맞지 않는 새로운 디자인은 납득할 수 없었을 것이다. 일본의 젊은 건축가는 빈의 건축가를 모방했다기보다도 빈 분리파의 과격한 메시지나 설계를, 그리 과격하지 않았던 것까지 포함하여 일본에 전한 잡지 등의 미디어에서 수법과 이미지를 차용함으로써 국내의 학문적 정통파를 도발하려 했다.[23]

보다 친밀하고 편안한 새로운 가정생활을 둘러싼 주거의 합리화를 위해서라도 시각적 어필의 창출을 위해서라도 서양적 형태에서 재료를 채용했다. 하지만 이 두 가지 동기가 항상 부합하는 것은 아니었다. 실천적 측면에서 근대적이라 하더라도 외양이 근대성을 충분히 전달하는데 실패한 경우도 있었다. 예를 들면 1920년대의 많은 주택 개량가의 관점에서 미국의 방갈로는 가장 적당한 근대로 가는 수단이었다. 하시구치 신스케의 주택회사 '아메리카야'가 처음 그것을 수입하려 했던 1908년에는 일본시장에 받아들여지는데 실패했지만, 미국의 건축 주택산업이 만들어낸 작고 네모진 평면과 간단한 배치를 지닌 방갈로는 이제 중류 교외주택의 적당한 규범을 제공했다. 방갈로를 싼값에 지을 수 있다는 것에 의심의 여지는 없었고, 다른 수입업자도 '아메리카야'를 따라 미국에서 직접 제품을 수입한 사례도 있다.[24] 하지만 겉보기에 차양이 깊은 단층집 방갈로는 재래식 일본 주택과 비슷했기 때문에, 작

---

23 분리파 양식은 앞선 10년간 가구, 내장, 그래픽 디자인에 영향을 주었다. 본래의 운동은 끝났지만, 그 후 일본에서 '시세션 식'(혹은 '세 식')이라는 말은 독일이나 오스트리아에서 유래된 새로운 양식들을 가리키는 말로 널리 쓰였다.

24 內田靑藏,『日本の近代住宅』, 鹿島出版会, 1992, p.168.

고 소박한 그 외양으로는 독일이나 분리파의 영향을 받아 이국풍을 방불케 하는 주택에 비해 근대성의 시각기호로서는 효과가 한층 낮았다.

1921년의 주택도안집『각종 셋집 건축 도안 및 이율 계산各種貸家建築図案及利廻の計算』의 저자 지카마 사키치近間佐吉는 생활개선의 이상적 수단과 투기가의 유망한 투자로 방갈로를 추천했다. "이미 도쿄를 비롯하여 요코하마, 오사카, 고베 등 도시 근교에는 방갈로식 주택이 도처에 만들어졌고, 도쿄의 메구로目黒, 시부야渋谷 근처에는 방갈로로 지은 셋집까지 세워져 그 가치를 크게 인정받고 있다"고 말했다.[25] 하지만 이 책에 담긴 28채의 주택에 방갈로는 전혀 없다. 3채 밖에 없는 서양풍 주택의 사례도 급경사 지붕과 좁고 세로로 긴 창문으로 보아 일본에서 '시세션식'이라 불리던 것이다. 새로운 주택의 시각 수사법이 주택 입문서 시장에서 생활개선이라는 전망과 동급 이상으로 중요했다. 1921년 시점에 급경사 지붕의 '시세션'이 독자의 눈을 가장 끌기 쉬운 서양풍의 규범이라고 지카마는 판단했을 것이다.

하지만 선호되는 규범은 이후 잇따라 바뀌었다. 도쿄아사히신문사가 주최한 1929년 주거 건축 설계 경기에 제출된 주택설계로 판단해보면, 급경사 지붕도 단명했다. 1920년대 초 간행물에서 자주 볼 수 있었던 급격한 경사 지붕은 발표된 85작 중 2~3작 정도이고, 다른 새로운 특징 쪽이 돋보였다. 아르 데코 양식 요소가 다실茶室풍 건물의 특징과 동거하고 있었고, 건축가와 목수는 이것들을 채용했다.(그림 13) 39개의 발표 작품에는 이 조합을 연상시키는 둥근 창이 있고, 거의 같은 수의 작품에

---

25 近間佐吉,『各種貸家建築図案及利廻の計算』, 鈴木書店, 1921, p.40.

제국일본의 생활공간

수평의 창문 격자나 타일 등에 의한 횡선 모양을 특징으로 하거나, 유선형 아르 데코의 외양을 상기시키는 수법을 이용하여 좁은 수평 판이 돋보이도록 그려져 있다.[26] 캘리포니아의 아트 앤드 크래프트의 방갈로를 연상시키는 처마가 나온 맞배지붕도 1929

그림 13. 아사히 주택 설계 경기안 제3호, 오시마 가즈오(大島一雄) 설계. 『아사히 주택 도안집(朝日住宅図案集)』, 1929. 이 시기는 둥근 창, 긴 가로 선과 맞배지붕이 인기였다.

년 공모안 중 19개 작품에서 등장할 정도로 널리 사용되었다.[27] 이 설계 수법에 따른 평평한 경량 지붕 아래에서는 실내가 밝아지는 반면, 태풍이 왔을 때 물이 새거나 벽에 손상이 발생하기도 쉬웠을 것이다. 그때까지 도시의 독립주택은 거의 모두 우진각 지붕이나 팔작지붕이었음에도 불구하고, 이런 신형식의 지붕도 밖으로 튀어나온 처마 덕분에 토착의 전통과 조화를 이루는 '일본풍'이라고 막연히 생각되었다.

1920년대 말부터 특히 서일본에서 하얀 회반죽, 붉은 반 원통형 지중해풍 기와, 반원 아치 모양 창문과 입구가 달린 '스페니시 스타일'이 새로 유행했다.(그림 14) 이것은 1930년대에도 이어졌다. 1940년, 잡지

---

26 朝日新聞社編, 『朝日住宅図案集』, 1929. 둥근 창의 우세에 대해서는 榧野八束, 『近代日本のデザイン文化史』, フィルムアート社, 1992, p.440 참조. 아르 데코 이외에 르 코르뷔지에의 영향도 있었다. 일본 국내의 유명한 선례로는 호리구치 스테미(堀口捨己)의 시엔소(紫烟荘, 1926)도 크고 둥근 창을 가지고 있다.

27 한편 아트 앤드 크래프트의 방갈로는 목재 이용과 구조재 노출이라는 점에서 특히 일본 민가에서 큰 영향을 받았다고 여겨진다.

그림 14. '스페니시 스타일'의 일본 주택. 오구라 스테지로(小倉捨次郎) 저택, 고베시 히가시나다구(神戸市東灘区) 미카게(御影), 1925년. 사사가와 신이치(笹川慎一) 설계. 야마가타 마사아키(山形正昭), 「미술 공예적 주택의 개화(美術工芸的住宅の開花)」, 『한신간 모더니즘(阪神間モダニズム)』, 단쿄샤(淡交社), 1997.

『킹キング』의 시사용어집은 '스페니시 스타일'의 배경을 다음과 같이 설명한다.

　　스페인인의 해외발전이 미국 대륙에 이국정서의 건축으로서 스페니시 양식을 유포하고, 그 동양적 풍취는 우리나라 사람의 선호가 되어 주택 등에 많이 사용되고 있다.[28]

　　이 임기응변적 정의는 '정서'라는 단어를 사용함으로써, '스페인풍'

---

28 『新語新問題早分かり』, 大日本雄弁会講談社, 1940.1., p.196.

이 '이국적'이었을 리가 없는 스페인 사람들이 만든 17세기의 북미 식민지와 20세기 미국 대중시장에서 '스페니시 (미션) 스타일'이라 불린 복고풍의 유행을 혼동하고 있다. 『킹』의 편집자는 이렇게 '스페니시'를 한편으로는 어떤 취향의 유행으로, 다른 한편으로는 민족 건축으로 동시에 다루고 있으며, 또한 '동양적'이라는 말을 통해서 복잡한 문화지리를 슬쩍 드러낸다. 이 기술에 따르면 일본인에게 '스페니시'라는 양식은 이국풍의 엑조티시즘과 친근감 양쪽의 매력을 지닌 셈이다. 이처럼 건축양식은 제국주의와 자본주의라는 두 가지 동기에 의해서 지구를 돌고 일본에 도래하는 단계에서 그 걸어온 길의 희미한 향을 남기면서도 역사로부터 유리된 유행이 된다.(그림 15)

당초의 기원이 서양이기는 하나, 한 번 일본의 디자인 언어에 포함되면 여러 가지 양식의 형태와 재질이 일본의 독자적인 시각적·문화적 문맥 안에서 상호작용하기 시작한다. 쿠션으로 뒤덮고 금실로 짠 비단으로 장식한 메이지기 양관 실내장식의 답답함에 대해 1910년대와 1920년대 가벼운 등나무 가구가 표현으로 대항했던 것과 마찬가지로, 1920년대 초에 세워질 때 급히 칠해서 금세 색이 바래버린

그림 15. 1930년대 멕시코시티의 신흥 주택지에 세워진 '콜로니얼 캘리포니아' 양식 주택. 1920년대 캘리포니아에서 발명된 전통 '스페니시'는 일본에 유입되었을 뿐만 아니라, 옛 스페인 식민지의 중심이었던 멕시코에도 '역수입' 되었다. 위키피디아 참조.

문화주택의 얇은 외벽 판자의 조악함에 대해 1920년대 말과 1930년대의 회반죽을 칠한 '스페니시'의 견고함과 거친 촉감은 대조를 이루었다.

동시에 사물로서의 주택의 외양을 바꿔보려는 움직임은 종종 일상생활의 근본적 재고에도 뿌리내린다. 1920년대 초에 일반적이었던 급경사 지붕은 이것을 보여주는 사례이다. 이 시기에 급경사 지붕은 대중적 이미지의 일반적 문화주택의, 일종의 알기 쉬운 표시가 되었다. 이것은 세로로 길고 가는 창문과 함께 당시 영향력 있던 독일·오스트리아 건축의 공통된 특징이기도 했다. 건축가이자 문화촌 심사원인 오쿠마 요시쿠니大熊喜邦는 수직방향의 선을 강조했던 최근의 설계는 시대의 메타포로, 근대성 그 자체가 수직으로 방향 잡혀 있다는 감각을 확증하고 있었다.

지금 주택이 옆으로 넓고 평면적으로 연장되어 온 것에 비해, 이후의 이른바 문화적 주택은 세로로 연장될 것으로 생각한다. 그렇다고 해서 높게 위쪽으로 연장되는 것은 아니다. 다시 말해 입체적으로 연장된다는 것이다. 현대의 부인이 입체적으로 연장되는 것이다. 현대의 부인이 입체적으로 각성해 온 것은 곧 이 주택의 입체적 발달이기도 하다. 현대의 취향은 전부 이 입체적인 곳에 진실로 기초를 둔다고 생각한다.[29]

오쿠마가 주택의 수직성을 '입체적인' 현대의 부인과 관련지은 이유를 이해하기 위해서는 이것에 선행된 건축과 일상행동의 변화로 되돌아가야 한다. 처음에는 공공의 장에, 이어서는 상류계급 주택의 양풍 응접실과 신사의 서재에, 이후 차례로 다른 도시 주택의 사적 공간에 의

---

29 大熊喜邦, 『建築二十講』, 鈴木書店, 1923, p.61.

제국일본의 생활공간

자가 도입됨으로써 바닥에 앉는 토착의 전통(혹은 '미개')과 여성성을 연결 짓는 연상의 그물이 형성되었다. 오쿠마의 눈에 새로운 여성은 '입체적인' 주택에서 서거나 의자에 앉는 것으로 자신들의 근대화를 보여주었다. 동시에 높은 지붕의 유행이 혁신적이었던 이유는 그때까지의 독립주택에 2층이 예외적이었다는 사실 때문이다. 에도시대에 2층 가옥은 유곽 이외에는 거의 존재하지 않았다. 상가처럼 2층이 있던 곳도 사다리를 놓고 올라가야 하는 숨겨진 공간이었던 적이 많았다.[30] 이상적인 계획에 기반 한 교외 주택지와 마찬가지로 2층 주택은 공간의 해방을 의미했고, 밝음과 개방성을 약속했다.

통속적인 서책에서 양식에 관해 정통적인 것이 하나만 보이는 일은 드물었다. 특히 1920년대 전반에 있어서 표상의 종류와 방식은 놀랄 만큼 혼재되어 있었다. 예를 들면, 유럽 모더니즘의 스케치를 실은 책은 미국 콜로니얼 양식의 실내장식 사진, 다실이나 동시대 일본인 건축가의 설계도 함께 게재했다. '문화'의 보편성 정신이 건축양식과 사용되는 상황에서 토착/서양이라는 획일적이고 낡은 분류에 막을 내렸다. 여기에 이미지를 모아놓은 것은 어떤 것이든 상품과 연결됐을 때 '잠시 상품이 아닌 것처럼' 보이는 힘을 지닌, 하루투니언이 '과잉된 징조'라 부른 '문화'의 기능까지도 보여주고 있다.[31] 드로잉과 사진에 의해서 주택이나 다른 상품은 말 그대로 모방해야만 할 본보기라기보다 근대적 '세계문화'의 증표로 독자의 앞에 나타난 것이다.

---

30 前田愛, 『都市空間のなかの文学』, 筑摩書房, 1982, pp.250~277.
31 ハリー・ハルトゥーニアン, 梅森直之訳, 『近代による超克―戦間期日本の歴史・文化・共同体』上下, 岩波書店, 2007 참조.

출판물에서의 혼합은 지면성의 혼합으로 이어졌다. 1924년에 『후진노토모』의 기자는 철도왕 쓰쓰미 야스지로堤康次郎가 개발한 도쿄 신흥 주택지 메지로目白 문화촌을 방문하고 다음과 같이 기록했다. "문화촌에 생긴 주택, 또는 지금 실제 건축 중인 주택은 제각각 여러 재미있는 양식을 겨루고 있는 것처럼 보입니다. 경사가 급한 높고 뾰족한 지붕이 있는가 하면 완만하고 낮은 것이 있고, 날렵하며 높고 가벼운 느낌의 이층집이 있는가 하면 데이코쿠帝国호텔을 생각나게 하는 낮고 무거운 느낌의 이층집이 있습니다."[32] 쓰쓰미는 당초 토지만 팔고 구매자는 각지에서 설계자와 목수를 고용했기 때문에 그들은 '문화'를 제각기 해석하기 시작했다. 결과적으로 그때까지 일본 도시에서 본 적 없던 혼합된 도시 풍경이 생겨났다. 하지만 아마도 이런 도쿄의 새로운 교외 주택지는 캘리포니아의 교외 주택지 이상으로 기묘하게 보이지는 않았을 것이다. 쓰쓰미는 이 사실을 눈치 채고 호의적으로 받아들였다. 분양 광고에서도 미국 방문자가 "오, 로스앤젤레스의 축소판이여!"라고 소리친 것을 굳이 소개했다.[33] (그림 16) 주택양식에서 등장한 토착과 외래의 혼합은 식민

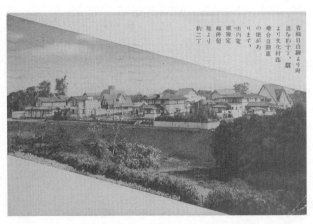

그림 16. 메지로 문화촌. 그림엽서, 1920년대. 신주쿠新宿 역사박물관 소장. 건축서의 혼합은 신흥주택지의 풍경에 반영되었다.

---

32 野田正穂・中島明子編, 『目白文化村』, 日本経済評論社, 1991, pp.106~107에서 인용.
33 위의 책, p.86.

지에서와 마찬가지로 캘리포니아와 같은 태평양 연안 개척지의 현상이기도 했던 것이다. 근대성이 새로운 지리적 범위로 퍼지자, 그 지역의 목수나 설계자는 어디에서든 혼합된 건축형태를 시험했다. 새로운 교외, 특히 환태평양의 새로운 개발지는 신문화의 발명의 장이 되었고, 유입된 글로벌한 근대성 이미지의 판매장이 되었다.

4. 현지의 반동과 민족적 히에라르키

문화생활을 단순히 서양 물들기라고 비판한 사람도 있었다. 문화 내셔널리즘의 요새에서 사실상 늘 그랬던 것처럼 궁극적 위협은 '민족 순혈'에 대한 위협이었다. 의복과 화장으로 일본인은 스스로 서양인처럼 보이게 했고, 가장 유행에 민감한 층은 서양의 무도를 배워 공공장소에서 서양인과 춤췄다. 그들이 최종적으로 민족을 향상시킬 목적으로 혼혈하겠다는 디스토피아적 몽상에 몸을 맡길 것이라 추론하는 것도 어렵지 않았다.[34] 예를 들면 다니자키 준이치로의 소설 등은 민족적 열등감이라는 어두운 영역을 탐구하여 많은 독자를 획득했다.

하지만 모리모토 고키치나 생활개선동포회 멤버는 자신들이 단순한 서양 모방 제창자가 아니라고 철저히 강조했다. 서양 물건에 대한 무분별한 상찬은 모든 입장의 지식인에게 불쾌했지만, 그것은 단순히 국

---

34 미나미 히로시는 『도쿄아사히신분』 기사를 인용하여, 1924년 데이코쿠호텔 무도회에 난입한 60명의 젊은이 일행이 일으킨 반동적 작전을 기록했다. 그들은 한시 등을 읊고 검무를 췄다. 이후 영어로 일본인의 위협받는 지위를 고려하도록 일본인 동포를 향해 경고를 적은 깃발을 내걸었다. 南博, 『大正文化』, 勁草書房, 1965. p.369. (미나미 히로시 지음, 정대성 옮김, 『다이쇼 문화-일본 대중문화의 기원』, 제이앤씨, 2007)

민 긍지의 상실을 시사했기 때문이 아니라, 서양의 물질적 문화적 산물을 올바르게 식별하고 토착의 사물과 비교하여 평가하는 능력이야말로 그들의 사회적 지위의 중요한 증거가 되기도 했기 때문이다. 주택에 관해서 말하자면, 모리모토는 문제가 미적인 것이 아니라 경제적인 것이라는 입장에서 (특징을 특정하지는 않았지만) 일본 주택의 좋은 점은 지켜야만 한다고 인정했다.

1924년, 세계질서에서 일본이 차지하는 위치를 위협하는 국제문제 때문에 문화생활 제창자의 낙관주의는 전복되었다. 같은 해 5월, 미국 의회는 이민법을 통과시켰다. 이것은 실제로는 다른 많은 민족들도 배제했지만, 일본에서는 일반적으로 '배일이민법'으로 알려졌다. 이 법률은 일본에서, 특히 모리모토와 같은 친미 자유주의자에게는 충격으로 받아들여졌다. 『분카세이카쓰』는 이 법률에 관해 특집호를 2회 발행했고, 당시 일본의 다른 보도와 마찬가지로 편집자도 이 법률을 '국욕國辱'이라 불렀다. 하지만 모리모토 자신은 모욕에서 적극적인 교훈을 끌어내려고 노력했다. 일본인의 관습에서 문제를 발견했고, 그는 다시금 일본인 한 사람의 경제가치가 미국인 한 사람의 약 절반이라는 프랑스 연구를 인용하며 배일이민법이 불가피한 결과였음을 시사했다.[35] 그의 제안에 의하면, 일본인은 이번 일을 통해서 생활을 보다 경제적으로 효율적으로 만드는 기회로 삼아야 했다. 같은 호에서 아베 이소는 이민 —특히 교육을 받지 않은 층의 이민 — 그 자체가 국가의 악이므로 방지해야만 한다고 주장하는 것으로 배일이민법에 반응했다. 아베에 따르

---

35 森本厚吉, 「国辱と生活問題」, 『文化生活』 2巻9号, 1924.9., p.3.

면 '사해동포주의'야말로 이상적이지만, 사람들은 이것을 준비하고 있지 않다고 했다. 그는 개인적으로는 '중국인이나 조선인에 대해 친밀함을 느끼'지만, 일본 국민을 대변하여 그들의 일본 정착 허가에 반대했다. 일본인이 미국의 인정을 받을 수 있도록 스스로 가치를 올려야 한다는 모리모토의 반응, 그리고 문제는 편견보다도 이민 그 자체에 있다는 아베의 반응 모두가 제국주의 세계의 문화의 논리를 드러낸다. 즉 지배국이 한편으로는 피지배국 국민에게 지배국의 규범에 맞게 '개인'으로서 자신을 바꾸도록 요구하면서도, 다른 한편으로는 이민을 인종 혹은 민족 '카테고리'에 따라 배제했다. 이러한 제국 근대성의 측면은 지금도 이어진다.

모리모토는 보편주의를 신봉하면서도 '배일법'이 보편주의의 허구를 드러냈을 때, 미국의 지배에 굴복할 목적에 자신의 논리를 끼워 맞췄다. 특히 문화생활이라는 그의 관념이 백인 중산계급 미국인의 부유함을 직접 목격했던 체험에 근거하고 있었기 때문에, 그의 기묘한 경제이론이 생겨난 것이다. 그것은 경제적 차이를 문화적 선택으로 설명할 수 있다는 신념, 그리고 미국은 일본보다 뛰어나지만 본질적으로 그런 것이 아니라 우연히 일본과 같은 '비효율적'인 문화로 시달리지 않았기 때문이라는 신념에 기반을 두고 있었다.

다시 2개월 후『분카세이카쓰』에서 모리모토는 소비자의 욕망단계에 관한 자신의 이론을 제시했다. 그의 설명에 따르면, 인간의 지식성장에 따라 욕망은 질과 양이 무한대로 증대한다. '필연적 욕망'에서 '신분적 욕망'으로, 최종적으로는 '쾌락적 욕망'과 '사치적 욕망' 둘 중 하나로 사람들은 진보한다. 그는 이 도식의 제3단계 중 '쾌락적 욕망'을

'문화'와 동일시하고, '능률생활'에 필요한 것에 대한 욕망이라 설명했다. '쾌락적 욕망'은 능률적이기 때문에 '사치적 욕망'과 구별했다. '쾌락'과 '능률'의 기묘한 융합에서 동시대의 사회상황에 대한 모리모토 특유의 둔감함을 엿볼 수 있다. 실제로 일본에 도래한 세계문화가 소비 자본주의에 의해서 생겨났고, 거기에는 문화의 거짓 민주화가, 대량생산된 욕망과 점점 강하게 느껴지는 불공정함을 포함하고 있다는 현실을 모리모토는 파악하지 못한 것이다. '문화생활'이라는 말의 경제철학적 생명이 1920년대라는 단기간에 한정된 것 자체도, 아마 모리모토가 소비문화의 모순과 타협을 하지 못했기 때문일 것이다. 미국의 배일이민법이 준 충격도, 모리모토의 서양 심취에 대한 일본 국수주의자의 비판도, 표어 혹은 이념으로서의 '문화생활'에 치명적이지 않았음을 기억해야만 한다. 이 말은 그저 자신을 그토록 유명하게 만들어준 신기함을 잃어버렸을 뿐이다. 잡지는 1928년에 타이틀이 『게이자이세이카쓰経済生活』로 바뀌었다가 심각한 경제위기가 한창인 1932년에 발행 중지되었다. 저자의 큰 기대와는 달리 소비 자본주의는 '문화생활' 그 자체를 지나가버린 유행으로 만들어버린 것이다.(그림 17)

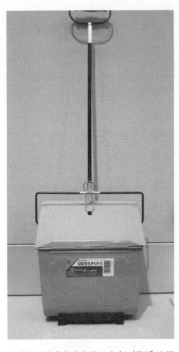

그림 17. 현대에 살아있는 다이쇼 '문화'의 잔재. '문화'를 붙인 일상용품 브랜드는 지금도 많이 있다. 자세히 보면 어느 것이든 그 형태나 기능 어딘가에 '세계적 근대'의 조건이었던 능률, 위생, 편리성 등이 반영되어 있다. 이 '문화 쓰레받기'는 긴 손잡이가 달려있기 때문에 세워서 쓸 수 있고, 기계 장치로 움직이는 뚜껑이 쓰레기를 깨끗히 빨아들일 수 있도록 만들어져 있다. 2013년 필자 촬영.

5. 문화의 가치저하

　주택에서 대중 시장의 역설이란, 차이의 추구에서 균질성이 만들어지는 것이었다. 소유자가 자신의 문화주택을 건설할 때에는 메지로 문화촌에서 만개했던 다양한 종류를 만들어냈으나 집 장사나 셋집 같은 투자용 주택에서 어떤 것으로든 형태의 변화를 주려고 하면 그 주택은 많은 소비자의 재력을 벗어날 가능성이 있었다. 보다 저렴한 교외 주택지에서 무언가 새로운 것을 원하는 소비자 대중은, 수중에 자금이 적은 그 지역의 투기적 건축업자가 급하게 세운, 같은 모양으로 줄지어 선 문화주택에 직면했다. 『도쿄팩』의 풍자화는 이 역설적 상황을 눈치 챈 중류계급의 소비자를 보여준다. 밤에 술에 취해 귀가하는 회사원이 줄지어 선 집 중 어느 것이 자기 집인지 알 수 없게 되어버린다.(그림 18) 저렴하게 대량생산된 새로운 주택은 이런 식의 농담거리였

다. 하지만 그 배후에는 근대도시에 있어서 신분의 유동성으로 발생한 현실의 불안과 새로운 주택 및 상품으로 초래된 '쾌락'의 공허함이 있었다. '문화'는 보편적 가치 기준의 환상과 최신의 것에 대한 욕망 모두를 의미하고 있으며, 이것에 의해 일상생활은 표층의 차이를 둘러싼 끝없는 회로 속으로 던져진 것처럼 보였

그림 18. 술에 취해 귀가한 샐러리맨은 어느 집이 자기 집인지 알 수 없어서 "똑같이 생긴 집만 지으니까 갈피를 못 잡잖아. 첫, 뭐가 문화주택이야"라고 어이없어 한다. 미야오 시게오(宮尾しげを) 그림, 〈도쿄팩〉, 1923.3.

다. 동시대의 여러 논자가 이 과정을 회의와 환멸의 시선으로 바라보았다. 실제로 문화주택과 문화생활에 관한 기술에서는 진지한 옹호보다 비판과 빈정거림을 훨씬 쉽게 발견할 수 있다.

야나기타 구니오柳田国男는 '문화'라는 용어가 남용되던 10년 중 말기에 비판적으로 입장을 바꿔, 이 말은 농촌의 구습에 얽매이기 쉬운 사람들이 쉽게 손대려 하지 않는 것만을 싼 것 쓸데없는 것 가리지 않고 가리키게 되었기 때문에, 도시주민에게는 이 용어로 불리는 것을 오히려 부끄러워하는 면까지 있다고 말했다. 오야 소이치와 달리 야나기타는 생활개선, 문화생활, 문화촌의 이상에 근본적으로는 호의를 가졌지만, 특권적 도시주민의 '변덕'에 따라 움직이는 데 불과하고 궁극적으로는 농촌을 자본의 약탈에 굴복시켰기 때문에, 그 이상들이 국가 전체를 위해 가질 수 있었던 가능성은 약화되었다고 우려했다.[36]

대중적인 언설에서 '문화'를 둘러싼 문제는 단순히 취향의 유동성으로 다루어질 때가 많았다. 1934년에는 '진짜' 문화주택이라는 빈정거림 없는 개념이 거의 과거의 것으로 되었다. 『킹』의 부록으로 발행된 현대용어사전에서는 문화주택을 "우리나라 과거의 주택에 서양 양식을 적당히 가미하여 현대생활에 적응할 수 있도록 만들어진 주택"이라 설명했다. 이 기사는 붉은색이나 푸른색 지붕의 주택이 늘어서 있는 것을 "언뜻 보기에 초콜릿 같다"고 하며, 일본인의 생활을 고려하지 않은 '허세 건축'이라 비판하며 이런 식으로 '한심스럽게 생각되는 것'이 여기저기 세워졌기 때문에 단어의 원래 의미가 사라지고 지금에 와서는 '서양에

---

36 柳田国男, 『都市と農村』, 朝日常識講座 第6卷, 1929, p.92.

심취된 가짜 주택'이나 '페인트 칠로 속인 급조 주택'을 의미한다고 결론 지었다.[37]

실제로 문화주택의 가치 저하는 급속도로 진행되었다. 우에노 문화촌이 폐원하기 이전부터 이 용어는 언설의 시장에서 가치가 내려가기 시작했다. 평화박람회 개최 기간은 물론이고 이후에도 건축 전문지나 일반지의 기자는 문화촌의 여러 측면, 혹자는 미적 측면, 혹자는 실용성에 대해 비판할 점을 찾아냈다.[38] 하지만 비판의 폭이 넓다고 해서 대중이 이 신 주택의 설계를 받아들이지 않았다고 이해해서는 안 된다. 오히려 공공권이나 공공 언설의 참가, 공중 대변자가 다양해졌고 취향에 관한 분쟁이 격화되는 현상도 발생했다. 19세기 말부터 20세기 초에 걸쳐서 단선적인 진보사관 그 자체의 유지가 불가능해져 붕괴하기 시작했던 것이 중류계급의 주택 이념을 둘러싼 분쟁의 배경에 있었다. 많은 새로운 참가자에 의해서 지식계급은 확대되었고, 엘리트의 지도에 따르지 않게 되었다.

평화박람회의 문화촌에 대한 비판은 문화주택 일반으로 그 대상을 넓혔다. 주택은 양식에 따라 미묘한 차이가 있는 상품으로 변모했고, 그 때문에 최신 문화주택은 항상 외양적 특징에 따라 스테레오 타입화되기 쉬웠다. 1920년대 초 비판의 표적은 붉은 지붕이었다. 니시무라 이사쿠는 1922년에 "서양관이라고 하면 반드시 붉은 기와이어야 새롭다고 여겨진다"라고 썼다. "프랑스 기와라고 불리는 붉은 기와는 그 색도

---

37 『新語新知識・附常識辞典』(『キング』十巻一号付録), 大日本雄弁会講談社, 1934, pp.205~206.
38 藤谷陽悦, 「平和博・文化村出品住宅の世評について」, 앞의 책, pp.2363~2364.

그림 19. 각종 주택양식의 '좋은 취향'을 독자에게 알려주려던 니시무라 이사쿠(西村伊作)의 입면사례집(立面事例集). 『장식의 원려(裝飾の遠慮)』, 1922.

너무 붉고 모양도 좋지 않다. 내가 가장 기분 나쁘게 생각하고 더구나 가장 많이 눈에 띄는 것은 시멘트로 만든 기와인데, 기와 표면에는 벵갈라bengala와 같은 안료로 색을 입힌 것이다." 이어서 그는 급경사 지붕, 폭넓은 맞배지붕 벽, 도장된 하프 팀버 등을 비판했다. 결말에서 그는 "일본인이 새롭다고 생각하는 것은 항상 시대에 뒤떨어진 서양 흉내"라고 비난했다. 니시무라는 독일에서 온 건축 입문서를 버리라고 독자에게 촉구했다.[39] (그림 19)

　　니시무라의 신 주택양식 비판은 서양 지식에 관한 자신의 독점과 동등한 문화 자본을 가지지 못한 벼락부자의 천박한 지식이 시장의 위협이 된다는 것을 깨달은 선도적 지식인의 견해라고, 부르디외적으로 해석할 수 있다. 입문서나 잡지 집필자들은 지배계급이 지닌 미학의 특

39　西村伊作, 『裝飾の遠慮』, pp.68〜69, p.72.

징을 받아들였고, 민첩하게 소비 자유주의의 열광적인 기세로 팔아댔다. 취향 게임에 이러한 새로운 참가자가 개입한 것에 반응하여 보다 유서 깊은 취향의 제작자—기존의 지도자층과 전위 모두—는 필드를 바꾸려 했다. 따라서 엘리트 건축가는 솔선하여 문화주택의 이념이 무식한 목수 때문에 '도가 지나쳤다'거나 '섣불리 실현해버린' 것을 비판했다. 이것은 1922년 본래의 '문화촌'을 주재했던 건축가도 포함한 엘리트 건축가들의 저서 서문에서 상투적으로 쓰였다.[40]

널리 비판받았음에도 불구하고, 모리모토의 간행물이나 '문화생활'과 '문화주택'이라는 용어, 광고나 다른 대중적 도상에서의 새로운 반 서양식 주택 이미지, 신 주택 그 자체 등 모든 것이 인기를 얻었던 것은 분명하다. 적어도 수년간은 진정한 세계문화주의가 상품의 선택에 따라 달성 가능하다는 모리모토의 신념을 많은 사람들이 공유했던 것 같다. 하지만 보편적 문화를 표현하려 했던 시도는 결국 국가 간, 그리고 국내 계층 간의 차이를 부각시켰을 뿐, 일상생활 습관의 그 어떤 개혁도 개인의 수준에서든 가정의 수준에서든 그 비대칭의 문제를 없앨 수는 없었다.

6. 식민지의 '문화'

'문화생활'과 '문화주택'은 제국 내부를 빠르게 순환했다. 식민지에서 이 용어들이 우선 일본어로 된 매체에서 다루어진 것은 이상할 게

---

40 大熊喜邦, 「総説」, 앞의 책, 1927, p.6.

없다. 『타이완니치니치신포台湾日日新報』는 모리모토의 잡지가 나올 때마다 신간 코너에서 다루었다. '문화주택'이라는 용어는 1920년대부터 1930년대 초에 걸쳐 타이완 원주민 촌락의 개혁을 소개하는 기사에서 방콕의 신 주택을 소개하는 기사, 타이난에서 도둑이 맥주 상자로 만든 주택에 이르기까지 다양한 화제와 관련된 기사에 나타난다.[41] 조선에서 '문화'라는 단어는 훨씬 널리 통용되었지만, 모리모토 고키치는 알려지지 않았던 것 같다. 그의 문장은 대부분 한글로 번역되어 있지 않다. 하지만 인쇄 매체에 의해서, 또는 내지와 식민지 사람의 유동에 의해서 모리모토와 무관하게 용어는 퍼져나갔다. 조선인 사절단이 1922년 우에노 평화박람회를 방문했고, 이 방문은 조선의 신문에서 크게 다루어졌다. 같은 해 경성에서는 문화주택 도안 전람회가 열렸다. 1929년에 개최된 조선박람회에는 두 가지의 모범적 '문화 주택'이 출품되었는데, 그중 하나는 수상도 했다. 이즈음까지 '문화'의 현상은 한반도에서 독자적으로 고조되었으며, 일본이라는 기원과 밀접하게 연관되면서도 식민지주의의 각인을 띠며 독자적 전개를 보였다.[42]

건축 역사가 니시자와 야스히코가 분명히 밝히고 있듯이, 일본의

---

41 '따시(大溪)가에 번사(蕃社, 일본 통치시대 타이완의 선주민족 집단에 대한 호칭 — 옮긴이) 출신의 미래의 목수, 내년 계약기간이 끝나면 산으로 돌아가 서양식 건물로 개량하고 문화주택을 세우겠다는 대단한 기세'(1928.10.14), '방콕의 문화주택'(1931.3.3), '맥주 상자로 문화주택을 세워 훔친 물건을 진열하고 사라진 소년 빈집털이'(1928.10.30). 일본에서 발신된 이 시대의 '문화'가 제국 고유의 회로를 통해 유포된 것은 '문화생활', '문화주택'이라는 단어가 중화민국시대의 중국 미디어에서 그다지 부상하지 않은 것에서도 간접적으로 확인된다. 하지만 비슷한 주택개량운동은 있었다. 그 일환으로 개발된 상하이 교외 주택지에 대해서는 郑红彬 · 杨宇亮, 「"魔都"的安居之梦 — 民国上海蔷薇园新村研究」, 『住区』 56号, 2013.4., pp.138~148 참조.
42 金容範 · 内田靑藏, 「植民地朝鮮における朝鮮建築会の住宅改良に関する活動について — 機関誌『朝鮮と建築』の住宅関連記事を中心として」, 『神奈川大学工学研究所所報』 34号, 2011.12., pp.34~42.

건축가와 건축 지식은 제국 내의 서로 다른 지역을 상호 연결하는 경로 위를 움직이고 있었다. 개별 건축가의 경력이라는 궤적에 더해 건축 단체, 출판물, 전람회가 건축 지식에 관한 제국 전체의 네트워크를 만들어냈다. 이 네트워크는 모든 영향이 도쿄에서 발생한다는 단순한 피라미드 구조가 아니었다. 1920년 만주건축협회는 그보다 3년 전에 도쿄가 아닌 곳에서는 처음으로 만들어진 일본인 건축가 조직인 간사이건축협회 창설에 자극을 받아 결성되었다. 또한 만주건축협회는 1922년에 형성된 조선건축회와 1929년에 창설된 타이완건축회의 본보기가 되었다. 이 조직들은 각각 서로 체재가 비슷한 회지를 발행했다. 각각 앞서 만들어진 협회를 참고하여 회칙을 만들었다. 정기적으로 합동 회의와 시찰 여행을 후원하고, 한쪽 식민지 집단이 다른 집단을 차례로 초대했다.[43]

평화박람회가 도쿄에서 개최되고 3개월 후인 1922년 6월 말에 출판된 『조선과 건축』 창간호는 문화생활과 문화주택에 관한 특집을 편성했다. 편집자의 머리말에서는 새로운 조선건축회의 사명으로 '내선內鮮의 문화적 생활개선과 함께 기후풍토에 적응할 수 있는 주택건축 보급'을 내세웠다.[44] 머리말에 이어 도쿄제국대학의 역사학자 구로이타 가쓰미黑板勝美가 경성공회당에서 '문화와 건축'이라는 이름으로 강연했다는, 조선건축회 결성강연회 기록이 있다.[45] 또한 창간호는 문화생활과 방갈로

---

43 西津泰彦, 『日本の植民地建築―帝国に築かれたネットワーク』, 河出ブックス, 2009, pp.166 ~184. 이 조직들은 타이완인, 중국인, 조선인이 만들었지만, 내지인에게 지배되고 있었다.
44 『朝鮮と建築』, 朝鮮建築会, 1巻1号, 1922.6, p.1.
45 위의 책, p.13. 조선건축회 회원은 장황하고 애매하며 현대 문화도 현대 건축도 거의 언급하지 않았던 구로이타 교수의 강연에 아마도 낙담했을 것이다.

에 관한 기사도 게재하고 있으며『아메리칸 아키텍트』지에서 인용한 방갈로 두 채의 설계와 건설비용 전체의 세부내역도 그대로 인용하여 게재하고 있다.[46] 3년 후 조선건축회는 문화주택연구위원회를 설치하고, 경성 교외의 토지에 앞으로 문화촌을 건설하기 위한 몇 가지 조사를 했다.[47]

내지와 마찬가지로 문화주택이라는 칭호는 건축가가 설계하고 잡지에 게재한 주택에만 한정되지는 않았다. 대중 언설에서는 옹호자에 의해 사용되었을 때에는 긍정적인 것의 표시로, 비판이나 조소를 받을 때에는 부정적인 것의 표시로, 어떠한 신 주택이라도 신기한 특징이 있다면 문화주택이라 불렸다. 식민지 조선에서는 서양의 건축양식 특징 외에 2층이 있는 것이 문화주택의 기본적 기준이었던 것 같다. 이것은 내지에서도 마찬가지였지만, 한반도에서는 보다 강하게 주장되었던 것 같다. 그때까지 조선의 도시에는 일본 도시에 비해 2층 이상의 건물이 적었기 때문일 것이다. 경성의 주택지 대부분에는 1920년대가 되어도 초가 지붕을 가진 단층집밖에 없었다.

문화주택의 문화적 함의에는 내지에서도 유행했던 핵가족 세대와 부부애라는 연상이 포함되었다. 내지에서도 식민지에서도 교외의 작은 전용주택이라는 이념은 특히 다세대 가족이라는 부담에서 벗어나고 싶은 젊은 부부에게 매력적이었다. 일본과 조선 양쪽의 주창자는 자국의 '가족제도'를 개혁할 필요가 있다고 이야기했다. 건축적으로 보자면, 디자인의 어휘와 그 함의의 폭도 내지와 동일했다. 즉 조선의 문화주택도 일상생활상의 요구를 둘러싸고 있는 공간을 합리화하려는 기대감이

---

46 위의 책, pp.41~46.
47 『朝鮮と建築』, 朝鮮建築会, 4卷4号, 1925.4, pp.28~29.

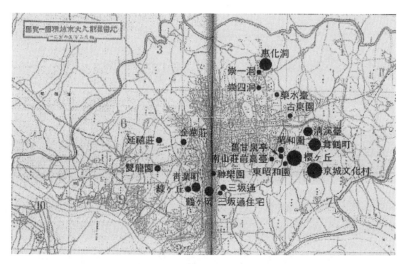

그림 20. 경성(서울) 교외에 식민자를 위해 개발된 '문화촌' 지도. 이경아, 「일제강점기 문화주택 개념의 수용과 전개」, 서울대 박사논문, 2006 참조.

있었기 때문에, 단순히 유행을 이유로 하지 않고 서양의 본보기를 채용한 것이다. 주창자는 전 세계에서 가장 좋은 특징을 도입한다면, 세계적인 것을 효과적으로 토착화시킬 수 있다고 믿었다. 일본의 일부 논자와 마찬가지로 조선의 지식인도 값이 싸고 자국의 주거와 닮았다고 본 방갈로를 적응시키길 제안했다. 또한 조선 기후에 대한 합리적 적응이자 민족적 긍지이기도 했던 온돌을 유지하길 원했다.[48]

하지만 경성 교외의 새로운 '문화촌' 계획은 내지와 식민지 경험 사이에 가로놓인 깊은 골을 보여준다.(그림 20) 1922년 평화박람회의 우에노 '문화촌' 건설 후, '문화촌'이라 불리는 새로운 개발이 도쿄나 그 외 내지 도시 교외에 출현했다. 철도회사나 그 외 민간개발업자가 이러

---

48 金容範・内田青蔵, 「近代朝鮮における改良温突(オンドル)の開発と商品化に関する一考察 －日本人住宅の防寒問題とその改良のテーマとして」, 『神奈川大学工学研究所所報』 35号, 2012.11, pp.66〜75.

한 주택지를 건설했다. 철도 자본이 농지를 획득하고 그곳에 화이트칼라 통근자라는 새로운 거주자가 살며 오래 유지되어온 농촌을 압도하는 과정은 일종의 식민지화에 해당했다. 1908년, 통근자가 아직 거의 살지 않던 도쿄의 서쪽 교외로 이사갔던 작가 도쿠토미 로카는 자전적 소설『지렁이의 잠꼬대みみずのたはこと』에서 그 과정을 기록했다. 도쿠토미 자신도 부유한 식민자처럼, 근린의 빈궁한 농가에서 토지를 구매하고 그 밭을 일구기 위해 그들을 고용했다.[49] 하지만 내지 여러 도시의 교외에서 도쿠토미나 그 동배의 교외 '식민자'의 상황은 조선에서의 내지인 상황과 근본적으로 달랐다. 조선에서는 총독부가 직접 내지인의 거주를 목적으로 전 거주자로부터 토지를 강제 매수하는 일에 관여했기 때문이다.

국책회사였던 동양척식회사에 의해서 한반도 전역의 농지가 일본인의 수중으로 이전된 것의 도시 버전이 경성 주변의 새로운 '문화촌' 개발이라 볼 수 있다. 예를 들면 옛 성벽의 서쪽에 위치하는 신당리의 사쿠라가오카桜ヶ丘 교외주택지는 토막민이라 불리는 작은 집에 사는 도시 유입민의 대규모 집주지가 있던 장소에 건설되었다.(그림 21) 동양척식회사는 이 토지의 권리를 강탈하고, 1931년에 현장 주민에 대처하고 토지를 관리하기 위한 조선도시경영회사라는 자회사를 설립했다. 경기도 경찰부는 주민을 퇴거시키고 반항하는 자들을 무력으로 진압했다.[50] 당연한 일이지만 사쿠라가오카 같은 소위 문화촌에는 내지인 총독부 관료, 기업 중역, 소수

---

49 도쿠토미 로카『지렁이의 잠꼬대』에서의 교외 부동산 개발에 대해서는 江波戸昭,『東京の地域研究』, 大明堂, 1987, pp.145~173 참조.
50 이경아,「일제강점기 문화주택 개념의 수용과 전개」, 서울대 박사논문, 2006, pp.159~164.

의 부유한 조선인 협력자가
옮겨와 살았다. 국가의 원조
아래에서 부유한 식민자를
위해 원칙상 보편적 이념으
로 여겨지는 '문화'의 이름
하에 도시 주변의 지구가 수
용되는 것에 대해 경성의 조
선인 주민 대부분은 방관할
수밖에 없었다. 내지인을 비
난하려면 조선인은 검열의
위험에 처해졌다. 그런데도
'대경성의 특수촌'이라는

그림 21. 조선 '토막민 주거'. 경성제국대학 위생조사부(京城帝国大学衛生調査部) 편, 『토막민의 생활·위생(土幕民の生活·衛生)』, 이와나미 서점(岩波書店), 1942(하시야(橋谷), 『제국 일본과 식민지 도시(帝国日本と植民地都市)』에서 인용). 내지의 진보적 건축가는 '간이생활'을 이상으로 보았지만, 식민지 도시 경성의 변두리에 '불법점거' 형태로 살기 시작한 조선의 농촌이민에게 그것은 강요된 생활일 뿐이었다.

이름으로 1929년 문학지 『별건곤別乾坤』에 게재된 기사에는 익명의 조선인 평론가가 철도와 시영전차가 교외로 연장됨에 따라 '문화촌' 건설에 바람직한 토지를 외국인(검열을 피하고자 일본인이라고 특정하지 않았을 것이다)이 통째로 자기 것으로 만들어버린다고 솔직히 썼다.[51]

그렇지만 문화촌이라는 말에 체현된 새로운 교외의 이상이 조선에서는 종종 식민지 제국주의의 직접적 산물이었다는 사실이 문화생활이라는 것에 대한 조선인의 꿈을 없애는 것은 아니었다. 오히려 눈에 보이는 불평등이 그 꿈을 더욱 밝게 빛나게 했다. 각본가 김유방에게 문화생활이란, 본래의 '개성'을 유지하면서 서양의 주택 규범으로부터 배우는

51　위의 책, pp.189~190.

것뿐만 아니라 '과학의 정신'을 생활에 적용하는 것과 이웃애를 가지는 것도 의미했다. 종주국 일본이라고 명시적으로 언급하지는 않았지만, 김유방은 타국의 침략이 근대 '과학의 정신'과 모순된다고 주장했다. 그는 이러한 이상을 자신의 주택개량론의 전제로 두고 영국의 '코티지', 미국의 '콜로니얼 양식' 주택(여기서의 '콜로니얼'이란, 스페인령 캘리포니아의 스페니시 콜로니얼이 아니라 먼 북미 동해안의 영국인 식민자의 주택에서 볼 수 있는 양식을 가리킨다)과 방갈로를 고찰하고, 적당한 방갈로만이 조선의 가장 좋은 선택이라 보았다. 그는 서양에 가 본 적이 없음을 인정하면서 자신의 평가가 '동서 주택의 연구자'의 견해에 근거하고 있다고 기록했지만, 아마 일본이나 미국 잡지에서 정보를 얻었을 것이다. 그의 최초 물음은 '어떤 생활양식을 추구해야만 하는가'였다. 양식이 일본을 경유하여 도입되었다고는 하지만, 서양에서 수입된 주택의 특징을 보면서 김과 조선의 독자들은 식민지 지배하의 생활에서 신변 가까이 있는 정치적·사회적 현실로부터 뛰쳐나와 새로운 생활양식의 자유로운 선택에 따른 열린 풍경을 상상할 수 있었던 것이다.[52]

1930년대에 가장 성공한 조선인 건축가 박길룡은 진정한 문화주택은 서양의 무분별한 모방에서 벗어나 일본에게서 물려받은 헌옷 같은 양식을 거부해야 하지만, 이국과 토착의 양식을 조잡하게 혼합하려는 경향까지도 초극해야만 한다고 주장했다.[53] 그는 한글 신문이나 잡지에 주택개선에 대해 빈번히 글을 썼다. 조선의 생활양식을 개선하려는 그

---

52 金惟邦, 「文化生活과 住宅」, 『開闢』 32~34卷, 1923.
53 이경아, 앞의 논문, pp.85~88. 박길룡은 경성공업대학 졸업 후 수년간 총독부에서 일하고, 1932년에 독립하여 사무소를 차렸다. 1938년에는 조선건축회의 상임위원이 되었다.

의 노력에는 동일한 역할을 했던 많은 일본인과 같이, 세계 문화적 이념과 세계적인 것이 토착의 문맥에서 효과적으로 적용되어야만 한다는 신념이 드러나 있다. 니시무라 이사쿠西村伊作나 오쿠마 요시쿠니大熊喜邦처럼 박길용도 다른 논자가 문화주택의 진정한 정신을 오해하고 있다는 입장에 서 있었다.

조선의 '문화주택' 및 '문화생활'론에는 내지보다 많으면 많았지 적지 않은 신랄한 비판이나 냉소적 표상이 있었다. 그 비판에는 내지와 마찬가지로 다양한 입장이 나타나 있지만, 일부에는 식민지라는 문맥 고유의 문제에 대한 정치적 양상을 띠는 핵심을 지적하는 것도 있었다. 조선 프롤레타리아 예술가 동맹의 일원이었던 풍자만화가 안석영은 문화주택과 이국 생활습관의 도입을 여러 장의 신문 풍자화로 조소했다. 그의 표적에는 빈부의 불평등(예를 들면 경성의 산기슭 언덕 위에 있는 문화주택이 빽빽한 도시의 초가지붕 판잣집을 내려다보고 있는 만화), 도항 경험자의 허식(양복을 입고 양식을 촌스러운 매너로 먹으며 서로 엉터리 영어로 자랑해대는 남자들), 빈번히 조소의 대상이 되었던 신여성(모던 걸) 등이 포함되었다. (그림 22) 또한 안석영은 문화주택의 이념을 당시 주택 대부분의 원시적인 실정과 대비시켜 문화주택을 수상樹上 주거로 묘사하고 캡션에 "높은 집을 문화주택이라 한다면, 높은 나무 위에 원시 주택을 세우고 스위트홈을 만드세요"라고 했으며, 이층집이기만 하면 '서양 가축 우리'도 문화주택으로 통용된다고 썼다.

안석영의 풍자화 중 한 장에는 문화주택을 둘러싼 내지의 논의에서는 그다지 다루어지지 않았던 문제가 언급되고 있다. 즉, 저당의 부담이다. 일본 지배 하 조선인의 곤란한 현실이 다시금 여기에서도 '문화' 논

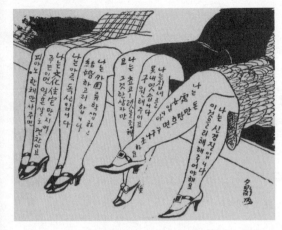

그림 22. '여성 선전 시대 도래' 조선 모던걸들의 다리에 각각의 희망이 적혀 있다. 왼쪽 끝 여성은 "문화주택을 만들고 피아노를 사준다면, 70세 남자라도 좋아"라고 쓰여 있다. 안석영 그림. 『조선일보』, 1930. 1. 12. (신명직, 『모던뽀이, 경성을 거닐다』(현실문화, 2003에서 인용).

의의 표면에 출현했다. 부부가 문화주택에 있는 두 마리 원앙새처럼 묘사된다. 판타지로 가득 찬 다른 주택도 멀리 보인다. 하지만 그 앞 풍경에는 이 행복한 가족들이 꿈을 건설하기 위해 돈을 빌렸고, 이제 그들의 주택에 달린 끈을 붙잡은 '○○은행'의 행원이 보인다. 캡션에는 문화주택을 세우기 위해 저당을 잡힌 조선인은 종종 몇 개월 만에 빚 덩어리에 눌려 집을 나가야만 한다고 쓰여 있다. "최종적으로는 외국인이 주택 소유권을 이어받는 예도 있다. 이리하여 문화주택에 사는 조선인은 점점 잠자리처럼 사라진다."(그림 23) 문화생활의 경박한 세계문화주의에 대한 다른 풍자와 대조적으로, 이 경우에는 문화생활을 꿈꾸는 소부르주아(소시민)가 야유의 대상이 아니라 피해자로 묘사되고 있다. 그들의 문화생활은 위태위태해서 일본 은행이나 부유한 식민자에게 갈취 당하기 쉬운 것이다.[54]

　이 절은 조선의 문화주택에 관한 이경아의 학위논문에 의거하고 있는 면이 많다. 이경아는, 식민지 조선의 문화주택 현상의 결정적 특징은 그것이 '만족할 줄 모르는 욕망'과 퇴폐를 드러내는 것이었다고 결론짓고

54　申明直, 岸井紀子・古田富建 訳, 『幻想と絶望』, 東洋経済新報社, 2005, pp.159~162, p.208. (신명직, 『모던뽀이, 경성을 거닐다』 현실문화, 2003의 일역본)

있다. 어디든지 자본주의는 만족할 줄 모르는 욕망을 만들어 내려 하고, 앞서 말한 대로 종주국 일본의 문화생활 비판에서도 그 욕망의 천박함을 비판하는 경향이 있었다. 또한 일본에서도 문화생활을 퇴폐적이라 보는 비평가는 있었다. 따라서 내지와 식민지의 차이를 백과 흑으로 나눌 수는 없을 것이다. 하지만 큰 틀에서 보면 이

그림 23. 「문화주택? 문와(蚊蝸), ('문화'를 발음이 비슷한 문(蚊, 모기라는 뜻)과 와(蝸, 달팽이라는 뜻)로 표기한 것—옮긴이)주택?」. 대출에 허우적대다가 일본 은행에 새로운 거처를 몰수당하는 조선인의 문화생활의 꿈은 잠자리 목숨처럼 짧다. 안석영 그림. 『조선일보』, 1930.4.14 (신명직, 『모던뽀이, 경성을 거닐다』, 현실문화, 2003에서 인용).

경아의 주장은 틀림없이 맞을 것이다. 조선의 경우, 욕망의 대상은 본토보다 더욱 도달하기 어려웠다. 이것은 단순한 의미에서는 식민지 경제 상황 때문이었지만 보다 깊은 의미에서는 세계문화적 생활을 열망하는 조선 지식인이 처한 사회·문화적 상황 때문이기도 했다. 조선의 경우, 세계문화적 근대성을 가리키는 일상품이나 유행뿐만 아니라 글로벌한 근대성이라는 이념 자체가 박래품이었다. 위생 운동 그리고 전통적 머리 모양이나 복장 규제처럼 제국의 경찰 권력이 '근대'를 강요한 경우도 있었다. 그렇지 않은 경우에도 근대성은 이미 일본의 미디어를 통해서 일본인에 의해 만들어져서 건너왔다. 글로벌리즘조차도 우선 제국에 의한 수입품이라는 인식은 '세계문화'야말로 절대 만족할 줄 모르는 욕망을 가진 존재라는 감각을 강화했고, 지식인 사이에서 무력감을 조장했다. 이경아는 1926년 『별건곤別乾坤』에 '팔봉'이라는 펜네임으로 게재된 「신추잡필新秋

雜筆」이라는 이름의 수필을 인용하고 있다. 그 필자는 "우리는 무엇을 해야 하는가. 무엇을 하지 않으면 안 되는가"라고 물으며, 이제는 그리운 기억이 되어버린 조직적 정치 운동—아마 3.1 독립운동이나 공산주의 운동—을 에둘러 언급한다. 정치적 가능성이 닫혔기 때문에 이 필자에게 문화생활은 현실로부터 도피하기 위한 무의미한 시도로 보였다. "이것저것도 아모것도 못하게 되엿다! 그저 우리들은 세 가지 길 밧게 없네"라고 적어간다. 하나는 '방랑의 여행'으로 해외로 도망가는 것, 두 번째는 산에 틀어박혀 '세상을 버리는' 것, 마지막으로 "돈이나 잇스면 교외에 집이나 잘 지어노코—소위 문화주택이라는 것으로—어엽분 여자와 가티 살며 피아노나 울리고 레코-트나 듯고 홍차 마서 가며 放蕩三昧에 저저버리든지"이다.[55] 민족의식을 지닌 1920년대 조선 지식인은 일본의 반동 내셔널리스트와는 다른 의미로 문화주택에 분개했다. 조선의 논자에게 문화주택은 단순히 토착의 전통을 위협하기 때문만이 아니라, 그것을 수용하는 것이 억압자의 유혹에 굴복하는 것을 의미했기 때문에 문제였다. 식민지 조선에서 문화생활의 딜레마는 비판 속에서 문제가 되었던 인간의 스테레오 타입에도 나타난다. 예를 들면 신여성과 유학생이라는 두 가지의 스테레오 타입이 그 전형이 되었다. 전자는 소비 자본주의에 의해 생겨난 퇴폐스럽고 글로벌한 근대의 특징이고, 후자는 제국 문화회로의 산물이다.

하지만 몽상은 살아남았다. 문화주택이나 다른 '문화'를 붙인 일상품에 체현된 세계 문화적 이상이 식민지 조선에 깊이 침투한 것을 보여

---

55 이경아, 앞의 논문, p.47에서 인용.

주는 가장 유력한 증거는, 신 양식에 도달 불가능하다는 생각과 그 제창자에 대한 신랄한 풍자에도 불구하고 '문화생활'과 '문화주택'이라는 용어 그 자체가 길게 명맥을 이어간 것에 있을지도 모른다. 이 용어는 종주국 일본에서는 지나간 유행으로 과거의 낙인이 찍힌 후인 1930년대와 1940년대를 통해 조선에서 소문으로 계속 회자되었다. 식민지 해방 후 남북 조선의 양 정부가 추진했던 공영주택계획도 '문화주택'이라고 불렸다.[56](그림 24) 북한 헌법은 '문화적 생활'이라는 단어를 수차례 사용하고 있으며, 1962년 김일성은 당 대회에서 도시와 농촌 양쪽에 각각 60만 호의 '문화주택'을 건설하는 계획을 발표했다.[57]

그림 24. 1950년대 한국의 공영주택 선전, '집합주택에서 신시대의 문화생활을 즐기자'
http://salgustory.tistory.com/entry/01월호
문화융성의 시대에 돌아보는 문화주택.

일본에서는 '문화'가 제2차 세계대전 직후 새로운 문맥에서 재등장했다. 정치 사상가는 신생국가의 새로운 이념을 추구하며 제1차 세계대전 후의 보편적 문화이념으로 돌아갔는데, 이번에는 세계에 참가하는 것 보다는 국가건설이라는 목표로 초점을 좁혔다. '문화국가 건설'은 1947년 5월에 성립된 가타야마 데쓰片山哲 내각의 표어였다. 그 의미는 한 국가의 문화와 보편적 세

---

56 위의 논문, p.53. 북한의 주택과 근대가족 이데올로기에 대해서는 Andre Schmid, "Socialist Living and Domestic Anxieties in Postwar North Korea, 1953-65", Workshop Paper for Historical Studies of East Asia, March 28, 2013 참조.

57 金日成, 「朝鮮民主主義人民共和国政府の当面の課題について」, 最高人民会議第三期第一回会議, 1962.10.23. 日本語訳 http://kcyosaku.web.fc2.com/ki1962102300.html.

계문화 사이에서 흔들렸다. 1946년, 후에 가타야마 내각에서 문부대신으로 취임하게 될 사회당의 모리토 다쓰오森戸辰男는 생존권을 보장하는 조항을 헌법 수정안에 추가하기 위해 온 힘을 쏟고 있었다. 생존권 조항은 25조의 일부에 "모든 국민은 건강하고 문화적인 최소한의 생활을 영위할 권리를 가진다"라고 포함되었다. 이 표현은 GHQ의 원안에는 없고 모리토 자신이 추가한 말이며 1920년대의 모리모토 고키치와 동료들에 의한 자유주의 이념에서 직접 유래한 것이었다. 모리토는 아베 이소, 요시노 사쿠조, 아리시마 다케오와 같이 잡지 『분카세이카쓰』에 집필하던 사람들과 오랜 기간 관계를 맺었으며, 모리토가 1920년에 크로포트킨의 논문을 번역·발표해서 국헌문란죄로 유죄판결을 받았을 때, 그들 전원이 변호인 측에서 변론했다.[58] 전간기의 구체적인 일상용품과 연결 지어졌을 때 '문화생활'이라는 캐치프레이즈가 걸어온 운명을 우려하여, 1940년대의 모리토 외 정치가들은 '문화'를 물질적 구체성로부터 떨어뜨려 놓으려 했다. 헌법 제정 심의에서도 전간기의 중요한 자유주의 사상가 중 한 명이었던 귀족원 의원 사사키 소이치佐々木惣一가 '문화적 생활'의 명확화를 촉구했다. 사사키는 유행어였던 것을 기억해내고 이 용어를 경계했다. "문화생활이라고 하면서 심지어는 서양식 집을 문화주택이라며 지었는데, 헌법에 넣으려는 의도가 무엇인가"라고 질문했다. 국무대신 가나모리 도쿠지로金森德次郎는 '문화적'이란 '원시적'의 반대어로 이해하고 있다고 답변하고, '문화주택'을 의미하지는 않는다고 설

---

58 이것이 이른바 모리토 사건으로, 정부의 자유주의관에 결정적인 영향을 준 언론 탄압사건이다. Laura Elizabeth Hein, *Reasonable Men, Powerful Words : Political Culture and Expertise in Twentieth-Century Japan*, University of California Press, 2005, pp.22~23, p.30.

득했다. 하지만 사사키는 여기에 만족하지 않았던 모양으로, 토론이 이어졌고 난해할 정도로 추상적인 것이 되어갔다. 전후 헌법 시행 후에 일본국민의 권리가 된 '문화'를 어떻게 해석하느냐는 결과적으로 이후의 판례로 규정되었다. 확실한 것은 그것이 어느 특정 종류의 주택에 대한 권리라고 해석해서는 안 된다는 것이다.[59] 덧붙여 모리모토 고키치는 잡지『분카세이카쓰』를 1946년 3월에 다시 간행했는데, 이것은 아마도 '문화'에 관한 논의의 새로운 유행을, 다시금 자신의 이념을 알릴 수 있는 시장이 성숙한 징후라고 이해했기 때문일지도 모른다. 하지만 이 잡지는 이번에는 1948년 7월까지 존속하다가 4호로 종간했다.[60]

만약 '문화주택'이 전후 일본보다 북한에서 활기 찬 시기가 있었다고 한다면, 북한이 전후 일본보다 코스모폴리탄한 국가였다고 할 수 있을까. 그럴지도 모른다. 적어도 공식적 서술에 의하면, 민족해방전쟁에 승리한 투사들로서, 북한 체제는 전쟁에서 태어났고, 국가의 새로운 수령은 자신 있게 보편적이라 주장하는 이데올로기를 실천하는 사람이었다. 전후 일본은 상처 입은 내셔널리즘을 짊어지고 내향적으로 변해갔다. 예를 들면 시즈오카静岡현 도로登呂에서 야요이弥生 시대 유적 발굴 조사는 몇천 년간 이어진 순수하고 토착적이며 평화로운 문화의 증거로 매스미디어와 지식인이 입을 모아 찬양했고 전국적 붐을 일으켰다.[61] 천황제 파시즘을 대신할 평화로운 자국문화로서 긍지를 가질 수 있는 것을 일본국민이 갈망했던 것이 그 배경에 있었다. 동시에 전전에

---

59 『逐條日本国憲法審議錄』第2卷, pp.552~554.
60 『森本厚吉』, 河出書房, 1956, p.783.
61 Walter Edwards, "Buried Discourse : The Toro Archaeological Site and Japanese National Identity in the Early Postwar Period", *Journal of Japanese Studies* 17, no.1, Winter 1991, pp.1~23.

는 외부의 것이었던 '서양'이 연합국군의 점령 기간에 해방자이면서 억압자이기도 했던 '미국'으로 바뀌었다. 이 새로운 타자는 직접적으로 때로는 폭력적으로 눈앞에 나타났다. 아시아는 때마침 잊혀졌다. 세계는 실험에 유용할 대상을 늘어놓던 문화의 카탈로그를 더는 제공하지 않았다. 이 문맥에서 지식인과 일반대중이 '문화'에 대해 이야기할 때는 모리토 외 동료들의 바람에도 불구하고 많은 경우 초월적 세계문화의 요소라기보다 국민문화의 새로운 기초 건설을 의미했다.

모리모토 고키치는 1950년에 사망했다. 먼 곳을 여행했고 독서도 많이 했던 뛰어난 교육자였기 때문에 모리모토를 피지배 지식인이라고는 통상 생각하기 어렵지만, 그의 경력은 미국의 위력이 동아시아에 세운 비공식적 제국에 깔린 회로를 따라 걸었기 때문에 제국의 각인을 띠고 있었다. 1891년에 요코하마에서 영어를 배우면서 그는 학업을 시작했다. 일본에 의한 홋카이도北海道 식민지화 과정에서 미국의 영향을 받은 최첨단 기관이었으며, 매사추세츠 농과대학장인 윌리엄 스미스 클라크와의 관계가 유명한 삿포로 농학교에서 1897년부터 공부했다. 1903년에는 삿포로 농학교의 교장 사토 쇼스케佐藤昌介도 공부한 적이 있는 볼티모어의 존스홉킨스 대학에 들어갔다가 1906년에 귀국했다. 1930년대 초까지 그는 홋카이도, 도호쿠東北, 도쿄와 (누나가 있던 하와이를 경유하여) 미국 동해안을 이동해갔다. 모리모토의 생활은 자유로운 지구 순유라기보다 제국 회로의 내부에서 문화적, 그리고 정치적으로 규정되었다. 만약 모리모토가 1916년에 박사 학위를 취득한 후에도 미국에 거주하고 싶다고 마음먹었다면 어떤 체험을 했을까 생각해보면, 그 사실을 확인할 수 있을 것이다. 그는 백인이 아니었기 때문에 국적을 취득할 수 없었다. 만약 체재를 인정받았다면 1924년 이민법 후 가족을 불러오지 못했을 것이고, 출국한 후 재입국하려면 다시 어려움이 발생했을 것이다. 그의 교육 수준과 맞는 일자리를 찾는 것도 거세지는 민족 차별 탓에 어려웠을 것이 틀림없다. 서부와 중서부의 많은 주에서는 일본계 사람의 소유를 막는 외국인토지법 때문에 토지를 구입할 수 없었으므로 문화 아파트를 건설하기도 곤란했을 것이다. 만약 1942년에 여전히 미국에 있었다면 서부의 모든 주에서, 그리고 남부와 중서부의 많은 주에서 그는 그 출신 때문에 강제수용소로 이송되었을 것이다. 영어가 뛰어나며 재산도 있고, 미국 동부의 일본인에게 동정적인 엘리트 사이에서 지냈던 모리모토 자신은 어쩌면 민족 차별 때문에 경력에 직접적인 영향을 받지 않았을지도 모른다. 아마 그는 식민지 지배하에 여러 가지로 속박된 인간의 체험을 몰랐을 것이다. 하지만 그의 경력을 뒷받침하는 지정학적으로 따라가며 그의 문화이론을 생각해보면, 조선 지식인에게 '문화생활'이 일본 제국주의의 부담과 함께 도래했던 것과 동일한 정도로 강하게, 일본에서의 '문화생활' 이념 역시 미국 중심의 제국의 근대성에 의해 형성되었음을 알 수 있다.

제5장

등나무 의자에 앉은 열대 제국

타이완 총독부를 방문한 간인노미야(閑院宮)와 타이완 원주민 대표. 1909년, 기념 사진엽서.
기념사진의 무대가 된 총독부의 신고전주의 건축은 일본 식민지에서의 '문명화 사명'을 선언한다. 간인
노미야가 앉아 있는 등나무 의자는 타이완이 일본의 영토가 되었을 즈음부터 일본 제국 내에서 사용된
열대 제품이다.

1. 자세와 권력

영어로 '체어'라고 하면 의장이나 학부장 등을 가리키는 것에서 알수 있듯이 의자는 권력의 상징이다. 하지만 대영제국과 청나라의 외교상 첫 대면에 관한 상세한 분석에서 제임스 헤비아가 분명히 하고 있듯이, 자세를 둘러싼 정치역학은 상징만이 아니라 구체적 형태를 지닌다. 헤비아는 매카트니George Macartney 사절단의 "신체 행위는 지극히 중대한 관계를 만들어냈다"고 지적한다.[1] 궁정이나 외교의 장 이외에는 일부러 자세나 거동의 정치적 의미를 언어로 표현할 정도로 의식할 일이거의 없지만, 실제로는 어떤 경우든 헤비아의 지적은 적확하다. 두 사람이상이 공간을 공유하게 되면 그저 누가 앉고 누가 서있는지, 그리고 각각 어떻게 앉아 있고 서 있는지 만으로, 말을 하기 이전부터 많은 것이표현되고 결정된다. 하물며 타인 앞에서 무관심하게 드러눕는다면 보다 확실히 이야기하는 것이 된다.

자세의 정치역학에 관한 역사 서술은 일상의 행위나 감성에 관한많은 역사 서술과 마찬가지로 도상, 물품 자료, 문학 자료의 간접적 언급과 같은 단편적 증거에 의지하지 않을 수 없다. 그렇다고 하더라도 이장의 배경이 되는 사실은 간단하다. 주지하는 바와 같이 일본인은 몇 세기 동안 바닥에 앉아왔다. 하지만 메이지유신 이후 의자가 학교나 공공건축을 시작으로 도입되었다. 또한 국가 엘리트는 자신들의 집 일부(대부분은 방 하나 만)를 의자와 테이블을 갖춘 '서양식'으로 고쳤다. 이렇듯

---

1   James Hevia, *Cherishing Men from Afar : Qing Guest Ritual and the Macartney Embassy of 1793*, Durham, NC : Duke University Press, 1995, p.48. 메카트니 사절단은 1792년에 영국이 처음으로 중국으로 보낸 사절단이다(옮긴이).

가정생활의 절충화가 진행되어 가던 가운데 1895년 청나라가 타이완을 할양함으로서 일본은 식민지 제국이 되었다. 타이완에서 인구 대부분을 차지하던 한족漢族은 의자에 앉아왔다. 이 장의 주된 관심은 19～20세기의 식민지라는 이문화의 만남에서 의자 사용이 어떤 의미를 가졌는지 알아보는 것이다.

우선 외교의 측면에서 말하자면, 신체의 움직임은 명시적 문제였다. 1856년 개국 교섭 때, 도쿠가와 막부의 관리는 의자에 앉는 외교 사절들을 자국에서 접대하게 되었는데, 그들은 어떻게든 양국이 다다미에 앉아 회견을 하도록 강하게 교섭했다. 결국 바닥에서는 편히 앉을 수 없다는 서양인의 주장에 따라 한 쪽은 의자에 앉고 다른 한 쪽은 같은 높이가 되도록 겹친 다다미에 앉는 것으로 타협할 수밖에 없었다.[2] (그림 1) 불과

그림 1. 미일수호통상조약 협상 광경, 1856. 『휴스켄 일본일기(ヒュースケン日本日記)』, 이와나미 문고(岩波文庫).

2 小泉和子, 『家具と室内意匠の文化史』, 法政大学出版局, 1979, pp.280～285.

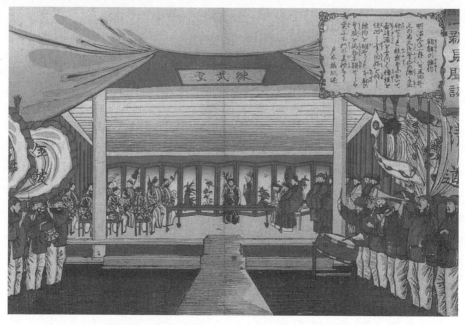

그림 2. 조일수호조규(日朝修好条規), 강화도, 1876. 고바야시 기요치카(小林清親) 그림, 위키피디아 참조).

20년 후, 강화도 조약(1876) 체결 당시 메이지 정부는 서양 열강이 일본에 강요했던 무역 조항을 조선 왕조에게 강요했다. 일본의 전권공사 구로다 기요타카黑田清隆가 일기에 기록한 바로는, 대표단이 장소로 안내받아 들어가자 정면은 병풍으로 가려져 있고 중앙의 직사각형 탁자 양측에 '호랑이와 표범' 가죽을 간 의자가 있었다.[3] (그림 2) 의자를 준비한 것으로 보면, 조선인은 중국식 외교 의례를 따르고 있었을지도 모르고 동시대의 서양식 외교 방식을 따랐을 지도 모른다. 하지만 양국의 외교사절은 일상생활에서는 바닥에 앉았을 것이다. 그때까지 조선통신사가 에도를 방문했을 때에는 어느 쪽도 의자를 사용하지 않았다. 적어도 일본 측

---

3 黒田清隆, 「使鮮日記」, 1867.2.27(페이지 번호 없음), 早稲田大学図書館.
   (http://www.wul.waseda.ac.jp/kotenseki/html/ka05/ka05_01917/index.html)

에게 의자에 앉는다는 것은 서양적 의례 규칙을 의미했다. 이 규칙은 도쿠가와 체제의 외교·군사적 실패 후, 메이지 정부의 지도자가 선택한 것이다. 그들은 조선에서 이것을 자신들의 권익으로 역전시켰다.

　막부에 의한 조약교섭의 경우를 생각해보면, 의자의 정치적 의의는 단순히 바닥에 앉은 사람에 비해 의자에 앉은 사람이 높은 위치에 있을 뿐이라고 말하고 싶을 수도 있다. 하지만 의자에 앉아있는 사람보다 물리적으로 높이 서있는 인물—예를 들면 급사—이 단지 그것 때문에 보다 큰 권위를 가진 지위에 있다고는 할 수 없다. 이 사실로 미루어 보면, 이처럼 단순한 도식화가 실제 존재하는 문제를 끄집어낼 수 없는 것은 분명하다. 상징체계보다 오히려 구현된 습관, 태도, 이데올로기 등 감성의 관점에서 의자와 앉는 방법에 대해 생각하는 쪽이 다층적인 힘의 장場을 보다 명확히 할 수 있다.

2. 열대의 섬유를 가구로 만든다

　타이완을 점령하고 일본은 열대 제국이 되었다. 타이완은 북단에서도 북위 25도, 북회귀선의 약간 북쪽에 위치하며 평균 온도가 높고 비가 많은 몬순 지역에 일부가 걸쳐있기 때문이다. 당국은 일본인이 이런 환경에서 번영하고 번식할 수 있을지 우려했다.[4] 이후 일본이 동남아시아에 식민지를 세웠을 때, 우려는 훨씬 더 커졌다. 일상 수준에서는 어떤 의복이나 주거가 일본인의 열대 생활에 적당한지, 더 넓게는 열대

4　大東亜省編,『在台内地人の熱地馴化』, 1943 참조.

기후에서 어떻게 건강을 지키는지 우려했다. 이 걱정은 식민지 생활의 모든 점에서 열대 기후 영향 아래에 있는 아시아 식민지를 지닌 유럽인과 동일했다.[5]

위도와 무기력의 문제는 이 장에서 고찰하고 싶은 식민지적 감성의 측면과 관련된다. 즉 열대식물의 섬유로 만든 가구 사용이다. 아시아에서 흔히 볼 수 있는 등나무, 야자, 대나무 등은 세공하기 쉽고 용도도 다양하다. 이것들은 외떡잎이고, 나무라기보다는 풀에 가깝다. 외떡잎식물은 곧고 평행한 섬유 다발로 구성되어 있고, 일단 자라면 그 직경이 일정하다. 이 같은 특징 때문에 섬유는 탄력 있고 강하며 가볍지만 교차 접합이나 이음매로 쓰기에는 부적합했다. 유사 이전부터 지금까지 열대·아열대 아시아 사람들은 외떡잎식물의 섬유로 가정용품, 도구, 그 외 일용품을 만들기 위해 묶기와 엮기 등의 기술을 사용했다. 특히 등나무를 엮어 만든 의자는 근대 서양인에게 열대를 떠올리게 만드는 물건이다. 일본이나 중국의 온대 지역에서도 다양한 품종이 자라나는 대나무와 달리 등나무는 그야말로 아시아 열대림의 산물이고, 남아시아와 동남아시아 식민지에서 살았거나 여행한 서양인의 체험을 통해서 등나무 의자가 보급되었기 때문이기도 하다.(그림 3)

쪼갠 등나무는 16~17세기에 포르투갈과 네덜란드의 선박에 의해서 유럽으로 운반되었다. 이후 유럽에서 나무틀에 등나무 끈을 엮어 만든 의자가 인기를 얻었다. 가구 유행은 19세기 전반에 잠시 푹신한 의자로 되돌아갔다. 하지만 다시 19세기 후반에 등나무가 서양 시장에 등장했는

---

5   E. M. Collingham, *Imperial Bodies : The Physical Experience of the Raj, c. 1800-1947*, Oxford : Polity Press, 2001, p.1.

데, 이때는 엮거나 구부리는 기술을 사용하여 가구를 만들었고 동아시아의 양식과 모티브를 분명히 드러냈다.[6] 등가구는 식민지에서 일본인의 생활에도 유입되었는데, 열대산 물건에 대한 일본인의 태도를 신체 거동 문제와 함

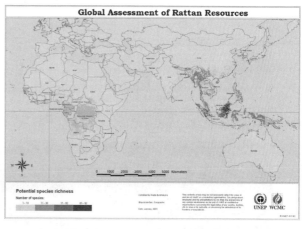

그림 3. 등나무(야자과 등족) 품종의 세계적 분포. 열대에 널리 분포되어 있고, 동남아시아에 종류가 가장 많다. 영어 'rattan'은 말레이어 '로탄'에서 유래했다. INBAR 국제죽등조직.

께 고찰해 볼 때, 일본의 식민지 제국사에서 등가구가 수행한 역할은 유럽의 여러 제국에서의 역할과 분명히 다르게 나타난다.

덩굴류이자 야자의 일종인 등나무는 열대 활엽수림에서 자란다. 재배도 가능하지만, 20세기 말까지도 세계시장에서 유통되는 거의 모든 등나무는 야생에서 채취되었다. 1988년에 과학 저널리스트 줄리안 칼데콧은 아시아에서 등나무가 목재에 이은 열대림의 중요한 산물이고, 수십 만명의 동남아시아인이 등나무의 채취와 가공에 종사하고 있음을 보고했다.[7] 가장 많이 수확되는 곳은 인도네시아와 말레이시아의 섬이지만, 필리핀, 태국, 타이완에서도 상업적으로 수확되고 있었다. 빨리 자란다고는 하나, 비교적 접근하기 쉬운 삼림에서는 1920년대부터 이미 고갈되었다는 보고가 있다.[8]

---

6   Jeremy Elwell Adamson, "The Wakefield Rattan Company", *Antiques Magazine* 142-2, August 1992, pp.10~20.

7   Julian Caldecott, "Climbing Toward Extinction", *New Scientist* 118, no.1616, June 9, 1988.

8   I. H. Burkill, et al., *A Dictionary of the Economic Products of the Malay Peninsula, vol. 2* (1935).

作製具漁族スミア蕃生灣台

Y154.　FISHING IMPLEMENTS MANUFCTURED BY FORMOSAN SAVAGE.

그림 4. '타이완 생번(生蕃, 타이완 선주민족 중 대륙 문화에 동화되지 않은 자들을 일본인이 부르던 명칭—옮긴이) 아미스족 어구 제작' 그림엽서, 연대불명. 마쓰모토 아케미(松本曉美)·셰선잔(謝森展) 편저 『타이완회구 : 1895~1945 The Taiwan 그림엽서가 이야기하는 50년(臺灣懷舊 : 1895~1945 The Taiwan絵はがきが語る50年)』, 타이베이 : 창의력문화사업(台北 : 創意力文化事業), 1990.

　　등나무를 수확하는 지역에서는 현지 주민의 건축 작업에서 등나무가 중심 역할을 했다. 1930년대에 말레이시아의 삼림 관리에 관여했던 전문가 J.G.왓슨은 "등나무는 원주민들이 너무나 많은 목적으로 사용하기 때문에 모든 용도를 파악하는 것이 불가능하다"고 기록했다. 그는 '집, 담, 어망, 작은 배까지'는 물론이고 다리, 새장, 모자, 차양, 융단 등 '(마을에서는) 등나무를 엮은 가구' 몇 가지를 예시로 든다.[9] '마을에서는'이라는 괄호로 표기한 단서는 중요하다. 등가구의 주류인 의자는 동남아시아의 전통 주거에서 그다지 볼 수 없었고, 한족과 유럽인만이 의

Kuala Lumpur : Ministry of Agriculture and Cooperatives, 1966.
9　Ibid., p.1907.

자에 앉아 생활했다. 다시 말해 말레이시아의 여러 공예 중 의자는 말레이시아 도시에 있는 비 현지인의 존재와 밀접히 관련되어 있었을 것이다. 어구漁具를 만드는 타이완 '번인蕃人'을 묘사한 식민지시대 일본의 사진엽서는 등나무 가공에 숙련된 이 사람들이 등나무나 그와 유사한 열대 식물의 섬유로 어떻게 완벽한 물질생활을 구축하고 있었는지를, 그리고 그들이 바닥에 앉아있었음을 보여준다.(그림 4)

18~19세기의 등나무 무역은 대부분 말라카와 싱가포르 등 집산지의 중국인 상인을 통해 이루어졌다. 기계화 이전에 아시아에서 사용되던 등가구 제작 기술의 대부분도 아마 중국에서 유래되었을 것이다. 예를 들면 메이지 말기에 일본에서 제일 먼저 등가구를 만들기 시작한 다나카 에하치田中栄八 상점은 요코하마의 중국인이 경영하는 등가구 공방에서 근무하던 중국인 10명을 고용하여 의자를 만들었다.[10] 등나무 가공이 기계화되고 공정이 발달한 후에도 가장 표준적인 재료는 미국과 유럽으로 발송되고 고르지 않은 재료는 수공업을 지배하는 중국인이 매입했다.[11]

타이완 삼림은 열대 산물 중 등나무 못지않게 중요한 장뇌(녹나무의 목부, 가지 또는 잎을 절단하고 수증기 증류하여 얻은 장뇌유樟腦油를 냉각시켜 석출한 결정체−옮긴이)의 산지이기도 했다. 청나라가 지배하던 시기의 삼림은 그곳에 거주하는 원주민의 관할로 되어 있었지만, 한족 식민자들은 빈번히 침범했다. 1875년부터는 공식적으로 원주민 거주 지역으로 들어가지 못

---

10 田中栄八, 「籐ひとすじ百年の歩み」. http://rattana8.55street.net/history.html.

11 Paul D. Barclay, "Cultural Brokerage and Interethnic Marriage in Colonial Taiwan : Japanese Subalterns and Their Aborigine Wives, 1895-1930", *Journal of Asian Studies* 64, no.2, May 2005, p.1906.

하도록 금지되었지만, 여전히 그들은 반복적으로 삼림을 침입했다.[12] 일본으로 할양된 후인 1903년에 한 미국인이 출판한 타이완 관련 책에서는 많은 한족이 작업 중 창에 찔릴 위험을 무릅쓰고 '야만인 지역'에서 등나무 채취라는 '좋은 장사'를 하고 있다고 전한다. 그들이 채취한 등나무는 홍콩으로 보내져 가구가 되었다. 미국인 저자는 타이완 가격의 두 배가 되기 때문에 일본 수출이 증가할 것이라고 예측했다. 일본 통치 초기의 이 기록은 일본의 본격적인 등가구 생산이 타이완을 식민지로 삼은 직후부터 시작되었음을 보여주는데, 이것은 미국인 저자가 일본 내지의 소매상에게 얻었다는 정보들을 통해서도 알 수 있다.[13]

타이완은 중국과 일본의 중요한 등나무 공급지였다. 하지만 20세기 식민지 타이완의 등나무 수출은 가장 이익률이 높은 열대우림 산품인 장뇌나 식민지 정부로부터 엄청난 자본 투입을 받은 설탕에 비해 소규모였다. 1861년 미국에서 등나무 가공이 기계화되면서 아시아에서 가구로 가공되는 것보다 많은 양의 섬유가 네덜란드령 동인도나 영국령 말라야로부터 서양의 업자에게 수출되었다. 때문에 타이완에서 등나무의 의의는, 산업에 의한 세입의 중요성보다 일본 제국 내부의 수요를 채우기 위한, 이용하기 쉬운 지역 산품의 편리성 쪽에 있었다.[14]

---

12 Kuo-Tung Ch'en, "Nonreclamation Deforestation in Taiwan, c.1600-1976", In *Sediments of Time : Environment and Society in Chinese History*, edited by Mark Elvin and Liu Ts'ui-jung, pp.693~727, Cambridge University Press, 1998, pp.693~727.

13 James Wheeler Davidson, *The Island of Formosa : Past and Present*, London and New York : MacMillan and Co., 1903, p.412.

14 타이완 총독부 세관 기록에 따르면, 20세기의 첫 사반세기 동안 타이완에서 제국 외부로 수출된 등나무는 매년 25,000~30,000엔이었다. 이것은 타이완의 연도 수출 총액의 약 1~2%이다.(台湾総督府税関編,『台湾貿易三十年対照表 自明治29年 至大正14年』, 1927, pp.151~152, pp.163~164) 1928년에 출판된 대일본제국 가이드북의 타이완 산업 관련 서술에서는 "대부분의 등나무는 홍콩에서 가구 재료로 사용하기 위해 수출된다"고 전하고 있다.(*Terry's*

어느 곳에서든 등나무는 동남아시아 선주민족과 한족의 노동, 그리고 식물에 관한 그들의 지식을 통해 가공된 열대 산품이다. 때문에 공급이 충분이 가능한 한 가격은 저렴했다. 작은 공방에서 남녀는 물론 아이도 가공할 수 있었기 때문에 열대 식민지의 도시생활에서 등나무는 모든 사회층으로 침투했다. 등나무 의자는 가볍고 통풍이 좋아 시원하다. 하지만 가벼운 재료로 만들어졌기 때문에 망가지기도 쉽다. 열대 섬유로 만들어진 가구는 튼튼한 재질의 가구에 비하면, 임시로 사용한다는 성질을 지닌다. 짠 것이 아니라 엮은 것이었기 때문에 목공이라기보다 직물에 가까운 구조이다.[15] 뛰어난 통풍, 편안함, 싼 가격 때문에 등나무 의자는 실내와 마찬가지로 실외에서도 유용했다. 이러한 성질 때문에 여러 방식으로 등나무 의자는 식민지 생활에 적합했다.

3. '취옹醉翁' – 서양인과 열대 가구

아시아의 영국령과 네덜란드령 식민지에 있던 유럽 인구는 불균형할 정도로 남성이 많았다 . 이들 대부분에게 식민지는 잠시 머무는 곳이

Guide to the Japanese Empire, Including Korea and Formosa, with Chapters on Manchuria, the Trans-Siberian Railway, and the Chief Ocean Routes to Japan, Revised ed., Boston : Houghton and Mifflin, 1928, p.763)

15 이 장의 초점은 주로 등나무에 맞춰져 있다. 대나무로 만들어진 의자나 걸상도 아시아 전체에 보급되었다. 기쿠치 히로코(菊池裕子)가 제시한 바와 같이, 일본 식민지의 민예 추진자와 제국 일본의 유럽인 디자이너는 대나무 가구에 특별한 관심을 보였다. 하지만 적응성이 높은 등나무는 세계 가구시장에서 대나무를 능가했다. (Yuko Kikuchi, "Refracted Colonial Modernity : Vernacularism in the Development of Modern Taiwanese Crafts", In *Refracted Modernity : Visual Culture and Identity in Colonial Taiwan*, edited by Yuko Kikuchi, pp.217~248, Honolulu : University of Hawai'i Press, 2007. pp.218~247)

었고, 본국의 사회 규범으로부터 벗어난 도피처였다. 때문에 그들에게는 예법의 기준이 완화된 개방적인 사생활이 허용되었다.[16] 조지 오웰의 『버마의 나날』 등과 같은 문학 작품에서 묘사된 대로, 그들은 아침부터 밤까지 하루 종일 술을 마시며 지내는 일도 드물지 않았다. 특히 술은 군영생활의 중심이었고 식량 배급에도 강한 술이 포함되었다. 동시에 식민자는 열대기후가 자신의 건강에 미치는 영향을 늘 걱정했고, 취해있든 취해있지 않든 대개 나른한 생활에 몸을 맡겼다.[17]

인도의 식민지 주택이었던 방갈로에서는, 영국 본국의 중류계급이 사는 주택에 비하면 설계상 남녀 주인과 하인들을 공간적으로 격리할 수 없었다. 인도의 영국인들은 하인이 항상 곁에 있는 어색함을 무시하는 것으로 그럭저럭 대처했다. 이것은 1904년에 [남인도·타밀나두주] 아라꼬남Arkonam에서 하인들과 함께 찍은 부부의 초상사진이 말해주는 듯하다.(그림 5) 베란다에 서 있거나 바닥에 앉아있는 남성 10명에게 둘러싸인 남녀가 등나무 의자에 각각 앉아 있다. 주인 부부는 옆얼굴을 보이고 있는데, 각각 고독하기라도 한 것처럼 그 시선을 카메라에게도 하인에게도 서로에게도 주지 않고 먼 곳을 바라보고 있다. 사진의 소유자가 '하인을 보여주기 위해 찍었다'고 설명을 단 이 초상사진은 다수의 하인들을 유지하는 것, 그 하인들에게 귀족적으로서 초연한 듯 보이는 것에 대한 만족을 암시한다.[18]

---

16 식민지 인구의 성별 불균형의 원인과 귀결은 Ann Laura Stoler, *Carnal Knowledge and Imperial Power : Race and the Intimate in Colonial Rule*, Berkeley : University of California Press, 2002, pp.46~55 참조.

17 David Arnold, *Colonizing the Body : State Medicine and Epidemic Disease in Nineteenth-Century India*, University of California Press, 1993, pp.80~83.

18 E. M. Collingham, op. cit., pp.107~108. 식민지의 일상생활에서도 이 사진에 연출된 것처

제국일본의 생활공간

영국령 인도의 사정을
잘 이야기해주는 도판을 한
장 더 보자. 그림6은 인도의
생활을 묘사한 해학적 시문
의 삽화인데, 방갈로의 베란
다에서 의자에 앉아 담배 연
기를 천장에 내뿜고 있는 남
성이 한쪽 다리를 의자의 팔
걸이에 올리고 있다. ('방갈로'

그림 5. '하인을 보여주기 위해'라는 캡션과 함께 영국의 개인 앨범에 남아 있던 초상사진, 인도 아라꼬남, 1904년. Collingham, 2001.

도 '베란다'도 인도 영어라는 것에 주의할 것) 하인
은 음료를 준비하고 있다. 몸을 반 정도 뒤
로 젖히고 다리를 바닥에서 들어 올림으로
써, 남자는 자신의 특권과 하인의 존재에
대한 무관심을 드러낸다. 이것은 고독과 알
코올의 즐거움에 대한 희시戲詩에 실린 삽
화이다.[19]

이 삽화는 식민지의 권태에 대한 또
다른 사실도 보여준다. 즉, 그야말로 권태
라는 목적을 위한 특별한 의자가 있었다는

그림 6. 인도에 사는 영국인과 그 하인을 묘사한 해학 시문 『카레라이스』의 한 장면, 1854.

럼 계급과 민족이 철저히 차별받고 있었다고 논하고 싶은 것이 아니다. 앤 로라 스톨러에 의하면, 식민지 환경에서는 민족적, 사회적 아이덴티티가 종종 희미해지기 때문에, 여러 규범서는 유럽인의 특수성을 확립하고 옹호하려 했다.

[19] George Francklin Atkinson, *Curry and Rice on Forty Plates, or the Ingredients of Social Life at "Our Station" in India*, London : Day and Son, 1854.

점이다. 삽화에 그려진 의자의 등받이는 45도로 기울어져 있고 팔걸이가 앞으로 뻗어있다. 이것은 아시아의 유럽 식민지 생활을 촬영한 사진에서도 자주 볼 수 있는 형태의 큰 안락의자다. 열대 목재와 시원하고 가벼운 등나무로 만들었고, 영국으로 돌아가면 응접실에 있을 법한 장식이나 쿠션이 없는, 축 늘어진 몸을 앉히기 위해 만들어진 이 의자들은 식민자의 생활과 규범에 맞춰진 것이었다. 인도나 동남아시아에는 일본과 마찬가지로 서양인이 올 때까지 주택에 의자가 없었으므로, 이러한 의자는 의심할 여지없이 유럽인이 도입한 것이다. 방갈로 주택 유형에 관한 앤서니 킹의 역사연구가 밝히고 있듯이, 식민자가 토지와 현지인의 노동을 풍족히 사용한 것과 마찬가지로 이런 의자들은 방갈로의 폭넓은 베란다와 함께 식민자의 신체를 위한 공간을 충분히 사용하여 널찍한 생활양식을 구성했다.[20] 이 의자는 신체를 반쯤 눕히기 때문에 앉아있는 사람의 시선이 허공이나 천장을 향하고, 하인을 무시하거나 자기 혼자라고 느끼고 싶은 사람에게 알맞은 자세를 만들어냈다.

같은 의자가 네덜란드령 동인도에서는 인도네시아어 '크로시 고방 krossie gobang'이라는 이름으로 불렸다. 크로시 고방은 엮은 등나무가 들어간 나무틀로 만들어졌는데 앉아있는 사람의 다리를 올려놓기 위해 회전해서 연장할 수 있는 팔걸이가 양측에 달려있다. 이 이름은 gobang이라고 불리는 소액 구리 동전이 팔걸이의 연장 부를 고정하기 위해 사용된 것에서 유래한다.[21] (그림 7)

---

20 Anthony King, *The Bungalow : The Production of a Global Culture*, 2nd edition, Oxford University Press, 1995, pp.14~64.
21 Jan Veenendaal, *Furniture from Indonesia, Sri Lanka and India During the Dutch Period*, Delft : Volkenkundig Museum Nusantara, 1985, pp.140~141.

가벼운 열대제 안락의자의 원조에 해당하는 것 중 하나는 동일한 열대 섬유로 제작된 중국 의자 중에서 찾을 수 있을지도 모른다. 그림 8은 1810년에 광둥에서 구매되어 북미의 컬렉션에 남아있는 가동식 발판 대나무 의자이다. 명나라와 청나라의 판화나 문인화에서도 볼 수 있는 의자의 일종인데, 중국어로 '취한 주인의 의자(취옹의醉翁椅)'로 알려져 있다.[22]

그림 7. 목제 틀에 등나무를 엮은 인도네시아의 의자로, '코로시 고방'이라 불렸다. 19세기. 암스테르담 Tropenmuseum 소장. '고방'이라는 단어는 17세기 네덜란드령 동인도에서 널리 유통되던 일본의 동전 '고반(小判)'에서 유래했을 가능성도 있다.

19세기 중반 이후 증기선을 타고 상인이나 식민자뿐만 아니라 관광객도 동아시아의 개항지를 방문할 수 있게 되면서 이러한 의자는 서양에서 인기 있는 토산품이 되었다.[23] 다리를 올리고 반쯤 드러누울 수 있는 의자는 앵글로색슨에게 새로운 경험이었다. 많은 사람들은 이 경험을 하면서 온천이나 요양소, 혹은 선박 여행을 떠올렸을 것이다. 19세기 말에 좌절된 '간이생활'을 제창했던 사람들은 열대제 안락

그림 8. 1810년 광둥에서 구매된 대나무 의자, 현재 매사추세츠에 있음. 피바디 박물관, 매사추세츠 주 세일럼.

의자를 미국식 주택 개선의 일부로 추진했다. 그것들이 극동에서 온 물건이었기 때문에, 당시 유행하던 일본과 중국의 예술품 및 골동품과 어울려 자연스레 서로를 돋보이게 할 것이라고 보았다. 미국판 아트 앤드 크래프

22 Sarah Handler, *Austere Luminosity of Chinese Classical Furniture*, Berkeley, CA : University of California Press, 2001, pp.33~35.
23 Jeremy Elwell Adamson, *American Wicker : Woven Furniture from 1850 to 1930*, Washington, DC : Smithsonian Institution, 1993, pp.214~221.

그림 9. 긴 팔걸이가 달린 등나무 의자와 일본풍 장식물로 꾸며진 '평안한 항구'라 불리는 방. Clarence Cook, *The House Beautiful*, 1878.

트 운동의 추진자 중 한 명이자 『더 하우스 뷰티풀』의 저자였던 클라렌스 쿡은 이런 의자 중 하나를 표현한 도판에 다음과 같은 말을 덧붙였다. "쾌적하며, 낮고 편안한 중국제 대나무 의자가 우리들을 포옹하듯 부른다……동양인 이외의 누가 이 의자 같은 사치스러운 조합을 고안할 수 있었을까?"[24] (그림 9)

4. 좌식 제국주의자─식민지 타이완의 일본인

마크 피티는 19세기 후반부터 20세기의 여러 제국 중 일본의 식민지 제국이 가지고 있던 몇 가지 특이성을 설명한다. 하나는 영역으로 보아 먼 곳이 아닌 가까운 곳이고, 타이완과 조선은 식민자와 민족적으로 가깝다고 볼 수 있는 사람들이 거주하는 곳이라는 점이다.[25] 또 하나는

---

24 Clarence Cook, *The House Beautiful : Essays on Beds and Tables, Stools and Candlesticks*, New York : Scribner, Armstrong and Co., 1878, pp.154~155.

25 Mark Peattie, "Introduction", *The Japanese Colonial Empire, 1895-1945*, edited by Ramon H. Myers and Mark R.Peattie, Princeton, NJ : Princeton University Press, 1984, p.7. 레오 칭이 지적한 대로, 범주로서의 민족이 본질적으로 안고 있는 문제점은 그의 특이성 주장을 상당히 약화시킨다. 민족을 이야기할 때 친근감 내지 단절이라는 개념은 경험 보다 우선하는 선천적 여건이라기보다 제국주의 그 자체의 논리 속에서 구성되었다고 봐야 한다. 청나라의 영토도 일본의 근대 제국과는 다른 원리로 통치되었다고는 하나, 이 또한 근대의 친근성에 관

제국일본의 생활공간

타이완과 만주(관동주)로 옮겨간 일본인이 의자에 앉는 사회에 식민 통치를 실시한 유일한 좌식 민족이었다는 점이다. 이것은 피티가 지적했던 지정학적으로 중대한 문제보다 지엽적으로 보일지도 모른다. 하지만 친밀한 공간에서 신체의 정치학은 공공의 정치와 밀접히 얽힌다. 더구나 일본의 좌식 습관이라는, 근대 제국주의 세력 속의 특이한 관습은 일본의 지배를 확립했던 서양적 방식과 역행하는 요소를 내포하고 있었다.

이 지배는 우선 우월한 문명의 수준을 드러내는 것으로 확립되었다. 이것은 서양 뿐만 아니라 식민지에서 지배받고 있는 사람들과 내지 사람들까지 의식한 연출이었다. 이미 알려진 바와 같이, 일본은 서양의 제도 및 식민지 통치 기술과 함께 서양식 건축 나아가 도시 계획까지도 일본의 식민지 지배의 정당성을 주장하기 위해 이용했다.[26] 건축사 연구자 니시자와 야스히코는 식민지에서 개발된 주택지의 주택이 일반적으로 내지보다 높은 수준이었다고 지적하고 있는데, 그 이유 중 일부는 일본이 얼마나 문명화되어있는지 보여줄 필요성을 건설자가 느꼈기 때문이었다. 니시자와에 의하면, "지배지에서는 피지배자의 눈에 보이는 모든 것이 지배자의 국력과 연결된다. 거기에는 피지배자를 압도하는 건축과 도시의 출현이 요구된다."[27] 레오 칭도 같은 관점에서 일본의 입장이 '보는 주체와 보이는 객체' 쌍방에 동시에 놓였기 때문에 "불안하게 흔들리고 있었다"고 지적한다. 레오 칭의 함축적 표현은 문화적으로

한 주장에 역사학적 기반을 부여하는 것이었다.

26 西澤泰彦, 『日本植民地建築論』, 名古屋大学出版会, 2008, pp.407~408.

27 西澤泰彦, 「南満州鉄道社宅群, 大連など－荒野の中のユートピア」, 片木篤, 藤谷陽悦, 角野幸博編, 『近代日本の郊外住宅地』鹿島出版会, 2000, p.517.

그림 10. 타이완 총독부를 방문한 간인노미야와 타이완 원주민 대표. 기념 그림엽서, 1909년. 식민지 타이완 방문 중인 화족에게 인기 있는 셔터찬스였다. 높은 베란다에 놓인 등나무 의자에 기댄 간인노미야와 그 아래에 서 있거나 쭈그리고 앉아 있는 원주민의 자세로 권력관계가 연출되고 있다. 사징닝(夏靜凝)·셰메이화(謝梅華), 『견증(見證)—타이완 총독부 1895~1945 : Witness— the colonial Taiwan, 1895~1945』(촬영 펑인핑(彭延平)·류셴쥔(劉嫻君)), 타이베이 : 입홍출판사(立虹出版社), 1996.

식민지화된 식민자, 즉 일본의 식민지 정부와 제국의 식민지 엘리트의 딜레마를 지적한다. 분명 서양 열강은 일본의 조선과 타이완에 대한 영토 통치권을 인정하고는 있었다. 하지만 그것은 서양인이나 다른 아시아인이 일본인 식민자를 문명화의 주도자라 인정했는지의 여부를 보증하지는 않았다. 대일본제국 전역에서 서양식 건축과 가구는 서양의 제복, 관직, 제도와 함께 유럽인과 다를 바 없는 문명화의 주도자로 세계의 인정을 받으려는 일본인의 노력을 보여준다.

본토에서 방문한 화족華族 등 엘리트가 타이완 총독부 앞에서 원주민과 찍은 기념사진 등에는 이러한 노력이 선명하게 드러나 있다. 간인노미야閑院宮가 원주민 대표단과 찍은 사진은 일본인이 문명화의 담지자라는 주장이 의자를 통해서 어떻게 힘을 얻었는지 보여준다.(그림 10) 이 사진은 1909년 6월 총독부가 그림엽서로 발행한 것이다. 군복을 입은 간인노미야는 총독부 건물 계단 맨 위에 놓인, 작은 테이블 옆 팔걸이가 달린 등나무 의자에 앉아 있다. 일본인 관료가 그를 둘러싸고 서 있다. 원주민 대표단 대여섯 그룹은 랩 치마 등 토착 의복을 입고 계단 아래 지면에 서 있거나 쭈그리고 앉아 있다. 이러한 광경은 '셔터찬스 shutter chance' 그 자체가 필시 선주민족과 일본 귀빈의 회합이 존재하는 이유로 작동했으리라는 인상을 부여한다. 이 사진은 미국, 아프리카, 아시아 각지에서 식민지 권력을 의식적으로 드러내기 위해 많이 사용된 시각 언어의 응용으로, 현지와 외국인에게 일본의 힘뿐만 아니라 '미개'를 평정한 문명의 힘도 표상한다.

타이완에서 연출된 문명과 미개의 배경에는 예로부터 행해지던 분류가 있었다. 예를 들면 일본에 의한 '생번生蕃' '숙번熟蕃'이라는 현지인 분류는 청나라 용어에서 유래했다. 청나라의 타이완 통치자에게 중국의 관습과 차이를 보이는 모든 징조는 현지인이 야수와 같은 위치에 있기 때문으로 보였다. 따라서 그들은 자신들이 접촉하는 현지인들에게 행동의 동화를 요구했다. 예를 들면 황야이璜牙圅 마을의 촌장에게 청에 대한 충성을 맹세시킨 1880년 협약에서는 동물과 식별하기 위해 마을 사람들에게 옷을 입도록 촌장의 약속을 받았다. 특히 원주민 여성은 중국 복장의 요소를 부분적으로 도입했다.[28]

타이완 원주민의 관점에서 보면, 일본의 식민지 통치 담당자는 그들의 행동 규범을 자신들에게 강요하려는 여러 외지인 중 하나일 뿐이었다. 하지만 일본인 관료들은 원주민에게 진보한 문명의 모범을 보여

---

28 Henrietta Harrison, "Clothing and Power on the Periphery of Empire : The Costumes of the Indigenous People of Taiwan", *Positions : East Asia Cultures Critique* II, no.2, 2003, p.338.

주는 것에 더해, 1895년까지 섬의 상위층을 형성하고 있던 한족 사람들(주로 복건인福建人)에게도 보다 높은 문명성을 보여줘야만 한다는 이중 과제를 가지고 있었다. 때문에 타이완 총독부는 타이완으로 건너간 일본인이 중국 습관에 동화되는 것을 걱정했다. 예를 들면 타이완 총독부가 설치된 지 불과 일주일 후, 민정국은 소속 관리들에게 중국식 복장을 입지 말라고 경고했다.[29] 또한 내지에 널리 퍼져있던 동시대의 화양和洋 절충적 문화형식 중 어떤 요소를 식민지에 유입할 것인지도 문제였다. 서양의 건축과 복장은 일본의 제국적 사명의 공적 연출에서 빠질 수 없었지만, 통상적인 일본인 식민자의 일상생활에서는 그다지 볼 수 없었다. 적어도 총력전 때문에 검약 규범이 강제되고 몸뻬(여성 작업복-옮긴이)가 장려될 때까지 식민지 도처에서 일본인 여성은 내지와 마찬가지로 기모노를 입었고, 대부분의 남성도 집 밖에서는 양복이나 제복을 입고 집에 돌아와서는 일본 옷으로 갈아입었다. 건축의 경우도 일본인의 다다미에 대한 애착은 그것을 구하기 힘든 장소에서조차 변함없었다. 예를 들면 동남아시아의 여러 섬에서는 주택의 바닥이 목판으로 만들어져 있음에도 이주해온 내지인은 그 위에 돗자리를 깔았다.[30] 만주에서 최고 수준의 사택이었던 남만주철도 간부의 주택은 외양이 완전히 서양풍이지만 내부의 거실 여섯 개 중 다섯 개에는 다다미가 깔려있기도 했다.[31] 따라서 서양 문명의 규범을 보편적으로 적용하고 싶은 식민지 엘리트가 있었다 하더라도, 그것이 제국의 공간 전체에 걸쳐 획일

---

29 岡本真季子, 『値民地官僚の政治史-朝鮮・台湾総督府と帝国日本』, 三元社, 2008, p.106.
30 Mark Peattie, *Nan'yō : The Rise and Fall of the Japanese in Micronesia, 1885-1945*, Honolulu : University of Hawai'i Press, 1988, p.204.
31 西澤泰彦, 앞의 글, p.554 도판.

그림 11. 동남아시아 주재 해군사관과 가족, 1930년대. 동남아시아의 일본인 주택은 판자를 댄 고상식(高床式, 열대지역에서 비 피해를 막기 위해 땅 위에 기둥을 세우고 그 위에 지은 가옥 형태—옮긴이)에 바닥에는 돗자리를 까는 것이 일반적인 듯하다. 이 형태의 등나무 의자는 일본제국의 전 지역에서 사용되었다. 오노 게이코(小野 啓子) 제공.

그림 12. 등나무 의자에 앉은 푸이. 위키피디아.

적으로 적용되는 일은 없었다.(그림 11, 12)

    식민지 타이완의 한족 중에도 일본식 복장이나 주택 건축의 요소를 일본 통치 초기부터 받아들인 사람이 있었다. 미국인 선교사 D.퍼거슨은 도시의 타이완인이 "급속히 일본화되고 있다"고 1909년에 보고했다. 그 증거로 자전거와 게타下駄를 들고 있다.[32] 1924년 조사에서는 타이완인('본도인本島人') 여성을 위한 엘리트 학교에 다니는 딸이 있는 254세대 중 109세대가 주택에 하나 이상의 '내지풍 거실'을 만들었다고 한다.[33] 이 학교는 기숙사에서 일본 예법을 가르치는 데 중점을 둠으로써 일본의 거주관습을 장려했다.[34] 여기에는 좌식도 포함되어 있었음이 틀림없다.

---

32 D. (Rev.) Ferguson, "Formosan Chinese", *The Chinese Recorder* no.40, 1909, p.494.
33 竹中信子, 『植民地台湾の日本女性生活史 大正編』, 田畑書店, 1996, pp.176~177.
34 위의 책, p.45.

서로 다른 생활습관의 만남은 실제로 일상적 문제를 일으킬 수 있다. 이런 차이들은 신체나 그 청결 감각을 필연적으로 동반한다. 때문에 문화 이데올로기가 무의식적으로 작용하고, 이성 이전의 심리적 차원에서 차이를 체험하게 된다. 타이완인 작가 저우진보周金波의 1943년 단편 「기후와 신앙과 지병과」에서는 주인공이 황민화 운동 시기에 신토神道로 개종한다. 페이 위안 클리먼이 이 단편을 분석했는데, 주인공이 신단을 넣기 위해 집의 방 하나를 '일본 방처럼' 만들자 집은 "확연히 두 부분으로 나누어져 버렸다"고 지적한다. 감각적으로도 정신적으로도 대조적인 두 부분에 의해서 주인공은 집의 다른 한 편에서 타이완의 전통의식을 행하는 아내로부터 멀어진다.[35]

익숙해진 좌식을 굳이 멀리하지 않았던 많은 일본인들은 타이완에서 조우한 일상 문화의 만남에 어떻게 대처했을까. 한 가지 해결법은 접촉을 피하는 것이다. 기업이나 큰 공장은 일본인 직원용 주택을 기존 시가지에서 떨어진 새로운 구획에 세웠다. 예를 들면 타이완 제당이 가오슝高雄 교외에 세운 공장 도시는 일본인용 사택을 공급했지만, 대부분의 타이완인 사원은 외부에서 통근하도록 했다.[36]

하지만 도시계획 차원에서 격리했다 하더라도, 식민자 자신이 가사 도우미를 필요로 했기 때문에 주거 공간의 내부에서는 또 다른 해결법이 필요했다. 내지에서는 입주 하녀를 한 명 이상 고용하는 것이 중류

---

35 Faye Yuan Kleeman, *Under an Imperial Sun : Japanese Colonial Literature of Taiwan and the South*, Honolulu : University of Hawai'i Press, 2003, p.210.
36 小野啓子・安藤徹哉, 「南洋群島における日本植民都市の都市構造に関する研究 その3―台湾における日本糖業プランテーションタウンの形成過程」, 『日本建築学会計画系論文集』621号, 2007.2., p.182.

가정의 표시였다. 타이완의 일본인 세대에서 영국령 인도의 지배계급에서나 볼 수 있는 다수의 도우미를 고용하는 일은 드물었다 하더라도, 도우미를 고용하는 일은 내지 이상으로 일반적이었다고 한다. 1910년대 타이완의 신문에 타이완 생활의 감상을 게재한 일본인 여행자는 타이완의 일본인이 허세를 부리기 위해 내지에서 볼 수 없는 형태로 하녀를 부린다면서, 나태한 식민지 주부들을 비판했다.[37] 또한『생활상으로 보는 타이완의 실제生活上より見たる台湾の実際』라는, 굳이 따지자면 식민지 생활을 상품화해서 파는 듯한 느낌을 주는 책에서조차 저자 이하라 스에키치伊原末吉는 타이완 식민자 가정의 기본적 특징 중 하나로 많은 타이완인 도우미를 고용하는 경향을 강조한다. 이하라는 이것이 '허영, 사치, 분에 넘침, 노동을 싫어하는 악풍'을 불러올 것이라 경고하고, 식민자에게 '식민지적 기분'을 배제하라고 설교했다.[38] 내지와 조선에서 타이베이로 건너간 도래자의 연차통계는 1936년과 1937년 사이에 '가사 도우미'로 건너온 사람을 1년에 대략 천 명 대로 기록한다. 이 통계서에 의하면, 이즈음 매년 약 7만 명의 일본인과 조선인이 건너왔고, 그중에는 관리와 자영업자만 총 1만 명 이상, 무역업자가 9천에서 1만 6천 명 포함되었다.[39] 이것을 보면, 타이완에 많은 도우미가 필요했던 상황은 분명하다. 그러나 이에 비해 가사 도우미로 온 사람은 적었기 때문에, 중산계급 식민자 대부분이 도우미를 고용하려면 타이완인을 고용할 수밖에 없었을 것이다.[40]

---

37 앞의 竹中信子,『植民地台湾の日本女性生活史 大正編』, p.78.
38 伊原末吉,『生活上より見たる台湾の実際』, 台北 : 新高堂書店, 1926, p.65.
39 『台北州統計書』第17号, 1941.
40 미성년자를 어떻게 집계했는지 등 불명확한 점도 있다. '관료와 자영업자'로 분류된 여성

일본인의 좌식과 맞물리지 않았을 뿐만 아니라, 근본적으로 대립했던 이 지역의 풍습 중 하나가 전족纏足이었다. 전족은 송나라 때 시작되었는데, 동시기 혹은 조금 앞선 시기에 널리 퍼진 의자 습관과 관련이 있다. 도로시 코의 지적에 따르면, 의자에 앉는 것이 "전족을 인간 공학적으로 가능하게 했다." 동시에 바닥에 앉아있었다면 숨겨졌을 여성의 발이 의자에 앉음으로써 눈에 띄게 되고 성욕을 불러일으키는 대상이 되는 계기도 만들어졌다.[41] 전족을 한 여성은 신발과 전족용 천을 혼자 쓰는 공간 이외에서는 벗지 않았고, 반면 다다미 위에서 생활하던 일본인은 다다미가 깔린 바닥에 신발을 허용하지 않았다.

일본의 점령 초기에는 타이완의 한족 여성 사이에서 전족이 일반적이었다. 한 세대가 지나도 많은 나이든 여성들은 여전히 전족을 신었다. 1930년대에서 1940년대를 타이완에서 보낸 사신의 어린 시절을 블로그에 기록하고 있는 '다카 아키라高あきら'라는 펜네임의 일본인 저널리스트는 이와 같은 대립을 해결할 방법으로 집 안에 단절이 있었음을 암시한다.[42] 전족을 한 타이완인 세탁부가 매일 아침 일을 하러 집을 다녀갔지만, 그녀는 욕실에서 세탁했다. 자수가 놓인 중국옷을 입고 빈랑(타이완, 중국, 동남아 등에서 애용되는 씹는 열매-옮긴이)을 씹으며 그녀가 쭈그

수가 남성 수의 절반에 달하는 것을 보면, 아내는 남편의 직업으로 함께 분류된 듯하다. 타이완의 도우미 중에는 오키나와 야에야마(八重山)에서 온 노동 이민도 많았다. Hiroko Matsuda, "Moving Out from the 'Margin' : Imperialism and Migrations from Japan, the Ryukyu Islands and Taiwan", *Asian Studies Review* 32, December 2008, pp.511~531 참조.

41 Dorothy Ko, *Cinderella's Sisters : A Revisionist History of Footbinding*, Berkeley, CA : University of California Press, 2005, pp.135~138. 중국의 의자 생활의 시작에 관해서는 John Kieschnick, *The Impact of Buddhism on Chinese Material Culture*, Princeton, NJ : Princeton University Press, 2003, pp.222~248 참조.

42 高あきら, 「植民地時代の台湾人と日本人(8)」, 『大分合同新聞』ブログ「この世の中なんでもあり」, 2006.1.26. http://blog.oitablog.jp/takaakira/archives/2006/01/

려 앉아 있는 모습을 보았다고, 그는 기억한다. 당시 타이완에 세워진 일본식 주택은 내지의 주택과 마찬가지로 실외에서 직접 욕실로 들어가는 구조였다. 욕조는 보통 흙이나 시멘트 바닥에 설치되어 있어서 신을 신고 들어갈 수 있는 공간이었다. 다카 아키라는 집에서 일하던 타이완인 도우미('네야')와 놀거나 싸웠던 것도 기억한다. 이와는 대조적으로 세탁부와는 대화를 나눠본 적이 없었다. 세탁부는 전족을 하고 있었기 때문에 안채의 주거공간에는 들어올 수 없으니 아이와 친밀해질 일이 없었던 모양이다.[43]

식민지 지배를 시작한 지 20년 동안 일본 당국은 민간 개량 조직을 원조하고 교화 캠페인을 통해 전족 습관을 없애려고 노력했다. 1915년에 전족은 완전히 금지되었다. 중국 민속 연구가 하워드 레비에 의하면, '반대자는 강제적으로 처벌당했기' 때문에 금지령에 효력이 있었다. 따라서 1930년대까지 많은 젊은 타이완인 여성은 일본인 세대에서 가옥 내의 시중을 들 때 신체적 속박이 없어졌다.[44] 하지만 타이완인 여성이 가사 시중을 들 수 있도록 하는 것이 가장 큰 이유였다고 주장하고자 하는 것은 아니다. 이 캠페인은 '3대 누습' 중 하나로, 남성의 변발과 아편을 금지하는 캠페인과 병행하여 실시되었다. 즉 일본인 세대에서 일하는 데 알맞은 신체를 가진 도우미가 늘어난 것은 문명화라는 일본의 사

---

43 언어의 벽도 대화의 장애가 되었을 것이다.

44 E. Patricia Tsurumi, *Japanese Colonial Education in Taiwan, 1895-1945*, Cambridge, MA : Harvard University Press, 1977, pp.220~221. 쓰루미는 같은 책에서 레비를 인용하고 있다.(Ibid., p.221) 쓰루미가 지적하듯이 어렸을 때 전족을 하다가 나중에 그것을 풀게 되면, 회복하는데 아픔이 따르고 시간도 걸리기 때문에 이중의 고통이었다. 앞서 말한 여학교에서는 금지령 이전인 1914년 합격생 중 22명이 전족, 34명이 비전족, 64명이 '풀린 전족'이었다. (앞의 竹中信子, 『植民地台湾の日本女性生活史 大正編』, p.44)

명의 부산물이었던 것이다.[45]

타이완 원주민은 여성의 발을 묶어놓지 않았기 때문에, 당시 일본 당국이 신봉하던 문명화 단계에서 한족 사람들보다 높은 지위를 점하고 있었다고도 할 수 있다. 대부분은 맨발로 걸어 다녔지만, 맨발은 전족보다 간단히 신발이나 조리草履로 '교정'할 수 있기 때문에 원주민의 신체는 문명에 한 단계 가깝다고 볼 수 있다. 또한 일본인이 가져온 '문명'에서 타이완 원주민은 고상식 주택의 바닥에 앉아 있던 점에서 일본인과 비슷했다. 실제로 일본인 경찰과 유력한 원주민 가족의 딸 사이에 수차례 이루어진 정략결혼은 상당한 주목을 받았다. 또한 영화로 유명해진 '사욘의 종サヨンの鐘' 등도 선주민족 여성과 일본인 남성의 연애 이야기에 대한 대중적 욕망에 부응했다.[46] '미개'의 스테레오 타입이었던 원주민은 발과 관련된 습관에 의해서 글자 그대로 '전통에 묶인' 한족 사람들 보다 민족을 초월한 결혼과 얽힌 이런 식의 이야기에 잘 어울렸던 것이다.

이것은 동화同化란 무엇인가라는 복잡한 문제로 이어진다. 그 개념에 대한 해명을 레오 칭이 파고들었다. 칭은 1920년에 『타이완 청년』에 게재된 차이 페이휘蔡培火의 논의를 인용하고 있는데, 여기에서 차이는 동화의 개념을 전 세계에서 발생하는 불가피한 문명의 과정으로 재정의했다. 차이는 이 유토피아적 근대의 틀을 구체적이고 물질적인 관습과

---

45 악습의 문제를 조사하기 위해 식민지 정부의 인구조사에서는 전족 여성, 변발 남성, 아편 중독자를 파악했다.

46 Paul D. Barclay, op. cit., pp.323~360; Leo T. S. Ching, *Becoming Japanese : Colonial Taiwan and the Politics of Identity Formation*, Berkeley : University of California Press, 2001, pp.161~168. 鄧相揚, 『植民地台湾の原住民と日本人警察官の家族たち』, 日本機関紙出版センター, 2000 참조

연결짓고, 타이완의 전족과 일본의 좌식을 동화 과정에서 버려져야만 할 것으로 거론했다.[47] 1920년, 내지에서 서양으로 문화의 안테나를 향하고 있던 진보적 일본인들은 총독부가 전족 때문에 시행한 것과 같은 강제력은 없었지만, 다다미와 좌식을 없애는 운동을 하고 있었다. 따라서 식민지든 내지든 세계 시민적 근대화론자의 관점에서 보면 한족과 일본인의 이 습관은 문명과 미개처럼 대립하지는 않았고, 오히려 함께 미개에 속했다. 전족과 좌식은 상호 모순되는 두 가지의 미개였다.

내가 아는 한, 식민지 당국은 타이완의 일본인을 바다에서 일으키려는 캠페인을 하지는 않았지만, 일본 지배하의 타이완 주민이나 외국인 방문자가 미개하다고 해석할 위험이 있던 다른 거주 습관에 관해 우려했던 징조는 있다. 예를 들면 나체를 드러내는 것에는 경고가 발령되고 벌금이 부과되었다. 일본인은 타이완에 있는 한족 이상으로 더울 때 나체가 되는 것에 익숙했던 모양이다. 앞에서 인용한, 일본인이 다른 사람들의 이목 때문에 너무 많은 도우미를 떠안고 있다고 신문에 보고한 일본인 여행자는, 타이완의 내지인이 집에 있을 때 속옷이나 속치마 정도만 착용하는 경우가 자주 있다고도 보고한다. 종종 여성이 뒤뜰에서 나체로 목욕하는 것을 보이기도 했던 모양이다. 식민지 타이완에서 자란 다케나카 노부코竹中信子는, 이 점에 있어서 일본인은 '생번生蕃 같다'고 타이완인들이 생각했다고 쓰고 있다.[48] 이 우려는 E.H.콜링엄이 묘사한 19세기 중반의 인도 상황과 정반대이다. 인도에서는 현지인이 거의 나체였는데, 영국 본토에서 온 방문자는 식민자가 그들의 나체를

47 Ibid., pp.110~112.
48 앞의 竹中信子, 『植民地台湾の日本女性生活史 大正編』, p.79.

'무관심'하게 묵살하는 것을 발견했다.[49] 한편, 타이완에서는 식민자야
말로 나체였으며, 내지에서 온 방문자(와 식민지 당국 및 엘리트층 일부)는
그들의 나체를 현지인이 비난의 눈길로 바라보는 것을 우려했다.

5. 열대의 혼합―내지와 식민지의 미쓰코시三越형 등나무 의자

어떤 열대산 가구가 집 바닥에서 일어나 앉도록 전환을 지향한 내지
계몽주의자의 요구에 부응했다. 1911년, 일본의 최고급 백화점이자 부르
주아적 근대 취향을 널리 퍼뜨린 미쓰코시는 간소한 팔걸이 등나무 의자
를 소개했다.(그림 13) 등나무 의자는 그 이전에도 일본에서 제조되었지
만, 그 수량은 한정적이었다. 미쓰코시는 이것을 심플한 형태로 대량생산
했고, 이전 가격보다 훨씬 저렴한 가격으로
제공했다. 1920년대 초, 점점 많은 젊은 부
부가 내지와 외지의 도심부에 신가정을 꾸
리고 자신의 주택에 가구를 구입하는 새로
운 체험의 기회를 얻었다. 미쓰코시는 거기
서 큰 시장을 발견했다. 성장해가는 새로운
중산계급은 새로운 가구나 장식의 열렬한
소비자가 되었는데, 그것은 메이지 이래 계
몽주의자들이 펼친 자기 교화 운동의 영향

그림 13. 미쓰코시 등나무 의자 광고, 잡지 『미쓰코
시(三越)』, 1911. 가장 일반적이었던 이런 형태의
등나무 의자를 실제로 미쓰코시가 발명한 것인지 아
닌지는 명확하지 않지만, 미쓰코시는 보급에 큰 역할
을 했다.

---

49 E. M. Collingham, op. cit., p.105, pp.107~108. 콜링엄은 1839년부터 1942년까지 캘커타
에 살았던 G.W. 존슨을 인용하고 있다.

만이 아니라 유행 때문이기도 했다. 전간기에 여성지나 대중지에 게재된 새로운 '문화주택' 사진에 미쓰코시의 의자가 빈번히 등장했다.[50]

미쓰코시형 등나무 의자는 많은 주택에 놓인 최초의 의자였을 것이다. 거기에는 세 가지 사회적 변화가 동반되어 있다. 즉, 가정에 의자식을 도입한 것, 핵가족 세대의 확립, 임금 노동과 대량 생산된 상품의 구매에 기반을 둔 일상생활 확립이다. 메이지기를 통해 의자는 서양식으로 확연히 구분된 공간, 즉 대부분의 일본인에게 신체를 안락하게 하기보다도 규율을 따르게 했던 학교, 관청, 사무소와 같은 공간에 속했다. 서양 가구는 다다미 표면畳表을 상하게 하고, 요나 방석 등 넣어둘 수 있는 물건을 전제로 설계된 방에서 자리를 차지했다. 미쓰코시의 간행물은 서양적인 안락한 형태와 행동(예를 들면 '베란다'에서 '맥주'를 마시는 등)을 제안하면서 새로운 등나무 의자를 판촉하고 있는데, 처음에는 그것을 일본식 방에서도 사용할 수 있다고 제안하기를 꺼렸다. 하지만 1920년에 '신일본 가구'라 칭한 등나무 의자 시리즈를 소개하면서는 다다미 방에서 사용하기에 적합하다고 분명히 적은 광고를 했다. 특히 등나무는 색이나 결이 다다미 표면의 골풀과 닮은 열대식물이다. 이 감각 상의 유사성 때문에 가벼운 팔걸이 등나무 의자는 1920년대 일본의 주택 내부에 널리 퍼졌다. 그리고 그 보급은 서양 가구의 미묘한 대체를 동반했

---

50 참고로 등나무 가구 생산과 구속된 상태에서 이루어진 노동은 깊은 관계가 있는 듯하다. 가구 역사 연구자 고이즈미 가즈코(小泉和子)에 따르면, 미쓰코시의 등나무 의자는 타이완 죄수들이 만들었다고 한다. 앞에서 언급한 선교사 퍼거슨도 타이완 죄수가 '바구니, 가구 등'을 만들었다고 적었다.(Ferguson, D. (Rev.), op. cit., p.495) 게다가 프랭크 디코터는 1920년대 중국에서도 '죄수, 고아, 무숙자'가 등나무 의자를 만들었다고 기록하고 있다.(Frank Dikotter, *Exotic Commodities : Modern Objects and Everyday Life in China*, New York : Columbia University Press, 2006, p.170) 이것은 세계적 현상이었을지도 모른다. 제레미 아담슨도 합중국 시장의 등나무 가구 일부는 미국 형무소에서 만들었다고 기록하고 있다.

다. 예를 들면 미쓰코시의 새로운 시리즈를 찬양하면서도, 어느 신문기자는 이 신식 의자가 너무나 일본적이기 때문에 "이제는 의자라는 느낌이 없다"라고 말한다.[51]

재료가 부서지기 쉬운 등가구는 목제 가구와 비교하면 임시적인 것이었다고 앞서 이야기했는데, 미쓰코시의 등나무 의자는 다른 의미로도 임시적인 것이었다. 좌식과 의자식의 타협이었기 때문이다. 유럽이 지배하는 식민지에서 볼 수 있던 누울 수 있을 정도로 큰 의자와 달리, 미쓰코시의 등나무 의자는 작고 몸에 딱 맞으며 수직적이다. 몸을 감싸면서 딱 맞게 고정시켰다. 이런 의미에서 이 등나무 의자는 좌절된 '간이생활'의 도구임과 동시에 국제적 방식인 의자식에 대한 양보이기도 했다. 일본의 신 중간층에게 등나무는 좌식생활을 하는 반半 열대적 일본의 '원시생활'에서 진짜 서양식 가구를 이용하는 문명화된 생활로 이행하는 과정의 중개자 역할을 했다.

미쓰코시형 등나무 의자에 부여된 이 중개적 역할은 식민지에서 촬영된 초상사진을 보면 종종 느낄 수 있다. 군상群像 사진은 여러 관계성을 보여준다. 앉아 있는 사람 사이의 관계, 앉아 있는 사람과 카메라 또는 그 뒤에 서 있는 촬영자와의 관계, 그리고 미래에 이것을 볼 후세 사람들과의 관계이다. 거기에는 초상을 둘러싼 과거의 실천 및 전통과의 관계도 있었을 것이다. 초상사진 속 가구는 이러한 관계 전부를 분절한다. 19세기부터 20세기 초기까지 일본의 사진관에서 촬영된 초상사진의 피사체는 보통 천으로 덮인 술 달린 빅토리아풍 의자에 앉아있거나

---

51 『三越』 10卷 3号, 1920.3., p.14, p.18.

제국일본의 생활공간

그 옆에 서 있다. 사진관이 아닌 주거 공간에서 촬영된 사진은 피사체를 정원이나 베란다에 두고, 종종 등받이가 있는 직선적 등나무 의자에 앉히고 찍었다. 사진관의 천 덮인 의자와 마찬가지로 이러한 의자는 피사체를 틀에 가두고 초상사진의 기념성을 높였다.[52]

그림 14는 타이완 챠오찌 터우橋仔頭에 있는 사탕공장의 기념지에 게재된 사진인데, 주택에서 정식 촬영된 초상사진에 미쓰코시의 등나무 의자가 사용되었다. 사진 속 남성의 군복과 앉아 있는 사람들의 엄격한 정면성이 사진의 기념성을 보여준다.[53] 이 정면성은 가족 사진에서 앉아 있는 사람을 카

그림 14. 타이완 제당(製糖) 회사의 관리직 일가, 1920년대 사진.(『당금시대 : 챠오찌터우의 영상기억(糖金時代 : 橋仔頭影像記憶)』, 2002)

메라 시선의 대상으로 연출하고, 후대를 향해 가족의 현재적 존재를 기록하는 것이 찍힌 사람들의 개인적 안락이나 자기표현보다 우선시되고 있음을 보여준다. 이것은 그림 5에서 하인에게 둘러싸여 귀족주의적 무관

---

52 일본의 대중적 초상사진에 관한 연구는 한정적이다. 초상사진의 복제 컬렉션으로는 田中雅夫, 『日本写真全集5 人物と肖像』, 小学館, 1986; Nihon Shashinka Kyokai, *A Century of Japanese Photography*, New York : Pantheon Books, 1980 등이 있다.

53 동일한 정면성은 조상을 기리기 위한 생전 사진이나 군인의 기념사진에도 특징적으로 나타난다. 기노시타 나오유키(木下直之)가 지적하듯이 군인의 초상을 기념 촬영하는 행위는 1894~1895년 청일전쟁 이후 일본에서 초상사진의 대중적 소비에 크게 공헌했다.(Kinoshita Naoyuki, "Portraying the War Dead : Photography as a Medium for Memorial Portraiture", In Nicole Rousmaniere et al., *Reflecting Truth : Japanese Photography in the Nineteenth Century*, Amsterdam : Hotei, 2004, pp.86~99; 佐藤守弘, 「痕跡と記憶－遺影写真論」, 帝塚山学院大学美学美術史研究室, 『芸術論究』第29篇, 2003. pp.39~59)

심으로 먼 곳을 바라보는 아라꼬남의 부부의 자세와 대조적이다.[54] 그림 14의 남성은 신발을 벗어 두는 (시멘트로 만들어진 듯 보이는) 돌(혹은 상자)에 앉아 있고, 옆에 있는 여성(아마도 부인)과 소녀(아마도 딸)는 미쓰코시형 등나무 의자에 바로 앉아 손을 무릎 위에 두고 팔걸이나 등받이에 기대고 있지 않다. 인도에서 중국으로 의자를 묵상 도구로 도입한 6세기 불교 승려처럼, 이 초상사진에서 앉아 있는 사람은 편한 자세를 취하기 위해서라기보다 단처럼 의자를 사용하고 있다.[55] 사진에서는 뒤쪽 툇마루 끝에 앉아 맨발을 흔들거리고 있는 소년을 제외하면 전원이 외출용 신발을 신

그림 15. 타이완 제당 회사의 가족.(『당금시대 : 챠오찌터우의 영상 기억(糖金時代 : 橋仔頭影像記憶)』, 2002)

고 있다. 긴 부츠를 신은 남성과 함께 포즈를 취하기 위해 앉아있는 사람들은 집 밖의 땅 바닥 위에 모여 신을 신음으로써 공적 성질을 높이고 있다. 참고로 그림 14에서는 등나무 의자를 밖으로 꺼냈고 천으로 다리 끝부분을 감쌌다. 이 역시 좌식 생활에 편입된 등나무 의자의 혼합적이고 잠정적인 본성을 상기시킨다.[56] 그림 14에 비해

그림 15는 챠오찌터우 설탕공장의 다른 가족사진인데, 도우미나 친척으

---

54 유럽 초상사진의 정면성은 John Tagg, *The Burden of Representation : Essays on Photographies and Histories*, Minneapolis : University of Minnesota Press, 1993, pp.35~37 참조.

55 John Kieschnick, *The Impact of Buddhism on Chinese Material Culture*, Princeton, NJ : Princeton University Press, 2003, pp.240~242.

56 한족이 여성의 발에 천을 감싸 집 안에서 신발을 신게 한 것에 비해 일본인은 신발을 벗고 의자 다리에 천을 감쌌다고도 말할 수 있다.

그림 16. 일본인 경찰 부부와 타얄족 아가씨들(다케나카 노부코(竹中信子), 『식민지 타이완의 일본여성 생활사(植民地台湾の日本女性生活史)』)

그림 17. 일본인 여성과 타이완인 도우미(다케나카 노부코(竹中信子), 『식민지 타이완의 일본여성 생활사(植民地台湾の日本女性生活史)』)

로 보이는 세대원 전원이 일본 옷을 입고 있으며 의자가 아닌 툇마루 바닥에 앉아있어서 편안한 인상을 준다.

　　그림 16과 그림17은 다케나카 노부코의『식민지 타이완의 일본여성 생활사』에 게재된 두 장의 사진인데, 도우미와 함께 찍은 일본인 여성을 보여주고 있다. 둘 다 실외에서 촬영되었기 때문에 장소를 알 수 있는 건물은 없다. 다케나카가 '일본인 경찰 부부 두 쌍과 타얄족 가사 도우미 아가씨들'이라고 설명을 단 사진(그림 16)에서는 남성이 일본 복장을 입고 배후에 서 있고 각각의 아내가 그 앞 의자에 앉아 있으며 두 여성이 땅 바닥에 쭈그려 앉아 있다. 남성, 아내, 여성의 순으로 머리가 삼열의 수직 방향으로 사진 틀 속에 정열 되어 있어서 교묘하게 신분적

질서를 전달한다. 그림 5에서 아라꼬남의 부부가 '하인을 보여주기 위해' 포즈를 취한 것처럼 이 남성들은 아내를 보여주고, 그 아내는 하인을 보여주고 있는 듯하다.

'일본 부인과 타이완 도우미 아가씨들'이라고 적힌 또 한 장의 사진(그림 17)은 다른 성질을 띠고 있다. 여기에는 남성이 없다. 기모노를 입은 여성이 파자마 바지와 샌들을 신은 10대로 보이는 소녀 4명과 서 있다. 한 명은 같은 높이에서 여성의 옆에 서있고, 다른 세 명은 여성의 앞에 있다. 앞의 두 사람은 등나무 의자에 앉아 다리를 벌리고 손을 양 무릎에 올려놓았다. 만약 다케나카가 달아 놓은 설명이 맞다면 4명은 모두 타이완인이다. 일본인 고용자는 서고 하인들을 앉힘으로써 자신이 그녀들의 수호자 역할을 하고 있음을 보여주고 있는 것일까. 이 여성과 도우미들의 관계를 생각함에 있어서 사진 속의 상대적 위치를 토대로 어떤 확정적 결론을 도출하는 것은 지나친 생각이겠지만, 그림 16과 비교해 보면 한 가지 알 수 있는 것이 있다. 한족 소녀는 서 있거나 의자에 앉기는 하지만, 원주민 하인처럼 쭈그리고 앉지는 않는다. 한족은 일본인 식민자와 마찬가지로 일상에서 쭈그리고 앉을 기회가 있고, 신체적으로도 그 자세를 취하는 것이 가능했다. 하지만 그들은 보통 의자에 앉아있으며, 원주민은 땅바닥에 앉거나 쭈그리고 앉는 일이 많았다. 다른 일본인과 선주민족의 사진, 예를 들면 앞서 언급했던 간인노미야의 사진(그림 10)에서도 많은 선주민족이 쭈그리고 앉아 있다. 몇 명인가가 무릎 언저리를 의복으로 감싸고 있는 방식에서 알 수 있듯이 그들에게 이 자세는 자연스러운 것이다. 하지만 그것뿐만이 아니라 함께 사진에 찍힌 식민 지배자나 고용자의 눈에 이 자세는 그들의 비문명적 위치를 적절히 표현하고 있는 것으로 비춰지지는 않았을까. 일본인도, 한족도 일상생활에서 얼마든지 그런 자세를 취하지만, 몸을 굽히는 것은 일본식, 중국식, 혹은 서양식의 정식 예법에는 명백히 맞지 않는 ─ 따라서 '원시적' ─ 자세였으며, 또한 그 몸은 지면에 가깝게 낮춰져 있었다. 그림 17의 일본인 여성 주인이 한족 도우미에게 카메라 앞에서 쭈그려 앉는 포즈를 취하게 시켰다고는 생각하기 어렵다. 의자식은 일본인 식민자와 식민지 지배하의 한족을 잇는 '문명' 개념의 매개체이기 때문이다.

그림 18은 사람을 찍은 것이 아니기 때문에 글자 그대로의 '초상'은 아니다. 오히려 일종의 생활양식의 '초상'이라 할 수 있다. 이 사진은 1923년 간토대지진 후, 일본 최초의 대규모 공적 주택계획에 따라 도쿄에 세워진 동윤회의 아오야마 아파트를 기록한 것으로, 1927년에 출판된 『건축사진유취建築写真類聚』 중 1장이다. 동윤회 아파트의 방은 좌식도 가능하도록 설계(사진의 방은 바닥에 코르크가 깔려있다고 생각된다)되었지만, 설계자들은 서양을 모범으로 삼아 일본의 일상생활을 개선하는 생활개선운동과 밀접한 관계를 맺고 있었고, 이 아파트들은 보다 '입체적'이고 바닥에 얽매이지 않는 근대적 생활양식을 체현하도록 만들어졌다. 이 사진에서는 설계자도, 건

그림 18. 등나무 의자와 테이블이 있는 동윤회(同潤会) 아오야마(青山) 아파트 하우스의 어떤 방(『건축사진유취 신흥 아파트먼트 권 1(建築写真類聚 新興アパートメント巻一)』, 1927)

축사진가도, 혹은 주인도 그러한 생활양식을 연출하기 위해 협력한다. 미쓰코시형 등나무 의자 두 개는 등나무로 만든 테이블을 사이에 두고 마주 보고 있으며, 테이블은 레이스로 덮여 있고 차 컵 한 세트와 과일 한 접시가 놓여있다. 이렇게 연출된 방은 부모를 모시고 살기에는 좁았으므로, 새로운 주택양식을 부부만의 공간으로 표현한 것이다. 따라서 이 사진에는 종래와 같은 주택 관습에 얽매이지 않고 쾌적한 생활을 보낼 수 있다는 기대감이 담겨있다. 근엄한 기념사진에서 등나무 의자가 사용되는 경우도 있었지만, 이 사진에서 등나무 의자는 가정의 환상을 판매하는 데 중요한 역할을 하고 있다. 유행하는 세련된 모던 테이블을 사이에 두고 볕이 잘 드는 방에 놓인 등나무 의자는 신 중간층에게 충만한 시간을 약속하고 있는 듯하다. 비어있는 의자는 젊은 도시인에게 미쓰코시의 광고와 마찬가지로 "이렇게 의자 한 세트를 놓고 함께 영국풍 홍차를 마시지 않겠습니까?"라고 묻고 있는 듯하다. 미쓰코시는 1920년대부터 가구 판매를 하면서 이 사진과 마찬가지로 새로운 핵가족의 가정생활을 추진하고, 그 이익에 관여했다. 여기에서 쾌적하고 아담한 등나무 의자는 큰 역할을 맡았다.

6. 보론―미국 군사제국에서의 '파파상 체어'의 역사 가설

등나무 의자의 제국사에서 마지막으로 생각하고 싶은 에피소드는 현재 미국에서 '파파상 체어'로 알려진 독특한 의자에 관해서이다.(그림 19) 지금까지 서술한 신체 자세의 역사에서는 증거가 단편적이었지만,

마지막 에피소드는 최근의 것임에도 불구하고 그 증거라는 점에서 더욱 빈약하다. 하지만 이제부터 쓰여야 할 중요한 역사도 있으므로, 앞으로 좀 더 정확이 증명을 한다면 명확해질 수 있을 것이라 생각한다.

미국의 가구 체인점 피어 원 임포츠는 1962년 캘리포니아 주 마테오에서 설립된 이래, 아시아의 이국적인 수입품을 취급해 왔다. 아마도 1970년대 전반 쯤, 피어 원 임포츠는 등나무를 묶어 원통형으로 만든 받침에 전체가 등나무로 된 바구니를 각도에 맞춰 올리고 그 위에 큰 쿠션을 올려놓은 의

그림 19. '파파상 체어' 미국 PIER 1 IMPORTS 수입판매, 저자 촬영, 2009.

자를 팔기 시작했다. 직경 1m를 넘는 것도 있었다. 피어 원 임포츠가 이러한 의자를 팔기 시작한 최초의 가게는 아니고 상표를 가지고 있지도 않았지만, 이 의자가 '파파상 체어'라는 이름으로 피어 원의 초특가 상품이었기 때문에 아마도 다른 어떤 회사보다 많이 팔았을 것이다.

텍사스 주 포트워스에 있는 피어 원 임포츠 본사 광고부의 전 수석부장 미스티 오토 씨에 따르면, 파파상 체어는 베트남에 파견된 미국군 GI가 태국에서 발견하여 모국으로 보낸 후 보급된 듯하다. 피어 원 임포츠는 본래 태국에서 의자를 수입했는데, 이후 말레이시아와 인도네시아의 제조업자로부터 사들였다.[57] 광고부의 설명은 이것이 다였으므로, 이 디자

---

57 Misty Otto, 전화 인터뷰와 이메일 교환, 2007년 11월.

인의 의자가 실제로 태국에서 발견되었는지, 열대산 섬유로 만들어진 비슷한 의자가 태국에서 발견되어 지금의 형태에 영감을 주거나 기반이 되었는지 등은 분명하지 않다. 19세기와 20세기 초 서양의 등나무 의자에 비해 장식이나 복잡한 코가 없이 등나무를 통째로 묶어 만든 파파상 체어는 동남아시아 고유의 민예적 성격을 느끼게 한다. 하지만 현재 팔고 있는 모델은 굉장히 크기 때문에 태국의 것이라기보다는 미국의 것으로 보인다. 등나무 의자나 등나무로 제작된 일용품은 다른 동남아시아와 마찬가지로 태국에 많지만, 태국인은 다른 동남아시아 사람들과 마찬가지로 전통적으로는 좌식이기 때문에 아마도 이 의자는 태국인의 주거 내부에서

그림 20. 태국의 가게 앞에 놓인 등나무 의자(나콘시완, 사에키 가오리(佐伯馨) 촬영, 2013)

제국일본의 생활공간

사용하기 위해 태국에서 파는 것은 아닐 것이다.(그림 20) 물론 같은 의자가 주택이 아닌 태국 어딘가에서 사용되었을지도 모른다. 그렇다면 미국군 GI가 방문할 만한 장소부터 조사해야 할 것이다.

이와 관련하여 명칭은 시사적이다. '파파상'이라는 이름은 거의 분명히 일본식 영어에서 유래되었을 것이다. 피어 원 임포츠는 당초 이 상품과 함께 2인용 의자도 '마마상'이라는 이름으로 팔았다. 이 일본식 영어들은 술집, 매춘소 및 그 외, 제2차 세계대전 후 일본 점령기부터 태평양 지역의 미군기지 주변에 있는 번화가에서 발달한 혼성어에 속한다. 물론 '마마상'은 바 여주인이나 매춘소 여주인을 의미한다. '파파상'은 그 정도로 일반적이진 않으나, 호객꾼이라는 의미로 쓰인 적이 있는 듯하다.[58] 이를 포함한 많은 혼성어는 미군이 진출하고 정착한 아시아 태평양 지역에 미군 병사와 함께 퍼졌다. 그리고 병사가 사용한 단어 그자체도 미군 주둔이 장기화하면서 현지어로 정착했다. 1956~57년 일본에, 1969년 베트남에 파견된 해병대 로버트 파머는 해병대 잡지에서 베트남 시대를 회상하고 있다. 그 중 일본에 주재한 적 없는 해병대원이 이 혼성어 단어들을 베트남어라 생각하고, 베트남인은 그것이 영어라 생각했던 것을 보면, 베트남 사람들이 일본에서 수입된 혼성어를 계속 사용했을 것이라 기록하고 있다.[59] '마마상'은 방콕 및 다른 도시의 환락가에서 지금도 널리 쓰인다. '파파상'과 '마마상'은 GI가 아시아의 이런 장소에서 실제로 사용된 의자에 붙인 명칭일지도 모른다. 또 단순히

---

58 옥스퍼드영어사전 참조

59 Robert Farmer, "A Sea Story", *INTSUM Magazine : journal of the Marine Corps Intelligence Association* 16, no.7, Winter 2006. http://www.mcia-inc.org/Winter_06, p.10, p.23.

미군병사가 비번일 때 '휴식과 위안'을 구했던 동남아시아의 장소를 등나무 제품을 보고 떠올렸기 때문에 이 디자인의 의자에 근거 없이 붙인 명칭일지도 모른다. 어느 쪽이든 이 의자의 명칭은 미군이 일본을 시작으로 아시아로 진출한 기지 주변을 중심으로 태평양 지역 전체에 독특한 미군 제국의 감성을 퍼뜨렸음을 보여준다.

의자로서 파파상 체어 고유의 특징은 큰 치수, 완벽한 원형, 그리고 등나무 바구니가 고정된 낮은 각도에 있다. 이 각도는 등을 곧게 피기에는 맞지 않는다. 하지만 평균 신장의 성인이 완전히 몸을 눕히기에도 충분하지 않다. 모양과 치수 때문에 1인용인지 2인용인지 더더욱 모호하다. 만약 2인용이라 하더라도 두 명은 어떻게 앉아야 할까. 미국의 실내장식 디자인의 자유로운 실험 시대에 만들어진 또 다른 제품, 빈백 체어

그림 21. '파파상식 요람'. 최근 미국의 가구판매에서는 '파파상'이라는 단어가 유아의 요람 등 다른 볼(ball) 형태의 의자에도 사용되고 있다. 다시 말해 '파파상'의 형태와 칭호는 환태평양 미군기지 주변이라는 기원으로부터 완전히 유리되었다. 영어 명칭에서 하이픈이 빠진 것도 확실히 일조했을 것이다.

처럼 파파상 체어는 명백히 상난 끼가 넘치는 가구이다.(그림 21) 하지만 지정학적 전파 경로에서 보자면, 가설이긴 하지만 '장난 끼가 넘치는'이라기보다는 '사교적'이라고 — '방탕한'이라고까지 — 말하고 싶어진다. 만약 영국령이나 네덜란드령의 아시아에서 보급되어 북미로 수출된 등나무 소파가 고독하고 약해진 신체의 감성을 연상시킨다고 치자. 혹은 미쓰코시의 등나무 의자가 일본의 대도시나 식민지의 신가정에 보급되어 국제 시민적 근대 가정의 감성을 연상시킨다고 치

　　　　　　　　　　　　제국일본의 생활공간

자. 그렇다면 파파상 체어는 성적방종(혹은 관허된 섹스)의 문화에 얽힌 감성을 연상시킨다고 말할 수 있다. 이것은 아시아에서 미국 군사 제국의 앞잡이였던 미군 병사의 방탕한 지출과 교제 등의 행동이 남긴 유산일 것이다.

7. 일본의 식민지적 감성에 대한 결론

결론적으로 일본의 식민지 체험이라는 문맥의 신체 행동 문제로 돌아가 보자. 레오 칭이 '보는 것'과 '보이는 것' 사이에 '불안하게 흔들리는 것'이라고 이름 붙인 것은 일본의 식민지 지배에 관해 어느 정도는 의심의 여지가 없는 사실이다. 하지만 이 불안은 식민자의 일상생활에서 그 자체로 실제 나타났던 것일까. 만약 그렇다면 어떻게 나타났을까. 만약 식민지에 있던 일반 내지인이 자신의 서양다움을 식민지의 피지배민에게 과시하고 싶었다면, 다다미가 깔린 방이나 기모노 등을 좀 더 줄이고 외양에 관해서는 보다 자각적이 되었을 것이라고 예상해도 좋을 것이다. 하지만 타이완에서 일본인이 나체를 드러내는 것에 벌금을 물게 한 것으로 판단해보건대, 외양을 유지하는 것에 관해서는 일반 식민자보다 관료 쪽이 많은 관심을 갖고 있었던 듯하다. 만약 한편으로 일본인 식민자가 자신을 식민지 지배하에 있는 사람들 위에 군림하는 주인이라고 자각했다면, 좀 더 식민지 도우미에게 하나부터 열까지 시켰던 증거를 찾을 수 있을 것이다. 실제로 그랬을지도 모른다. 하지만 지금까지 본 여러 장의 사진과 역사 서술로 판단해보면, 분명 일본인은 타이완인 도우미를 고용하여 자잘한 일을 시켰을지도 모르지만, 문자와 사진으로 자신들을 기념할 때는 인도나 네덜란드령 동인도의 유럽인 식민자에게서 볼 수 있었던 위엄의 과시나 혹은 현지 도우미에 대한 귀족적 무관심을 절제하고 있었던 것으로 보인다.

일상의 행위와 그 표상에 대한 지금까지의 관찰이 일본의 식민지 지배에 대한 변호라고 생각될지도 모르지만, 그것은 오해이다. 남아시아나 동남아시아의 영국인과 네덜란드인 식민자에 비해 타이완에 있던 일본인들 대부분의 식민지 생활은 내지의 생활과 근본적으로 크게 다르지 않았다. 전체적으로 보면, 물론 식민지 지배의 시행은 일본이 정통적 제국임을 보여주는 국가적 사명을 띠고 있었고, 틀림없이 많은 정부 고관과 지식인은 이것을 강하게 느꼈다. 하지만 많은 하급관리, 경관, 사회원 등의 가족에게 식민지로 이주한다는 것은 열대기후에 고통 받는 대가로 생활수준이 어느 정도 향상되는 것을 의미했고, 중류계급에 들어갈 기회라고 느껴지고 이해되었을 것이다.

그래도 타이완이나 다른 식민지에 갔던 일본인이 단순히 높은 생활수준만을 바랐다고 보는 것은 식민지 지배의 역학을 제대로 파악하지 못한 것이다. 왜냐하면 식민지의 이민자들은 해야 할 일과 혹독한 기후를 발견했을 뿐만 아니라 선주민족 사람들이나 전부터 있던 식민자들과도 조우했기 때문이다. 일상생활 차원에서는 많은 것이 아직 분명하지 않기 때문에 여기에서는 또 하나의 추측으로 관찰을 끝맺고 싶다. 미리엄 실버버그는 저서 『에로틱 그로테스크 넌센스』에서 "외부의 '야만인'을 발견함으로써 내부의 '문명'이 발견 된다"는 가와무라 미나토의 통찰을 언급한다. 많은 다른 연구자들도 일본의 식민지적 감성에 관한 가와무라의 이해를 이용하거나 발전시켜왔다. 하지만 실버버그의 인용에서 눈길을 끄는 것은 그 이해에 그녀가 대범하게 덧붙인 부연, 즉 논리적 전환이다. 그녀는 가와무라의 이해를 그의 "**대단히 가역적**可逆的**인 주장**(강조는 필자)"이라 말하고 있다.[60] 어떤 의미에서 '가역적'인 것인가. 이 부연에 논의 전체를 무너뜨릴 위험성은 없는 것인가. 가역적이라는 것은 일본의 식민지 제국이 "외부의 '문명'을 발견함으로써 내부의 '야만인'이 발견되었다"는 것일까. 식민지의 일본인 가족이 때로는 서양 제복을 착용하고 때로는 도우미도 보여주며 등나무 의자에 앉아 카메라를 향해 착실히 자세를 취했을 때, 그것은 문명화된 상태를 보여주었을 뿐만 아니라 연출에 의해 자신 스스로 그 상태에 있다는 것도 인식했다. 하지만 동시에 의자식 생활을 하는 한족의 문명과 조우했을 때, 기념할 일이 아닌 일상의 시간에서는 좌식을 계속했던 일본인 식민자는 또한 당당히 자신들 특유의 '원시성'을 연출하고 인식했던 것은 아닐까.

---

[60] Miriam Silverberg, *Erotic Grotesque Nonsense : The Mass Culture of Japanese Modern Times*, Berkeley : University of California Press, 2006, p.263. (미리엄 실버버그, 강진석·강현정·서미석 옮김, 『에로틱 그로테스크 넌센스—근대 일본의 대중문화』, 현실문화, 2014)

제6장
'생번生蕃 아가씨'가 거리를 걸었다

도쿄는 어떻게 '제국의 수도'였는가

다이라 미치(平未知) 그림 '타이완의 생번(生蕃) 아가씨 모던풍으로 일본에 오다.' 『현대 만화 대관 제9편─여성의 세계(現代漫画大観第九編─女の世界)』, 중앙미술사(中央美術社), 1928.
20세기 초 수십 년 동안 일본 제국 안팎에서 관광객으로 도쿄에 온 여러 사람 중에서 타이완 원주민은 보는 자임과 동시에 보이는 자였다. 일본인과 원주민은 잘린 목에 친근감을 갖고 있는 점을 공유하고 있다고 만화가는 암시한다.

1. 도쿄의 제국 과시

　　현재 일본 국민의 상징으로 일컬어지는 천황이 영어로 'Emperor'라고 불리는 것은 주목할 만하다. 실제로 일본의 'Emperor'는 과거 세계에 여럿 존재했던 'Emperor' 중 마지막 1명이기 때문에 글자 그대로 'Last Emperor'다. 물론 'Emperor'라는 호칭은 19세기 국제 정치 무대를 찬란히 장식했던 흔적이다. 1852년부터 1870년까지 파리는 'Emperor'가 사는 도시였고, 빈과 베를린에도 제1차 세계대전까지 'Emperor'가 살고 있었다. 멕시코시티에는 1867년까지, 리우데자네이루에는 1889년까지 'Emperor'가 있었다. 오스만 제국의 'Emperor'는 다민족의 형식적 지배자로서 1922년까지 이스탄불의 옥좌에 있었다. 빅토리아 왕녀는 인도에 간 적은 없었지만 1876년 이래 인도의 'Emperess'였으며, 1948년까지 그녀의 계승자들이 그 칭호를 계속 보유했다. 중국의 'Emperor(황제)'는 1912년 혁명 때까지 베이징에 거주했고, 마지막 황제가 된 푸이溥儀는 훗날 관동군에 의해 세워진 만주국 'Emperor'가 되었다. Emperor는 광대한 영토와 다민족을 지배하는 'Empire'를 가지고 있다. 하지만 일본이 1895년 정식으로 해외 식민지를 획득할 때까지, 스스로 '제국'이라 부르는 것을 삼가고 있었던 것은 아니었다. 1870년대 이후 일본의 국가 문서는 일본의 군주(메이지 천황)를 가리키기 위해 일반적으로 영어로 Emperor라 번역되는 중국의 호칭 '황제'를 빈번히 사용했다.[1]

1　飛鳥井雅道,「明治天皇・「皇帝」と「天子」のあいだ」, 西川長夫・松宮秀治編,『幕末・明治期の国民国家形成と文化変容』, 新曜社, 1995, pp.45~89.

일본의 '황제'가 사는 도시는 1890년 대일본제국헌법 공포 때 이미 몇 가지 문맥에서 '제도帝都'라 불리고 있었다. 하지만 이 단어는 1923년까지 그다지 일반적으로 사용되지는 않은 듯하다.[2] 간토関東대지진으로 도쿄와 요코하마가 황폐해진 후, 정부 내에서 수도 이전에 관한 논의가 있었다. 하지만 이에 대해 섭정 히로히토裕仁는, 도쿄는 여전히 '제국의 수도'이며 '제도帝都 부흥'에 힘써야만 한다는 조서를 포고했다.[3] 제도부흥원이 설치되고 도시 인프라 정비가 이루어지면서 새로운 기념공간이 설치되었다. 이후 '제도'라는 단어가 출판물에 빈번히 등장했다. 따라서 명명으로 생각해보면, 1920년대와 1930년대의 '제도'는 식민지 제국이라기보다도 천황제 국가를 가리키고 있었다.

대일본제국 시대의 도쿄에서는 어떤 식으로 제국의 수도가 표현되었을까. 제국영토 내외에서 관광 목적으로 누가 방문했고, 그 사람들은 제도라는 표현을 어떻게 받아들였을까. 이 장은 이 소박한 질문에서 출발하여 글로벌한 근대와 식민지 지배의 모순에 도달한다. 전간기에 도쿄를 방문한 사람들의 관광 코스에는 반드시 세 가지 명소가 포함되어 있었다. 그것들은 1880년대부터 서서히 형성되어 온 황거와 황거 앞 광장, 1920년에 창건된 메이지신궁明治神宮, 그리고 1869년에 설립되고 1882년에 유슈칸遊就館을 건립한 야스쿠니신사靖国神社이다. 이 세 곳의 생김새는 개선문(그림 1)이나 오벨리스크(그림 2), 석조로 된 거대한 계단 등이 형성된 여러 유럽 제국의 기념 건축의 어휘와는 대조적이었다.

---

2   일본 국회도서관의 1945년 이전 도서 디지털 컬렉션 '근대 디지털 라이브러리' 조사에 기반을 두고 있다.
3   佐藤範雄, 『恵撫慈養帝都復興詔書大意』, 金光教徒社, 1923.

그림 1. 파리 에트와르 개선문(1840년 완성)은 전승기념으로 나폴레옹 보나파르트의 명에 의해 준공되었다. 도쿄에도 러일 전쟁 후, 같은 신 고전양식 개선문이 많은 장소에 세워졌으나 모두 가건물이었다. 위키피디아.

그림 2. 고대 이집트의 오벨리스크, 로마의 기둥 모양 기념비의 전통을 잇는 19세기 런던의 넬슨 기념 기둥(1843년 완성). 허레이쇼 넬슨 제독의 업적을 기리며 트라팔가 광장에 세웠다. 위키피디아.

이러한 제도 도쿄의 명소에는 전통적인 일본 건축과 공간 형태를 갱신하고 유용했기 때문에 서양과는 다른 기념비성이 전개되었다. 이세신궁伊勢神宮으로 대표되듯이, 전통적 기념비성은 비교적 지대가 낮고 평평하며 일부는 나무로 덮인 보행 공간이 넓게 확보되고, 신기神器를 가장 깊숙한 손이 닿지 않는 장소에 숨겨두도록 구성되었다. 하지만 하라 다케시, 야마구치 데루오미, 이마이즈미 요시코, 쓰보우치 유조 등이 밝히고 있듯이, 제도 도쿄의 세 명소는 각각 예로부터의 전통을 지향하고 있음에도 불구하고 전형적인 '근대적' 장소였다.[4] '근대적'이라고 한 것

4   原武史, 『皇居前広場』, 光文社新書, 2003; 山口輝臣, 『明治神宮の出現』, 吉川弘文館, 2005;

제국일본의 생활공간

은 근대 국민의 유대를 강화하도록 획책된, 당시 새롭게 발명된 전통과 뗄 수 없기 때문이다. 외지에서 온 방문자 일정에 이 장소들이 들어간 배경에서, 이러한 장소를 이용해 그들을 제국 일본에 동화시키고 싶어 했던 위정자 측의 바람을 읽어낼 수 있다.

황거 앞 광장은 도쿄역(1914년 준공)과 가깝기 때문에 철도 시대에는 많은 관광 일정의 첫 번째 장소가 되었다.(그림 3, 로랑 바르트가 말한 '공허의

중심'은 광대한 부지 안쪽에 성스 러움을 숨긴다는 일본의 전통적 기 념성의 표현법을 응용하고 있다.) 하지만 관광객에게는 당시 에도 현재와 마찬가지로 평 일에는 볼 만한 것이 그다지 없었다. 1933년 간행된 정부 의 영어판 가이드북은 도쿄 제일의 명소를 다음과 같이,

그림 3. 황거 앞 광장. 『도쿄 풍경(東京風景)』, 오가와 가즈마사 출판부(小川一真出版部), 1911.

영어권 여행자가 틀림없이 실망할 것이 뻔한 설명으로 시작한다. "관광객 에게 황거 지구는 (…중략…) 결코 개방되지 않으며, 구내는 권한 없는 자의 침입을 엄중히 경계하고 있다."[5] 특히 제도 중심에서 화려한 제국 건축을 기대했던 외국인 관광객들은 로랑 바르트가 1970년에 시사적으로 '공허의 중심'이라 이름 붙인 황거라는 장소의 공허함을 통감했을 것이다.

今泉宜子, 『明治神宮-「伝統」を創った大プロジェクト』, 新潮社, 2013; 坪内祐三, 『靖国』, 新潮社, 1999.

5 *An Official Guide to Japan*, Tokyo : Japanese Government Railways, 1933, p.25.

메이지천황의 넋을 기려 붕어 9년 후 준공된 메이지신궁은 70헥타르의 식림지植林地 내에 세워졌다.(그림 4)

그림 4. '도쿄 명소, 메이지 신궁'.(그림엽서) 1920년 공개 후 곧바로 관광 코스에 포함되었다.

그림 5. 초빙 외국인 조반니 카펠레티의 설계로 1881년 준공된 야스쿠니신사의 유슈칸(遊就館).(그림엽서) 당시 유럽 거리에 세워졌어도 시대착오로 보였을 성(城)과 같은 외견은 아사쿠사(浅草) 루나 파크의 건축과도 비슷하다. 간토대지진으로 붕괴.

여기에도 궁성과 마찬가지로 장소의 기념비성은 인상적 구축물보다 공간의 깊이로 체험된다. 야스쿠니신사는 1885년에 구리로 제작되었다가 1921년에 규모를 확대하여 철로 다시 제작한 오도리이大鳥居와 국내 최초로 안치대를 설치한 육군 창설자 오무라 마스지로大村益次郎의 동상, 그리고 중세 유럽의 성을 모방한 유슈칸(간토대지진으로 붕괴되어 화양和洋 절충의 '제관양식帝冠樣式'으로 재건되었다.)은 서양식과 일본식이 혼합된 기념비성을 보여주었다.[6] (그림 5) 하지만 이곳에서도 진정한 중심은 다른 신사와 마찬가지로 공중의 출입이 금지된 깊은 곳内奥의 성역이다.

제도의 관광객은 하루에 세 곳을 연이어 방문하는 일이 많았다. 황거·야스쿠니·메이지신궁 3종 세트에는 대일본제국 내의 관광객에게 신비스럽고 위엄에 찬, 그러나 동시에 친밀한 애정의 대상이었던 군주의 신민이라는 자각을 심으려는 목

---

6 坪内祐三, 앞의 책, pp.87~90.

제국일본의 생활공간

적이 있었다. 또한 제국 밖에서 온 관광객에게는 토착 문화의 독특함과 보편적 근대성의 조합을 전하고자 했다. 하지만 이 기념비적 공간의 연출에 대해 제도에 온 방문자가 대본대로 반응하리란 보증은 없었다.

2. 여행자의 일정

1970년대 이후의 대중 항공여행 시대와 대조적으로, 20세기 전반의 관광산업은 경제적 가치보다도 외교적 가치 때문에 해외 여행객을 유치하려고 했다. 서양인은 일본 여행자용 출판물과 서비스가 제공되는 단기 체재자 중 가장 많은 비율을 차지했다. 그들은 재팬 투어리스트 뷰로JTB의 출판물에 아시아인을 포함하지 않는 카테고리 '외객外客'이라고 분류되었다. JTB에 의하면 1912년과 1926년 사이에 25만 명의 '외객'이 일본을 방문했다.[7] 1932년에 국내의 관광산업 종사자를 위해 제작된 『뷰로 독본ビューロー読本』은 관광의 목적으로 다음의 다섯 가지를 들었다. '① 국제 친선의 증진, ② 우리 문화 선양, ③ 국내 산업 개발과 그 조장, ④ 국제 대차貸借 개선, (…중략…) ⑤ 우리 국민에게 국제 의식과 관광 관념을 보급하는' 것이다. 이 리스트의 대부분은 외교적인 것, 즉 국제적 권역에서 일본의 이미지에 도움이 되는 것과 관계되어 있다고 해석할 수 있다. 나카무라 히로시가 기록한 대로, 여행자에게 어필하는 정부의 노력은 상업경제보다 국가정치와 관계되어 있었다.[8] 서양인 방문자가 가져오는 외화는 환영

---

7   『日本交通公社七十年史』, 日本交通公社, 1982, p.24. 이때 '일본'이란, 아마도 대일본제국 전체를 의미한다고 생각된다.

8   中村宏,「戦前における国際観光(外客誘致)政策－喜賓会, ジャパン・ツーリスト・ビュー

받았지만, 경제적으로 큰 의미가 있지는 않았던 모양이다.

실제로 도쿄만큼, 당국이 다양한 방문단에게 여러 노력을 통해 어필하려 했던 제국의 수도는 없을 것이다.[9] 또한 국가의 의도와 실제 형성된 방문자의 인상 차이가 이 정도로 큰 관광지도 없었을 것이다. 서양인, 중국인, 필리핀인, 해외로 이민한 일본계, 그리고 대일본제국의 외지 조선, 타이완, 동남아시아 등의 주민을 위해 각각을 겨냥한 다양한 도쿄 관광이 계획되었다. 만약 사회 집단도 구별하여 집계한다면, 국가가 강요한 더욱 다양한 일정이 있었다고도 말할 수 있다.

그림 6. 도쿄승합자동차 주식회사의 도쿄유람버스 안내. (1930년대) '세계적 문화설비'를 보유한 '대 제도(大帝都)'의 명소를 8시간 코스로 둘러본다. '예정대로 관람이 가능'한 편리함을 강조한다.

도쿄 버스 투어는 간토대지진 후 시작되었다.(그림 6) 적어도 1930년대에 이미 영어권 여행자들을 위해 매일 출발하는 투어가 시작되었다. 1933년 영어판 공식 가이드북은 도쿄승합자동차 주식회사의 1일 (8시간) 투어를 기술했다. 1일 투어는 표준적 세 장소인 황거, 메이지신궁, 야스쿠니신사 외에 천황제 국가와 제국에 관한 다른

ロー, 国際観光局設置」, 『神戸学院法学』 36巻2号, 2006.12., pp.123~124.

9　도쿄와 비교할 수 있는 케이스는 동시대의 모스크바이다. 1920년대부터 소비에트의 실험을 선전하기 위해 서유럽 및 그 외의 국가에서 다양한 '부르주아 지식인' 단체가 국가 주최 투어에 초대되었다. 이 작전의 일환으로 모스크바를 프롤레타리아트가 지배하는 미래 문명의 모범적 국가 수도, 다시 말해 공산주의의 '새로운 메카'로 연출하려 했다. (Michael David-Fox, *Showcasing the Great Experiment : Cultural Diplomacy and Western Visitors to the Soviet Union, 1921-1941*, Oxford : Oxford University Press, 2012, p.5, p.118)

장소나 데이코쿠帝國 극장, 데이코쿠 호텔과 같이 '제국'을 붙인 이름의
장소를, 불가능하다고 여겨질 정도로 바쁜 일정 속에 포함시켰다. 일정에
는 조조지增上寺와 같은 도쿠가와 막부 및 옛 조카마치城下町인 에도江戶 관
련 장소, 그리고 박물관, 공원, 미쓰코시 백화점 등도 포함되었다.

　　일본 측 당국의 시야에서 보자면, 천황제 국가와 관련된 명소는 무엇
보다 제국 신민 견학자를 위한 연출이었다. 서양인에게는 글로벌한 근대
성의 일면을 과시하고 싶어 했다. 하지만 도쿄에 관한 영어 자료들로 판단
해보자면, 서양인 여행자는 도쿄의 글로벌한 근대성의 특징을 허용하면
서도 이 도시에서 동양적 아름다운 그림을 환기시키는 풍경을 바라고 있
었다. 보스턴에서 간행된 1928년 판 『테리즈 가이드 대일본제국』에는
도쿄의 근대성과 기념비성에 대한 야망과 서양인 방문자의 기호 사이의
괴리를 읽어낼 수 있다.(그림 7) 1~2일 동안 도쿄의 '표면적 모습'을 원하

는 사람을 위한 이 책의 짧
은 일정에도 조조지, 야스
쿠니신사와 유슈칸, 메이
지신궁, 황거 주변은 목록
에 올라 있다. 황거 앞 광
장의 풍경을 '감격스럽다'
고 칭찬하고는 있지만, 결
과적으로 도쿄를 대표할
만한 기념비적 건물의 인
상이 약하다고 판단했다.
"도쿄에는 약간의 정취를

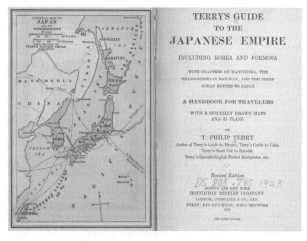

그림 7. 1928년판 『테리즈 가이드 대일본제국』. 천 쪽 이상에 달하는 일본 제국
전역의 관광 안내. 영국의 블루 가이드, 독일의 베테카에 필적하는 20세기 전반의
정평 있는 세계 여행안내 시리즈 중 하나이다.

느낄 수 있는 명소는 많고 거리의 기묘한 생활이 서양인에게 강하게 어필하지만, 흥분할 정도의 매력과 매혹 그 자체는 별로 없다. 영국령 인도의 화려한 도시 몇 곳에서 볼 수 있는 아름답고 보석 같은 반짝임은 없다." 또한 "웅장하고 아름다운 거리 (…중략…) 최첨단 대로大路 (…중략…) 아낌없이 돈을 쓴 화려함"도 없다. 하지만 『테리즈 가이드』는 비기념비적이고 비근대적 풍경을 선호했다. "이 수도에 있는 많은 그림 같은 명소 중에서 굽이굽이 흐르는 강물 위로 고풍스럽고 인형의 집처럼 생긴 집들이 배경을 이루는데, 집들이 서로 빈틈없이 붙어 있는 곳이 있다. (…중략…) 어느 곳도 피해갈 수 없는 진보의 손길이 옛 일본의 평온한 삶을 떠올리게 만드는 아름다운 풍경들을 차례차례 없애고 있다"고 옛것에 대한 향수를 자아내는 묘사를 했다.[10]

1929년, 외무성, 철도성, 남만주철도, JTB, 카네기 국제평화기금의 공동 사업으로 미국인 기자 11명이 단체로 일본 제국을 여행하기 위해 일본을 찾았다. 단체는 96일간 내지, 조선, 만주, 중국 일부 등 힘든 일정을 소화했다. 처음 1주일은 도쿄에서 보냈다. 일본의 보도 기관이 제도의 정계·실업계 고위층과 함께 여행단을 매일같이 정성을 다해 모임과 공식 방문 일정에 초대했기 때문에, 일반 관광은 거의 불가능했던 모양이다. JTB가 여행단을 위해 준비했던 일정에는 일본이 근대적 제도制度 측면에서 서양과 동격임을 보여주고 싶어 했던 정부의 갈망이 엿보인다. 기자들은 매일 고등교육기관, 기업 사무소, 공업 제품 전시 등을 보았다. 그들의 공식 일정 중에 제국이나 천황제 국가를 순수히 표상하는 행선지

---

10 *Terry's Guide to the Japanese Empire*, Revised ed., Boston : Houghton Mifflin, 1928, p.133.

제국일본의 생활공간

는 오로지 메이지신궁과 외원外苑의 회화관繪画館뿐이었다.

일본 정부는 도쿄의 근대성이 미국 신문에 보고되길 원했을 것이다. 외교의 측면에서 보자면, 일본의 대륙 영토 경영을 호의적으로 써주기를 바라는 것이 주된 목적이었을 것이다. 아마 대부분은 처음 동아시아를 방문했을 터인 미국인 기자들이 일본 제도帝都에서 자국의 거리를 떠올리는 시설들을 보면, 대일본제국도 마찬가지로 호의적으로 봐줄 것이라 기대했음에 틀림없다.

하지만 일본의 학교나 사무소 등과 관련된 보고는 미국 신문에 쓰일 판매용 기사가 되지 않았던 모양이다. 『뉴욕 타임즈』기자 하버트 매슈즈는 여행 중 7회에 걸쳐 기사를 전보로 송신했다. 하지만 어느 것도 도쿄에서 본 것을 적은 기사가 아니었다. 매슈즈는 고베에서 여행단이 보았던 천황의 행렬을 보고했다. 그는 일본의 천황을 세계의 세습 군주이자 '마지막 반신반인半神半人'이라 부르며 유물임을 시사했다.[11] 베테랑 기자 프레드 호그는 『로스앤젤레스 타임즈』를 대표하고 있었다. 호그는 여행 중 약 40개의 기사를 보냈고, 그중에는 오쿠라 기하치로 남작의 회견을 상세히 묘사한 것이나 '황실을 위한 유명 화가'라고 설명한 가와이 교쿠도川合玉堂의 회견 등이 포함되어 있었으나, 도쿄 견학에 대해서는 한 번 정도 기사를 발표했을 뿐이었다. '일본, 근대생활을 애용'이라는 기사에서 호그는 도쿄가 급속한 근대화를 경험하고 있으며 거리는 혼돈에 차 있다고 설명했지만, 나라 전체는 잘 통치되고 있는 것 같다고 덧붙였다. 기사는 자동차 사고에 휘말린 인력거 묘사로 시작하

---

11 Herbert L. Matthews, "Kobe Greets Ruler in Awe as Demigod", *New York Times*, June 30, 1929, p.N5.

고 있으며, 호그는 이 광경을 근대 일본 도시의 상징으로 묘사했다.[12] 그것이 도쿄를 상징하는 것인지의 문제는 차치하고, 이 작은 풍경이 서양인이 일본의 수도를 묘사하는 전형적 사례인 것은 분명했다. 메이지 유신 이래, 서양인 독자는 일본의 전통과 근대의 갈등에 익숙해져 있었다. 왜냐하면 서양의 도시에 흘러넘치는 근대성의 특징이 시간적 개념을 초월한 그림 같은 풍경으로 이루어진 '오리엔트의 전통'과 대립하는 것이라고 널리 이해되었기 때문이다.

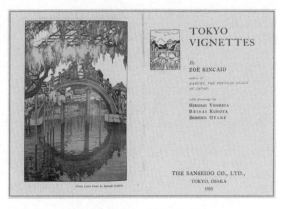

그림 8. 조이 킨케이드, 『도쿄 점묘』, 1933, 권두화.

대일본제국의 의도와 동양적 풍경에 대한 서양의 선호가 같은 책 속에서 대조를 이룬 예로는, 미국인 기자 조이 킨케이드의 기행문 『도쿄 점묘東京点描』(Tokyo Vignettes)가 있다. (그림 8) 킨케이드는 장지, 두부 장수, 금붕어 가게와 같이 도쿄 생활을 상세히 나누고 에세이

로 묘사하고 있다. 그리고 이 책의 서문은 다른 감각으로 도쿄를 파악한다. 다음은 1933년 봄, 만주국에 관한 국제연맹의 결의를 거부하며 일본의 대표단을 이끌고 국제연맹을 탈퇴한 외교관, 다름 아닌 마쓰오카 요스케松

---

12 Fred Hogue, "Japan Adopts Modern Ways", *Los Angeles Times*, June 8, 1929, p.16. 『뉴욕 타임 즈』의 매슈즈와 마찬가지로 호그도 천황에 대한 오리엔탈리즘적 정열을 보여주고 있으며 천황과 만나지 못한 것에 명백히 낙담을 드러냈다. "그들은 공장, 박물관, 대학은 보여주겠지만, 천황은 보여주지 않는다"라고 기록하고 있다. (Fred Hogue, "Japan's Heart Holds to the Past", *Los Angeles Times*, June 27, 1929, p.10.)

岡洋右가 같은 해 11월 2일자로 적은 서문이다. 이것의 시작은 다음과 같다.

　　정확한 정보가 가장 중요한 오늘날 같은 위기의 시대에 『도쿄 점묘』에 졸
문을 쓰게 되어 기쁘기 그지없다. 이 책은 대일본제국의 중심이자 아시아의
현관이고, 세계의 여러 수도와 긴밀히 제휴되어 있어서 여러 나라의 운명을
좌우하는 어떤 변화라도 신문이나 라디오로 보도되는 도쿄라는 도시의 다
양한 측면을 언급하고 있다.[13]

　　아시아의 현관이라는 마쓰오카의 도쿄 상은 제국의 장대한 계획을
상기시킨 것으로, '신구新舊의 대항'이나 '서양인이 느끼는 매혹'을 보
여주는 미국인 저자의 도쿄 그림과 함께 어색하게 배열되어 있다. 마쓰
오카의 서문이 억지로 갖다 붙인 해석에서 볼 수 있듯이, 일본의 지배자
층은 아시아에서 이 수도의 글로벌한 연결과 동시성을 그 세력과 함께
과시하고 싶어 했다. 하지만 이것들이야말로 서양인 방문자가 가장 재
미없어하던 도쿄의 측면이었다.

　　서양인과는 별개로 다른 여러 여행자들도 제도 도쿄의 명소를 방문
했다. 이러한 집단의 코스를 보면 여행자들에 따라, 제도가 미묘하게 다
른 문화적 회로를 만들어내고 있음을 알 수 있다. 또 중요한 것은 이 방
문의 몇 가지 사례에 따르면, 각각의 집단은 본 것에 서로 다른 반응을
보였음이 명백하다. 몇 가지 코스를 살펴보자.

　　늦어도 1890년경에는 이미 수도에 지방 학생 단체가 찾아오기 시작

13　Yosuke Matsuoka, "Introduction", In *Tokyo Vignettes*, by Zoe Kincaid, Tokyo : Sanseido Company, 1933, p.xv.

했는데, 이것은 문부성이 수학여행을 정식으로 교육 체계의 일부로 지정한 직후이다.[14] 1935년에 방문한 아코고등여학교赤穗高等女學校 일행의 참가자 보고는 1930년대 여학생 수학여행의 측면을 일부 반영했다고 볼 수 있을지도 모른다.(표 1 참조) 여학생들이 교원의 감시 하에 방문했던 장소(즉 버스로 다녀간 장소)의 대부분은 천황제 국가와 밀접히 관련되어 있다. 예외는 신문사, 센카쿠지泉岳寺, 야마가 소코山鹿素行의 묘뿐이고, 뒤의 두 장소는 아코에서 온 방문자에게는 특별한 의미가 있었다. 이유는 알 수 없으나, 이 여행기에서 우에노 박물관이나 동물원에 대해서는 아무런 언급도 없다. 또한 그녀들은 국회의사당을 본 것도 언급하지 않았다. 한편 이 단체는 도쿄에서 보낸 3일간 상당히 많은 시간을 쇼핑과 오락에 투자하고 있다. 첫날 아침에 황거에서 곧장 미쓰코시로 향했다. 그 날 밤에는 아사쿠사에도 갔고, 다음 날에는 긴자에서 식사하고, 3일 째에는 가부키를 감상했다. 따라서 젊은 중산계급 내지인 여행자에게 도쿄는 제도였을 뿐만 아니라, 명백히 오늘날 말하는 '플레이 스팟'의 연속이기도 했다.[15]

표 1. 제도 도쿄의 관광 및 시찰 일정

단체 · 간행물	년	도쿄 체재 일수	일정
미국 신문 기자	1929	7일	[5월 10일] 데이코쿠 호텔로. [11일] 제도부흥원, 법무성, 우에노 동애(同愛) 기념병원, 도쿄아사히신문. 우에노, 아사쿠사, 시바 등 관광. 일부는 니치니치신문에서 강의 들음. 도쿄 회관에서 석식. [12일] 와세다, 호치신문, 스포츠(와세다&게이오(慶応)전) 관람. 밤, 오쿠라 남작과

14 『修学旅行のすべて』, 日本修学旅行協会, 1981, p.69.
15 兵庫県赤穂高等女学校校友会蓼の華会編, 『蓼の華 : 増改築竣工創立二十五年記念誌』, 同会, 1936, pp.174~180.

단체 · 간행물	년	도쿄 체재 일수	일정
			노가쿠(能楽) 관람. [13일] 도쿄제국대학, 유시마(湯島) 소학교, 중앙 직업 안내소. 미쓰이 남작(마마)과 중식. 오후, 여러 대학 방문. 공업 클럽에서 티파티. 상공 회의소에서 만찬회. [14일] 여러 공장. 오후, 외무부 대신과 가든파티. 일본유센(日本郵船)에서 석식. [15일] 공업 미술 전람회, 주요 은행, 상점, 기업 본사. 이와사키(岩崎) 남작과 중식. 오후, 도요분코(東洋文庫). 도쿄 니치니치에서 석식. [17일] 범태평양 클럽 멤버와 중식. 무역협회에서 티파티. [18일] 오전 중 자유. 미일 교류 위원회에서 중식. 오후, 부인 평화협회와 네즈(根津) 저택에서 티파티. 철도대신(鉄道人臣)과 석식.
아코고등여학교(1)	1937	3일	[1일째] 도쿄역 도착. 니주바시(二重橋), 사쿠라다몬(桜田門). 택시로 니혼바시(日本橋) 미쓰코시. 교바시(京橋)의 여관. 석식 후 아사쿠사, 긴자. [2일째] 투어 버스로 쓰키지 혼간지(築地本願寺), 어시장, 신바시(新橋), 관청가, 니주바시(기념사진), 야스쿠니신사, 유슈칸, 국방관, 야마가 소코(山鹿素行) 묘, 신궁 외원, 아카사카(赤坂) 별궁, 회화관, 메이지신궁, 노기(乃木) 대장 저택, 센카쿠지(泉岳寺). [3일째] 게이오기주쿠(慶応義塾), 시바 조조지, JOAK, 히비야공원, 도쿄 니치니치 신문. 밤, 가부키자(歌舞伎座). [4일째] 가미나리몬(雷門)에서 닛코(日光)로.
『고단샤(講談社) 그림책 도쿄 구경』(대일본 웅변회강담사, 1937)	1937		[각 항목이 1쪽씩 그려져있음] 궁성 니주바시, 제국의사당, 도쿄역, 마루노우치 빌딩, 가부키자, 기요스바시(清洲橋), 아사쿠사 나카미세(浅草仲見世), 사이고(西郷) 동상, 지하철, 우에노 동물원, 백화점, 긴자, 방송국, 신바시, 국기관, 스미다(隅田) 공원, 도쿄의 교통, 하네다(羽田) 비행장, 쓰키지 혼간지, 진재기념당.
『수학여행간(修学旅行の栞) 간토(関東)도호쿠(東北) 여행안내』(산세이도(三省堂), 1937)	1937		[소제목] 궁성(니주바시, 난코(楠公) 동상,사쿠라다몬), 신 의사당, 마루노우치(丸之内) 부근(마루노우치 빌딩가, 치요다(千代田) 거리, 호리바타(濠端) 거리), 히비야 공원(공원 부근), 고지마치(麹町) 아카사카 방면(히에(日枝) 신사, 야스쿠니신사, 아카사카 별궁, 아오야마(青山) 어소, 노기신사, 메이지신궁 외원), 메이지신궁, 시바 시나가와(品川) 방면(시바 공원, 조조지, 마루야마(丸山), 시나가와 묘소, 아타고(愛宕) 공원, 은사 정원, 다카나와(高輪) 어전), 니혼바시 교바시 방면(니혼바시, 니혼바시 거리, 긴자 거리, 쇼와(昭和) 거리), 간다(神田) 혼고(本郷) 방면(오가와(小川) 진보초(神保町) 거리, 스루가다이(駿

단체·간행물	년	도쿄 체재 일수	일정
			河台), 유시마 성당, 도쿄제국대학), 시타야(下谷) 아사쿠사 방면(우에노 공원, 사이고 동상, 황실 박물관, 동물원, 제국 도서관, 간에이지(寛永寺), 아사쿠사 공원, 지하철도), 혼조(本所) 후카가와(深川) 방면(국기관, 진재 기념당, 스미다 공원), 우시고메(牛込) 고이시카와(小石川) 방면(와세다, 고라쿠엔(後楽園), 식물원), 요쓰야(四谷) 방면(신주쿠(新宿)).
조선인 수학여행(부산 제2 공립 상업학교)(2)	1922		니주바시, 귀족원, 히비야 공원, 니혼바시, 긴자, 평화박람회, 도쿄대학, 도쿄상과대학, 야스쿠니신사, 메이지신궁, 우에노공원, 도쿄주식거래소, 일본은행, 미쓰코시백화점, 센소지(浅草寺)
조선인 수학여행(부산 제2 공립 상업학교)(3)	1942		궁성, 메이지신궁, 도고(東郷)신사, 노기신사
조선인 수학여행(동래 고등 보통학교)(4)	1935	5일	도쿄역, 긴자, 해군성, 법무성, 니주바시, 야스쿠니신사, 메이지신궁, 야구장, 센카쿠지, 우에노 공원.
조선인 여교원(5)	1928		[11월 28일] 궁성 요배, 가부키자. [29일] 궁성 요배, 사회국, 도쿄니치니치신문, 조선 총독 사이토(斉藤) 각하 저택 방문, 센카쿠지, 노기 대장 저택, 메이지신궁, 야스쿠니신사. [30일] 도쿄. [12월 1일] 신주쿠 어원 배관, 지유(自由) 학원, 이케다(池田) 화학 공업회사. [2일] 관병식 배관, 이(李) 왕 저택.
조선인 교원(6)	1929		[첫째 날] 궁성 참배, 사이토 마코토(斎藤実) 저택 방문. [둘째 날] 우에노 공원, 아사쿠사 공원, 히비야 공원, 센카쿠지, 노기 대장 저, 메이지신궁, 야스쿠니신사, 미쓰코시 등.
타이완 원주민(7)	1912	6일	[4월 30일] 도쿄 도착. [5월 1일] 제1사단, 포병 공창, 제국대학. [2일] 근위사단, 사관학교, 중앙 유년 학교. [3일] 아카바네(赤羽) 공병대. [4일] 사카하시(坂橋) 창고, 검사소, 소총탄 제조소. [5일] 양말 본창. [6일] 요코스카(横須賀) 진수부.
타이완 원주민(8)	1934	4일	[4월 25일] 도쿄 도착. 궁성 참배, 척무성, 총독부 출장소, 도쿄아사히신문사. [26일] 메이지신궁, 야스쿠니신사, 유슈칸. [27일] 닛코 외. [28일] 우에노, 도쿄 시내 구경. [29일] 동물원, 지하철, 아사쿠사, 미쓰코시, 긴자 야경 등. [30일] 하코네(箱根).
남양 군도 도민(9)	1936	10일	[7월 10일] 궁성 참배, 건강진단. [11일] 도쿄 출장소, 척무성, 도쿄시,

단체·간행물	년	도쿄 체재 일수	일정
			일본 유센(郵船) 주식회사. [12일] 메이지신궁, 휴양. [13일] 저금국, 하네다 공항장, 미야다(宮田) 자전차 공장, 히비야 극장. [14일] 야스쿠니신사, 유슈칸, 근위 보병 연대, 전매국 나리히라(業平) 공장. [15일] 후지미(富士見) 소학교, 시립 제1 중학교, 동 여학교. [16일] 신주쿠 어원, 우에노 마쓰자카야(松坂屋), 아사쿠사 공원. [17일] 인조 비료 회사, 합동 유지, 도호(東宝) 극장. [18일] 닛산(日産) 자동차 공장, 도쿄 착유 공장. [19일] 동물원, 쇼핑(미쓰코시, 마쓰자카야). [20일] 일본 적십자 병원, 방송국. 도쿄 발.
제2회 필리핀 유학생 관광단(10)	1936	7일	[5월 4일] 이른 아침 입경. 궁성에서 제국의회로 향하는 천황 배견. 공원, 올림픽 회장 예정지. 마블 레스토랑에서 식사. 외무성에서 티파티. 척식 대학. 우에노 공원 그 외 관광. 저녁에 아길라(필리핀인 클럽), 그리고 플로리다(댄스 홀). [5일] 메이지 제과 공장, 미마쓰(美松) 레스토랑, 파일럿 만년필 공장, 히비(日比) 협회에서 전골 파티. [6일] 동물원, 제국대학, 외무부 대신. [7일] 토야마 트레이닝 스쿨, 와세다대학. 밤, 긴자. [8일] 타이마이 소학교, Japan Sincerity Society(대일본적성회). [9일] 음악 대학. 학생 협회에서 중식. 저녁에는 제1 극장에서 여자 가극을 관람. [10일] 가톨릭교회, 일부는 요코하마로. [11일] 닛코에.

(1) 兵庫県赤穂高等女学校校友会蓼の華会編,『蓼の華－増改築竣工創立二十五年記念誌』, 1936.
(2) 방지선,「1920-30년대 조선인 중등학교의 일본, 만주 수학여행」,『石堂論叢』44卷, 2009, pp.167~216.
(3) 위의 논문.
(4) 위의 논문.
(5) 有松しづよ,「朝鮮人女性教員による『内地視察』と李王家御慶事記念会」, p.184.
(6) 山下達也,『植民地朝鮮の学校教員』.
(7)「台湾蕃人内地観光に関する件」, 海軍省公文書.
(8)『理蕃の友』1935년 5월호.
(9)「南洋群島島民内地観光に関する件」, 拓務省, 1936.
(10) Esmeraldo E. de Leon, *Nippon in Spring : Souvenir of the Second Filipino Students Educational Party to Japan*, 1936.

초등학생용으로 제작된 『고단샤 그림책 도쿄 구경講談社の絵本 東京見物』은 앞서 말한 아코고등여학교 학생들이 도쿄를 방문한 지 2년 후에 대일본웅

그림 9. 『고단샤 그림책 도쿄 구경(講談社の絵本 東京見物)』, 대일본 웅변회 강담사(大日本雄弁会講談社, 1937) 표지.

변회강담사가 출판한 것으로, 아마도 교육자가 초등학교 수학여행단에게 보여주고 싶은 명소를 제시하고 있다.(그림 9) 국회의사당은 니주바시二重橋에 이어 2쪽 편집으로 강조되어 있고, 그 그림은 천황 행렬을 보여주고 있으며, 캡션에는 "개원식에는 천황 폐하께서 행차 하십니다"라고 쓰여 있다. 다시 말해, 의회 정치보다 천황과의 관련이 강조되고 있다. 다른 쪽과 첨부된 지도에는 제국의 근대와 글로벌한 근대라는 제도帝都의 각 측면이 균형 있게 등장한다. 군 영웅들의 동상도 시선을 끈다. 또한 이후 도시의 인프라로 눈에 띄지 않게 된 기상대 같은 시설도 명소로 취급되고 있어서 현대의 관점으로 보자면 이채롭다

수학여행 학생들은 내지의 초중학생 외에 식민지에서도 방문했다. 조선인 학생도 아코여학생과 마찬가지로 센카쿠지를 방문했다. 아마 그들에게 충성이라는 가르침을 새기기 위해서였을 것이다. 노기乃木 저택과 노기乃木 신사를 견학한 조선인 단체도 기록되어 있다. 노기 마레스케乃木希典는 천황에 대한 충성의 모범으로 조선 초등학교 교과서에 등장했다. 1922년 일본에 왔던 조선인 학생 일행은 제국의회 귀족원도 보았다. 조선인에게는 선거를 기반으로 하는 하원 대표권이 없었기 때문에 일정에서는 '제국의회'나 '중의원'이 아닌 '귀족원'이 선택되었을 것이다. 조선

제국일본의 생활공간

학교 교사 시찰단도 앞의 학생
단체와 비슷한 일정으로 1929
년에 방문했다.[16] 만주와 관동
군 점령 하의 중국에서도 교사
단체가 초대되었다. 다른 집단
들도 방문했는데, 예를 들면 식
민지 사회사업 관계자 단체, 그
리고 1935년 시작된 교환유학
프로그램에 참가한 필리핀인
학생 단체등이 여기에 포함된

그림 10. 방일 중인 필리핀인 학생 여행단. '척무(拓務) 대신 주최 티파
티 후. 동양의 중심, 도쿄에서'. Esmeraldo E. de Leon, Nippon
in Spring : Souvenir of the Second Filipino Students Edu-
cational Party to Japan, 1936.

다.[17] (그림 10) 모든 단체는 내지 측 관계 기관이 상세히 계획한 관광 일정
을 따랐다.

3. '내지 관광'과 문명화의 숙명

만약 서양인 방문자의 경우, 인상 조작이라는 정치가 외화 획득보
다 중요한 목적이었다고 한다면, 타이완 원주민과 동남아시아 섬주민
집단의 정기적 방문을 환영한 유일한 이유는 그 인상 조작이었다. 또한

---

16 방지선, 「1920-30년대 조선인 중등학교의 일본,만주 수학여행」, 『石堂論叢』 44卷, 2009.
17 타이완에서 내지로 온 사회사업 관리의 기록은「第五回内地社会事業視察紀行」,『社会事業
之友』 61号, 1932.12. 필리핀 학생 단체에 관해서는 Grant K. Goodman, *Four Aspects of
Philippine-Japanese Relations, 1930-1940*, Yale University Southeast Asian Studies Monograph
Series, no.9, 1967, pp.62~132 참조.

수학여행을 온 학생이나 내지 및 외지의 교사와 관리 등의 내지 방문과 달리, 그들의 여행은 공식 기록에서 '관광'이라 불렸다.

'관광'이라는 말은 타이완 단체를 위해 최초의 '내지 관광'이 계획된 1897년에는 아직 일반적으로 통용되는 말이 아니었던 듯하다. 1897년의 산세이도三省堂 『일본신사림日本新辞林』에도 1898년의 오쿠라서점大蔵書店 『말의 샘 일본 대사전ことばの泉 日本大辞典』에도 '관광'이라는 항목은 없다. 1896년의 산세이도 『일영 대사전和英大辞典』에도 없으며, 1902년의 산세이도 『신영일대사전新英和大辞典』에는 tourist의 번역어로 다른 숙어가 사용되었다. 하지만 1909년 간행된 산세이도 『신역영일사전新訳英和辞典』에는 sightseeing의 번역어로 '관광'이 나타났다. 이로 보아, 마침 이시기에 '관광'이라는 말이 일상어로 정착되어가고 있었음을 알 수 있다.

그림 11. 이와쿠라(岩倉) 사절단 공식 기록으로 출판된 『미구회람실기 (米欧回覧実記)』(1878). 권두에는 이와쿠라 도모미(岩倉具視)가 직접 쓴 이 두 글자가 실렸다. 당시 '관광'이라는 단어는 단순한 구경 이상의 의미가 담긴 고전적 표현이었다.

이 '관광'이라는 단어는 『역경易経』의 '관국지광, 이용빈우왕観国之光, 利用賓于王'(나라의 빛을 보면, 왕의 빈객이 되는 것에 이로우리라)이라는 말에서 유래했다.(그림 11) 아마 이 고전을 참조하여 1855년 네덜란드가 막부로 보낸 일본 최초의 증기선에 '간코마루観光丸'라는 이름을 붙였을 것이다. 메이지기 출판물에서 이 말을 제목으로 사용한 몇 안 되는 책 중 하나인 1893년의 『관광 도설観光図説』은 군대 기장記章 사진집이다.

제국일본의 생활공간

1890년대 이전에 '관광'이라는 단어의 정확한 뉘앙스가 어쨌든, 이 말의 20세기 용법은 식민지 피지배 하의 타이완인을 감화시키기 위해 계획된 내지 시찰 여행 시기에 처음 생겨난 것이라 생각된다. 일본의 식민지 당국이 이 단어를 사용하기 시작했을 때, 그것은 단순한 구경 이상의 것을 포함했다. 그 어원은 문명화와 군주에 대한 충성을 시사했다. 1899년 타이완 식민지 관료였던 기무라 다다시木村昰가 타이완의 한족 집단을 오사카에서 열린 제5회 내국권업박람회로 데려갈 것을 제언한 의견서에서도 이 말이 사용되었다. 기무라는 '그들의 유력자를 번갈아 내지로 관광시켜' 일본 문명의 우월성에 '감화'시켜야만 한다고 제안했다.[18] 20세기 초에는 '관광'이 영어 tourism의 표준 번역어로 정착된 듯하다. 1930년 철도국과 별도로 '국제관광국'이 신설되고 JTB는 그 아래로 편입되었다.[19] 만약 이 단어의 유통이 식민지 지배 하 사람들을 위해 창설된 '내지 관광'으로 시작하여, 처음에는 관료 사이에서 나중에는 일반 일본어 화자 사이로 퍼졌다고 한다면 근대 일본의 국제 관광의 원천은 식민지 교화 사업에 있었다고 할 수 있을지도 모른다. 어쨌든 '구경이나 유람' 같은 여가 여행이나 '시찰' 같은 수학을 위한 여행과 구별해서 그때까지 생소하고 도덕적 색채가 짙은 이 고전어를 당시의 식민지 관료가 선택한 것에는 의의가 있었음이 틀림없다.

당시 일본 정부는 식민지 지배 하의 민족을 내지로 데려와 '감화'시키는 사업에 관해 역사에서 여러 앞선 사례를 찾아냈다. 16세기 이후

---

18 阿部純一郎, 『'移動'と'比較'の日本帝国史―統治技術としての観光・博覧会・フィールドワーク』, 新曜社, 2014, pp.145~146.
19 앞의 中村宏, 「戦前における国際観光(外客誘致)政策―喜賓会, ジャパン・ツーリスト・ビューロー, 国際観光局設置」, p.128, p.132.

미국 대륙의 선주민은 유럽의 여러 도시로 보내지고, 그들이 본 것을 동포에게 전해야만 했다. 태평양을 횡단한 18세기 영국과 프랑스의 탐험대는 여러 선주민을 데리고 돌아왔는데, 그들은 유럽인이 주목하는 대상이 되었고 그중에는 통역사가 된 사람도 있었다. 미국도 유럽에서 이 관습을 받아들여 19세기 내내 워싱턴 D.C.에 서부 선주 인디언 대표를 빈번히 데려왔다.[20] (그림 12) 19세기 후반 독일 지배 하의 미크로네시아인은 독일로 끌려갔다. 영국령 사모아 사람들은 제1차 대전 후 근대적 농가나 공장을 보기 위해 뉴질랜드로 끌려갔다. 청 제국 시대의 타이완 원주민 지도자도 대륙으로 보내졌다.[21] 하지만 이렇게 강요된 '관광' 중 어느 것도 대일본제국 지배 하의 선주민족을 위한 '내지 관광'만큼 체계적이고 빈번히 실시된 케이스는 없었다.

1897년부터 타이완 총독부는 타이완 원주민 단체를 일본으로 보냈다. 여행단은 1911년, 1912년, 1918년, 1925년 이후 적어도 1940년까지 거의 매년 이어졌다.[22] (그림

그림 12. 조지 캐틀린 그림 〈피존·에그·헤드, 워싱턴으로 갈 때와 돌아올 때의 모습〉(1837~1839). 피존 에그 헤드(별명 Wi-jún-jon, 1796~1872)는 어시니보인 인디언 추장으로 1832년에 워싱턴을 방문했다. 화가는 위엄 있는 예전 모습을 칭찬했고, 그 변신을 우려했다. 캐틀린의 회고록에 의하면, 자국으로 돌아간 후, 피존 에그 헤드는 백인의 도시에서 본 것에 대해 거짓말한다고 여긴 사람들에게 결국 암살당했다. Jones, *Daily Life on the Nineteenth-Century American Frontier*, 1998.

20 Herman J. Viola, *Diplomats in Buckskins : A History of Indian Delegations in Washington City*, Washington, DC : Smithsonian Institution Press, 1981, pp.13~21.
21 鈴木作太郎, 『台湾の蕃族研究』, 台湾史籍刊行会, 1932, pp.374~375.
22 松田京子, 『帝国の思考-日本「帝国」と台湾原住民』, 有志舎, 2014, pp.42~43. 마쓰다 쿄코와 아베 준이치로는 각각 타이완 원주민의 내지 관광에 대해 상세히 분석하고 있다. 두 연구는 처음부터 원주민이 농촌 시찰로 얻을 수 있는 응용 가능한 정보를 원했지만, 겨우 1929

제국일본의 생활공간

13) 일본이 적도 이북 미크로네
시아의 독일 식민지 점령을 선언
했던 1915년부터 1939년까지
동남아시아 섬주민(주로 엘리트 남
성)을 모아 일본으로 보내는 내지
관광 여행은 매년 이루어졌다. 초
기에는 해군이 계획했고, 나중에
는 척무성拓務省이 실시했다.[23]

그림 13. '수도로 들어오는 생번(生蕃) 관광단 일행' 그림엽서,
1910년대. 천쭝런(陳宗仁) 편, 『세기용안(상)─백 년 전 적 타이완
주민 도상(世紀容顔(上)─百年前的台湾原住民図像)』, 타이완, 국가
도서관, 2003.

　　일본 제국의 상황이 변화함
에 따라 약 4년에 걸쳐 계속되던 내지 관광 사업의 의미도 변화했다.
1930년대 후반에는 일부 참가자를 일본의 충실한 '황민'으로 동화시킬
수 있었기 때문에 사업이 '성공'했다고 판단되었다. 하지만 내지 관광
으로 제도에서 연출된 만남은 식민지 지배 하의 사람들, 그것을 계획했
던 식민지 관료, 내지의 일반 민중 사이에 여러 해석을 불러일으켜, 통
일된 제국의 이야기로 고정화한다기보다 일본의 제국적 근대의 '문명'
과 '미개'의 정의와 경계에 의문을 던지게 되는 결과를 낳았다.

　　타이완 원주민의 내지 관광에 관한 1912년 기록에 따르면, 이때 온
단체가 도쿄에서 8일간 지냈음을 알 수 있다. 그들은 항상 경찰의 경호를
받았다. 공식적으로 진행된 이 여행은 사절단이 아니었다─총독부, 척식
국(후의 척무성) 대표의 짧은 인사를 제외하면, 고관 회견이나 황실 알현은

　　년 이후에나 이것에 부응한 실용적인 측면도 포함한 내지 관광 계획이 세워졌음을 지적한
　　다. 여기에서는 제도(帝都) 체험에 초점을 좁혔다.
23　千住一, 「日本統治下南洋群島における内地観光団の成立」, 『歴史評論』 661号, 2005.5, p.57.

여행에 포함되지 않았다. 하지만 놀러 온 여행도 아니었다. '내지 관광'이라 불린 이 여행은 적어도 초기에는 강제된 관광이었다. 단체가 끌려간 장소는 압도적으로 군사와 관련된 곳이 많았는데, 1912년 관광 첫날에는 대포 공장, 총탄 공장과 병기창이었다.(그림 14, 15) 단체는 니주바시, 아사쿠사의 두 극장, 우에노 동물원, 척식박람회와 시로키야白木屋 백화점도 견학했다. 하지만 데이코쿠극장이나 데이코쿠호텔과 같은 상류계급의 문화 명소는 방문하지 못했다.[24]

그림 14. '생번인 육군 보병 조련을 보다' 그림엽서, 1910년대. 천쭝런(陳宗仁) 편, 『세기 용안(상)―백 년 전 적 타이완 주민 도상(世紀容顔(上)―百年前的台湾原住民図像)』, 타이완, 국가 도서관, 2003.

그림 15. '(타이완 번인 관광단) 도쿄 사관학교 캐넌포 사격 실황' 그림엽서, 1910년대.

1912년에 제도帝都를 방문한 다른 타이완 원주민 단체를 인솔했던 경찰은 여행자의 인상을 요약하여 '내지 관광 번인 감상 보고'라는 기록으로 남겼다. 식민지 지배 하 사람들의 말과 감정을 대표했던 모든 공식 문서와 마찬가지로, 이 보고서도 식민지 사람들에 대해 기록한 것과 같은 정도로, 그 필자와 필자가 예상하는 독자에 관해서도 기록하고 있다. 그렇다고는 하나 이것을 보면, 일본인 주최자가 교육과 동시에 위협

---

24 「第四回内地観光著人感想報告」, 1913, JACAR(アジア歴史資料館センター) Ref.C08020372800, 第3~4 画像.

제국일본의 생활공간

하려고 했던 노력을 타이완인 일행이 어떻게 받아들였는지 어느 정도는 알 수 있다. 여행 일정과 어울리게 개요의 대부분은 일본의 군사력에 대해 일행이 가졌던 인상을 서술하고 있다. 그들이 본 학교조차도 육군 유년 학교였기 때문에 어린 학생도 '전쟁 학문을' 배우고 있음에 놀랐다고 기록되어 있다. 또한 도쿄에서 가는 곳마다 보이는 병사들의 수 자체에도 충격을 받았다. 보고서에는 그들이 "군대가 곳곳에 배치되고, 그 수가 도저히 자신들이 계산할 수 없을 정도"라고 말했다고 적혀 있다.[25]

하지만 군사의 도시 도쿄를 과시하는 것이 노리던 바대로 타이완 원주민을 위협하는 효과가 있었는지는 판단하기 어렵다. 1912년 5월 15일 일행이 야스쿠니신사를 방문한 후 『타이완니치니치신포』에 보도 기사가 올라왔다. 기사에 의하면, 유슈칸에 들어간 일행은 "관내를 한 바퀴 돌고 모셔져 있는 칼을 보며 '이런 훌륭한 칼을 보관만 해두는 바는 없다. 잘 드는 칼 하나 정도는 줘도 괜찮지 않나'라고 억지를 부린" 모양이다.[26] 이 어조는 외경심을 느낀 어조가 아니다. 그들에게는 도움이 될 만한 무기 전시가 무력에 관한 일본의 우위성을 알려 줄 뿐만 아니라, 자신들이 무기를 압수당한 후 도쿄로 끌려왔음을 떠올리게 하는 원인도 되었을 것이다.

수도를 무기와 군대의 장으로 보여준 것 때문에 생긴 이 웃지 못 할 결과는 이미 타이완 원주민의 초기 내지 관광에서 볼 수 있다. 1897년 첫 번째 여행의 원주민 단체장 타이모 미셸이 지적한 것이다. 왜 여행에

---

25 「第二回內地観光蕃人感想概要」, 1912, JACAR(アジア歴史資料館センター) Ref.C0802022
　　5500, 第47, 第50, 第56 画像.
26 「観光蕃人の感想」, 『台湾日日新報』, 1912.5.16.

참가했느냐는 질문에 그는 신문 기자에게 두 가지 이유를 말했다. 첫 번째, 일본인이 모두 스스로 일하는 능력을 잃어버린 도둑이라고 들었기 때문에 누구든 일본에서 농업을 하는 사람이 있는지 보고 싶었다. 두 번째, 타이완 원주민은 총과 화약의 소지가 금지되어 있으므로, 합법적으로 총과 화약을 구입할 수 있도록 금지령을 철폐해달라고 요구하러 왔다고 말했다. 타이모 미셀 일행은 일본을 방문하는 동안 가는 곳마다 주최한 일본인에게 총을 요구했다. 타이완으로 돌아가기 직전 타이모 미셀은 통역을 향해 다음과 같이 낙담했다고 한다.

우리가 출발할 때 총독부의 우두머리가 말하길, 그대들의 목 베는 풍습을 멈추어라. 일본도 처음에는 그대들과 같이 목을 베었으나, 도중에 그것이 나쁜 일임을 깨닫고 서로 이야기하여 화목하게 지내니 최근에는 가옥이든 도로든 모든 것이 완전해졌다. 그대들도 어서 목을 베는 풍습을 그만두고 일본처럼 되도록 노력해야만 한다. (중략) 그런데 일본에 와서 보니 역시 도로, 가옥이 매우 아름답다. 그러나 소총에 비해 대포 탄약 등의 제조가 성행하고 있다. 안정된 이 시기에 이곳에서 병기 제조를 서두르는 것은 어째서인가. 또한 청국에서 빼앗은 대포를 보여주며, 이것은 무엇이고 저것은 무엇인지 참으로 용맹스럽게 말하지만, 나는 아무리 생각해도 일본인이 무기 제조하는 것을 번창시켜 자신의 부하에게만 분배하고 왜 우리에게는 매매를 허가해주지 않는지 묻고 싶다.[27]

---

27 1897년 제1회 내지 관광 인솔자 중 한 명이었던 총독부 민정국 기사 후지네 요시하루(藤根吉春)의 기록 「내지 관광 번인 상황 후지네 기사 복명(內地觀光蕃人狀況藤根技師復命)」에 기록되어 있는 이 발언은 잡지 『리한노토모(理蕃の友)』에 쓰인 회고문과 여러 연구에서 인용되고 있다. (『理蕃の友』, 1936.7, pp.8~9) 타이모 미셀(타이모 밋셀이라고도 씀)에 대해

제국일본의 생활공간

타이완으로 귀국한 후 관광단은 타이베이에서 타이완 총독 노기 마레스케에게 초대 받고 모두 일본도를 받았다. 그들은 이것을 쓸모없다며 무뚝뚝하게 거절했다.[28] 통역은 그들에게 방문 기념품으로 받아가도록 강요했고, 그들은 결국 받아들였다. 하지만 타이베이에서 열차 출발이 늦어지자 그들은 분개하여 선물을 내버리고 걸어서 돌아가려 했다. 초기의 이 여행에서 일본이 얼마나 강력한 무기를 갖고 있는지 방문자에게 각인시키고, 잠자코 복종하기를 원했던 노력은 오히려 식민지 종주국의 이기심을 각인시키는 반대의 결과를 만들어낸 듯하다.

무력 과시보다 군중과의 만남이 타이완 관광단에게는 가장 두려운 도시의 인상이었을지도 모른다. 일행은 아사쿠사에서 구경꾼들에게 둘러싸였는데, 경찰 보고서는 호위가 상처를 입지 않게 해준 것에 원주민이 감사해 했다고 기록하고 있다.(그림 16) 여행자의 말이라고도 호위자의 말이라고도 볼 수 있는 구술에는 이렇게 결론이 나 있다. "우리가 가는 곳마다 내지인이 몰려드는 것은 우리가 색다른 의복을 입거나 얼굴에 문신을 하고 있는 것을 구경하려는 것이다."[29] 경찰이 군중을 가까이 못 오게 해도 도쿄를 걷는 원주민들은 자신들이 구경거리가 되거나 보도되고 있음을 알았고, 일본인의 시선을 항상 느꼈을 것이다. 내지인의 시선에 노출되는 것은, 제도의 웅장한 모습과 참가자가 "개미 같다"고 감상 기록 중 형용했던 많은 군중의 수와 맞먹을 정도로 심각한 영향을 그들에게 끼쳤을 것이다. 1935년 내지 관광을 마치고 타이완으로 돌아

서는 앞의 松田京子, 『帝国の思考－日本「帝国」と台湾原住民』, pp.51~68 참조. 마쓰다에 의하면, 내지 관광에서 귀국하고 3년 후 식민지 정부에 대항하여 싸우다 살해당했다.

28 『리한노노토(理蕃の友)』에는 "이 칼로는 멧돼지조차 벨 수 없다"고 적혀있다.

29 앞의 「第二回内地観光蕃人感想概要」.

그림 16. '입경하는 생번 관광단 52명 일행(타얄족 40사의 두목)' 그림엽서, 1910년대. 웅성대는 군중에
둘러싸여 걷는 타이완 관광단 일행이 여성의 우산 뒤로 보인다. 천쭝런(陳宗仁) 편, 『세기 용안(상) —백 년
전 적 타이완 주민 도상(世紀容顔(上) —百年前的台湾原住民図像)』, 타이완, 국가도서관, 2003.

온 참가자가 동포 앞에서 이야기하도록 강요받은 '내지 관광 순회 강연
회' 중 내지인이 그들의 얼굴 문신을 보았을 때의 수치를 말하는 사람도
있는데, 타이베이의 병원에서 그것을 없애는 수술을 받고 싶다고도 했
다. 타이완 총독부는 1910년대 이래 원주민의 문신을 없애려 했지만,
지역에 따라서 이 습관의 뿌리는 깊었다. 1930년 조사에 의하면, 타얄
인 중 48%가 문신을 했는데 30세 이상은 그 비율이 더욱 높았다. 1940
년 8월 조사에서는 원주민 남성 72명과 여성 23명이 수술로 문신을 지
웠다. 내지인과의 만남 속에서 그 지역에서는 최대의 명예였던 신체의
상징이 수치의 원인으로 전환된 것이다.[30]

30 後藤生, 「蕃人の目に映じた内地—観光蕃人に其の感想を聴く」, 『理蕃の友』4卷6号, 1935.6,
    p.8; 山本芳美, 『イレズミの世界』, 河出書房新社, 2005, p.244, p.250. 문신을 제거하는 수술의

그림 17. 일본인 경관과 타이완 원주민 타알족 및 경찰, 소위 '우방 번(蕃)'과 일본인 지배자에게 의뢰받아 살해한 사라마오와 시카요우 족 '적 번(蕃)'의 목을 우서(霧社) 분실에서 촬영한 기념사진, 1920년경. 타이완 타이중(台中)시, 린지청(林致誠) 씨 소장. 타이완 동아 역사 자원 교류 협회.

그림 17은 그들이 여행하면서 찍은 것은 아니지만, 여행의 주최자
와 참가자가 되었을 사람들이 찍혀있다. 이것은 1920년경 반식민지 운
동 진압 후에 타이완에서 찍은 것이다. 일본인 경찰은 식민지 지배 저항
자를 식민지 지배에 복종한 원주민, 소위 '우방 번'을 이용하여 공격했
다. '적 번'의 목에 상금까지 걸었기 때문에 참수 사건의 빈도는 일본 통
치 하에서 오히려 늘어났다. 1913년 이후 총독부가 사람의 목을 그린
사진의 상업적 유통을 금지했지만,[31] 그림 17에서 보듯 식민지 경찰이
대리전쟁의 승리를 정복당한 부족의 머리를 포함한 사진(그중에는 여러

고통을 이야기한 원주민의 기록에 대해서는 Scott Simon, "Formosa's First Nations : From
Colonial Rule to Postcolonial Resistance", *Asia-Pacific Journal*, January 2006.
http://japanfocus.org/-Scott-Simon/1565 참조.

31 Paul D. Barclay, "The Geobody within a Geobody : Kappanzan in the Making of Indigenous
Taiwan, 1895-1940", Association for Asian Studies Annual Conference, San Diego, CA, March
22, 2013.

명의 아이들의 목도 포함된 듯하다)으로 기념하는 것에는 양심의 가책을 느끼지 않은 듯하다. 식민지의 이 같은 상황과 달리 근대 제국의 도상학圖像學에서는 정복당한 자의 죽음이나 굴욕을 공연히 폭로하지 않는 것이 종주국 본토의 규정이었다. 내지에 갔던 원주민 관광단 참가자는 자른 목 대신에 무기를 든 남성의 동상이나 무기 그 자체를 전시하는 것이 제도帝都의 '문명' 표상임을 발견했다.

하지만 벤 목을 내거는 것은 일본 무사와 타이완 무사 사이에 공통된 오랜 전통이었다. 1860년대에 일본을 방문한 서양인은 도카이도東海道 옆에서 말뚝에 꽂힌 죄인의 목을 보았다. 일본에서 죄인의 참수는 메이지유신 후에 중지되고 교수형이라는 서양의 처형법으로 바뀌었지만, 비 일본인에게 대처할 때 군은 이것을 계속 실행했다.[32] 그리고 내지의 대중문화에서도 잘린 목은 표상으로 계속 성행했다. 청일전쟁과 러일전쟁 후 포획된 무기가 도쿄에 전시되었는데, 기노시타 나오유키가 지적하듯이 "민중은 '목'을 필요로 했"던 듯하다. 청일전쟁 후 전승 행렬에서는 중국인의 머리 형태를 흉내 낸 제등도 등장했다.[33] 이처럼 최근까지의, 혹은 살아있는 일본의 전통과의 관련성 때문에 타이완 원주민은 특별한 매혹과 불안의 대상이 되었다. 식민지 관리와 경찰을 대상으로 1932년 1월에 간행이 시작된 『리한노토모理蕃の友』 창간호의 권두기사는 목을 베는 타이완 풍습을 논하고 있는데, 필자는 적의 목을 벨 때는 몰래 공격하는 것이 아니라 스스로 이름을 대야 한다며 일본 무사의

---

32 Daniel Botsman, *Punishment and Power in the Making of Modern Japan*, Princeton University Press, 2007, p.152.
33 木下直之, 『ハリボテの町』, 朝日新聞社, 1996, p.273.

제국일본의 생활공간

'용맹스러운' 거동과 구별하려 애쓰고 있다.[34] 1936년의 타이완 여행단은 시골 여관에서 자는 사이 목을 베일 것을 두려워한 일본인 경영자에게 투숙을 거부당한 사건도 있었다.[35]

타이완 내지 관광의 성격은 돌보는 일본인 중개자와 타이완 여행자 양쪽이 서로 평화로운 문명의 가면을 씀으로써 1920년대 후반에 확연히 변화했다. 그때까지 식민지 지배는 1세대 이상 이어지면서 정착되어가고 있었다. 원주민 젊은이는 초등학교에서 일본어를 배웠다. 폴 바클레이가 자세히 기술했듯이, 원주민 수장의 딸 중에는 식민지 당국에서 장려한 정략결혼 때문에 일본인 경찰과 부부의 연을 맺은 이도 있었다.[36] 1928년에 실시된 제8회 내지 관광의 경우, 전해진 바로는 타이완인이 여비를 스스로 부담했다고 한다. 1929년 제9회 관광단은 청년단 제복을 입고 도쿄에 도착했다. 이때부터 그들의 일정에서 강조된 부분은 군사시설에서, 황거로 시작하는 표준적인 천황제 국가 및 제국의 명소와 문화시설로 변화했다. 예를 들면 1935년 제11회 내지 관광에서는 첫째로 황거, 이어서 척무성, 타이완 총독부 도쿄 출장소, 아사히 신문사, 메이지신궁, 야스쿠니신사와 유슈칸, 우에노 도쇼구東照宮 등이 포함되었고, 그 외에 동물원, 지하철, 아사쿠사, 미쓰코시 백화점, 긴자의 밤 풍경 등을 관광했다. 일련의 방문 기록에 의하면, 타이완에서 사업을 하는 기업가의 기부로 메구로 가조엔雅叙園에서 연회도 행해졌다. 이러한 여행을

---

34 「蕃人の慣習首狩り」,『理蕃の友』, 1932.1, p.8.
35 「観光の反響」,『理蕃の友』, 1936.7, p.12.
36 Paul D. Barclay, "Cultural Brokerage and Interethnic Marriage in Colonial Taiwan : Japanese Subalterns and Their Aborigine Wives, 1895-1930", *Journal of Asian Studies* 64, no.2, May 2005, pp.323~360.

그림 18. 1935년 4월 20일, 제11회 타이완 원주민 내지 관광단(타얄족과 부눈족을 합쳐 30명)은 타이베이에서 출발하기 전에 타이완 사에 들러 참배했다. 『리한노토모』에 의하면, 이번 내지 관광은 응모자가 많았으며 '금전 낭비를 경계하기 위해, 청년단 부장 등 '중견 인물'만 선발했다고 한다. 『리한노토모(理蕃の友)』 1935년 5월호.

동화된 젊은 원주민 엘리트 남성과 그 호위였던 현지 경찰관의 구경 유람으로 이해하는 것은 어렵지 않다. 내지 관광은 어느 정도 현대에서 말하는 '관광 여행'으로 변해가고 있었다.(그림 18)

하지만 신문 독자라면 1930년대 초에 이미 눈치 챘겠지만, 당시는 식민지도 내지도 평화가 지배하던 시기가 아니다. 제9회 방문과 제10회 방문 사이에 중단된 1930~33년에는 유명한 폭동 사건이 연달아 일어났다. 1930년 10월 제1차 우서霧社 사건에서는 시디크 족 남성이 군수품을 목표로 경찰 병기고를 습격하고, 학교 운동회에 있던 대부분 일본인이었을 군중을 공격하여 134명을 살해했다. 그 지도자 모나 루다오는 한 차례 내지 관광 참가자로 도쿄를 여행한 적이 있다. 사건 후 2개월 동안 일본인 경찰은 그에 대한 복수로 644명의 시디크 족 남성을 살해했다. 1930년 11월 도쿄에서는 수상 하마구치 오사치濱口雄幸가 일본인 초국가주의자의 총탄에 사망했다. 제2차 우서 사건이 1931년 4월에 발생하여 일본의 식민지 정부와 동맹을 맺은 원주민 병사가 일본 정부의 수용소에 수용되어 있던 나머지 시디크 족 남성 전원을 학살했다. 이 학살이 보도되어 최종적으로는 1932년 3월 타이완 총독 오타 마사히로太田正弘가 사임에 내몰렸지만, 그즈음 내지의 신문 독자들은 아마도 관동군의 작전과 만주국 건국 쪽에 열중하고 있었을 것이다. 1932년 5월 일본 해군 병사가 수상 이누카이 쓰요시犬養毅의 자택에 잠입하여 총살했다.[37] 그들은 다른 공인 여러 명 외에도 당시 방일 중이었던 찰리 채플린을 살해할 계획이었다. 식민지 타이완의 산 속과 제국의 수도 한복판에서 발생한 사건들 사이에 직접적인 관계는 전혀 없다. 하지만 동일한 기간에 연달아 발생함으로써, 제국의 근대성에 의한 문명과 이번理蕃이라는 주장에도 불구하고, 내지와 외지 양쪽에서 사회에서 소외되거나 억압받는 '불만분자'가 문민文民을 향한 무장 폭력의 경향을 더해 간 사실은 분명하다.

식민지 주민을 충실한 제국 신민으로 만드는 황민화 운동이 정식으로 착수된 1937년까지 『리한노토모』의 내지 관광 보고는 종주국을 순례하는 정형화된 이야기가 되었다. 여행 주최자는 인솔했던 여행자들이 얼마나 예절 바르게 참가했는지, 그들이 얼마나 니주바시를 보고 눈물을 흘리며 국가를 불렀는지 보고했으며, 여행자 자신도 성스러운 제도에 데려가 준 것에 대한 경외심과 감사와 긍지를, 타이완 경찰서에서 개최된 귀국 집회에서 상투적인 말로 보고했다. 아이러니하게도 이 잡지에서 언급된 유일한 예외는 평지의 — 따라서 보다 '문명화'되었던 — 아미 족, 그것도 6년 동안 정식 교육을 받은 한 사람이었다. 타이베이로 돌아오자마자 식민지 담당관의 질문에 대해 이 아미족 여행자는 농지, 철도, 야하타八幡 제철소와 내지 쌀 품질이 가장 인상 깊었다고 간단히 답했다. 그는 제국의 웅장한 기념물도 존경이나 경외 같은 감정도 전

---

37 칼을 생명으로 삼던 무사의 전통을 이상화하고 있었음에도 내지의 테러리스트는 타이완인 게릴라와 마찬가지로 도검보다 총을 우선했다.

혀 언급하지 않았다.[38] 무기를 가지고 저항한 적이 별로 없는 평지의 타이완 원주민보다 다루기 힘든 산지의 '생번'을 위압하려 했던 노력은 타이완 산간지의 일상생활에 식민지 경찰이 깊이 침투하면서 결과적으로 일부 젊은 원주민과 천황제 국가 사이에 강한 유대를 만들어내면서 성공했을지도 모른다. 하지만 관계가 보다 안정되었을 때조차 천황제 국가에 대한 경외를 제도에서 교화하려던 시도는 폭력의 위협으로부터 완전히 차단되지 않았다.

그림 19. 제국의회 의사당 앞에서 기념 촬영을 하는 타이완 원주민 내지 관광단. 『리한노토모(理蕃の友)』, 1940.6.

1940년에는 처음으로, 같은 해 5월의 여행 중 찍었을 도쿄 국회 의사당 앞에 선 타이완 원주민 일행의 사진이 『리한노토모』에 등장했다.(그림 19) 아마도 전시가 되자 비로소 주최자는 충성과 맞바꾼 미래의 참정권을 암시했을 것이다. 아이러니하게도 같은 해 10월에 의회의 모든 정당이 해산하고 파시즘적인 대정익찬회大正翼贊会에 합류함으로써 전전기 일본의 대표 민주제 실험은 끝났다. 그리고 이 단계에서조차 원주민의 여행 일정에서는 제도를 더욱더 정치적 수도임과 동시에 군사적 수도로 보여주었다. 또한 이것은 도쿄에 온 일본인 초등학생의 수학여행도 마찬가지였다. 그들은 야스쿠니신사를 방문하고 옛날과 근대의 군 영웅의 공공公共 동상을 순회했다.

---

38 「台東廳アミ族は斯く語る!」, 『理蕃の友』, 1936.6, p.10.

1915년 최초로 실시된 동남아시아 관광단의 여행 일정은 타이완인의 일정과 마찬가지로 일련의 군사시설이 포함되어 있었지만, 데이코쿠극장도 포함되었다. 또한 식민지 행정관이 새롭게 획득한 동남아시아 영토에서 농업의 공장화를 계획하고 있었기 때문에, 도민 일행은 산업 시설을 방문했다. 일행은 미쓰코시 백화점도 방문했다. 일본의 신문은 관광단이 백화점 내 에스컬레이터와 엘리베이터에 당황했음을 크게 보도했다. 에스컬레이터가 고작 1년 전에 일본 최초로 설치되었고, 따라서 많은 일본인 손님도 마찬가지로 당황했을 테지만 신문은 이것을 언급하지 않았다.[39] (그림 20)

1930년대의 동남아시아 섬주민 관광단은 보도된 바에 따르면 여비를 척무성과 반반 부담했다고 한다. 척무성 관료가 보여주고 싶던 세계 근대적 '문명의 빛'을 강조했고 나중에는 기업 사무소나 공장이 많이 포함되었다. 이타카 신고는 내지 관광에서 돌아온 지 몇 년 후 도쿄를 모방한 거리와 가옥을 이용한 '팔라우 긴자'를 건설하려 했던 팔라우인 수장의 사례를 기록하고 있다. 이타카가 밝히고 있듯이, 이 사업은 단순한 흉내가 아니라 팔라우 현지의 공동체를 사회적으로 또는 정치적으로 재구축하기 위해 내지에서 본 근대성의 어휘를

(4) Native house (Kanaka's, of old style in Saipan Island.

(6) Improved native house in Saipan Island.

그림 20. 일본이 남양 위임 통치령 사이판의 주택 개량 증거로 국제연맹에 제출한 사진. Annual Report to the League, 1929.

39　千住一, 「観光団がやってきた－南洋群島住民にとっての「内地観光」」, 立教大学観光学部, 『交流文化』 7号, 2008.5, pp.16~23.

이용한 것으로 이해해야만 한다.[40] 그렇지만 어떤 형태로든 발상을 도쿄에서 얻었고 '긴자銀座'라고 이름 붙였다는 사실도 주목해야 한다. 서양인은 제도 도쿄에서 고풍스러운 멋을 원했지만, 반면에 팔라우인은 모범으로 삼을 만한 질서의 표시를 발견한 것이다. 동남아시아 섬주민은 일본인 식민자에게 무기를 들지 않았기 때문에 그들의 내지 관광은 위압적으로 계획되지 않았고, 오히려 생산적인 제국 신민을 만들어내도록 계획되었다. 이 목적은 공업 도시이자 상업 도시였던 도쿄에서 충분히 달성되었다.(그림 21) 그들의 내지 관광 기록에는 천황과 관련 있는 명소에서 감사의 눈물을 흘렸다는 증언이 전혀 없다.[41]

내지 관광의 연출에서 주최자가 관심을 기울인 것은 타이완인과 미크로네시아인 관광단 참가자의 반응만이 아니었다. 내지 일본인의 관심도 계산에 들어가 있었다. 이것을 느끼게 해 주는 것으로, 동남아시아에서 온 관광단이 한 군데가 아니라 세 군데나 백화점을 방문했다는 기록이 있다. 이것

그림 21. 마루노우치 빌딩을 올려다보는 동남아시아 관광단. 『요미우리신문(読売新聞)』, 1935.8.11.

---

40 飯高伸五, 「伝統的首長の内地観光」, 『民俗文化研究』第8号, 2007.8, pp.200~217.
41 참고로 당시 사용된 일본어 '관광단'이 지금도 여행이나 여행자를 나타내는 일반적인 말(kankodang이라고 한다)로 팔라우어에 남아있다.

은 주최 측인 척무성이나 도쿄시 관청이 한 곳만 특별 취급한다는 불만이 나오지 않도록 배려한 결과로 보인다. 동남아시아 섬주민 자신들이 중요한 고객이 될 정도로 구매력을 가지고 있었다고는 생각하기 어렵다. 오히려 그들의 쇼핑 체험이 신문에 보도된 것에서 알 수 있듯이, 백화점 측에서 보면 이국적인 관광단은 구경거리로서의 가치를 지니고 있었다.(그림 22) 신문사 방문도 비슷한 의의가 있었을지도 모른다. 다시 말해 관광단을 위해서만이 아니라 신문사를 위해서도 연출되었던 것이다. 『리한노토모』에서 타이완 원주민의 제10회 여행(1934)의 교훈을 기록한 인솔자 중 한 사람은 방문한 목적지에서 원주민 관광단을 구경거리로 삼는 동기도 언급하고 있다. "번蕃 의상은 입지 말고 휴대해서 신문사나 백화점 등이 원할 때에는 물론 경제적으로는 유리한 경우가 많더라도 절대로

그림 22. 시로키야(白木屋) 백화점의 사진 촬영장에서, 1912년 타이완 원주민 관광단.(그림엽서)

입지 말아야 한다"고 강조하기도 했다.[42] 1930년대 타이완 관광단 인솔자는 원주민이 얼마나 이국적인지가 아니라 얼마나 문명을 향해 진전하고 있는지 내지의 관중에게 보여주고 싶어 했고, 관중이 전통 의상을 보고 싶어 하는 것을 탐탁지 않게 생각했다. 때문에 생겨난 것이 1929년

그림 23. 「번(蕃) 의상을 입은 원주민을 만나고 있는 고다마(児玉) 척상(拓相)」, 『리한노토모(理蕃の友)』, 1935.6.

여행 이후 도입된 청년단 제복일 것이다. 그런데도 『리한노토모』 게재 사진 중 내지 관리와 면담하는 원주민은 전통 의상을 입고 있다.(그림 23) 내지에는 명백히 번인다운 번인을 보고 싶어하는 욕구가 있었다. 따라서 식민지 지배하는 민족의 '내지 관광'이라는 현상 그 자체가 식민지를 위해 내지를 연출한 것과 마찬가지로, 내지를 위해 식민지를 연출한 시도로 이해해야만 한다. 내지 관광은 서로 만남이 강요된 '미개'와 '문명'의 퍼포먼스이고, 이 만남은 미개에서 문명으로 가는 길을 보여주겠다는 계몽의 목적에 지배되었다. 하지만 실제로는 모순에 가득 찬 상호 보충적 연출을 필요로 했다.

타이완 원주민과 동남아시아 제도 섬주민을 위해 조직된 내지 관광은, 다시 말해 문화 외교, 교화 운동과 이국적 구경거리의 요소를 조합하고 있었다. 이것은 미국 정부가 워싱턴으로 데려간 북미 선주민 사절

42　斉藤生, 「高砂族観光団員を連れて」, 『理蕃の友』, 1934.12, p.10.

제국일본의 생활공간

단의 경우도 동일하다. 실제로 타이완 통치에 참고하기 위해 일본 관료가 미국의 인디언 정책에 높은 관심이 있었던 것은 20세기 초 재미 일본 대사관 자료에서도 명백히 드러난다.[43] 타이완 원주민의 내지 관광도 아메리칸 인디언의 워싱턴 사절단도 기본 목적은 식민지화에 저항하는 사람들을 진압하는 데 있었다. 도쿄와 마찬가지로 워싱턴에서도 선주민 관광단은 해군 조선소나 공창 같은 군 시설에 가야 했고 군대 행진도 봐야 했다. 양쪽 모두 관청 및 그 외 근대적 국가 기관을 안내함으로써 무의식적으로 그것을 깨닫게 만드는 것이 취지였다고 볼 수 있다. 또한 양쪽 모두 신문 기자는 내방자의 행동을 빠짐없이 추적하여 그 반응을 파악할 수 있는 한 모두 보도함으로써 이국감異國感을 기대하는 독자를 만족시키고 독자에게 민족적 우월감을 주는 재료를 제공했다.

하지만 동시에 일본과 미국의 국가사업 사이에 있던 차이점도 간과해서는 안 된다. 그것은 식민지 지배 하 민족과의 관계, 그리고 '제국'의 연출에서 제도 도쿄의 역할에 대해 일본 제국의 특색을 보다 선명히 보여주기 때문이다. 19세기 동안 백인이 북미 영토를 정복한 후 선주민족과의 관계는 토지법 등 해결되지 못한 여러 문제가 남아있었다. 따라서 워싱턴을 방문한 선주민 사절단도 어느 정도는 실제적인 외교의 필요성이 있었기 때문에 반드시 참가했다. 미국 정부는 명목상 여러 인디언 민족을 독립 국가로 다루었고, 그에 합당한 외교 의례로 맞이하는 것처럼 보였다. 정식 사절단은 백악관에서 대통령과 면접할 수 있었고, 워싱

---

43 Knapp Ronald G. and Laurence M. Hauptman, "'Civilization over Savagery' : The Japanese, the Formosan Frontier, and United States Indian Policy, 1895-1915", *Pacific Historical Review* 49, no.4, November 1980, pp.647~652.

턴을 방문하는 인디언 내방자는 이것을 방문의 최대 목적으로 삼았다. 자치권을 협상할 여지가 적었다고는 하지만, 사절단이 워싱턴을 방문하는 중 조약 협상도 이루어졌고 토지 문제가 해결된 적도 있다. 미국 정부는 그들에게 방문을 기념하는 휘장이나 군복과 함께 총도 수여했다. 이와 대조적으로 타이모 미셀이 일본에서 총을 요구하고 거부당했을 때 인식해야만 했던 것처럼, 일본의 식민지에서 온 내방자에게는 협상할 여지가 전혀 주어지지 않았다. 타이완에서 협상이 이루어진 적이 있기는 했지만, 제도帝都에서 식민지 지배자와 피지배 민족과의 관계는 일방적이었다. 타이완 원주민은 종주국의 권력을 보았고, 그것에 복종하도록 요구받았을 뿐이다.[44]

이 점에서 워싱턴을 방문한 아메리칸 인디언 사절단은 도쿄에 온 내지 관광보다 타이베이에 온 원주민 대표단 쪽에 가까웠을지도 모른다. 실제로 이 두 이벤트를 기념하는 사진은 서로 굉장히 비슷하다.(그림 24) 타이완 원주민 단체는 타이베이 총독부에서 총독 및 다른 총독부 관리와 면접했고 기념품을 받았다. 영지 등에 관한 협상도 타이베이에서 이루어졌다. 이것은 타이완의 여러 원주민족과 협상하고 그들을 진압('무육')하는 사업을 청 제국에서 일본이 이어받은 결과였다. 즉 종주국 수도 대 주변이라는 틀이 타이완 내에서 타이베이와 산간지역 사이에 이미 구축되어 있는 것이다. 제도 도쿄는 외지의 내방자에게 식민지 정치를 초월한 지평에 존재하는 장소로 연출되었다. 그 역할은 식민지 제국의 수도임과 동시에 성스러운 '황제'의 수도로서 권력과 신비성을 표상하는 것이었다. 황거 — 야스

---

44 미군이 자행한 많은 인디언 학살에서 알 수 있듯이 이 체제상의 차이가 결코 미국의 지배가 보다 인도적이었음을 의미하지는 않는다.

쿠니 — 메이지신궁에 더
해 여러 군사 시설이라는
관광 코스는 이것의 산물
이었다고 할 수 있다.

그러나 다른 한편, 19
세기 서양에서 있었던 선
주민족과의 만남에 비해,
내지 관광의 문맥에서 발
생한 일본인과 타이완 및
남양 주민의 문화적 절충
에는 아이덴티티 문제가
더욱 얽혀있었다. 참수의
경우에서 볼 수 있듯이, 일
본의 식민지 지배 하에서

그림 24. 1867년 2월 백악관 앞에서 인디언 사절단과 앤드류 존슨 대통령.(Viola, 1981) 이 사진은 타이완 방문 중인 간인노미야(閑院宮)의 사진(제5장 그림 10)과 비슷한 점이 많다. 제국의 국가 권력을 표현하는 신고전주의 건축, 그리고 권력관계를 재확인하는 기념사진의 프레임이 건축 양식의 유효성을 보여준다. 하지만, 간인노미야가 원주민 대표단 위에 위치하는 베란다 의자에 앉아있는 것에 비해, 존슨 대통령이 사절단 일부에 둘러싸여 서 있는 차이는 미일 양국의 국가 이데올로기와 선주민의 관계에 어떤 차이가 있었는지 보여주고 있는지도 모른다.

선주민족의 존재는 노골적 인종차별 뿐만 아니라 문화적 불안이라는 복잡한 감정을 불러일으키는 경우도 있었다. 레오 칭과 로버트 티어니는 전간기에 타이완과 동남아시아에 머물렀던 일본인 소설가의 작품을 통해서 이 문화적 불안과 로맨티시즘이 어떻게 뒤엉켰는지 밝히고 있다.[45] 이와 비슷한 모순된 감정은 대중문화에도 나타났다.

문명과 미개의 만남에서, 그리고 일본이라는 회로를 통한 서양 근

---

45 Leo T. S. Ching, *Becoming "Japanese" : Colonial Taiwan and the Politics of Identity Formation*, Berkeley : University of California Press, 2001; Robert Tierney, *Tropics of Savagery : The Culture of Japanese Empire in Comparative Frame*, Berkeley : University of California Press, 2010.

그림 25. 다이라 미치(平未知) 그림 〈타이완의 생번 아가씨 모던풍으로 일본에 오다〉. 『현대 만화 대관 제9편―여성의 세계(現代漫画大観第九編一女の世界)』, 중앙미술사, 1928.

대의 모호함은 1928년 발표된 '타이완의 생번 아가씨 모던풍으로 일본에 오다'라는 제목의 만화에서 드러난다.(그림 25) 오른쪽에 있는 '모던걸' 모습의 타이완 원주민 2명이, 3백만 명이나 살고 있는 도시 도쿄가 자국보다 바나나 값이 싸고 풍부하다는 것에 놀라고 있다. 한 사람은 사무라이 활극을 가리키며 "아깝다. 저 목을 모두 쳐서 부족장께 선물로 드리고 싶군"이라고 말한다. 하지만 이 여행은 안 좋은 결말로 끝난다. '문명의 악마들'이라 적힌 자동차와 비행기에 쫓긴 '생번 모던걸'중 한 명은 공포스러운 나머지 맨발로 도망친다. 이처럼 만화가는 제국 경제나, 식민지 지배 하 민족과 지배 민족 사이의 불온한 문화적 근접성 등의 역설을 설정했는데, 글로벌한 근대 '문명의 이기'를 동원하여 원주

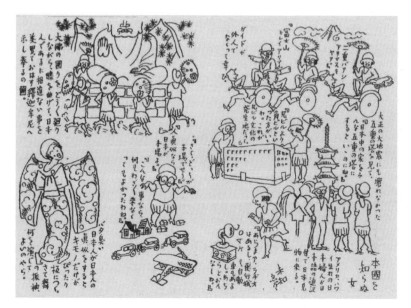

그림 26. 다이라 미치(平未知) 그림 〈본국을 모르는 여성〉, 『현대만화대관 제9편―여성의 세계(現代漫画大観第九編―女の世界)』, 주오미주쓰샤(中央美術社), 1928.

민을 재정복하는 것으로 양쪽을 해소하고 있다.

　같은 시리즈의 만화에는 '본국을 모르는 여성'으로 묘사된 하와이 일본계 모던걸도 등장한다.(그림 26) 제도를 걷는 이 관광객은 근대적 오피스 빌딩, 라디오, 비행기, 자동차 및 서양식 주택을 관찰하면서 도쿄와 서양의 유사성을 확인한다. 앞의 만화에서 원주민을 위협했던 자동차 등 '문명의 악마들'과 직면한 하와이 관광객은 "자, 어느 쪽이 본고장일까요" "남의 흉내라면 일본이 본고장이네요"라고 말하고 "이럴 줄 알았으면 일부러 올 필요 없었네요"라고 말한다.(그림 27) 또한 왼쪽 구석에는 다른 하와이인 한 명이 기모노를 입어보면서 "서양 바람이 든 일본인이 일본인 흉내를 내면 기모노만 딱 어울린다"고 말한다. 기묘하게도 낯설

그림 27. 다이라 미치(平未知) 그림 〈본국을 모르는 여성〉.

지 않은 번인이 만들어내는 긴장을 해소하기 위해 글로벌한 문명을 이용한 것과 마찬가지로, 여기에서 만화가는 '흉내쟁이 일본'이라는 서양인 관광객의 고발이 만들어내는 긴장을 해소하기 위해 반 서양화된 여성 관광객을 귀국시켰다.

농담은 긴장과 해방(카타르시스)을 통해 작용한다. 하지만 이 만화들은 겉으로는 해결을 보여주고 있음에도, 거기에서 느껴지는 카타르시스는 불완전하게 끝나고 있다. 잘린 목이 제도 도쿄의 대중적 여흥의 일부였다면, 종주국 일본은 타이완 원주민을 교화할 만큼 '문명적'이었을까. 또한 제도의 근대 '문명'은 대일본제국의 밖에서 온 방문객에게도 인상적이었을까. 그렇지 않으면 일본이 단순히 이류 서양이라는 인상을 주었을 뿐이었을까. 어찌 되었든, 이 두 가지 도쿄 관광 이야기는 아직도 불안정한 제국의 근대와 여전히 미완성인 글로벌한 근대 사이에 자리 잡은 제도 도쿄의 역설을 강조하고 있다.

4. 마치며―에티켓의 제국

사회 정치적 차원에서 제국의 근대와 글로벌한 근대의 가장 명백한 차이는, 제국의 근대는 노골적 불평등을 전제로 하는 반면, 글로벌한 근대는 자기결정권이나 '문명의 이기'가 가능하게 만든 쾌락과 표현 수단

제국일본의 생활공간

등의 평등한 기회라는 약속을 — 항상 현실과 동떨어져 있기는 하지만 — 제시한다는 점이다. 제국의 근대는 노골적 불평등에 기반을 두었다는 것과 동시에 문명화와 통합의 사명이 있었다는 것이 합쳐져서 해결불가능한 딜레마와 불화를 만들어냈다.[46] 일본 제국은 이전의 일본도 주변적 일원이었던 중국 중심 문화권에 포함된 인접 지역의 민족을 통합했기 때문에, 이 딜레마에 대한 우려가 특히 심각했을 것이다. 일본 제국의 계획이 무력에 의한 정복이나 토벌을 초월했을 때, 동아시아 문화권을 일본 중심으로 재편할 새로운 이론과 표상이 요구되었다. 오구마 에이지, 프라센짓 두아라, 테사 모리스 스즈키 등이 밝히고 있듯이, 예를 들어 식민지의 인류학에서는 히에라르키적 구별을 성립시키면서도, 일정 정도 동화시키는 것의 근거로 민족적 공통성을 발견하려는 식민지 엘리트의 신기神技에 가까운 재주를 볼 수 있다.[47]

20세기 일본의 제도帝都 관광 코스에는 기념비적이고 근대적이면서 그 국가 고유의 어휘로 정통성을 과시하려는 후발 제국주의자의 불안이 드러나 있다. 외교 전략적으로 서양에서 온 '외객'에게 도쿄의 세

---

[46] 글로벌한 근대의 보편주의도 고유한 사회 불안을 창출하고 있음은 틀림없다. 이것은 클로드 레비 스트로스가 엘리트주의적인 옆얼굴을 보이면서 '비교를 가능하게 하는(…중략…) 균질성이라는 유해한 요소'라고 부른 것이다.(レヴィ=ストロース, 川田順造訳, 『悲しき熱帯』上, 中央公論社, 1977, p.233 참조[클로드 레비 스트로스, 박옥줄 옮김, 『슬픈 열대』, 한길사, 1998]) 여기에서 논의하고 싶은 것은 근대의 식민지 제국주의 구조가 본질적으로는 모순되어 있고, 따라서 끊임없이 억누를 수 없는 불안을 만들어내고 있었다는 점이다.

[47] 小熊英二, 『単一民族神話の起源-「日本人」の自画像の系譜』, 新曜社, 1995(오구마 에이지, 조현설 옮김, 『일본 단일민족신화의 기원』, 소명출판, 2003); Prasenjit Duara, *Sovereignty and Authenticity : Manchukuo and the East Asian Modern*, Rowman and Littlefield Publishers, 2003, pp.180~188(프라센지트 두아라, 한석정 옮김, 『주권과 순수성-만주국과 동아시아적 근대』, 나남, 2008); Tessa Morris-Suzuki, "Becoming Japanese : Imperial Expansion and Identity Crises in the Early Twentieth Century", In *Japan's Competing Modernities*, edited by Sharon Minichiello, pp.157~181, University of Hawai'i Press, 1998, pp.157~180.

계 근대적 모습을 보여주려 했지만, 보는 사람 측의 욕망은 오히려 동양적 풍경을 향하고 있었다. 도쿄를 근대 제국의 수도와 군사 도시로 주의 깊게 연출하는 타이완 원주민용 초기 '내지 관광' 사업 중에 식민지 종주국 자신의 만행을 비추는 거울을 보여주고, '문명'을 받아들이는 조건으로 무기 휴대의 평등을 요구하는 '야만인'과 만나는 장면에서는 식민지 지배자의 딜레마가 보인다. 내지 여행으로 이제 막 문명화되었을 터인 피지배 타이완 원주민에게 일본도를 하사한 타이완 총독 노기 마레스케가 군주적 행동을 거부당한 장면의 어색함은 상상하기 어렵지 않다. 후기의 타이완 원주민 내지 관광은 직접적 이해관계는 없어졌지만 식민지 지배 관계의 역설은 마지막까지 사라지지 않았다. 평등 없이 피지배 민족을 어떻게 동화시킬 것인가라는 식민지 지배자의 불안, 이와 마찬가지로 동화에 의한 복종과 문화 소멸 없이 어떻게 평등을 얻어낼 것인가라는 피식민지 민족의 불안이 식민지 경영 전체에 영향을 주고 있었다.

이러한 역설은 제국의 다양한 일상적 만남 속에서도 전개되었다. 제국 안을 돌아다닌 유학생이 남긴 기록에는 동화와 문화적 히에라르키에 대한 일상의 불안이 나타나 있다. 중국인과 조선인 민족주의자는 너무도 쉽게 동화되는 내지의 타이완인 유학생을 비판했다.[48] 한편 도쿄에 유학 온 조선인 여성의 증언집에는 일본의 예의범절에 적응하려던 갈등이 기록되어 있는데, 같은 조선인 유학생이 종래의 조선옷을 계속 착용한 점 등에서 알 수 있듯이 이것은 일본인으로 '통용되기' 위해서가 아니라 열

---

48 紀旭峰, 「大正期在京台湾人留学生と東アジア知識人―朝鮮人と中国人とのかかわりを中心に」, 『アジア太平洋討究』 15号, 2010, pp.210~202.

등하다고 여겨지지 않기 위해서였다.[49] 수학여행으로 조선에서 내지를 방문한 일본인 학생도 도쿄 사람에게 얕보였을 때의 감정을 기록하고 있다. 도쿄 여행에서 조선으로 돌아온 '내지인' 고등여학교 학생 중 한 명은, "'조선에서 왔습니다'라고 말하면 바로 소매치기로 보고 경계한다"고, 그 분했던 마음을 기록했다.[50] 반대 상황에서도 비슷한 불안이 지배자 측에 드러난 적이 있다. 타이완의 식민지 당국과 지배 계급은 식민자 동포에게 한족 주민 앞에서 부끄럽지 않은 복장을 하도록 반복해서 경고했다.[51] 하와이, 캘리포니아, 브라질로 건너간 일본계 이민자의 행동을 둘러싼 불안은 더욱 심각했다. 미국에 사진 신부로 보내진 일본인 여성은 미국의 가정 습관을 배우기 위해 요코하마에서 가정학 훈련을 받았다.[52] 여기에는 명백히 사회 계층의 문제도 포함되어 있고, 일본이 빈곤한 제국이고 식민지 영토 경영을 위해 병사나 관료를 보내고 있을 뿐만 아니라 잉여 인구까지 수출하고 있다는 사실도 관계되어 있다. 하지만 예법의 위반에 대한 상호 간의 공포를 통해서 제국 그 자체가 착취의 구조임과 동시에 문화적 불안을 만들어내는 일종의 장치였다는 사실도 드러난다. 권력의 스펙터클, 만남의 장, 일본 제국의 근대를 형성했던 사람과 지식과 상품이 흐르는 네트워크의 중심적 연결점으로서 제도 도쿄는 이런 불안을 응축하고 재생산했던 것이다.

---

49 朴宣美, 『朝鮮女性の知の回遊―植民地文化支配と日本留学』, 山川出版社, 2005. (박선미, 『근대여성 제국을 거쳐 조선으로 회유하다』, 창비, 2007)

50 山下達也, 「植民地朝鮮の師範学校における「内地人」生徒―官立大邱師範学校を中心に」, 『歴史学研究』819号, 2006, pp.27～28.

51 岡本真希子, 『植民地官僚の政治史―朝鮮, 台湾総督府と帝国日本』, 三元社, 2008, pp.106～107; 竹中信子, 『植民地台湾の日本女性生活史』, 田畑書店, 1996.

52 東栄一郎, 飯野正子他訳, 『日系アメリカ移民二つの帝国のはざまで―忘れられた記憶 1868-1945』, 明石書店, 2014, pp.98～102.

제국의 틈새, 하와이와 오키나와

C.브루어 농원, 하와이·오아후 섬, 1902년경. Franklin Odo and Kazuko Sinoto, *A Pictorial History of the Japanese in Hawai'i, 1885-1924*, Honolulu : Bishop Museum Press, 1985. 전방에는 노동자 주택, 배후에는 연기를 뿜는 설탕 공장과 광대한 사탕수수밭. 좌측에는 성조기를 내건 불당이 이목을 끈다. 하와이에서 지배적이었던 혼간지파(本願寺派)는 기독교적 요소를 도입했다. 양 종교의 지도자는 근면과 농원주인에 대한 순종을 장려했다.

2012년 필자는 하와이 오아후 섬을 방문하여 설탕 농원 노동자의 주택을 재현한 야외 박물관 '플랜테이션 빌리지(농원촌)' 가이드 투어에 참가했다. 19세기 중반 이후 서양의 설탕 수요 때문에 하와이 제도는 영미 자본이 지배하는 농원 경제로 변모했다. 홍역, 천연두 등 외부에서 들어온 역병 때문에 폴리네시아인 선주민족 인구는 큰 타격을 입었고, 심각한 노동력 부족이 발생했다. 노동력 결핍을 보충하고 설탕 수출을 유지하기 위해 농원주의 압력을 받은 하와이 국왕은 전 세계에서 이민을 받아들였다. 그 대다수는 동아시아에서 왔다. 때문에 훗날 태평양에서 미국의 '인종의 도가니'로 상찬받는 다문화 사회가 형성되었다. 하지만 19세기 말부터 20세기 초에 걸쳐 이 사회는 앵글로 아메리카 백인의 지배하에 있는 인종의 히에라르키로 변해갔다. 1876년 인구의 약 90%를 점하고 있던 선주민은 1900년에는 겨우 26%에 불과했다.[1]

　　'플랜테이션 빌리지'에는 일본인 노동자의 재현 주택이 두 채 있는데, 한 곳은 2세대가 동거하는 주택, 다른 한쪽은 '기독교 일가'를 위한 단독주택이었다. 이 밖에 중국인, 필리핀인, 한국·조선인, 오키나와인, 포르투갈인, 푸에르토리코인 노동자의 주택도 재현되어 있다. 주택들은 각 이민 그룹의 자손들이 만든 민족 단체 대표가 물품을 제공하여 내부를 재현했다. 야외 박물관의 가이드는 보비라는 이름의 60대로 보이는 여성이었는데, 외견상으로는 아메리카 백인이었지만 자신의 일부는 '하오레'(영미 백인을 가리키는 현지어)이고 일부는 하와이 선주민족이라 설명했다. 한편 하와이 선주민의 민족 자치운동은 강하지만, 동시에 문

1　Ralph Kuykendall, *The Hawaiian Kingdom, 1874-1893*, Honolulu : University of Hawai'i Press, 1967, p.116.

화적 진정성을 시사하고 제국주의적 과거와 본인을 분리시키기 위해 하와이 선주민족의 피가 흐르고 있다는 것이 현재는 멋진 일로 인식된다. 보비는 자신이 노동 감독의 자손이고 설탕 농원에서 자랐다고 말했다. 그곳은 하와이 제도에서 마지막까지 남아있던 대규모 설탕 농원이었고, 1996년까지 조업을 계속했다고 한다. 그녀는 야외 박물관에 주택이 재현되어 있는 여러 민족을 설명하는 도중, 어딘지 모르게 감독의 흔적이 느껴지는 표현을 사용했다. 민족에 대한 스테레오 타입을 빌려, 어떤 민족은 '가족의 결속력이 강하고' 어떤 그룹은 '열심히 일하는 사람들'이라고 묘사했다. 하지만 박물관에는 백인 감독의 주택도 농원 경영자의 주택도 재현되어 있지 않다. 또한 하와이 선주민족이 장식한 주택도 없다. 이것은 자신들의 역사를 설탕 농원의 역사와 동일시하는 것이 노동을 위해 옮겨 온 이민 그룹뿐이라는 사실을 반영하는 것이다. 그들을 착취했던 '하오레'도, 이민자들이 그 노동을 보충해서 결과적으로는 서로 처지가 바뀐 하와이 선주민족도, 자신들의 역사를 다른 형태로 기념하고 있었다.

　제국의 중첩이 만들어 낸 문화적 효과를 고찰하는 데 하와이는 풍요로운 필드였다. 형식적 통치권은 1893년에 미국 백인이 이끈 쿠데타로 마지막 여왕이 퇴위되고 공화국이 선언될 때까지 하와이 왕가의 수중에 있었다. 1900년 하와이 제도는 미국령으로 바뀌었고, 1959년 미국의 50번째 주가 되었다. 하와이 제도는 1778년에 쿡 선장이 도착한 이래 제국주의적 야심의 표적이 되었다. 일본계 사람이 하와이의 여러 민족 중 최대 인구가 된 20세기 초가 되자, 인구를 태평양으로 확장했고 전략적, 그리고 경제적 이익을 획득하려고 미국과 일본이 서로 경쟁했던 '명백한 사명Manifest Destiny'이라는 이념 때문에 하와이의 사회와 풍경의 모든 측면이 새롭게 만들어졌다.

오늘날 하와이는 언어에서도, 의식주나 일상 행동에서도 여러 가지 문화 혼합적인 독특한 사례를 보여준다. 이번 방문에서는 두 가지 말이 특히 인상에 남았다. 하나는 돼지에 관한 말이며, 다른 하나는 신발에 관한 말이다. 이 두 가지 문제는 나중에 언급하겠지만, 단순한 흥미 깊은 문화 혼합의 현상 이상으로, 미일 양쪽의 제국 공간 내의 불평등한 만남으로 인해 생긴 태평양 생활 문화권의 양상이 독특한 언어표현이나 물질문화라는 실제 사례에 나타난 것이라 말할 수 있다.

하와이는 일본 정부의 책임 아래 현재의 국경을 넘어 이민을 보내는 계획에 따른 최초의 이주처였다. 관약官約 이민으로 이주한 최초의 계약 노동자는 1885년에 요코하마 항을 출발했다. 이 단계에서 이민은 하와이 정부의 요청으로 시작되었다. 1882년 하와이 왕 칼라카우아의 사절로 도쿄를 방문한 J. M. 카페나는 외무경 이노우에 가오루井上馨에게 이민 송출을 강하게 호소했다. 카페나는 일본인과 하와이인이 자연적 관계를 맺고 있다고 주장했다. "단순한 쿨리나 노동자를 원한다면 중국인을 고용할 것이다. 하지만 우리는 그 이상의 것을 원한다. 즉, 우리나라에 규율이 바르고 근면하며 문명화된 준법 의식이 높은 동계同系 민족을 다시 식민하고 싶다"고 그는 말했다.[2] 이 청원의 배후에는 하와이 도심부에서 경영 수완과 상공업 재능으로 백인 우위를 위협하는 중국인의 급증을 상쇄하고 싶은 백인 거주자의 요망이 있었고, 다른 한편

---

2   Ibid., p.160.

에는 동아시아의 신흥 세력인 일본과 친밀한 관계를 쌓음으로써 하와이 제도에서 미국의 정치적 영향력을 상쇄하고 싶은 하와이 왕국의 요망도 있었다. 이노우에는 신중히 대응했다. 하지만 마쓰카타松方 디플레이션으로 발생한 일본 농촌부의 빈곤이 심해졌기 때문에, 최종적으로는 빈농을 이출하는 정책이 국가에 유리하다고 판단했다.

하지만 하와이로 이주하는 일본 농민의 이동이 시작되면서, 특히 미국 연방법에 따라 계약 이민 제도가 금지된 1900년 이후 일본에서 이민은 단순히 버려지는 과잉 인구가 아니라 확장하는 대일본제국의 선발대로 묘사되고 인식되기 시작했다. 후쿠자와 유키치福沢諭吉와 그 문하는 제국의 이익을 목적으로 하는, 평화 이면의 상업적 해외 확장이라는 이념을 선전했다. 마찬가지로 도쿠토미 소호德富蘇峰(이치로猪一郎)는 자신이 발행하는 신문 등에서, 대량의 일본인 이민에 의해 성립하는 동아시아와 태평양의 자연스럽고도 필연적인 재식민을 주장했다. 아즈마 에이치로가 지적했듯이, 이민 정책과 '해외 발전'의 언설은 종종 '이민'과 '식민'을 혼동했다. 그 발전이 상업적인 형태이든 제국주의적인 형태이든, 이민 당사자들은 일본 민족과 천황에 대한 충성을 지녀야 한다고 여겨졌다.[3]

하와이의 일본계 1세대 지도자층도 자신들이 대일본제국의 확장에 공헌하고 있다고 자부했다. 공적인 행사나 출판물에서 초기 1세대 지도자는 일본과 하와이의 권위를 융합한, 영미 중심의 질서와는 다른 히에라르키의 힘을 빌려서 대일본제국의 상징체계를 재생산하려고 노력했

---

3 東栄一郎, 飯野正子他訳, 『日系アメリカ移民, 二つの帝国のはざまで─忘れられた記憶 1868~1945』, 明石書店, 2014, pp.43~48.

그림 1. 하와이 일본계의 모의 황군. 1895년 5월 11일, 호놀룰루에서 개최된 청일전쟁 승전기념 행진에 참여하기 위해 가장한 남자들. Ernest Wakukawa, A History of the Japanese People in Hawaii, Toyo Shoin, 1938.

다. 하와이 일본계는 청일전쟁의 승리를 축하하며 황군皇軍 장교의 제복을 모방한 옷을 입고 행진했다.(그림 1) 하와이에서 활동했던 저널리스트 다나카 주보田中稠穂가 편집하여 1910년에 출판한 사진집 『하와이 사진첩布哇写真帖』은 『후진가호婦人画報』나 동시대의 비슷한 출판물을 생각나게 하면서도 하와이에 특화된 특징을 더하는 식으로, 시각적으로 구축된 메이지 일본의 사회 질서를 하와이 일본계의 문맥으로 바꾸어 드러냈다.[4] 이 사진첩은 서두에 미국 대통령 태프트, 퇴위당한 하와이 여왕 릴리우오칼라니, 미국인 '하와이 현 지사', 일본 총영사 순으로 사진을 배열했다. 초상사진들에 이어서 불특정한 일본인과 하와이인 고

---

4   田中稠穂, 『布哇写真帖』, ホノルル : 田中事務所, 1910(電子復刻版, 文生書院, 2008).

위층 사람들과 함께 찍은 하와이 방문 중인 후시미노미야伏見宮의 군복 모습, 혼간지本願寺의 법주法主와 하와이의 포교승, 일본 신문 3사 대표, 하와이 일본계의 야구단 3팀, '호놀룰루 게이샤芸者' 단체 사진이 배열되어 있다. 다시 말해 이 사진에는 메이지의 시각 미디어에서 습관화 된 지배 계급의 표상과 함께, 하와이의 현재와 과거의 지배자에 섞여 하와이에서 일본의 문화적 존재와 민족의 단결을 보여주는 초상군이 보인다. 초상 사진으로 구성된 서두 부분은 지역 색을 더하는 익명의 '하와이 부인'의 초상 사진으로 끝을 맺는다. 사진첩의 나머지는 주축을 이루는 공공 건축, 설탕 공장, 풍경 사진이 채운다. 설탕 농원과 설탕 공장이 게재되어 있음에도 불구하고, 그곳에서 노동에 종사하면서 당시 하와이의 일본계 인구 대다수를 구성하고 있던 일본인 노동자의 노동 모습은 보이지 않는다. 노동자 주택이 보이는 사진은 1장 뿐인데, 그것은 산뜻한 흰색으로 도장되어 있어서 쾌적하고 위생적으로 보인다. 배경을 차지하고 있는 공장 건물과 줄지어 선 노동자 주택 사이에는 성조기가 걸린 혼간지 파本願寺派의 불당이 세워져 있다.(이 장 첫 페이지)

이민을 선발대로 이상화한 이미지에도 불구하고 하와이에 도착한 일본인들은 자신들이 백인 지배의 인종 히에라르키 속에서 낮은 지위에 있음을 일찌감치 눈치 챘다. 농원의 임금은 민족과 젠더에 따라 단계가 나누어졌다. 사탕수수밭의 감독 대다수는 포르투갈인이었다. 그들은 말을 타고 채찍을 들고 있었다. 계약 노동의 시대가 끝난 후에도 일본인 노동자가 구타당하는 사건이 계속 발생했다. 포르투갈인 자신도 영미인 '하오레Haole(하와이에서 백인을 가리키는 말-옮긴이)'로부터 다른 인종으로 취급 받았지만, 그 말과 채찍은 인종에 의한 제국적 지배를 공공연하게 보여주고 누가 지배 계급에 속해 있는지 분명히 했다. 중국인, 한국·조선인, 필리핀인과 나란히 일하고 있을 때, 일본인은 선발대라기보다 '동양인 쿨리'였다.

오키나와인은 다른 현에서 온 이민 집단보다 약간 늦게 하와이에 도착했는데, 그 시점에는 이미 1879년 류큐琉球 처분 이후, 일본의 서벌턴(피지배민족)이었다. 하와이에 이민을 오면서 오키나와인은 설탕이라는 단일 작물에 지배당했던 반半식민지적 열도에서 또 다른 반半식민지적 열도로 이동한 셈이 되었다. 사탕수수를 베는 것은 가혹한 노동이다. 그리고 적어도 근대에는 대부분의 경우, 타인의 통제 하에서 이루어지는 노동이기도 하다. 설탕을 정제하려면 고액의 자본투자와 대량의 노동력 동원이 필요했기 때문에 자가소비만을 위해 정당精糖을 만드는 농가는 없었다. 하지만 오키나와인은 수출과 타인의 소비를 위해 사탕수수를 베는 노동 경험과 함께 돼지 사육의 경험도 가져왔다. 돼지는 자그마한 해방 수단이었다. 다시 말해, 사육사는 생산 수단인 돼지를 소유했고 자신의 투자 보상을 기대할 수 있었다. 돼지는 버리는 음식을 먹고 그것을 단백질과 지방으로 효율 좋게 변환해준다. 일반적으로 오키나와에서는 한 집에 한 두 마리를 키우며, 감자, 부엌의 음식 찌꺼기, 인간의 배설물 등으로 키웠다. 이 시기에 하와이에서 사육하던 돼지의 대부분은 16세기 이후 하와이 제도에 들어와 교배를 거치면서, 그 보다 앞서 수세기 전부터 들어와 있던 몸집이 작은 폴리네시아 돼지를 압도하고 있던 유럽 종에서 파생된 것이었다.[5] 오키나와인 이민자는 호텔이나 레스

---

5 Cheong H. Diong, "Population Biology and Management of the Feral Pig (Sus Scrofa L.) in Kipahulu Valley, Maui", *Ph.D. dissertation*, University of Hawai'i Press, 1982, pp.52~55.

토랑 주방, 동료 노동자의 부엌에서 나온 폐기물을 받아 돼지를 키웠다. 양돈으로 많은 오키나와인이 플랜테이션 노동에서 해방되었다. 오키나와 농가 경제에서 중요한 지위를 점하고 있던 돼지는 하와이에서 소규모 사업의 기회를 제공했다. 양돈장 대부분은 다른 섬보다 도시화되어 있고, 따라서 돼지의 먹이가 될 폐기물도 많이 얻을 수 있었던 오아후 섬에 집중되었다. 1940년까지 오아후 섬 양돈 경영자의 44%를 오키나와인이 차지했다.[6]

하와이에서 오키나와인의 아이덴티티는 극과 극 사이에 놓여 있었다. 한편에는 출신 마을이 있었다. 시마다 노리코가 밝히고 있듯이, 제2차 세계대전 이전의 하와이에서 오키나와인은 일본에서 온 다른 이민자와 달리 현 단위로 통합된 현인회가 아니라 지역 단위의 동향회를 조직했다.[7] 다른 한편에는 국민국가가 있었다. 일본인에게 차별을 받은 많은 오키나와인은 만민이 평등한 신민으로서 평등을 주장하려고 노력했다. 하지만 일본인 사이의 서벌턴이라는 지위에서 벗어나려 해도 오키나와의 언어, 산신三線(오키나와의 현악기-옮긴이) 음악 등과 함께 양돈으로 인해 그들은 하와이에서 '오키나와인'으로 취급되었다. 하와이 안에서도 '내지인'으로 불렸던 다른 일본인 이민자의 아이들은 오키나와인 아이들을 "오키나와 켄켄, 돼지 카우카우"라고 놀렸다. 일본어의 '기르다(카우飼う)'라는 의미 외에 '카우카우'는 하와이에서 '먹다'라는 의미로 사용된다. 하와이 일본계 역사가 유키코 기무라에 의하면, 이 말은

---

6   Yukiko Kimura, *Issei : Japanese Immigrants in Hawaii*, University of Hawai'i Press, 1992, p.56.
7   Noriko Shimada, "The Emergence of Okinawan Ethnic Identity in Hawai'i : Wartime and Postwar Experiences", *Japanese Journal of American Studies* no.23, 2012, p.126.

광둥어 발음이 바뀌어서 전해진 것이라 한다.[8] '플랜테이션 빌리지' 투어의 가이드 보비는 노동자 주택의 부엌문에 놓여있던 부엌의 남은 찌꺼기용 양동이를 '부타 카우카우 틴(돼지 먹이/돼지 먹이용 양동이)'이라 불렀다. 물론 그녀는 일본어도 광둥어도 할 줄 모른다. 따라서 아이들이 놀렸던 말은 하와이의 모든 민족이 쓰는 식민지 용어로 어떤 형태로든 편입된 듯하다. 또한 대부분의 일본인이 더러운 동물이라고 여겼던 돼지와 가까운 생활을 했기 때문에, 지배적 일본인 이민 집단에 동화하고 싶었던 오키나와인들은 자신들이 이질적이고 열등하게 보임을 다시금 의식하지 않을 수 없었다.

하지만 그들은 일본 본토가 아니라 미국령에 있었고, 따라서 돼지 때문에 차별받던 오키나와인 양돈장 경영자의 일부는 마지막에 웃을 수 있었다. 태평양 전쟁 발발과 함께 미군은 다수의 군대를 하와이에 주둔시켰다. 이 군대가 고기를 요구했다. 전쟁에 필요하다고 여겨진 업종에 종사한 사람들은 그 직업을 유지하며 물질 조달에 응하도록 명령받았다. 양돈장이 미군기지 주방의 남은 찌꺼기를 가져와 돼지에게 먹이면서 번창한 결과, 1940년대에 몇몇 오키나와인들은 '돼지 벼락부자'가 되었다. 하나의 제국이 확장하는 과정에서 서벌턴이 되었던 오키나와계 하와이인은 이처럼 또 다른 제국에서는 우대받는 마이너리티가 된 것이다.[9]

1945년 4월부터 6월까지 오키나와전쟁으로 오키나와 민간인의 1/4 이상 목숨을 잃었다. 일본군 징발, 농장 파괴, 기아 상태 때문에 오

---

8   Yukiko Kimura, op. cit., p.55.
9   Noriko Shimada, op. cit., pp.125~126.

                                    제국일본의 생활공간

키나와의 돼지도 거의 전멸했다. 미국 점령 하 오키나와에 원조 물자를 보내는 하와이 오키나와인의 운동이 1946년에 시작됐고, 그 일환으로 돼지를 보내기 위한 모금활동이 펼쳐졌다. 결과적으로 1948년에 돼지 550마리가 오키나와인 양돈업자 및 수의 팀과 함께 미 해군의 수송으로 미국 서해안 워싱턴 주에서 오키나와로 보내졌다. 암돼지를 받은 농가는 그 새끼 돼지를 한 마리씩 근린 농가에 넘기겠다고 약속했고, 그 결과 오키나와 제도 일대에서 극빈 상태에 빠져 있던 농촌에 돼지가 급속히 배분되었다. 20세기 초, 다른 현에서 온 식민자와 함께 오키나와인이 하와이 제도를 '재식민'했던 것처럼, 20세기 중반에 오키나와계 하와이인은 미국 종 돼지로 오키나와 열도를 '재식돈再植豚'한 것이다.

오키나와로 보내진 돼지 이야기는 유명하다. 여러 책에도 실려 있으며 NHK 다큐멘터리로도 만들어졌다. 물론 오키나와 출신 하와이 일본계인의 관대한 마음과 애향심의 이야기다. 하지만 에피소드의 인간 본위의 측면만 보면, 전후 오키나와 축산에 미국산 돼지가 도입된 것이 어떤 의미가 있었는지 놓칠 가능성이 있다. 이 지원 사업은 전후 오키나와에서 돼지 사육이 농가의 자급자족 경제에서 상업적 산업으로 크게 전환하는 계기가 되었다. 미군의 존재에 의지하면서 상업적 축산업을 배운 하와이의 오키나와인은 그들 조상의 땅에 동일한 사회경제 시스템을 도입하는 데 한 몫을 했다.

오키나와의 재래 돼지는 중국 돼지의 일종으로, 오키나와의 환경과 먹이에 적응해 있었다. 미국의 돼지는 몸집이 더 컸기 때문에 적어도 수입한 사람이 생각하기에는 다른 먹이가 필요했다. 새로운 돼지와 함께 곡물과 고기 계통을 포함한 배합 사료를 주라는 지시도 오키나와에 들어왔다.[10] 이것은 종래의 관습과 달랐기 때문에 오키나와의 많은 농가는 특별한 배합사료에 투자하길 꺼려했다. 농업 개량가 이시가키 조조石垣長三는 1959년에 『류큐 대농가 소식琉大農家便り』에서 양돈 농가에게 제대로 된 먹이를 주라고 촉구했다. 전후 많은 '우량 품종'을 도입한 점은 기쁘지만, 그 '경제 능력'을 발휘하기 위해 고단백질 사료를 줄 필요성을 오키나와 농가는 이해하지 못한다고 우려했다. 오키나와의 돼지고기는 홍콩 시장에서 팔리기 시작했고, 국제 경쟁에서 개량은 필수라고 이시가키는 주장했다. 이런 전문가에 의한 개량 운동은 돼지가 가정 경제의 일부가 아니라 상업적 사업임을 전제로 했다. 그들은 오키나와를 지배하는 종주국의 농업 개량 사례를 따랐다. 이시가키의 양돈 사료에 관한 지식은 일본의 축산 시험장에 기반을 두고 있었는데, 그것 자체가 미국의 전문 지식을 많이 받아들인 것이었다.[11]

도살 관련 위생법이 엄격해지고, 가정 소비용으로서가 아니라 시장을 위해 생산하라는 압력은 점차 양돈의 전문화를 초래했다. 이 과정을 거치면서 오키나와의 양돈은 수입된 '우량 품종'을 중심으로 재구축되었다. 전전에 정점에 달했던 1935년의 오키나와 돼지 수는 12만 8천 823마리였다. 기록에 의하면 이 시점에 8만 3천 26세대가 돼지를 키우고 있었으므로 1세대 당 평균 1.6마리를 키우고 있던 셈이다. 반환 직전인 1970년에는 돼지 수가 24만 9천 811마리로 두 배가 되었지만, 사육

---

10 下嶋哲朗, 『豚と沖縄独立』, 未来社, 1997.
11 石垣長三, 「豚の飼い方を改めましょう」, 『琉大農家便り』 45号, 1959.8, pp.4~8. 이로부터 3년 후인 1962년, 사탕수수를 증산하기 위한 감자가 부족해졌을 때 돼지의 개체수가 급감한 것에서 많은 양돈농가가 여전히 감자나 고구마 등에 의지하고 있었음을 알 수 있다. 『琉球農連五十年史』, 琉球農業連合組合, 1975, p.881.

농가 수는 2만 5천 211세대로 감소했으므로 1세대 당 약 10마리를 키운 셈이다. 돼지를 키우는 농가 수는 그 후에도 점점 줄어서 불과 5년 후에는 1세대 당 약 20마리 가까이 되었다.[12] 그런데 신종 돼지의 '경제 능력'을 이끌어내고 싶었던 소규모 농가에게는 시판하는 배합 사료를 사는 대신 다른 선택지가 하나 더 있었다. 그것은 미군 기지의 잔반이었다. 이시가키는 기지 잔반에 단백질이 20~30% 포함되어 있다는 일본의 데이터를 언급했다. 아직 많은 농가가 돼지에게 감자를 주고 있던 요미탄読谷 촌에서 들은 바에 의하면, 잔반을 얻을 수 있는 기지 부근의 농가 쪽 돼지가 더 살이 붙었다고 한다.[13] 따라서 전시 중 하와이와 마찬가지로 미군 점령기 오키나와에서도 미국의 축산 방법으로(이 경우에는 일본 본토도 경유하고 있지만), 미군이 먹이 일부를 제공하고 간접적으로 그 사육을 도운 미국산 돼지에 의해서 양돈이 상업적 산업으로 재편되었다.

태평양 지역에서 미국의 지배권이 대두하면서 새로운 인간-동물 생태권이 형성되었고, 그곳에서 오키나와인 이민자는 일본과 미국의 제국의 회로를 건너면서 결정적 역할을 수행했다. 동시에 돼지고기를 가공한 '런천 미트'가 미국의 지원물자로, 그리고 군 매점의 유출품으로, 편리하고 값이 저렴하며 수요가 많은 교환 상품으로 근린 경제에 들어와 미군기지 주변 암시장에 돌아다닌 것을 통해서 태평양 지역에 보다 직접적인 돼지고기의 유통 경로가 형성되었다. 그 결과 하와이와 오

12　수치는 吉田茂, 「戦後初期の沖縄畜産の回復過程と布哇連合沖縄救済会」, 『琉球大学農学部学術報告』 第51号, 2004, p.96; 沖縄県, 『農業関係統計』, 1997. (http://www.pref.okinawa.jp/toukeika/as/1997/as.html[2014/12/20])

13　2014년 7월, 오노 게이코(小野啓子, 오키나와대학 교수)의 수업 '지역계획특론(地域計画特論)'을 위해 요미탄(読谷) 촌에서 인터뷰한 학생의 기록에 의함.

키나와 그리고 괌이나 그 외 미군기지의 존재감이 큰 태평양 지역의 일상음식과 요리에는 지금도 '스팸', '튤립' 그 밖의 돼지고기 통조림 브랜드가 중요한 지위를 차지한다. 태평양 전역의 부엌에서 글루타민산나트륨의 소비가 20세기 전반 일본 제국의 존재로 구축된 '아지노모토 문화권'의 윤곽을 그린 것처럼, 돼지고기 통조림 소비는 제2차 세계대전 후 구축된 미국 지배의 '스팸 문화권' 지도를 그리고 있다.

한편, 전시 중 미군에게 돼지고기를 공급한 경험과, 이어서 전후 미군 지배 하 오키나와에서 양돈 부활에 공헌한 것 때문에 오키나와계 하와이인의 아이덴티티에 변화가 생겼다. 1951년 하와이에 있던 모든 동향회를 규합한 하와이 오키나와 연합회가 결성되었고, 지도자 중 일부는 전후 물자 지원 운동을 주도한 인물이었다. 전시 조달로 부유해지고, 전후 점점 중요해진 열도 사이의 제국적 관계에서 특별한 역할을 부여받은 오키나와계 하와이인은, 일본계 사회의 역학 관계에서 새로운 세력이 되었다. 그들은 더 이상 천황의 신민으로 평등한 지위를 주장할 필요가 없어졌고, 류큐/오키나와인으로서 동향인이라는 관계의 중요성이 옅어졌다. 전전에는 돼지가 부정적 의미로 오키나와인을 만들었지만, 전후에는 그 돼지가 긍정적 의미로 오키나와인을 만드는데 공헌했다.[14]

두 번째로 하와이에서 신경이 쓰였던 것은 신발과 관계된 것이다. 일본인 이민자가 하와이에 도착했을 때, 신발에 관해 그들에게는 세 가지 선택지가 있었다. 첫째는 종래의 습관대로 조리나 게타를 계속 신는 것, 둘째는 발을 감싸는 신발을 '하오레'나 중국인처럼 신는 것, 셋째는

---

14 Noriko Shimada, op. cit., p.131.

하와이 선주민족 사이에서 전통적으로 주류였던 것처럼 맨발로 다니는 것이었다. 여기에 더해, 집에 들어갈 때는 신발을 벗는 일본 습관을 유지할 것인지, 아니면 신을 신어도 되는 공간으로 집 안을 만들 것인지 선택할 수 있었다. 전전 하와이의 일본계인의 생활을 기록한 여러 사진첩에는 일본인 학령기 아이들이 맨발인 것을 볼 수 있다. 이 아이들이 만약 일본에 있었다면 신발을 신었을지 여부는 알 수 없지만, 하와이의 온난한 기후에서는 선주민족의 습관에 쉽게 적응할 수 있었다. 1960~70년대에 하와이 섬(하와이 열도 중 가장 큰 섬으로, '더 빅 아일랜드'라고 불린다)의 비교적 도시화되지 않은 환경에서, 일본계인이 사는 주거 지역의 조선계 가족에서 자란 필자의 동료에게 들은 이야기로는, 어렸을 때 꽤 많은 시간을 맨발로 보냈던 듯하다. 하지만 일본의 습관에 따라 학교 학생은 초등학교 현관에서 신발을 벗도록 명령받았다. 그와 동시에 등하교 시 신발을 신도록 명받았다고 한다. 즉 실내에서 신발을 벗는 일본 습관의 의무는 실외에서 신발을 신는 의무와 세트였던 것이다.

한편 초기의 일본인 이민 커뮤니티의 지도자는 조리와 게타를 유카타浴衣와 함께 착용하지 않도록 권했고, 일본인이 얕잡아 보이지 않도록 특히 남성에게 서양식 옷과 구두를 착용하도록 권했다. 그들의 운동은 1910년대에 고조되어 신문, 청년회, 부인회 등에 의해 추진된 1920년 '생활 개선 운동'으로 최고조에 달했다. 이 운동은 일본 문부성 주도로 전년도에 시작된 동일한 명칭의 운동의 내용을 도입했는데, 특히 복장을 양복으로 바꾸도록 강조했다. 하와이의 운동 참가자는 거리를 걷는 일본계인에게 복장을 바꾸라고 확성기로 호소했다. 4년 후의 이민배제법은 새로운 이민자의 유입을 막는 한편, 일본계 지도자가 '미화米化'라

는 이름으로 운동을 일으키는 계기도 되었고, 그 일환으로 복장 개선에
도 더욱 박차를 가했다.[15]

　　제2차 세계대전 이전, 이민자를 지배적 문화에 동화시키려는 이런
압력에는 일정한 효과가 있었다. 1910년대부터 1930년대까지의 사진
첩에는 맨발의 아이들이 빈번히 등장하지만, 성인 남성 대부분은 신발
을 신고 있다. 조리를 신거나 맨발로 찍힌 사람은 드물다. 하지만 이것
은 남성이 조리를 신지 않게 되었음을 의미하는 것이 아니라 오히려 사
진을 찍을 때 신발을 신음으로써 지배계급의 습관에 따르는 모습을 보
인 것인 듯하다. 생활개선과 미화米化운동을 몇 년 거슬러 올라간 1917
년, 호놀룰루의 영자신문 『호놀룰루 스타 블레틴』에 게재된 구두와 가
죽제품 수입에 관한 기사는 하와이에 있는 많은 일본인이 자국 신발을
신던지 맨발로 다닌다고 보고하고 있는데, "동양인은 차려 입을 때는
미국 신발을 신고, 최근에는 아이들에게 근대적 신발을 신기고 있다"고
기록했다.[16]

　　하지만 전후 어느 시기부터 영향 관계는 역방향으로 흐르기 시작했
다. 1950년대 초기부터 백인 서퍼나 그 외 해안을 걷는 사람들이 고무로
만든 조리를 신기 시작했다. 이 신발은 일본에서 들어왔거나 일본 신발
을 모방해서 만든 것임에 틀림없다. 지역 선주민과 비 일본인 이민자는
엄지발가락과 다른 발가락 사이에 끈이 들어가는 신발을 그때까지는 신
지 않았다. 동시기에 해변 신발로 인기를 끌기 시작한 남 캘리포니아에

---

15 ハワイ日本人移民史刊行委員会編, 『ハワイ日本人移民史』, ハワイ日本系連合協会, 1964,
　　p.323, pp.333~334.

16 "Shoe and Leather Business of Islands Interests Mainlanders", *Honolulu Star-Bulletin*, February
　　24, 1917, p.8.

서는 영어로 '조리ᶻᵒʳⁱ'라고 불렸다.[17] 일본군이 가지고 왔을 인도네시아 에서는 '재팬 샌들'이라 불렀다. 한편 하와이의 호칭은 어쩌면 좀 더 빠른 시기에 이루어졌을, 다른 전달의 가능성을 보여주는 독특한 식민지 영어 의 사례가 되었다. 하와이 주민은 조리를 '스리파ˢᵘʳⁱᵖᵖᵃʰ'라고 부르고 있 다. 이것은 영단어 'slippers'와 다르고, 오히려 영어에서 온 일본어 외래 어 '스릿파ᔆᔱᔍ'를 부분적으로 다시 영어로 발음 한 것이다. 이것으로 보아, 하와이에서 일본계인이 다른 사람들에게 이 단어를 가르쳐주었음 을 알 수 있다. 만약 영어를 모어로 하는 사람이 이것을 먼저 'slippers' 라고 불렀다면, 현재 하와이의 단어는 단순히 영어 단어 'slippers'가 되 어 있을 것이다. 그렇지 않고 현재 일본 주택에서 사용되는 소위 '스릿파' 같은 것이 일반적이지 않았던 시대에 영어권에서 친숙한 'slippers'라는 분류에 조리를 동화시킬 목적으로, 하와이의 일본계인이 비 일본인에게 설명하기 위해 어떤 신발의 카테고리를 가리키는 호칭으로 외래 일본어 를 사용한 결과, 그 호칭이 하와이의 일반적 통용어 'surippah'로 정착했 다는, 조금 굴절된 경유를 상상해야만 한다. 이 단계에서 하와이에 있던 일본계 이민자는 자신의 신발을 다른 사람에게 '조리'라는 일본어를 사 용하도록 설득할 수 있는 입장이 아니었을지도 모른다.

영어 'slippers'라는 단어는 손을 사용하지 않고 발을 끼워 넣거나 빼거나ˢˡⁱᵖ 할 수 있는, 하와이에 있는 다른 신발과는 달리 일본에서 유 래된 신발의 특징을 글자 그대로 표현하고 있다. 물론 이런 특징 때문에 집에 들어갈 때 신발을 벗는 것이 특히 편리해진다. 조리는 하와이의 비

---

17 여기에서의 조리에 관한 이야기는 에드워드 테너에 의한 바가 많다. Edward Tenner, *Our Own Devices : the Past and Future of Body Technology*, NY : Alfred A. Knopf, 2003, pp.51~74.

일본계인 사이에서 구두를 대신할 정도로 보편적이 되지는 않았지만, 상당히 보급되었다. 그리고 언제 정착했는지는 모르지만, 집에 들어갈 때 신발을 벗는다는 일본에 기원을 둔 습관도 일반화되었다. 이 습관은 미국 어디보다도 하와이에서 널리 지켜지고 있다.

하와이의 일본계 1세대는 일본에서 게타를 지참해왔다. 그리고 게타와 조리도 수입되었다. 하지만 많은 농원 노동자는 자신의 짚신과 작업화를 만들었다. 이 물건들은 섬 내에서도 일본계 가내공업에서 제조되었다.[18] 제2차 세계대전 후 시장에 대두한 고무 조리와 그 원형이었던 일본 조리를 구별하는 특징은 두 가지 있다. 첫째는 고무로 만들었다는 명백한 사실이다. 짚신이나 작업화의 밑창을 보강하기 위해 이전부터 타이어 고무가 재사용되는 일은 있었다.[19] 하지만 전후의 고무 조리는 기포 고무(특히 신 재질이었던 EVA, 에틸렌초산비닐 공중합체)나 플라스틱 등 염가의 대량 생산용 재료로 만들어졌다. 두 번째는 오른쪽과 왼쪽이 다른 형태가 되도록 잘린 것이다. 밑창 형태와 끈의 위치를 좌우 다르게 바꿈으로써 신발의 좌우가 다른 것에 익숙하던 비 일본인이 쉽게 익숙해질 수 있었다. 바꿔 말하자면, 조리에 좌우가 생겼다는 것은, 재질은 차치하더라도 비 일본인을 위해 제조되고 있었음을 보여주는 지표이다.

고무 조리의 개척자라 주장하는 제조자는 몇 명인가 있다. 그들 모두 전시 중이나 그 직후 10년 정도에 시작한 듯하다. 신체에 관한 기술을 다룬 역사서에서 조리에 관해 한 장章을 할애한 에드워드 테너는

---

18 Barbara Kawakami, *Japanese Immigrant Clothing in Hawaii, 1885-1941*, Honolulu : University of Hawai'i Press, 1993, pp.153~164.

19 Ibid., p.163.

1932년 기계 작업을 하는 스콧 하와이사를 다루었다. 이 회사는 전시 중 재료 부족의 영향으로 고무장화에서 캐주얼한 '슬리파'로 바꾸었다고 한다. 그 슬리퍼는 군대 매점에서 팔렸다고 한다.[20] 한편, 1946년 모토나가라는 하와이 일본계 가족이 창업한 아일랜드 슬리퍼사는 1950년대 초기에 좌우가 다른 슬리퍼를 개발했다고 주장한다.[21] 또한 고베의 고무 제조업자 나이가이內外 고무도 고무 조리의 원조라고 주장한다. 1948년 캘리포니아에서 일본으로 건너온 공업 디자이너 레이 파스틴의 제안에 따라 나이가이 고무가 개발한 '독립 기포 스펀지'로 제작하기 위한 계약을 체결하고, 1954년부터 '비치 워크'라는 상표로 미국에 수출하기 시작했다고 한다.[22] 이외에도 에드워드 테너는 1954년 오스트레일리아에서 고무 샌들을 대량 생산하기 시작한 던롭사가 1956년 멜버른 올림픽에 일본 수영 팀이 고무 조리를 신고 나온 것을 기폭제로 삼아 오스트레일리아에서 제품을 대량 판매한 사실도 기록하고 있다.[23]

구체적으로 이 신발이 하와이 주민, 미국 백인, 그리고 최종적으로는 전 세계로 어떻게 퍼져나갔는지는 아직 확실하지 않다. 하와이와 미국 서해안의 고무 조리 인기가 1950년대 초에 시작되었다는 보고는 틀림없이 의미가 있다. 대일본제국이 붕괴한 이후인 이 시대는 때마침 새로운 미국의 여가 문화가 태평양 전역에서 미군을 매개체로 기지 주변에서 그 지역 사람들과 만나 새로 태어난 시기였다. 이것은 서퍼나 해변

20 Edward Tenner, op. cit., p.66; Scott Hawaii website, http://scotthawaii.com.
21 "The Island Slipper Story", http://www.islandslipper.com/Retail/General/island-slipper-his-tory-1.aspx; アイランド・スリッパー取締役ジョン・カーペンターインタビュー, 2014.7.25.
22 『内外ゴム株式会社―〇〇周年記念誌』内外ゴム, 2013, p.116. http://www.naigai-rubber.co.jp/dcms_actibook/NaigaiNenshi/_SWF_Window.html?pagecode=49.
23 Edward Tenner, op. cit., p.69.

에서 노는 사람이 아니라 미군이야말로 처음으로 그것을 신은 비 일본인임을 의미하지는 않는다.(미군과 서퍼라는 젊은 집단이 중첩될 수는 있을 것이다) 오히려 중요한 것은 대일본제국 확장기의 지배 문화가 공공 공간에서 유럽의 행동 규범을 유지하는 경향이 있었고, 아이러니하게도 '문명'을 확산시키던 일본인이 이러한 규범을 스스로 또는 아시아 태평양 이외의 사람들에게 종종 강제했었다는 점이다. 전후 태평양에서 미국이 지배 세력으로 등장하고 유럽 중심적인 기존의 문명 히에라르키가 쇠퇴해가는 가운데 문화 상대주의와 상호 이해에 기반을 두었다고 주장하는 분방하고 활달한 신종 제국주의를 배경으로, 많은 미국인들은 미국이 지배하기 시작한 아시아 태평양 지역에서 차용해 온 문화 요소를 이용하여 생활양식을 실험하였다.[24] '파파상 체어'와 마찬가지로 '스리파/조리'의 경우도 미국인이 아시아의 물질문화의 일부를 도입하여 새롭게 격식 없는 여가문화의 일부로 재발명한 것이다. 이것은 19세기 말부터 20세기 초까지 영미의 리조트나 도시 교외에 생겨난 방갈로와 같은 간소한 생활양식과, 해먹에 흔들리며 야외에서 잠드는 것 같은 일상 행위의 혁명과 유사하며, 문명의 질곡에서 신체를 해방시키고 카운터 컬처 counter culture(사회의 지배적 문화에 반대하고 적극적으로 도전하는 대항문화, 서브컬처라고도 불린다-옮긴이)의 생활관을 주장했다.

　　말할 것도 없이 일본에서 '조리'는 이러한 의미와 전혀 상관없다. 다시 말해, 일본인이 고무 조리(지금은 '비치 샌들'이라고 불릴 때가 많다는 것도 주목할 만하지만)를 신기 시작했을 때에는 이 신발의 조상격인 일본 조리와

24　Christina Klein, *Cold War Orientalism : Asia in the Middle-brow Imagination, 1945-1961*, Berkeley : University of California Press, 2003 참조.

는 관계없이 미국 서해안이나 하와이의 수입품을 신었다. 이것은 도시 사람들이 신던 전통적 조리처럼 일본 옷이나 다비足袋와 함께 신는 일이 없었고, 시골의 짚신처럼 농작업이나 여행할 때 신는 일도 없었던 사실로 보아 명백하다. 오히려 해변의 물놀이 등과 관련된 미국적인 새로운 여가 문화의 일부였다. 하지만 이에 비해 오키나와에서는 하와이 및 캘리포니아와 거의 동시기에 평범한 신발로 보급되었다. 오키나와의 제조업자 마키노코 제작소에 의하면, 오키나와 최초의 고무 조리는 미군의 타이어를 녹여 만들었다. 현재의 형태가 된 것은 1950년대 중반인 듯하다. 현재는 본토의 조리와 구별하기 위해 '섬 조리'라고 부른다.[25] '오키나와'를 의미하는 '섬 조리'의 '섬'이라는 말에는 원래 재료로 보더라도 문화적 의미로 보더라도 미국이 가져온 이 대량생산품이 오키나와에 토착화되었음을 나타낸다. 한편, '샌들', '슬리퍼' 등의 영어가 아니라 '조리'라 불리는 데는 종주국 일본과의 관계를 가리키는 요소도 들어가 있다. 하와이의 '스리파'가 하와이 일본계인의 동화와 차별화 양쪽을 시사하는 것처럼 '섬 조리'는 일본 내 오키나와의 동화와 차별화를 시사한다.

에드워드 테너가 지적하듯, 미국에서 조리가 유행하면서 종래 유기 재료를 사용하여 수작업으로 만들어지던 것이 고무나 플라스틱으로 대량생산되었고, 그 결과 이 생분해되지 않는 재질이 전 세계의 바다, 해변, 매립지를 오염시켰다. 즉, 서양인의 신체는 해방되었지만 자연환경을 희생시킨 것이다.

---

25 マキノコ製作所, 「島ぞうりの話」.
   http://makinoko.net/makinokolabo/story.html [2014/12/20]

19세기부터 20세기 초에 걸친 제국주의는 공공연히 행해진 민족에 의한 지배, 열강 간의 영토 분쟁, 사람들의 이출, 그리고 종주국 본토의 사회와 생활을 해외에서 재현하려던 노력으로 성립되었다. 이와 병행하여 글로벌한 근대는 기술과 상업자본주의에 의한 새로운 쾌락과 욕망을 채우겠다는 약속을 제공했다. 그와 동시에 인류가 모두 동포가 되고 세계 문화가 태어난다는 시대의 꿈을 일부 사람에게 안겨 주었다. 제국의 일상생활에서 등장하는 비대칭적 만남 속에서 상반되는 이 두 가지 힘은 상호 작용하면서 무수히 많은 모순을 만들어 냈다.

다양하게 숨겨진 형태로 민족 차별은 존속되고 있지만, 공공연한 민족별 지배는 사라졌다. 그리고 다민족 공존 이념은 널리 받아들여졌다. 하와이는 1959년 일본계인 국회의원을 선출했고, 2008년에는 반半 아프리카계 미국 대통령도 배출했다. 하와이에서 볼 수 있는 동아시아, 폴리네시아, 유럽의 독특한 문화 혼합은, 예를 들면 지방 요리 등으로 관광객에게 큰 매력이 되었다. 현재 일본 본토나 해외에서 오키나와 문화의 이미지는 음악, 요리, 민예 등으로 구성되어 있고 어느 것이든 인기가 높다. 하지만 동시에 하와이와 오키나와 모두 오래된 식민지적 레이시즘의 후유증을 아직도 남겨두고 있으며, 미군의 그림자에서 살아가고 있다. 만약 아시아 태평양 지역에서 미군이 다시 한 번 대규모 전쟁에 관여한다면 하와이와 오키나와가 어떤 충격을 받을지 알 수 없다.

20세기 태평양에 퍼진 두 제국의 문화적 영향과 두 제국 사이에 지배권이 옮겨지면서 생긴 영향을, 두 개의 섬 사회에서 가장 직접적으로 볼 수 있다. 옛 오키나와에서 돼지를 기르는 것은 단순히 일가의 생활 유지 수단이었다. 근대 일본과 일본계인 디아스포라가 구성한 제국 공간 안에서 돼지는 치욕을 포함한 문화적 상징이 되었다. 이후 오키나와인과 그들이 가지고 있던 양돈의 경험은 미군에게, 그리고 미국의 오키나와 지배에 유용했다. 오키나와인은 이 과정을 거치면서 미국적 소비문화의 공유, 그리고 한정적이기는 하나 민족 간 차이를 실제로 용인하면서 때로는 축복하기도 하는 미국 문화, 이 두 가지에 기반을 둔 태평양 전체를 뒤덮은 미군의 지배력 아래에서 새로운 형태의 제국으로 편입되었다. 미국인의 발에 나타난 '조리'도 차이의 상징을 다시 정의하여 새로운 제국문화 속에 포함시키는 경향을 보여주는 또 다른 현상이었다. 아니, 조리와 스리파는 태평양에서 아메리카 제국의 표상 이상으로 아메리카 제국이 신체에 끼친 효과였다는 쪽이 정확할 것이다.

보다 잔혹한 제국주의와 민족 지배의 형태는, 예를 들면 신자유주의 경제 하의 남북의 착취관계, 또는 국경 내외를 불문하고 부유 지역에서 권력이 없는 사람이 사는 빈곤지역으로 수송되는 폐기물 등, 발현되는 방식이 예전과는 다른 지리학과 다른 세계 구조로 이행하고 있다. 장벽 없는 상품 유동에 기반을 둔 세계시스템의 헤게모니와 미국 및 그 동맹국은 정보의 자유로운 유동을 보증한다는 주장이 일각에 있으나, 사람의 자유로운 유동을 막는 민족 히에라르키도 여전히 존재한다는 것은 북반구 부유국의 엄격한 이민 제한에서 명백히 드러난다.

하지만 이 거시적 레벨의 차별을 인식하면서 동시에 감성이 형성되고, 그것에 의해 민족 아이덴티티도 충성도 혐오도 형성된다는, 과거와 현재의 일상생활에 대한 제국의 미묘한 작용에도 주목해야만 한다. 정치 형태로서의 제국이 성립 가능하도록 만드는 것은 제국적 형식에 기반을 둔 정치 통제뿐만이 아니라 제국적 시각, 감각, 그리고 이 세계에 살면서 거동하는 신체적 행동이다.

아시아 태평양에서 일본의 식민지 제국은 문화와 행동의 규범 대부분을 서양 열강의 것을 계승했다. 하지만 정치적·군사적으로 열강의 반열에 들면서도 사회적·문화적으로는 계속 외부인이었던 일본의 독특한 입장 때문에 생긴 부담은, 다양한 타협과 적응 그리고 모순을 만들어냈다. 미국은 새로운 원칙 아래 아시아 태평양에서 제국을 구축했고, 그 과정에서 일본이 지배했던 당시부터 있던 아시아 태평양 생활 문화권의 잔존물을 흡수하여 개조했다. 20세기에 이루어진 의식주와 신체 행동의 변천은 이 두 제국의 문화적 작용을 체현한다. 그 작용은 인종이나 코스모폴리타니즘이라는 개념의 차원에서부터 실내를 장식하고, 음식에 맛을 내고, 관광 여행을 떠나고, 의자에 앉고, 돼지를 키우고, 신발을 신거나 혹은 신발을 버리고 조리를 신는 등의 일상 행동에까지 퍼져있다.

이 책은 원서가 없는 번역서이다. 중심을 이루는 여섯 장은 졸저 *House and Home in Modern Japan : Architecture, Domestic Space, and Bourgeois Culture, 1880-1930*(Harvard University Press, 2004) 출판 후에 쓴 논고이다. 제3장과 제5장은 발표된 영어 논문을 크게 바꾸지 않고 일본어로 번역한 것이다. 제1장, 제2장, 제6장은 이 책보다 짧은 형태로 발표된 영어 논문에 기반을 두고 있지만, 대폭 가필 수정했다. 제4장은 *House and Home in Modern Japan*에 있는 글에서 일부 가져온 것도 있으나, 기본적으로는 미발표 논문이다. 서장과 종장은 이 책을 위해 썼다.

우선 무엇보다, 번역을 해 준 아마나이 다이키天內大樹 씨의 재능과 인내에 감사하고 싶다. 많은 협의를 거치면서 각 장을 크게 고쳐 쓸 때 협력해주었다. 영어 원문에서 논의가 부족했던 부분이 번역 과정에서 빈번히 드러나면서 고쳐 쓰거나 추가로 썼고, 당연히 번역 작업은 늘어났다. 그 결과 원작자와 번역자가 빈번히 연락을 취하면서 작업해야만 하는 번역과 번안의 하이브리드가 되었다.

일본의 역사학 분야에서 보자면, 이 책은 다른 의미에서도 하이브리드다. 각 장은 역사 연구에 기반을 두고 있지만 동시에 여러 방면에 걸친 소재, 사료, 방법론을 포함하고 있다. 엄밀한 실증사학의 기준으로 통상 허용되는 것 이상으로 나는 넓게 탐구했고 자유롭게 추측했다. 단일한 논의를 쫓아 하나의 결론을 내기보다는, 서로 관련된 현상의 연결과 배치 묘사를 추구하여 과제를 시간 축에 따라 좀 더 공간적으로 정리했다.

제3장의 몽타주에서 약간 극단적 형태로 대표되고 있듯이, 공간적 확장을 강조한 이 하이브리드적 접근이 만들어내는 것은 '열린 역사'라고 생각하고 싶다. 역사학은 기본적으로 상상의 작업이라 생각한다. 그렇다고 공상 속에서 자유롭게 이야기를 지어내도 좋다는 의미는 물론 아니다. 하지만 나는 고인이 된 친구 미리엄 실버버그의 예를 본받아, 역사자료에 끊임없이 다음과 같은 질문을 던졌다. 이 사료에서 어떤 과거의 세계를 상상할 수 있는가. 또 상상해야만 하는가. 그 사이에 있는 어떤 연결고리를 생각할 수 있는가. 그리고 그것이 불러일으키는 세계상과 우리 세계 사이의 연속과 불연속에서 어떤 교훈을 얻을 수 있는가.

이에 더해 국경을 넘은 틀, 혹은 비교사의 틀에 일본 제국을 위치시키려 노력했다. 초국가적 접근과 비교를 의식하면서 제국의 역사를 쓰는 의미는 번역 과정에서 좀 더 명료해졌다. 예를 들면 제국 외지에 있는 일본인을, 나는 영어로 자주 'colonist(식민자)'라고 표현했다. 일본어 문장에서 '일본인'이라고 쓰는 편이 다소 자연스럽게 들렸지만, '식민자'라고 부르면 민족을 특정하지 않기 때문에 비교를 쉽게 할 수 있는 효과가 있다. 일본인 '식민자'는 제국의 다른 모든 식민자와 동일한 지평에 서게 된다. 한편 영어로 'imperial'이라는 형용사를 사용하면 '식민지 제국의'라는 의미와 '천황제 국가의'라는 의미의 차이가 애매해지기 때문에 명백히 다른 이 두 개념의 기술을 번역 과정에서 정리해야 했다. 즉, 번역 과정을 거치면서 좀 더 주의 깊게 비교하지 않을 수 없었다. 하지만 일본인 및 일본 식민지 지배 하 사람들을 대일본제국 속에서 생각해봄과 동시에 여러 제국에 의해 형성된 세계 속에서 생각하는 것도 시종일관 목적으로 삼았다.

일본어 번역 중 부상한 또 하나의 문제점은 역사학 방법론을 생각하는 재료였다. 이 책의 원래 제목은 '제국 일본의 생활문화사'였다. '생활문화사'는 실제로 그 내용을 자연스럽게 반영한 표현이기는 했지만, 영어에는 이에 상응하는 일반적 표현이 없기도 해서 어딘지 모르게 어색함을 느꼈다. '생활사'와 '생활문화사'는 일본 역사학 속에서 독자적 분야로 발달해 왔다. '생활'을 대상으로 하는 역사학에서 '생활'은 국가나 제국의 정치로부터 격리된 공간으로 다루어진 적이 많았다. 이 책의 방법론은 오히려 일상생활의 문화에서 인간의 신체나 심리로 체현된 지정학을 발견하는 것에 있었다.

이 책이 편집 단계에 들어갔던 2015년 봄, '위안부' 문제에 대한 연구자 성명문 작성에 관여하게 되었다. '위안부' 문제는 정치적 문제임과 동시에 역사학 방법론의 문제이기도 하다. 일상생활의 역사와 국가의 역사가 충돌하는 장이다. 그렇기 때문에 정치가뿐만 아니라 역사가도 다루기 어렵다. '위안부' 제도를 일본 식민지 제국주의의 불가피한 산물이라고 보아서는 안 되지만, 전시 중 일본군이 이 제도로 식민지 여성을 착취한 것은 비대칭적이며 억압적인 식민지 지배 구조의 연장선상에서 생겨난 것이라고 말할 수 있다.

이 일상적 폭력을 설명하기 위해 역사 서술은 공적 문서의 영역에만 한정되어서는 안 되고 좀 더 종합적이어야만 한다. 공적 문서에는 결국 국가의 입장에서 본 역사만 서술되어 있다. 이러한 역사 서술은 약자의 고통에 대한 기록을 빠뜨리고 있을 뿐만 아니라 일상의 공간과 만남 속에 제국이 침투하는 여러 형태의 기록도 빠뜨리게 된다. 공문서의 실증 연구에 한정한다면 언제까지나 이해 불가능한 과거의 일이 너무도 많다.

'위안부' 제도 같은 신체적 폭력 사건은 이 책의 초점이 되지 못했다. 제국의 열린 역사학은 비극의 장면과 마찬가지로 여러 역설적 상황도 부각시킨다. 제국적 근대의 역설에는 재미도 있다. 따라서 일본 제국의 사회·문화적 형태를 조사하면 '즐거운' 발견까지 할 수 있다. 하지만 이것이 제국의 억압과 폭력성의 사실을 감소시키지는 않는다. '생번 모던걸'의 농담에서 볼 수 있듯이, 표면 아래에 민족 억압과 성차별이 숨겨져 있는 것도 많다. 그 역설적 상황에서 유머를 느낀다면, 농담에서 얻는 쾌락으로 인해 우리 역시 그 억압에 간접적이나마 공범이 되고 있을지도 모른다.

식민지 제국은 다행히도 역사 속으로 흘러가 버렸다. 그러나 식민지주의가 초래한 여러 문제는 해결되지 않았고 충분히 이해되고 있지도 않다. 이 책은 태평양 지역의 제국의 역사 속에서 주운 조각들의 컬렉션이다. 이렇게 모으고 배치함으로써 제국의 과거와 제국의 현재의 연결고리를 생각할 수 있는 재료를 독자들에게 제공할 수 있다면 기쁠 것이다.

조금은 색다른 기획을 흔쾌히 받아들여 주고, 마지막까지 끈기 있게 함께 해준 편집자 구와바라 스즈시桑原涼 씨에게 감사드린다.

2015년 8월
조던 샌드

　일본사를 전공하는 지인知人은 '한국인이 쓴 일본(인)의 역사' 연구서에 관한 서평을 다음과 같이 자신의 경험을 서술하며 시작한다.

　일본 역사에 관한 책을 고를 때는 말이지, 기본적인 팩트 확인이 필요하다면 일본인이 쓴 걸 읽는 것이 좋아. 그렇지만 논문의 아이디어를 얻고 싶거나, 전체적인 흐름을 파악하고 싶으면 서양 학자가 쓴 것을 읽는 게 낫지. 일본 책으로는 시시콜콜한 사건과 인명을 찾기 쉽지만 따분하고 재미가 없거든. 우리에겐 불필요한 내용도 많아서 뭐가 중요한지 파악하기도 힘들고. 서양 학자의 책은 스토리 위주라서 아무래도 이해하기도 쉽고 재미도 있는데, 대부분 구체적인 이름이나 명칭이 생략되어 있어서 불편하단 말이지.*

　이것은 '한국인이 필자가 쓴 일본 역사서'에 대한 고려가 전혀 없었던 자신, 나아가 한국의 일본사학계에 대한 반성의 마음을 에둘러 표현한 것은 아닐까 싶다. 이후 '한국인이 쓴 일본(인)의 역사' 두 권에 대한 지인의 서평은, 일본(인)과 그 어떤 국가보다도 특수 관계에 있는 "한국인이 스스로의 문제의식과 관점으로, 무엇보다 한국인이 이해하기 쉽게 쓴 일본 역사서를 발견"한 내용들을 서술하고 있다.

---

* 이은경, 「서평─어떻게 가능했을까 메이지유신은, 그리고 한일병합도」, 『일본역사연구』 제45집, 2017, 223~224쪽.

뜬금없이 지인의 서평을 길게 인용하는 까닭은, 이 책이야말로 지인이 언급한 '서양학자가 쓴 책'의 특징, 즉 '논문의 아이디어를 얻고 싶거나 전체적인 흐름'을 파악하는 데 도움이 되기 때문이다. 이제 19세기의 메이지를 잠시 접어두고 20세기의 다이쇼와 쇼와를 공부하기 시작한 본인의 경우에는 더욱 그러했다.

　　우선, 이 책은 '연구 방법론'의 측면에서 매우 신선하다. 그중에서 가장 눈에 띠는 것은 '1908년 환태평양'이라는 시공간을 설정하고, 그 시공간 속에서 어떠한 사람과 사물의 이동이 있었는지 선택한 '50 장면'을 '몽타주' 수법으로 나열하기만 하는 제3장이다. 그 결과 목차의 절반을 차지하는 긴 글이 되었지만, 글을 읽다보면 '개별적 사실을 기록하고 해석이라는 개입을 최소한으로 하려던' 저자의 의도와 달리 어느새 '식민지적 근대, 제국적 근대, 포스트 식민주의'라는 이 책의 키워드를 스스로 꿰어 맞추며 확인하고 있는 자신을 발견하게 된다.

　　다음으로는 '메이지 상류계급의 취향은 오리엔탈리즘이었나'라는 부제가 말해 주듯이, '양관洋館'을 둘러싼 '일상생활의 행동'을 치밀하게 검토함으로써, '제국 일본'의 식민지주의를 설명하는 유력한 틀 중 하나인 애드워드 사이드의 오리엔탈리즘을 전면적으로 재검토하고 있는 제1장이다. 그리고 이 같은 문제의식은 '아지노모토味の素' '문화주택' '등나무 의자' '식민지 본국 관광' 등의 분석에서도 확인할 수 있다. 그 결과 저자가 제시한 '제국적 근대'라는 관점, 즉 "식민지와 종주국 본토 양쪽 공간을 포함한, 여러 제국에 의해 형성된 다각적 공간이었던 '제국'적 문맥의 근대 규범이나 형태를 포괄적으로 파악할 수 있는 방법"을 논리적으로 받아들이게 된다. 이런 의미에서 '주관적 평가를 최

소화하겠다는' 저자의 말과 달리, 이 책은 그 '주관'이 뚜렷한, 그렇기 때문에 지극히 논리적인 글이라 할 수 있다.

마지막으로 제2장과 제3장에서 제시되는 세계 지도의 사용 방식이다. 이것은 '사람과 사물의 이동'을 특정 지역에 한정하지 않고 전 지구적 차원에서, 다시 말해서 '글로벌한 근대'를 드러내기 위한 저자만의 방식이다. 그런데 그 특징은 바로 지도의 중심이 '태평양'이라는 점이다. 그 결과 지도의 한쪽은 동아시아(한중일+동남아시아), 다른 한쪽은 북미지역이 된다. 그 결과 저자는 '제국 일본'의 역사를 다루면서도, 근원적으로는 그 '일상 공간'이 어떻게 '태평양'을 중심으로 '글로벌한 근대'였는지 분석하고 있다. 이는 어쩌면 일본(인)과 또 다른 의미에서 특수관계를 유지하고 있는 미국인 일본사 연구자이기에 가능한 관점일 수도 있다. 하와이의 '조리'와 오키나와의 '돼지고기'를 통해서 '제국 일본'과 '새로운 제국주의 세력'인 미국의 문화적 영향관계를 분석하는 종장도 흥미롭다.

이상, 이 책을 통해서 얻을 수 있는 '논문의 아이디어'나 '전체적인 흐름'과 관련된 연구 관점을 서술했다. 그렇다고 해서 이 책이 '일본인 연구서'가 지니는 '꼼꼼한 팩트' 제시가 부족한가하면, 그렇지도 않다. 오히려 구체적인 인물과 사물을 통해서 논지를 펼치고 있는 만큼, '꼼꼼한 팩트 체크'도 충실히 이뤄지고 있다. '아이디어'와 '팩트 체크'라는 일거양득의 효과를 얻을 수 있는 것이 이 책의 매력이라 강조하고 싶다.

한편 이 책을 번역하면서 저자가 인용한 자료 중 한국어로 번역된 서책을 최대한 찾아서 병기했다. 현재 한국에서 얼마만큼 지知의 동시기적 공유가 이뤄지고 있는지 확인해 보고 싶었기 때문이다. 그 결과는 솔직히 매우 빈약하다. 이 책에서 중요한 논거로 삼는 기본 이론서조차 아직 번역되지 않은 한국 학계의 '현실'만 확인한 것이다. 다만 그 과정에서 한국과 관련된 내용에서는 한국 연구자의 연구 성과를 인용하고 있음을 확인한 것은 나름의 성과라 할 수 있다.

끝으로 이 책의 번역 과정에 대해 간단히 적고 글을 마치고자 한다. 이 책의 번역은 건국대학교 아시아콘텐츠연구소의 20세기 모더니티연구회에서 강독 스터디를 하면서 시작되었다. 물론 공사다망한 '대학'이라는 환경 속에서 순수한 강독 스터디가 얼마나 어려운지는 알고 시작했지만, 결국 여러 사정으로 인해 연구회는 중지되었다. 하지만 이 책은 마지막까지 성실히 초벌 번역을 끝내 준 김현영 선생님 덕분에 세상에 나올 수 있었다. 또한 익숙하지 않은 용어로 괴로워하면서도 꼼꼼히 원문 체크를 해 준 조영희 선생님의 노고도 이 책 출판의 일등공신이다. 마지막으로 일상적인 관용구가 되어 버린 '출판계의 불황' 속에서도 번역서 출판에 흔쾌히 동의해 준 박성모 사장님, 그리고 언제나 '보채는' 불성실한 번역자를 너그럽게 받아주는 공홍 부장님께 진심으로 감사드린다.

2017년 8월
옮긴이를 대표하여 박삼헌 씀